编委会

CUFE
LAW REVIEW

第十二卷

中财法律评论

中央财经大学法学院 / 主办

王 东 / 主编

中国法制出版社
CHINA LEGAL PUBLISHING HOUSE

图书在版编目（CIP）数据

中财法律评论. 第十二卷 / 王东主编. —北京：
中国法制出版社，2020.8
ISBN 978-7-5216-1240-0

Ⅰ.①中… Ⅱ.①王… Ⅲ.①法律-文集 Ⅳ.①D9-53

中国版本图书馆 CIP 数据核字（2020）第 155806 号

责任编辑 周琼妮（zqn-zqn@126.com）
责任编辑 周琼妮 秦智贤 封面设计 杨泽江

中财法律评论（第十二卷）
ZHONGCAI FALÜ PINGLUN (DI-SHIER JUAN)

主编/王东
经销/新华书店
印刷/北京京华虎彩印刷有限公司
开本/710 毫米×1000 毫米 16 开 印张/23 字数/334 千
版次/2020 年 8 月第 1 版 2020 年 8 月第 1 次印刷

中国法制出版社出版
书号 ISBN 978-7-5216-1240-0 定价：88.00 元

北京西单横二条 2 号
邮政编码 100031 传真：010-66031119
网址：http：//www.zgfzs.com **编辑部电话：010-66067023**
市场营销部电话：010-66033393 **邮购部电话：010-66033288**

（如有印装质量问题，请与本社印务部联系调换。电话：010-66032926）

目　录

contents

各科专论

学界图谱

法治变革轨迹

FAZHI BIANGE GUIJI

中国法律变迁的渐进主义模式?

王凤涛*

摘　要：法律变迁的渐进主义模式表现为：在隐藏变迁意图的基础上，采取“蚕食”的方式尽量减少变迁阻力，通过连续不断的努力最终实现立法目标。这种模式却被理解为“摸着石头过河”。“摸着石头过河”是一种“试错”模式，其与“渐进主义”模式的运作逻辑完全不同，两者不能相提并论。即便将“摸着石头过河”宽容地解读为只是由于望文生义而采用了“渐进主义”的语词，它也无法概括中国法律变迁的模式。按照“摸着石头过河”的思路制定出来的法律只占少数，且只是立法者在立法信息不足的制度约束中所青睐的方式。中国法律变迁遵循的并非是单一模式，而是多种模式交织作用的共同体。

关键词：法律变迁；渐进主义模式；“摸着石头过河”；费边主义；“试错”模式

在更复杂的情况下，当需要同时考虑许多因素时，决策就会变得很困难，特别是在对手是来自人类而不是自然的情况下。

——盖依·彼得斯①

* 王凤涛，法学博士，最高人民检察院办公厅法律政策研究人员。

① 参见〔美〕盖依·彼得斯著：《美国的公共政策——承诺与执行》（第六版），顾丽梅、姚建华等译，复旦大学出版社2008年版，第85页。

中国法律变迁的路径是法律人①（包括法律学人②以及法律职业人③）一直探索或践行的问题。中国法律变迁进程同改革开放历程在时间上的同频性，使得很多论者习惯于将改革开放的路径套用在法律变迁的历程上。“摸着石头过河”这一经济发展逻辑似乎成为定义中国法律变迁脉络的不二选择。④ 中国法律变迁的模式也因此被归纳为试验主义、工具主义、渐进主义，是在社会稳定前提下边际调整的“边立边破”的“变法”模式和双轨制法律运行模式。⑤ 但这种直观上的联想，⑥ 导致对中国法律变迁模式的理解多少有些想当然。客观地讲，虽然这些颇具特色的立法现象均在一定范围内存在于中国法律变迁进程中，但由此得出中国法律变迁采用渐进主义模式的结论是否过于草率？这些立法现象是否全面反映中国法律变迁的模式？依赖这些可能并不全面的立法现象能否得出符合中国法律变迁实际的模式？法律变迁自然不可能脱离经济发展的时代背景，它在某种程度上还是推动经济发展的一种制度安排。对中国法律变迁的分析应当关注改革开放，但又不能囿于这一变量。有鉴于此，我们从中国法律变迁历史（特别是1978年改革开放以来的历史）和当前法律变迁实践出发，循着归纳推理的思路，通过考证中国法律变迁的历程，梳理渐进

---

① “法律人的制度空间也有较大回旋余地，因此法律人角色并非唯一或单一，他既可以直接或间接参与此案的法律职业人的身份，也可以法律学人的身份，但也可以法律学人的身份但实际以意见领袖（公知）的身份向公众说话。”苏力：《法律人思维》，载《北大法律评论》（第14卷第2辑），北京大学出版社2013年版，第453页。

② 参见苏力著：《法治及其本土资源》，中国政法大学出版社2004年版，第11—15页。

③ 参见蒋立山著：《法律现代化——中国法治道路问题研究》，中国法制出版社2006年版，第51—241页。

④ 在解读经济法的变革过程时尤其明显，经济法的发展被广泛认为走的是“摸着石头过河”的路子。“我国经济法肇始于1978年改革开放的巨大变革时代，立足于我国转型经济的现实土壤，历经由计划商品经济到市场经济的跃迁，在我国波澜壮阔的经济体制改革进程中成长壮大。自身成长壮大的需要和社会经济变革的需求，都注定它必须面向不断试错的、渐进的社会转型需要，回应和影响市场经济跌宕起伏的动态进程，呈现一种渐进的制度变迁模式。”朱崇实、李晓辉：《转轨经济法：一种渐进的制度变迁模式——基于经济法学三十年发展历程考察》，载《时代法学》2009年第1期，第24—29页。

⑤ 参见张建伟著：《转型、变法与比较法律经济学——本土化语境中法律经济学理论思维空间的拓展》，北京大学出版社2004年版，第112—121页。

⑥ 参见陈斯喜：《草鞋没样边打边像——立法过程是认识的不断深化过程》，载《中国人大》2011年第7期，第49—50页。

主义模式在中国法律变迁进程中扮演的角色，重新诠释中国法律变迁所遵循的路径。

一、渐进主义的前世今生

渐进主义模式有着悠久的历史，而后逐渐演变为一种法律变迁模式。理解法律变迁的渐进主义模式，把握它的来龙去脉，要从发生于公元前古罗马与迦太基之间的那场战争说起。

（一）渐进主义的历史缘起

公元前217年罗马军队在特拉西梅诺湖之战中惨败，费边当选为独裁官并全权指挥罗马与侵入意大利的迦太基统帅汉尼拔作战。他针对迦太基军队远离本土、孤军深入、后援困难、不能持久作战的特点，采用避免正面决战的拖延战术在山区与迦太基军队展开周旋，致使迦太基军队的战斗力无法施展、锐气受挫，军队逐渐消耗并变得疲惫，该策略史称“费边战术”。但这种策略遭到罗马内部速胜派反对，费边也由此被讥讽为“拖延者”，任期满后黯然离职。公元前216年罗马军队在坎尼之战中遭重创后，“费边战术”为人们所理解。公元前215—前214年，再次执掌罗马军队的费边率军攻击被汉尼拔占领和叛离罗马的城市，实行坚壁清野以断绝迦太基军队的补给，同时派兵赴西班牙、西西里等地作战以断汉尼拔的后援。公元前209年费边率军攻克塔林敦，致使汉尼拔的军队在意大利半岛的处境更加困难。费边采取的避其锋芒、迅速且小规模进攻的策略，达到了既避免失败又打击对方的目的，最终击败汉尼拔。① 这种作战思路被称为费边主义（模式），其成为缓步前进、谋而后动的代名词，“渐进”也成为与“激进”相对应的一种制度模式。

这种制度模式在法律变迁中得到广泛采用。法律变迁是社会资源再分配的过程，随着法律变迁的推进，原有的利益格局被打破，新的利益格局得以形成，这意味着任何法律变迁都不会只有支持者而没有反对者。既得利益者在利益受

---

① 参见〔日〕盐野七生著：《罗马人的故事2：汉尼拔战记》，计丽屏译，中信出版社2011年版，第94—305页。

到威胁时不会无动于衷，必然会采取阻挠法律变迁的行动，从而形成支持者和反对者两个阵营。只有支持者的力量胜过反对者时，法律变迁才能取得成功；反之，法律变迁将以失败收场。在法律变迁过程中，立法者所关切的关键问题是，如何设法控制各种力量参与立法的速度和顺序，以确保每一时期和每个问题上的法律变迁的支持者都强过反对者。① 这就涉及法律变迁策略的选择问题。策略的恰当与否直接关系到法律变迁的成效。在备选的法律变迁模式中，一种很受欢迎的法律变迁策略就是渐进主义。立法过程的渐进改变可以被看作反动员的结果，因为动员属于负反馈过程，而在渐进主义的过程中，那些阻碍法律变迁的力量不会增强，从而有效地实现反动员。② 由于渐进主义可以实现立法过程的可控性，故而其在立法过程中备受推崇。

（二）中国法律变迁被归纳为渐进主义模式

中国法律变迁的模式之所以被归纳为渐进主义模式，很重要的原因在于这种归纳被人为地建立在与经济发展模式类比的基础之上。思路无非是：既然经济发展遵循的是渐进主义的路径，那么法律变迁“自然”遵循的也是这样的径路。然而，这样的类比用在法律变迁模式上并不完全合理。对于集中计划经济和统制经济向市场经济转变的改革，经济学家有各种各样的描述性语言，但归根结底是两种不同的改革策略或方式之争。一种策略是“激进的”“创世纪式的”“一揽子的”或所谓“休克疗法”。激进式改革的基本特点是，在方法上，其主张实施“创世纪式的”改革策略；在目标上，其选择市场化、私有化和民主化作为经济改革的必需方面。另一种策略与此相对应，是“渐进的”和“进化式的”。③ 渐进式改革的基本特点是，在方法上，其对旧体制的改革按照先易后难的思路分步骤进行，允许新旧体制并存，强调新体制对旧体制的逐步替代，

---

① 参见〔美〕塞缪尔·P. 亨廷顿著：《变动社会中的政治秩序》，王冠华、刘为等译，上海世纪出版集团2008年版，第295页。

② 参见〔美〕弗兰克·鲍姆加特纳、布莱恩·琼斯著：《美国政治中的议程与不稳定性》，曹堂哲、文雅译，北京大学出版社2011年版，第9页。

③ 参见盛洪主编：《中国的过渡经济学》，格致出版社、上海三联书店、上海人民出版社2009年版，第185页。

并在这个替代过程中协调新旧体制并存带来的利益冲突。① 在目标上，其主张采取有条不紊、谋定而后动的变革策略。

“激进式”和“渐进式”被看成是两种截然不同的转型方式。从计划经济向市场经济转型的过程，不可避免地要在激进式改革和渐进式改革之间作出取舍。传统的经济学理论认为，东欧国家以及苏联都或多或少地采取了激进式改革，中国采取的则是渐进式改革。② 激进式改革一度十分流行，被认为具有理论上的完美性和可行性，渐进式改革则很少被推荐。③ 虽然有很多理论对激进式改革和渐进式改革的优缺点进行了讨论，但随着东欧剧变和苏联解体，激进式策略在改革进程中的糟糕表现让所有关于这一策略优势的论述都变得相形见绌。尽管没有决定性的研究结论，多数经济学家还是将中国和东欧国家以及苏联的不同命运，归结于它们不同的改革方式。在渐进式改革的支持者们看来，渐进式改革能够在长时期内分散和均摊转型成本，在政治和经济上都比激进式改革更为可行。④ 理论运用的结果进一步增强了这种理论的说服力。由此形成了有关改革开放模式的理论逻辑。

中国法律变迁并不当然遵循相同的逻辑。法律变迁模式的归纳与关于改革开放模式的总结还是有所区别。归纳推理是从特殊到一般（归纳一般化）或者从特殊到特殊（类比）的过程，其本身就隐含着“不完全”的风险，作为归纳推理形式之一的类比自然也不例外。因为类比并不是寻求个体间的相同点而只是比较相似点，它并不取决于例子的量而是取决于个体间相似点的质。用公式表示就是，两个物体有一个或多个方面相似，某个特定命题对一个物体而言为真，因此对另一个而言也为真。⑤ 但法律变迁模式与经济发展模式毕竟是两码

---

① 参见周林彬等著：《法律经济学：中国的理论与实践》，北京大学出版社2008年版，第275页。

② 参见张维迎著：《市场的逻辑》（增订版），世纪出版集团、上海人民出版社2012年版，第157页。

③ 参见盛洪主编：《中国的过渡经济学》，格致出版社、上海三联书店、上海人民出版社2009年版，第186页。

④ 参见张维迎著：《市场的逻辑》（增订版），世纪出版集团、上海人民出版社2012年版，第157—158页。

⑤ 参见〔美〕鲁格罗·亚狄瑟著：《法律的逻辑——法官写给法律人的逻辑指引》，唐欣伟译，法律出版社2007年版，第108页、第113页。

事。渐进式的或费边式的战略是一种藏而不露的计划性战略。行动者有明确的行动目标，且对于实现目标的方法了然于胸。但行动者为了减少行动阻力，有意隐藏行动意图，隐匿行动目标，采取不易被察觉的“明修栈道，暗度陈仓”的方式，先把所有事项分解，再逐步实现预先设计好的蓝图。然而，中国法律变迁遵循的并非渐进主义模式。

二、中国法律变迁采用过“摸着石头过河”的“试错法”

改革之初实行的“摸着石头过河”策略，以积少成多和稳中求变为基本特征。在这种模式中，政策是依靠“试错”的过程渐进调适的，不存在总体规划和终极目标，而是注重眼前的、即时的和有限的问题。① 在经济学上，这种根据发展的速度、稳定的程度确定改革的力度，选择、调整改革的战术、策略、步骤的模式被称作“试错法”。② 这种模式与特定的信息环境相联系。

（一）“试错法”的运行逻辑

“试错法”的范式情景包含一组选项和一个学习系统，每个选项有一个结果分布，学习规则描述的是如何根据过去的结果修改未来的行动。试错就是亲自摸索、不断尝试并观察结果，其为复制与成功相连、回避与失败相连的行动。③ 首先，“试错法”在寻求解决问题的办法时不再穷尽所有可能的方案，而是考虑最主要的影响因素，且只考虑其大致的影响关系。“试错法”一开始就排除某些“显然”不合适的方法，在条件允许的范围内把注意力集中于比较几个相对可行的方案，从中选出相对适合的方案以了解制度运行的结果，余下的则由反馈机制自动调节，从而大大减少工作量。其次，“试错法”把决策系统看作是采取反馈机制的学习系统，其包含着复杂的反复试验，且并不总是导致相同的结果。

① 参见戴艳军、赵东霞：《试论我国经济体制转型时期的公共政策决策模式》，载《理论探讨》2003 年第 3 期，第 83 页。

② 参见胡鞍钢：《顶层设计与“摸着石头过河”》，载《人民论坛》2012 年第 9 期，第 28—29 页。

③ 参见〔美〕詹姆斯·马奇著：《经验的疆界》，丁丹译，东方出版社 2011 年版，第 14 页。

“试错法”通过尝试、批判和检验试探地寻找消除错误的方法，提出解决某一问题的方案或理论、假说。方案有赖于试错结果的好坏，明显有利和不利方案的结局是确定被采纳或被放弃，有可取之处但经过试错反映出一些问题的方案，会在接下来的方案调整过程中被修正。在试探过程中每发现一条走不通的路，都会增大发现成功之路的可能性。① 最后，“试错法”在决策过程中的各个关键时刻相对更多地依赖人的判断。因此，它适用于相对开放和动态的系统。

“试错法”作为一种重要的立法策略与立法信息的不充分直接相关。由于立法决策的影响因素太多，考虑所有的立法信息（包括事实信息和逻辑信息）是很困难的，精确计算决策影响因素更是难上加难。立法者无力支付如此庞大的决策成本。况且，这种将所有立法信息都汇总的分析思路，在决策过程中几乎不会被接受，因为其效率极低。在立法的过程中社会生活已经发生翻天覆地的变化，如果待将收集到的所有信息分析比较后再制定法律，法律将大大滞后于社会发展的需要。“试错法”考量的信息相较全面分析少得多，这便使立法决策过程更为简单。在“试错”过程中，立法者通过各种有代价的摸索、试验、试错、检验活动，逐渐积累出一套行之有效的知识、经验和理论，② 从而为补充和修改法律提供决策依据。这种复杂的逐次逼近法可以降低决策难度、提高决策精度。③ 这种模式在中国立法过程中有着成功的先例。

《民事诉讼法》的起草就体现了对“试错法”的运用。1979 年党的十一届三中全会结束后，全国人大法制委员会成立了民事诉讼法起草小组，开始起草《民事诉讼法》。《民事诉讼法（草案）》虽然作了几次比较大的修改，并广泛征求各方面的意见，但由于其内容涉及甚广，且中国正处于经济调整时期，故而有些问题依旧难以明确。在司法实践中，法官虽具有一般民事案件的审判经验，却缺乏经济案件的审判经验，所以起草小组决定提请大会审议，由大会授权常委会公布试行。1981 年 12 月，五届全国人大四次会议批准《民事诉讼法（草

---

① 参见盛宇华：《“摸着石头过河”：一种有效的非程序化决策模式》，载《领导科学》1998 年第 6 期，第 11 页。

② 参见黄文艺著：《中国法律发展的法哲学反思》，法律出版社 2010 年版，第 247 页。

③ 尽管效率不一定很高，因为它是一种通过一条非常迂回的道路才找到满意的解决办法的决策模式。参见盛宇华：《“摸着石头过河”：一种有效的非程序化决策模式》，载《领导科学》1998 年第 6 期，第 12 页。

案)》，并授权常务委员会根据代表和其他方面所提出的意见，在修改后公布试行；在试行中总结经验，再作必要修订，最终提交全国人民代表大会审议通过和公布施行。1982 年 3 月 8 日，五届全国人大常委会二十二次会议审议通过了《民事诉讼法（试行)》，自 1982 年 10 月 1 日起试行，意在通过试行探索运行情况。1982 年通过《民事诉讼法（试行)》后，法制工作委员会、最高人民法院不断对试行情况和问题进行调查研究并总结实践经验。1986 年 4 月，六届全国人大四次会议通过《民法通则》后，《民事诉讼法（试行)》的修改提上立法日程，法工委民法室从 1986 年开始对《民事诉讼法（试行)》进行修改。立法者针对实践操作中存在的问题，从中国实际出发总结实践经验，参照外国有关规定，努力适应改革开放和商品经济发展的需要，并根据新情况提出了《民事诉讼法（修改草案)》，对《民事诉讼法（试行)》进行了补充修改。1991 年 4 月 9 日，七届全国人大四次会议通过了《民事诉讼法》，修改后的《民事诉讼法》由试行时的 23 章、205 条，增加到 29 章、270 条，① 从而通过“试错”有效解决了立法信息不足的难题。

（二）“摸着石头过河”属于“试错法”

中国的法律变迁是一项前所未有的事业，面临着知识、经验和信息严重匮乏的窘境。② 在这种情况下，立法者在立法之初无力通过理性建构确定明确全部的立法目标，也难以形成完备的立法步骤，“摸着石头过河”就成为一种现实的选择。它遵循的正是“试错法”的逻辑。“摸着石头过河”虽然并非如“渐进主义”般有意识地隐藏行动意图，也并非向着明确的目标循序渐进，但并不意味着“摸着石头过河”没有任何方向。在法律变迁的过程中，“摸着石头过河”直观反映出立法者知道要“过河”（“法律变迁”)，但不像“渐进主义”那样有明确的目标，即“摸着石头过河”只有“需要过河”（推动“法律变迁”）这样一个宏观的、笼统的目标，而没有微观的、具体的目标（如何

---

① 参见顾昂然著：《回望：我经历的立法工作》，法律出版社 2009 年版，第 99—104 页。

② 尤其是在改革开放初期，当时的决策者不可能从书本上找到现成的方案，也没有他国现成的模式可以照搬，用一句更为通俗形象的话来说就是“摸着石头过河”。参见常安：《“摸着石头过河”与“可改可不改的不改”——改革背景下的当代中国宪法变迁》，载《法律科学》2010 年第 2 期，第 7 页。

“法律变迁”)。因为立法者不清楚什么时候适合过河(“法律变迁”的时间表),不清楚从哪里容易过河(“法律变迁”的突破口),也不清楚怎样便于过河(“法律变迁”的路径),甚至不能确定能否顺利到达彼岸(实现“法律变迁”)。立法者在有限的信息、知识、经验的基础上,拿出一个具有投石问路色彩的方案。此方案虽明确了法律变迁的大致目标,但总体而言不甚成熟,更多的是一个实验品,需要经过“试错”使目标变得清晰和具有可操作性。

《民法通则》的起草就运用了“摸着石头过河”的方法。1985 年起草《民法通则》时,关于《民法通则》的调整范围和民事活动的基本原则存在争论。有的主张只调整公民之间或者公民与法人之间的财产关系,不包括法人之间的关系;有的主张把“按计划”规定在民事基本原则中。这些分歧的关键原因在于,人们普遍认为国有企业的生产经营要按计划进行,不适用民法。负责草案起草工作的法制工作委员会民法室认为凡是横向的经济关系(包括法人之间的关系)都由民法调整,所以规定民法的调整范围是“平等主体的公民之间、法人之间、公民和法人之间的财产关系和人身关系”。关于民事活动的基本原则,建议规定当事人在民事活动中地位平等,遵守平等、自愿原则,并遵守法律,而未规定“按计划”。这在当时涉及国有企业和经济体制改革,争论得非常严重。① 在法律规定与改革进程相关而改革前景又尚不明朗的情况下,没有人能确保如此规定就一定正确,当然也没有人能断言这样规定绝对错误。在这种背景下,《民法通则》只能作出摸索性的规定。

“试错法”的最大功能是解决信息和知识的不完全性、不对称性、不确定性,降低获取信息的成本和风险,这种决策方式符合“干中学、学中干”的过程。② 在教育心理学的 T 形迷津(迷宫)强化学习研究中,学习速度被界定为动物学会在 T 形迷津中在规定的连续数次内向左转需要尝试的次数。③ 这些研究的目标是,于简单选择情景中,了解人类和动物在各种奖励条件下的学习情况。T 形迷津强化学习研究表明,一般而言,学习者的绩效会随着经验的增长

① 参见顾昂然著:《回望:我经历的立法工作》,法律出版社 2009 年版,第 94—95 页。

② 参见胡鞍钢:《顶层设计与“摸着石头过河”》,载《人民论坛》2012 年第 9 期,第 29 页。

③ 参见〔美〕B. R. 赫根汉、马修·H. 奥尔森著:《学习理论导论》(第 7 版),郭本禹、崔光辉、朱晓红、纪海英、甘诺等译,上海教育出版社 2011 年版,第 15 页。

而改进，但是在有些情境下，学习者作出的选择并不符合表面上的最佳策略。①这就意味着“试错法”在法律变迁过程中并不具有最优方法的唯一性。实际上，“试错法”并非中国法律变迁广泛采用的模式。

三、少数立法是“试错法”不等于就是“试错”模式

中国的法律变迁采用过“试错法”，是否意味着中国法律变迁就是渐进主义模式？鉴于“试错法”有别于“渐进主义”，可能出现这样的观点——将中国法律变迁模式归纳为渐进主义只是表述上的不准确，实际上表达的并不是“费边”意义上的而是“试错”意义上的。这种观点能否成立呢？实证数据是支撑“渐进”理论的支柱，对于“渐进”模式的论证也都直接或间接运用符合“渐进”立法模式的立法数量作为证据，以达到取信于人的目的。立法者为了在社会稳定和经济发展间寻求平衡，一度采取时间维度上的“试行”立法和空间维度上的“试点”立法等“试错”式立法措施，具体体现在法律试行、法律试点、特别授权立法和法律暂停实施四个方面。② 但对用于印证中国法律变迁“试错”路径的四个方面运行情况的分析表明，将中国法律变迁模式归纳为“试错”模式同样站不住脚。

（一）法律试行比例

立法者受制于客观形式的复杂性和主观技术的缺乏性，先拟出较粗线条的纲目式、原则式的试行草案，待以后再根据法律实施情况予以修订完善，这是在革命根据地时期就已形成的传统，新中国成立后继续沿用。③ 法律试行可以被理解为立法通过反复实践的试错过程不断进行自我调节和修正来适应社会环

---

① 参见〔美〕詹姆斯·马奇著：《经验的疆界》，丁丹译，东方出版社 2011 年版，第 14 页。

② 参见彭浩：《授权地方改革试点决定的性质与功能探析》，载《法制与社会发展》2018 年第 1 期，第 17—31 页；郑磊、王逸冉：《全国人大常委会“试点授权”要素论——基于〈立法法〉第 13 条的规范性思考》，载《浙江社会科学》2017 年第 8 期，第 4—13 页；黎娟：《“试验性立法”的理论建构与实证分析——以我国〈立法法〉第 13 条为中心》，载《政治与法律》2017 年第 7 期，第 84—94 页。

③ 参见周林彬著：《法律经济学论纲》，北京大学出版社 1998 年版，第 426 页。

境、接近预期目标的反馈系统,① 其目的是在立法者和守法者之间创造一种“学习机制”，在“边干边学”中增进法律创新的可接受性，进而获得政治稳定性。② 1979—1985 年，中国公布的 713 件经济法律和行政法规中，暂行和试行法律法规有 82 件，占 5%。1986 年以后，比例逐年下降。③ 即使在这段被认为法律试行比例很高的时期，法律试行的数量与立法总数相比也仅占少数，在 1986 年以后比重进一步降低。④ 尽管经济法律和行政法规只是中国这一时期立法的一部分，但由于经济政策处于调整时期，经济法律和行政法规是这一时期的立法重点，它们对法律试行的需求只可能多而不会少于其他法律。但统计情况表明（见表 1），试行立法并不是中国立法的主流。

表 1　中国法律试行情况统计表（1978—1998 年）⑤

年份	法律法规总数（部）	暂行法规数（部）	试行法规数（部）	百分比
1978	30	0	0	0
1979	64	10	11	33%
1980	84	26	4	36%
1981	82	19	3	27%
1982	110	17	4	19%

① 参见季卫东著：《法治秩序的建构》（增补版），商务印书馆 2019 年版，第 144 页。

② 参见张建伟著：《转型、变法与比较法律经济学——本土化语境中法律经济学理论思维空间的拓展》，北京大学出版社 2004 年版，第 119 页。

③ 1979—1985 年也被认为是“法律试行的比例很高”的时期。参见张建伟著：《转型、变法与比较法律经济学——本土化语境中法律经济学理论思维空间的拓展》，北京大学出版社 2004 年版，第 119 页。

④ 对于暂行、试行法律的比重并非没有争议。季卫东认为：“在 1979—1985 年期间公布的 713 件法律和行政法规中，具有实验性质的暂行、试行法律法规共有 182 件，比例高达 25%。”季卫东：《论法律试行的反思机制》，载李楯主编：《法律社会学》，中国政法大学出版社 1999 年版，第 305 页。可见，对于 1979—1985 年法律和行政法规的数量基本意见一致，均认为有 713 件，但对于暂行和试行的法律比重则相差 20%，这与统计标准不同造成的统计误差有关。即便法律暂行和试行的比重占到 25%，也仅占法律法规总数的 1/4，仍然不占主流。

⑤ 1978—1995 年资料来源，参见周林彬：《法律经济学论纲》，北京大学出版社 1998 年版，第 427 页；1996—1998 年资料来源，通过“北大法宝”进行检索并整理而得（最后访问时间：2020 年 3 月 17 日）。其中，法律法规包括全国人大及其常委会制定的法律、有关法律和重大问题的决定以及国务院制定的行政法规。“百分比” =（暂行立法 + 试行立法）/法律法规总数。

续表

1983	125	19	8	22%
1984	104	16	6	21%
1985	144	33	6	27%
1986	106	17	2	18%
1987	81	12	3	19%
1988	116	16	1	15%
1989	82	10	0	12%
1990	93	6	1	8%
1991	104	2	3	5%
1992	127	1	1	2%
1993	175	11	3	8%
1994	130	0	1	0.8%
1995	80	4	0	5%
1996	68	2	0	2.94%
1997	85	2	0	2.35%
1998	64	0	0	0

1978—1998年，在法律试行的数量上，法律法规的总数为2054部，其中暂行法律法规223部，试行法律法规57部，暂行、试行法律法规之和占法律法规总数的13.63%，比重不足1/7。

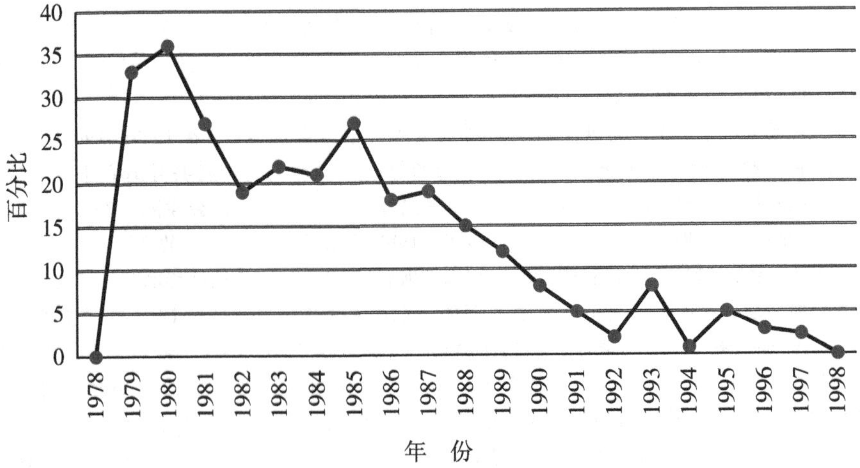

图1　中国法律试行情况态势图（1978—1998年）

1978—1998 年，在法律试行的趋势上，法律试行（含暂行）的比例总体而言呈下降趋势。其中，1979—1985 年，由于中国改革刚刚起步，立法者对市场经济的运行规律缺乏足够了解，在立法上采取“有法总比无法好”的次优选择和“粗线条立法、日后完善”的较为现实主义的态度，法律试行比例相对较高，① 除 1982 年外法律试行比例均在 20% 以上。1985 年 4 月 10 日，六届全国人大三次会议通过了《关于授权国务院在经济体制改革和对外开放方面可以制定暂行的规定或条例的决定》，这意味着经济行政法规试行制度不仅可以继续合法地存在下去，而且有可能扩大规模。② 然而，从立法情况来看，1985 年后法律试行比例并没有显著升高，实际上反而降低了。从 1986 年开始法律试行的比例大幅度下降，但直到 1989 年每年法律试行的比例仍然均在 12% 以上。1990 年以后，法律试行比例急剧走低，每年法律试行的比例均不高于 8%。为便于直观比较，我们对 1999—2019 年的相关立法情况进行了统计（见表 2）。

表 2　中国法律试行情况统计表（1999—2019 年）③

年份	法律法规总数（部）	暂行法规数（部）	试行法规数（部）	百分比
1999	84	8	0	9.52%
2000	58	7	0	12.07%
2001	84	0	0	0
2002	71	0	0	0
2003	61	2	0	3.28%
2004	74	2	0	2.70%
2005	61	1	0	1.64%

① 参见张建伟著：《法律、经济学与国家治理——法律经济学的治理范式与新经济法理学的崛起》，法律出版社 2008 年版，第 183 页。

② 关于法律试行，有人认为，实际上还包括提前将重要法律草案通过大众传播媒介公布于世从而广泛征求意见的做法，以及将法律公布（批准）日期与法律实际生效日期分开的做法（我国经济法律一般都规定近半年，最长达两年的试行时间）。它一方面能充分测定社会上各种有关的利益要求，另一方面能估计法律公布后的社会影响和实效，以此便于立法与执法机关能就种种反馈信息（意见）做出积极的回应，利于法律优化。参见周林彬著：《法律经济学论纲》，北京大学出版社 1998 年版，第 427—428 页。

③ 1999—2019 年资料来源，通过“北大法宝”进行检索并整理而得（最后访问时间：2020 年 3 月 17 日）。

续表

2006	65	3	0	4.62%
2007	70	1	0	1.43%
2008	57	3	0	5.26%
2009	48	1	0	2.08%
2010	41	0	0	0
2011	145	19	1	13.79%
2012	58	0	0	0
2013	48	0	0	0
2014	60	0	0	0
2015	79	0	0	0
2016	31	0	0	0
2017	45	0	0	0
2018	81	0	0	0
2019	25	0	0	0

1999—2019 年，法律法规的总数为 1346 部，其中暂行法律法规 47 部，试行法律法规 1 部，平均每年法律法规的试行比例为 3.57%，暂行和试行法律占法律法规总数的比重已经变得微乎其微。

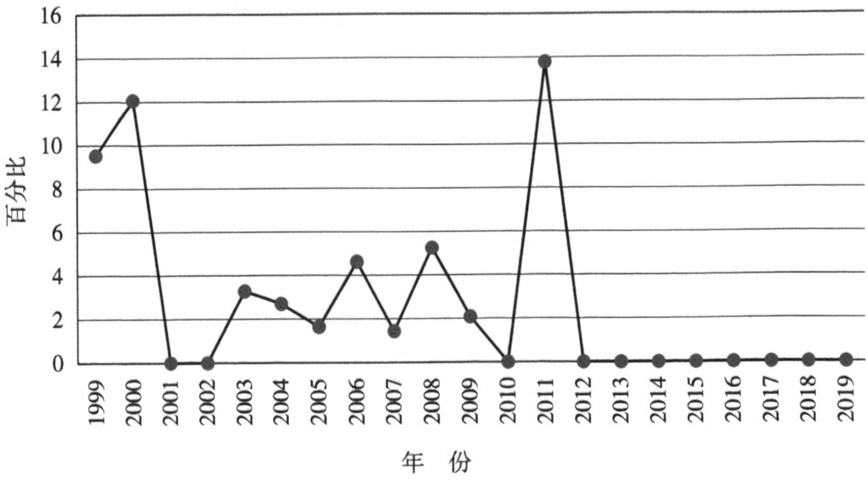

图 2　中国法律试行情况态势图（1999—2019 年）

1999—2019 年，仅有 1999 年（9.52%）、2000 年（12.07%）和 2011 年

（13.79%）法律试行比例相对较高，并小幅度拉高了整体的法律试行比例。但与1978—1998年13.63%的平均法律试行比例相比，1999—2019年3.57%的平均法律试行比例，意味着法律试行并不占主流。

（二）法律试点范围

经济改革采取过“试点推广”的方式，以局部改革带动整体改革，由点到面将改革风险分散化，从而减少社会震荡，收到了良好的效果。在法律改革方面也采取了“试点”方法，通过树立典型、总结方法经验，获取公众的立法支持。① 试点立法是在一定的社会区域范围内（经济特区），以一定的法律制度和规范的预期效果为前提，由国家机关拟定、借鉴风俗习惯或邀请专家起草法律方案，在一定范围的试点过程中摸索出适当的法律实验形式，将其中行之有效和适应社会发展需要的法律形式上升为制定法。② 试点立法的一种比较隐蔽的形式是，全国人大常委会对于暂时还制定不出来的法律或制定条件还不成熟的法律，鼓励地方先行立法，为制定法律提供经验。即地方先行制定的地方性法规取得经验、条件成熟后再制定全国性法律。改革开放30年中国的立法实践，不乏地方先行立法而后制定全国性法律的事例，这是立法者克服能力和信息不足的重要策略。③ 在试点过程中，各种利益主体都会做出最有利于自身利益的行为，立法者收集行为人的行为信息将直接反映在地方立法中，④ 从而在进行全国立法时可以将社会公众的预期反应充分纳入考量范围。小规模的立法试点成为立法者获取立法信息的重要方式。总体来看，试点立法更多是在改革过渡期对于具有很强改革色彩的法律制度所采取的立法措施。家庭承包制、股份制、破产法、土地使用权转让制度都曾在全国不同地区试点，然后由立法机关上升

① 参见张宝山：《从改革试点中走出来的法律》，载《中国人大》2018年第9期，第33页；蔡守秋、张文松：《检察机关在突破环境民事公益诉讼难局中的法律困境与规则建构——基于公益诉讼改革试点方案的思考》，载《中国地质大学学报（社会科学版）》2016年第3期，第23—33页。

② 参见周林彬著：《法律经济学论纲》，北京大学出版社1998年版，第436页。

③ 参见黄文艺著：《中国法律发展的法哲学反思》，法律出版社2010年版，第263页。

④ 参见应飞虎著：《信息失灵的制度克服研究》，法律出版社2004年版，第270页。

为法律或发现问题后对原有法律中的立法缺漏予以修订和完善。① 但其在常规立法中并未获得普遍采用，也不可能被广泛采用。因为制度必须保持适度的稳定性以协调人们的预期，而试点立法本身是为了应对改革信息不足所采取的权宜之计，与法律的稳定性要求不完全兼容。

（三）特别授权立法

经济特区的授权立法属于特别授权立法，其立法权来源于全国人大或人大常委会通过决定（决议）作出的特别授权。② 1980—1981 年，全国人大常委会相继授权广东、福建两省的人大及其常委会制定所属经济特区的各项单行经济法规。1992 年、1994 年和 1996 年，深圳市、厦门市和汕头市人大及其常委会又分别获得全国人大授权，具有制定所属经济特区法规的权力。1988 年七届全国人大一次会议决定授权海南省人大及其常委会制定在海南经济特区实施的法规。到 1991 年底，广东、福建、海南省人大及其常委会依授权先后制定了 40 余部法规和数百种规范性文件。到 1990 年，单是深圳特区就制定了 400 多种规范性文件。③ 授权立法是全国人大常委会应对自身立法能力和立法信息不足的一项重要策略。从实际情况来看，全国人大常委会一般都授权比自己更具信息优势的国家机关立法，特别授权立法成为立法者满足经济特区法律需求的重要途径。虽然特别授权立法作为一种实验性立法可为全国性立法提供经验素材，但总体而言，特别授权立法并没有普遍实施，也并非立法者为制定国家层面的、在全国范围内统一适用的法律而采取的经验积累策略。在一个经济社会发展不平衡的大国，经济社会发展水平不同，各地风俗习惯大相径庭，传统社会结构的社会控制能力也很不一样，对法律的社会需求存在差异。特别授权立法更多是为了解决经济特区对特定法律的特殊需要而采取的立法策略，主要是为了满足法律的地方性，并不明显具备为全国性法律探路的意蕴。

---

① 参见张建伟著：《法律、经济学与国家治理——法律经济学的治理范式与新经济法理学的崛起》，法律出版社 2008 年版，第 185 页。

② 参见宋方青：《中国经济特区授权立法中法规冲突现象之评析》，载《法学》2000 年第 1 期，第 9 页。

③ 参见张建伟著：《转型、变法与比较法律经济学——本土化语境中法律经济学理论思维空间的拓展》，北京大学出版社 2004 年版，第 120—121 页。

（四）法律暂停实施

法律试点与法律暂停实施的差异在于，法律试点是先在特定地区实施某项法律，即以地方性法规或地方政府规章的形式出现，经实践运行证明可行的再上升为国家法律在全国范围内实施。法律暂停实施则恰好相反，先在地方暂停特定法律（条款）的实施，经过一段时间的检验，发现可取的再在国家层面上调整相关法律，在全国范围内停止该法律（条款）的实施。2012 年 12 月 28 日全国人大常委会通过《关于授权国务院在广东省暂时调整部分法律规定的行政审批的决定》，拉开了全国人大常委会授权暂停法律实施的序幕。立法者开始通过宣告部分法律规定在特定的地域和期限内暂时失去法律约束力，避免重大改革事项与现有法律规定之间出现冲突。① 全国人大 2015 年 3 月修改《立法法》时，增加了有关“法律暂时调整和停止适用”的表述。根据修改后的《立法法》第 13 条规定，全国人大及其常委会可根据改革发展的需要，决定就行政管理等领域的特定事项，授权在一定期限内于部分地方暂时调整或停止适用法律的部分规定。2012 年以来，全国人大常委会通过了 25 项有关暂停法律实施的授权决定，共涉及约 43 部法律的暂停实施。② 从现行有效的法律数量看，截至 2019 年 3 月第十三届全国人民代表大会第二次会议闭幕，现行有效的法律共 272 件。③ 暂停实施的法律数量占现行有效法律总量的 15.81%。法律暂停实施作为一项“试错”方案并没有被广泛实施。

无论是法律试行、法律试点、特别授权立法还是法律暂停实施，在中国的整个立法格局中都仅仅是小范围或小比例地运用而非大规模采用，均不属于具有普遍性的立法模式，不足以证明中国法律变迁走的是一条“试错”的路子。

---

① 参见曹舒：《人大授权暂停法律实施的合宪性检讨与控制》，载《苏州大学学报（法学版）》2018 年第 1 期，第 64 页。

② 参见万千慧：《全国人大常委会授权决定的合宪性控制》，载《河北法学》2019 年第 8 期，第 145 页；全国人大常委会法工委立法规划室编著：《中华人民共和国立法统计》（2018 年版），中国民主法制出版社 2019 年版，第 226—250 页；江国华、郭文涛：《全国人大常委会授权决定的实证分析——以第十二届全国人大常委会作出的 21 个授权决定为样本》，载《中南民族大学学报（人文社会科学版）》2019 年第 5 期，第 154—155 页。

③ 参见全国人大常委会法工委立法规划室编著：《中华人民共和国立法统计》（2018 年版），中国民主法制出版社 2019 年版，第 1 页。

这就意味着，即使是在“试错”意义上将中国法律变迁模式归纳为渐进主义模式也是不成立的。但这并不意味着中国法律变迁进程中不存在任何渐进主义的元素。

四、中国法律变迁的渐进主义轨迹

中国法律变迁是否根本不存在渐进主义模式，而只有少量看似渐进主义模式而实为“干中学”的“试错”模式？回顾中国法律变迁的历程，如果说没有丝毫的渐进主义元素也是不符合实际的。在法律变迁过程中确实运用过渐进主义，这就是肇始于价格领域的“双轨制”。

双轨制是中国渐进式改革最主要的表现形式，最初出现在价格改革领域。其关键在于把市场价格机制首先从边际上引入，然后一步一步蚕食计划价格。在这个过程中，大多数的产品都有配额产品的计划价格和计划外产品的市场价格两个价格，大多数（国有）企业产销都是通过计划和市场两个渠道进行。后来，双轨制被大多数改革领域所采用，包括外汇市场改革、劳动力市场改革、住房制度改革、市场保险改革以及所有制改革。最终的结果是，整个中国经济成为双轨制经济。① 采取双轨制是为了减少改革阻力的不得已之举。在调动价格的时候，国有企业投资权在计委，资金来源在财政部，利润和税收交给财政部，产品要交到物资部。在这样庞大的系统里，价格双轨制通过在内部的等级框架里找到边际上的途径，逐渐让价格走向市场。② 与经济领域的双轨制模式相对应的法律变迁模式是“立法双轨制”，体现为两种形式：

一是市场经济立法中长期存在计划经济的成分。在同一部法律中，计划经济与市场经济要素并存。法律变迁的双轨制模式更多反映的是意识形态、政策环境和宪法约束，它使得1979—1993年宪法修正案颁布之前出台的许多法律带有明显的计划经济痕迹，在民事和经济立法上的体现尤为明显。1979—1997年，全国人大及其常务委员会制定了约130件法律。其中，民法、经济法方面

---

① 参见张维迎著：《市场的逻辑》（增订版），世纪出版集团、上海人民出版社2012年版，第161—162页。

② 参见杨瑞龙：《价格双轨制的核心——增量改革》，载《当代财经》2012年第1期，第10页。

的法律有32件，有17件由于“带有明显的计划经济痕迹”需要修改。[①] 这17件法律占1979—1997年制定的所有民事与经济立法（32件）的53.13%，占同期全国人大及其常务委员会制定的所有法律（约130件）的13.08%。这样的比重一方面说明“双轨制立法”在整个立法体系中只占少数，另一方面也说明在民法和经济法中的确存在一定程度的“双轨制”现象（比重超过了50%）。1986年《民法通则》第58条规定：“下列民事行为无效：……（六）经济合同违反国家指令性计划的；……”这一规定明显是计划经济时代的产物，但直到2009年8月27日第十一届全国人民代表大会常务委员会第十次会议通过《关于修改部分法律的决定》时才删除了该项。这也说明中国法律变迁中一度长期存在“双轨制”元素。

二是“双轨制立法”是一种新法与旧法并存的制度安排。中国市场主体立法（如企业公司法）采用的就是双轨制立法：一种是以所有制、内外资这一经济标准（公有制和私有制）为依据的旧企业公司立法模式，如《全民所有制工业企业法》《城乡集体企业法》《私营企业暂行条例》《中外合资、合作、独资企业法》；另一种是以责任承担方式这一法律标准（有限责任和无限责任）为依据的新公司企业立法模式，如《公司法》《合伙企业法》《个人独资企业法》。[②] 国营工业企业法（起草之初称作“工厂法”）自1979年开始共起草六年未果，主要原因是工厂领导体制定不下来：实行党委领导下的厂长负责制，还是实行职工代表大会制，还是在生产指挥、经营管理上实行厂长负责制，三种意见长期不能达成一致。这说明经营经验还没有得到很好的总结。决策者为了搞试验，先后制定了《国营工业企业职工代表大会暂行条例》（1981年7月13日）、《国营工厂厂长工作暂行条例》（1982年1月2日）、《中国共产党工业企业基层组织工作条例》（1982年6月3日）、《国营工业企业暂行条例》（1983年4月1日），各种体制同时进行试验。经过几年实践，决策者认为，国营工业

---

① 参见张建伟著：《转型、变法与比较法律经济学——本土化语境中法律经济学理论思维空间的拓展》，北京大学出版社2004年版，第118页。

② 参见周林彬等著：《法律经济学：中国的理论与实践》，北京大学出版社2008年版，第278—279页。

企业的生产指挥、经营管理还是实行厂长负责制为好。① 从当时所处的历史条件和面临的决策问题来看，渐进式改革在取得相当成就的同时也带来了一些社会问题，如政策非市场化、新旧体制并存以及法律冲突，② 而这些问题已非渐进式改革的零敲碎打和修修补补所能解决的。

信息不充分是所有社会的立法者均面临的问题，但立法者不可能总在信息充分的条件下才开始制定法律。对于中国立法者而言，在过去的40多年里信息不充分的问题更为突出和严峻，以至于可以用“信息匮乏”来形容。③ 为解决信息不充分问题，中国法律变迁采取过“摸着石头过河”的“试错法”，但这种立法策略并非渐进主义模式。随着社会主义市场经济向纵深推进，立法目标的渐趋清晰、明朗和信息化技术的进步，使得立法信息的收集更加便捷。这些立法约束因素的变化，都使得“试错”模式在立法模式中的权重进一步弱化。中国法律变迁虽然常被解读为渐进主义模式，却只在少数情况下采用了这种模式。作为渐进主义模式典型代表的双轨制立法现象，也随着改革的深入逐渐式微。对于中国法律变迁模式的反思表明，任何单一的方法都无法囊括中国法律变迁模式的复杂性。这意味着，无论是过去、现在还是将来，中国法律变迁遵循的逻辑都不可能是某种方法的单一体，而是多种方法交叉融合的综合体和统一体。

（初审：孙娟；校对：任妍姣）

---

① “当初如果不试验、不比较，硬性规定，工作不但不能进步，还可能出很多毛病。试验探讨还在继续进行。”彭真著：《彭真文选（1941—1990）》，人民出版社1991年版，第505—506页。

② 如何最大限度地发挥双轨制立法积极作用的同时克服其消极作用，是双轨制立法所不能忽视的问题。参见周林彬等著：《法律经济学：中国的理论与实践》，北京大学出版社2008年版，第282页。

③ 参见黄文艺著：《中国法律发展的法哲学反思》，法律出版社2010年版，第246页。

改革视域下经济法内涵之流变

——以改革与经济法的关系为切入点

丁庭威*

摘　要：改革是具有重大历史意义和现实意义的系统工程，涉及多层面、多要素，研究改革与经济法的关系，对于深化新时代经济法理论、完善经济法体系并逐步实现国家治理现代化具有重要意义。改革对于经济法具有生成作用，尤其是“大改革”促进经济法“本体论”的生成以及“小改革”追求经济法“价值论”的生成；而经济法对于改革亦具有支撑与保障作用，尤其表现为经济法理念对改革的基础支撑作用以及经济法制度对改革的持续保障作用；正因为改革与经济法的“双向互动”关系不断深入，使得经济法不仅在新时代的改革浪潮中不断彰显其“现代法”、“分配法”、“发展促进法”以及“治国法”的特性，而且自身理论内涵及制度体系得到不断深化与完善。

关键词：改革；经济法内涵；国家治理现代化

一、背景与分析框架

综观全球，美国1887年的《州际贸易法》、1890年的《谢尔曼反托拉斯法》以及德国1896年的《反不正当竞争法》等，常被视为现代经济法之滥觞，① 其主要是为解决自由主义所带来的市场失灵问题而进行的制度安排。② 直

---

* 丁庭威，中国人民大学法学院博士研究生。

① 参见张守文：《回望70年：经济法制度的沉浮变迁》，载《现代法学》2019年第4期，第3页。

② 参见〔德〕哈贝马斯著：《公共领域的结构转型》，曹卫东等译，学林出版社1999年版，第171—172页。

言之，西方经济法是为克服自由主义导致的市场失灵而进行的必要政府干预，是市场经济发展到一定程度自然演化而来的产物。① 波兰尼在其“双向运动”理论中便印证了这一点，清晰界定了“自由主义”与“政府干预”的界限；② 拉德布鲁赫也对两者关系进一步予以界定与分析。③ 因此，当自由主义发展到一定程度，经济法得以产生。

我国经济法的产生与发展较为晚近，与西方不同的是，改革开放和经济转型是其产生的独特历史背景。④ 江平先生曾言，“经济法产生于经济活动对法律的期待”，也即改革开放对经济法律的期待。改革开放伊始，由于经过“文化大革命”，各方面百废待兴，党中央将发展经济视为首要目标，同时也迫切需要规范经济活动的法律。从 1978 年至今，经过 40 余年的改革开放，经济体制逐

---

① 西方经济法产生于高度发达的市场经济，是生产社会化不断推进从而导致市场内在缺陷爆发，进而损害社会化生产的产物。面对生产全面社会化与私人生产无政府主义之间的矛盾，西方国家开始考虑干预经济，以维护经济稳定与社会整体利益。参见王腊梅：《中国经济法的生成反思及完善路径——基于我国全面深化改革背景》，载《河北法学》2018 年第 4 期，第 179 页。

② “在一切都商品化的市场经济里，经济活动在社会关系中居于决定性地位，形成了经济自由主义的运动；而与此相对应，为了防止市场机制给社会带来的侵害，还存在反向的社会自我保护运动，并因此需要政府对市场经济进行干预。”参见〔英〕波兰尼著：《大转型：我们时代的政治与经济起源》，冯刚、刘阳译，浙江人民出版社 2007 年版，第 114—164 页。

③ “从私法观察角度出发所看到的经济关系，不过是平等的私人主体之间的关系，但忽视了在任何经济关系中都是最大的利害关系人的公众；当自由竞争不能自行平衡各方私利，因而需要从经济的共同利益的角度维护社会公众的利益时，从经济观察的角度来调整经济关系的经济法也就得以产生。”参见〔德〕拉德布鲁赫著：《法学导论》，米健等译，中国大百科全书出版社 1997 年版，第 77 页。

④ 参见史际春：《改革开放 40 年：从懵懂到自觉的中国经济法》，载《东方法学》2018 年第 6 期，第 71 页；张守文：《回望 70 年：经济法制度的沉浮变迁》，载《现代法学》2019 年第 4 期，第 4 页。

渐由计划经济向市场经济进行转变。在这期间，改革不断被推出，① 这也为我国经济法的生成、发展以及内涵的深化奠定了坚实的基础。在我国当下语境中，“改革”与“开放”常被同时提及，张守文教授认为，“开放”本质上也是一种“改革”，因为它是对既往闭关锁国政策的一种革新与变革，② 笔者深以为然。以至于之后所进行的“全面开放”，也是对原有生产关系及制度安排的革新与调整，究其本质，是一种广义上的“改革”。因此，为方便论述并更加深入地研究改革与经济法的关系，笔者将“改革开放”统合至广义的“改革”范畴，试图对改革进行经济法层面的解析。

我国经济法制度的产生与发展较西方不同，是对时代与改革的因应，同样也是强执行制度变迁的结果，是由理性构建而来的。③ 任何理论和制度都是对时代的回应，并随着改革的步伐不断对自身的内涵与体系进行深化与完善，唯如此，理论与制度才能保持长久的生命力，经济法理论与制度也不例外；改革同样也是理性构建的动力源泉，④ 改革通过重新建构相关制度，并借助对制度建模的方式优化资源配置，经济法作为法律制度的重要组成部分，自不待言；

---

① 1979 年 6 月，时任全国人民代表大会常务委员会委员长的叶剑英指出：“随着经济建设的发展，我们还需要有各种经济法”。这是“经济法”一词首次在中国立法场合中出现。同年 7 月，彭真在《关于七个法律草案的说明》中强调：“我们还要经过系统的调查研究，陆续制定各种经济法和其他法律，使社会主义法制逐步完备起来。”改革开放使得经济社会的发展对经济法的需求与日俱增，1985 年《中共中央关于制定国民经济和社会发展第七个五年计划的建议》提出：“力争在‘七五’期间建立起比较完备的经济法规体系。”1991 年制定的《国民经济和社会发展第八个五年计划纲要》再一次重申了“建立比较完备的经济法规体系”的立法愿景。1993 年的《宪法修正案》确立了“国家实行社会主义市场经济”以及“国家加强经济立法、完善宏观调控”的经济宪法主张。在 1993 年八届人大一次会议上，时任委员长的乔石提出要“力争在本届全国人大任期内，初步形成社会主义市场经济法律体系”，“要尽快制定一批规范市场主体行为、维护市场经济秩序、完善宏观调控以及社会保障等方面的法律”。从 1993 年起至 1997 年党的十五大提出“到 2010 年形成中国特色社会主义法律体系”，以至于最终到 2010 年底，中国特色社会主义法律体系形成，各种应有的经济法律规范已经齐备。

② 参见张守文：《现代化、改革开放与经济法的生成》，载《法学论坛》2018 年第 4 期，第 7 页。

③ 参见张宜浩、陈柳钦：《经济学中的建构理性主义和进化理性主义》，载《社会》2004 年第 9 期，第 19—23 页。

④ 参见肖京：《经济转型、经济创新和经济法的“刚柔并济”》，载《法学论坛》2017 年第 1 期，第 95 页。

同时，理论与制度是指导实践的源泉与依据，经过改革而衍生出的经济法理念与建构出的经济法制度，将为改革提供重要的理论支撑与制度保障。

因此，经济法制度与改革的关系至为密切：首先，为因应改革的现实需要，我国现代经济法制度得以产生；其次，经过不断发展的现代经济法制度，又为推进改革向纵深发展、逐步实现国家治理现代化提供坚实的制度基础；① 最后，在二者的双向互动中，经济法理念与制度也不断得到深化与完善。易言之，改革促进经济法制度的生成；经济法制度为改革提供保障，在二者双向互动过程中，经济法制度与理念不断得到完善与深化。因此，笔者试图在本文中依据“生成—保障—深化”的逻辑主线，来探讨改革与经济法的关系，试图通过对改革进行经济法层面的解析，不断完善经济法制度并拓掘经济法理论，以因应新时代对经济法理论与制度提出的新要求与新挑战。

二、改革对经济法的生成作用

博登海默曾言：“法律绝不能回避和拒绝那些型塑并改变社会生活结构的力量的影响。”② 其中改革作为“型塑并改变社会生活结构”的重要力量，无疑对法律的生成与发展具有重要作用，经济法作为对改革反应至为敏锐和迅速的一部法律，更是如此。根据我国实情，当代中国的“两次现代化”③ 是当代我国强有力的“型塑并改变社会生活结构”的改革力量，在现代化改革的过程中，难免会产生一系列新问题，如分配、发展、治国以及危机应对等，这些都须臾离不开经济政策和经济法制度的调整。与此同时，在解决上述问题的过程中，

① 参见杨紫烜：《论中国的经济法理论》，载《北京大学学报（哲学社会科学版）》1991 年第 3 期，第 30—36 页；史际春：《在改革开放和经济法制建设中产生发生的中国经济法学》，载《法学家》1999 年第 1 期，第 202 页；张守文：《现代化、改革开放与经济法的生成》，载《法学论坛》2018 年第 4 期，第 5 页。

② 〔美〕E. 博登海默著：《法理学：法律哲学与法律方法》，邓正来译，中国政法大学出版社 2017 年版，第 489 页。

③ 第一次现代化主要表现为“工业化和城市化”的经典现代化，第二次现代化主要表现为“信息化和全球化”的新型现代化。参见何传启：《第二次现代化理论与中国现代化》，载《世界科技研究与发展》1999 年第 6 期，第 75—76 页。

经济法得以不断生成。① 例如，在不断解决因“工业化与城市化”带来的“分配不均”和“区域发展失衡”问题以及因“信息化和全球化”带来的“国家治理转型”和“全球化危机”问题的过程中，经济法有关分配、发展、治国以及危机应对等方面的主体制度不断得以生成。

马克斯·韦伯认为，经济体制的转变，是政治、经济、社会、文化等多重因素共同影响、综合作用的结果，② 这对我国的情况也同样适用。就我国对于各领域的改革而言，各项改革为新时代中国特色社会主义市场经济的诞生奠定了基础，也对我国经济法的生成与发展大有助益。在此，笔者试图将“改革”区分为“大改革”与“小改革”，“大改革”是涉及经济体制方面的改革，体现为我国“计划经济—有计划的商品经济—市场经济”的经济发展轨迹，主要涉及改革对我国经济法本体论③产生的影响；“小改革”主要涉及当下经济、社会、文化、政治、生态文明等方面的改革，尤其是在经济方面的各种改革，它们都是在“大改革”确立的市场经济的大背景下所进行的“有益补充与发展”，其目的是更好地巩固“大改革”的成果，在“经济法本体论”双向运动过程中进一步发展出“经济法价值论”。

综上，本部分笔者将分别分析“大改革”和“小改革”对经济法“本体论”及“价值论”的产生所发挥的作用，以此探析改革对经济法的生成作用。

（一）“大改革”与经济法“本体论”的生成

如前所述，“大改革”主要涉及经济体制改革。在我国，经济体制改革依循“计划经济体制—有计划的商品经济体制—市场经济体制”的发展路径，从

---

① 参见张守文：《经济法学的基本假设》，载《现代法学》2001 年第 6 期，第 50—54 页；张守文著：《经济法原理》，北京大学出版社 2013 年版，第 7—10 页；张守文：《现代化、改革开放与经济法的生成》，载《法学论坛》2018 年第 4 期，第 10—11 页。

② “从中世纪的传统主义到现代资本主义的产生，都离不开政治、经济、环境、宗教等因素的综合作用。”参见〔德〕马克斯·韦伯著：《论经济与社会中的法律》，张乃根译，中国大百科全书出版社 1998 年版，第 11 页。

③ 本体论，是指探究世界的本原或基质的哲学理论。质言之，是对某个实体或存在是什么的研究。而经济法本体论则是对经济法是什么的研究。笔者在本文中重点从经济法调整的“政府与市场的关系”入手，并通过二者逐渐形成的“宏观调控关系与市场规制关系”来探究抽象的“经济法本体论”。

这一路径不难看出，政府与市场的关系始终处于博弈与动态平衡的状态之中，因此，“大改革”的重点之一便是处理好政府与市场的关系，与此同时，政府与市场的关系也逐步演化成经济法研究的基本问题。① 因此，改革与经济法制度的生成之间具有内在一致性，以至于经济法制度的生成与改革的进程也具有相当大的同步性。放眼世界，世界各国所进行的“改革”皆为扩大市场竞争领域，缩小公共领域。② 政府与市场关系也是各国改革的重点领域。事实上，所有的经济问题无不集中反映市场自由与国家干预的关系。亚当·斯密重点论述了前者，而凯恩斯重点论述了后者，至于之后的各种新自由主义观点与立场都只不过是对这两种思想的选择与站队，或支持抑或折中，没有从根本上突破两者的思想框架。以哈耶克为代表的学派反对国家干预，他们认为国家干预的危害大于市场自由主义所产生的危害，坚信自由市场具有自我修复的能力。然而事与愿违，客观事实表明，自由市场并没有如预期般的强大修复能力，国家干预不可避免。由此，不可避免的“国家干预”使得经济法具有无法替代的功能。

中国经济法的形成过程，内嵌于“计划经济体制—有计划的商品经济体制—市场经济体制”经济体制改革的过程，政府对经济的管理职能逐渐发生变化，要求经济法必须与之相适应、相协调，经济法的机制与手段必须从“计划经济与市场调节相结合”向“市场规制与宏观调控相结合”转变。③ 因为中国的经济体制改革并非单向的，其一方面建立市场经济，另一方面加强宏观调控。这两种不同情况又恰恰需要不同的治理手段，前者要求进一步推进经济体制改革，不断加深市场化的程度，减少国家干预；后者要求必须通过适度的国家干

---

① 参见史际春：《政府与市场关系的法治思考》，载《中共中央党校学报》2014 年第 6 期，第 10—16 页；张守文：《政府与法律关系的法律调整》，载《中国法学》2014 年第 5 期，第 64—73 页；侯利阳：《市场与政府关系的法学解构》，载《中国法学》2019 年第 1 期，第 186—203 页。

② 参见〔日〕神野直彦著：《体制改革的政治经济学》，王美平译，社会科学文献出版社 2013 年版，第 3—4 页。

③ 参见单飞跃：《中国经济法部门的形成：轨迹、事件与特征》，载《现代法学》2013 年第 4 期，第 16 页。

预，防止自由市场因私权自治而带来的侵害国家、社会及他人利益的固有弊端。[①] 但这里必须明确：国家干预是手段而不是目的，是适度干预而不是全面控制，干预的时机和限度取决于自由市场出现问题的时间和程度，同时，国家干预必须力图避免其对市场机制的破坏。经济法这只“国家干预之手”，限制自由是为了保护自由，限制竞争是为了保护竞争，绝不是计划经济条件下的彻底消灭自由、消灭竞争。久而久之，动态调整政府与市场关系，不断厘清二者界限，是经济法从政府主导资源配置到逐步平衡政府与市场在资源配置中的关系时，需要重点回应并予以制度安排的问题。在此过程中，宏观调控关系和市场规制关系逐渐形成，并成为构建经济法本体的“二元结构”。正如哈贝马斯所认为的那样，当市场利益冲突无法于私人领域解决，便会向政策层面转移，国家干预得以产生，与之相随的是经济法这一新兴领域法律的诞生。[②] 质言之，正因为“大改革”，政府与市场关系得以动态调整，市场资源配置得到优化，经济法得以生成并发展。

由上，考察经济法制度的生成与发展，可以看到一条“内嵌”于改革进程中的主线，即现代政府职能的改革及其自身的转型，相伴随的是现代的宏观调控关系和市场规制关系的建立，这体现了国家推进经济体制这一“大改革”对现代经济法制度的内在要求。因此我们可以提炼出如下结论：在“大改革”经济体制变迁的过程中，政府与市场关系自始至终是无法绕开的核心问题，对两者边界的不断界定与厘清逐渐形成经济法本体的“二元结构”——宏观调控关系与市场规制关系，并由此逐渐发展出经济法的两大制度构成——宏观调控法与市场规制法。[③] 经济法本体论在改革的进程中不断生成并发展。

---

① 参见朱景文：《中国特色社会主义法律体系：结构、特色和趋势》，载《中国社会科学》2011 年第 3 期，第 37 页。

② “当市场主体的利益冲突无法继续在私人领域内部得到有效解决时，冲突便会向政策层面转移，从而使干预主体得以产生；而随着资本集中和国家干预的加强，在国家社会化和社会国家化的过程中，便产生了不能完全归于传统私法领域或公法领域的一个新领域，这是对古典的私法制度的突破。”参见〔德〕哈贝马斯著：《公共领域的结构转型》，曹卫东等译，学林出版社 1999 年版，第 170—179 页。

③ 其中宏观调控法由财政法、税收法、计划法、中央银行法等构成，市场规制法由反垄断法、反不正当竞争法、产品质量法、消费者权益保护法、特别市场规制法等构成。

（二）“小改革”与经济法“价值论”的生成

“小改革”主要涉及当下经济、社会、文化、政治、生态文明等方面的改革，是在“大改革”确立的市场经济大背景下所进行的“有益补充与发展”，其目的是更好地巩固“大改革”的成果。在诸多“小改革”中，对经济法生成产生主要影响的依旧是经济领域的各种具体改革，例如财政、税收、竞争、金融等方面的改革。与此同时，财政制度、税收制度、竞争制度以及金融制度也在改革的过程中如雨后春笋般不断生成。这些领域的改革以及制度的生成，无不蕴含着经济法的价值追求——效率与公平、自由与秩序、发展与民生。① 它们以缓解经济发展矛盾、稳定经济增长以及维持社会良性运行为重要目标。

1. “小改革”催生“效率与公平”

斯蒂格利茨曾言，财富分配会直接影响效率，也会通过制度安排间接影响效率。② 收入分配体系作为重要的制度安排对效率影响甚大，同样，收入分配体系也涉及一个重要的经济法价值追求——公平。收入分配一旦不公，将直接影响经济发展的效率与社会的稳定。因此良好的收入分配体系能够兼顾效率与公平。③“小改革”的重要组成部分，便是通过分配关系对资源配置进行动态调整并优化资源流向，从而兼顾效率与公平。党的十八届三中全会提出全面深化改革，加快转变经济发展方式，不断完善现代市场体系、宏观调控体系，推动经济更有效率、更加公平、更可持续发展，这些改革目标与经济法所追求的经

---

① 参见史际春、邓峰：《经济法的价值和基本原则刍议》，载《法商研究》1998 年第 5 期，第 9—10 页；单飞跃：《经济法的法价值范畴研究》，载《现代法学》2000 年第 1 期，第 25—28 页；徐孟洲：《经济法的理念和价值范畴探讨》，载《社会科学》2011 年第 1 期，第 96—102 页；张守文：《“改革决定”与经济法共识》，载《法学评论》2014 年第 2 期，第 17—23 页；张守文：《“深改”背景下的经济法理论深化》，载《经济法研究》2015 年第 1 期，第 30—35 页。

② 参见〔美〕约瑟夫·斯蒂格利茨著：《发展与发展政策》，纪沫等译，中国金融出版社 2009 年版，第 43 页。

③ 现代化经济体系由现代市场体系、收入分配体系、区域发展体系构成，其中尤其是收入分配体系以及区域发展体系对构建兼顾效率与公平的现代市场体系尤为重要。历次改革，也都将现代市场体系的改革作为重中之重，无不对经济法价值理念的深化产生重要影响。参见张守文：《现代化经济体系建设的经济法补缺》，载《现代法学》2018 年第 6 期，第 56 页。

济效率与公平价值目标不谋而合。[①] 因此，在历次“小改革”的进程中，经济法中“效率与公平”的价值追求得以不断生成。

首先，对于公平的追求，在我国主要体现在平衡利益分配以及协调区域发展方面。改革的重要目标之一就是建立公平的收入分配格局以及协调联动的区域发展体系。[②] 税收是平衡收入分配最为直接有效的手段，然而税收制度在计划经济阶段几乎“沉降”以至化为乌有。[③] 但“利改税”及近年来“个税专项附加扣除”[④] 等改革措施的推出，为进一步推进公平的税收及收入分配格局奠定了坚实的基础；《关于建立更加有效的区域协调发展新机制的意见》强调建立区域协调发展新机制的目标，更好地保障了人民享受大体相当的公共服务、基础设施与生活水平。[⑤] 这些改革措施与政策最终会通过法定程序上升为经济法律制度，其重要的价值追求之一便是实现最大限度的“公平”。正如税收及区域经济协调发展等方面的改革能够实现公平的收入分配格局及区域更高水平更公平的协调发展，这些改革措施不仅贯彻“公平”的价值追求，而且让“公平”这一经济法价值追求通过法定形式逐渐渗透至改革成果之中。由此可见，改革追求“平衡利益分配以及协调区域发展”中蕴含的“公平”理念，已深深融入经济法的“公平”价值理念之中。

其次，对于效率的追求，我国在改革开放之初便重视竞争问题，以期逐步建立“统一开放、竞争有序”的现代市场经济体系，不断提升经济发展的效率，这一点从1980年发布的《国务院关于开展和保护社会主义竞争的暂行规定》便可窥见一斑。然而，由于我国长期实行计划经济，政府干预经济各领域的思想依旧根深蒂固，行政垄断成为横亘在“优化竞争”面前的绊脚石；同

---

① 参见张守文：《“深改”背景下的经济法理论深化》，载《经济法研究》2015年第1期，第31页。

② 参见周民良：《经济重心、区域差距与协调发展》，载《中国社会科学》2000年第2期，第21—42页。

③ 参见张守文：《税制变迁与税收法治的现代化》，载《中国社会科学》2015年第2期，第81页；张恒龙、孟添：《中国财政体制（1949—2004）变迁的实证研究——基于财政压力与竞争的视角》，载《经济体制改革》2007年第4期，第100—101页。

④ 参见丁庭威、杨洁：《我国个人所得税专项附加扣除制度实现路径》，载《科学发展》2019年第4期，第100—106页。

⑤ 参见《中共中央、国务院关于建立更加有效的区域协调发展新机制的意见》。

时，逐渐实行的市场经济有其固有弊端——自由竞争易导致垄断。因此，国家加大改革力度，逐渐形成相应的市场规制制度，先后出台《反不正当竞争法》、《价格法》以及《反垄断法》等一系列重要法律，以更好地规制政府的行政垄断行为以及市场主体进行的各种不当竞争行为，通过转变政府不适当的职能以及克服市场失灵所产生的弊端，提升政府系统与市场系统两个系统的资源配置效率，故而有效解决“政府失灵”与“市场失灵”的问题。这些规定，无不蕴含着改革对于经济发展效率的追求。由此，改革对于效率的追求也“内嵌”于经济法制度之中。

2. “小改革”追求“自由与秩序”

与经济法“本体论”中市场与政府的关系相对应，自由更侧重于市场的经济自由，而秩序则更偏重于政府所营造的良好市场秩序以及制定的监管秩序。同时，结合“效率与公平”的要求，经济自由可以更好地保障经济发展效率，市场及监管秩序也给实现公平奠定了坚实基础。通过改革，不断优化市场环境，为市场自由竞争创造基础，进而提高市场经济运行效率；通过改革，完善顶层设计，优化制度供给，为市场竞争创造良好的秩序环境。一言以蔽之，经济法所追求的“自由与秩序”价值与其所追求的“效率与公平”具有内在的一致性。

首先是经济自由。中央财经领导小组第十一次会议首次提出“要着力加强供给侧结构性改革”，继而调整经济结构，优化要素配置，提升经济增长数量与质量。为实现这一改革目标，很重要的一点便是降低“市场主体负担”，提升市场主体的“经济自由”，充分激发市场主体积极性与活力。① 正如沃尔夫冈·费肯杰所言，“市场主体负担过重时，经济自由便会受到限制”②。因此，历次改革的关注点便是给市场主体“减压”，尤其以营造公平竞争的市场环境、减少政府不必要的干预为改革的重点，以此来充分保障市场主体在市场运行过程中的“经济自由”。改革的各项措施，最终都需落实到法律层面，其所追求的“经济自由”价值理念也当然地融入经济法律制度之中。

---

① 供给侧结构性改革重要目标之一：优化产权结构，国进民进、政府宏观调控与民间活力相互促进。这一目标的实现有赖于政府与市场双向互动，尤其是充分激发市场主体的活动。

② 〔德〕沃尔夫冈·费肯杰著：《经济法》（第2卷），张世明译，中国民主法制出版社2010年版，第56页。

其次是市场秩序及监管秩序。正所谓“没有规矩不成方圆”[①]，这里的规矩也即秩序，秩序更多的是从政府的角度来看。政府就如一位大家长一般，为保障国家经济良性运转，必然会设定一定的“规矩”，也即创造适当的“市场经济秩序”。近些年来，不断推出的“放管服”改革，减少不必要的行政审批，[②]并优化市场监管的职能，[③] 皆侧重于政府更好地行使其宏观调控与市场规制的职能，减少不必要的干预，依法监管，从而形成良好的市场秩序与监管秩序，逐步打造“调制型政府”。[④] 在此过程中，依旧要求政府将不必要的事权下放至市场，掌握好干预的“度”，也即当市场失灵时予以必要干预，同时对于破坏市场秩序的行为及时发现并予以惩处，以期为保障“经济自由”并提升“经济效率”提供良好的外部环境。随着改革的措施落实到法律层面，秩序理念亦不断融入经济法律制度之中。

3. “小改革”保障“发展与民生”

发展涉及社会、公众以及国家等多方位的变迁，[⑤] 改革作为全方位变迁的中坚力量，一直是发展的首要动力，[⑥] 正所谓“改革促发展、改革惠民生”，改革促进发展的根本目的是进一步扩大市场主体的经济自由并提升经济发展效率，进而稳定市场秩序并促进社会公平正义，最终不断改善民生，实现共同富裕。因此，经济法所追求的“发展与民生”价值目标也与其所追求的“效率与公平”“自由与秩序”价值目标具有内在的一致性。

首先，对于发展的追求，一直是改革的重要目标。目前我国发展面临较多

---

① 《孟子·离娄上》：“离娄之明，公输子之巧，不以规矩，不能成方圆。”

② 行政审批不等于市场规制。两者是两个概念，国家不断废止行政审批，是为了更好地进行市场规制，使政府更好地履行自身行政职能，并在此基础上更好地履行宏观调控和市场规制经济职能。从而进一步提升国家治理能力，完善国家治理体系。

③ 如在2018年3月新一轮国家机构改革中，设置在国家发展和改革委员会、商务部和原国家工商行政管理总局下的反垄断执法职责“三合一”，整合至国家市场监督管理总局，由此结束了中国反垄断法多头执法的局面。

④ 参见张守文：《减负与转型的经济法推进》，载《中国法学》2017年第6期，第199页。

⑤ 参见〔美〕迈克尔·P. 托达罗、斯蒂芬·C. 史密斯著：《发展经济学》，聂巧平等译，机械工业出版社2014年版，第11页。

⑥ 创新是发展的第一动力，而改革是创新的内在要求，故改革对发展发挥着至关重要的作用。

问题。例如，经济结构发展不均衡、区域发展差异、行业发展差异、经济增长的发展模式过度依赖基础设施建设而非消费拉动、国营经济与民营经济发展机会不均衡等，都是制约我国经济及民生发展的重要因素。因此在近些年的各项改革措施中，如经济结构性改革，产业协调发展的改革，促进国内消费以及进一步解决民营企业融资难、融资贵等方面的改革，皆希望在改革进程中解决发展中的差异性问题。质言之，现代化的改革就是一个不断解决发展不平衡的过程，① 也是一个不断提升经济发展质量的过程。在此过程中，一系列经济法律制度产生，蕴含在其中的“发展”理念，是经济法追求的重要价值目标之一。

其次，对于民生的保障，一直是一国推行现代化改革最终需要实现的目标。近些年来，我国 GDP 的增长速度缓于财政收入的增长速度，居民收入占 GDP 的比重也明显下降，② 这对于保障民生较为不利。纵观全球发展历史，我们不难发现，使国民负担适度、政府汲取意愿降低，是提升社会整体福利、保障民生的重要手段。在这一过程中，制度改革是实现该目标的重要手段。③ 比如，2018 年我国进行了新一轮的政府机构改革，使得政府机构得以进一步精简，此做法能够降低政府的汲取意愿，从而使市场主体享有更多、更充分的经济发展权，进而提升整体的民生水平；再如，我国近些年来不断推进的“精准扶贫”，其本质也是对之前扶贫方式的“变革”，是一项改革措施，这项改革措施，对更好地保障民生，最终实现共同富裕很有助益，同时，“精准扶贫”的改革思想，也使得经济法制度中诸如个税专项附加扣除、普惠金融等一系列制度落地。

三、经济法对改革的支撑与保障作用

历史的经验教训表明，若只一味地进行改革，而缺失制度方面的供给与保

---

① 参见刘少波：《社会主要矛盾转化与建设现代化经济体系》，载《暨南学报（哲学社会科学版）》2017 年第 12 期，第 8—15 页。

② 自改革开放以来，我国财政收入占 GDP 的比重呈现明显的“U 形曲线”，近些年来，财政收入的增长幅度更是大大超过 GDP 的增速，而居民收入占 GDP 的比重则相对明显地下降，这对于市场主体的经济发展权产生不利影响。参见张守文：《经济发展权的经济法思考》，载《现代法学》2012 年第 2 期，第 8 页。

③ 参见〔美〕德隆·阿西莫格鲁、詹姆斯·A. 罗宾逊著：《国家为什么会失败》，李增刚译，湖南科学技术出版社 2015 年版，第 2—52 页。

障，改革最终也将以失败告终，而相应的制度理念则是推动改革向纵深发展的基础支撑。就经济法对改革的基础支撑作用而言，正如经济法理念中“市场经济就是法治经济”①“税收法定原则”等，皆为推进改革向更高层次发展奠定基础。在计划经济时代，由于缺乏法治精神，尤其是经济法治精神，使得计划经济不可能发展为法治经济。也正因为缺乏经济法治精神，经过数次经济体制方面的“大改革”，计划经济逐渐退出历史舞台。就经济法对改革的持续保障作用而言，正如历史上1860—1898年期间近40年的洋务运动与戊戌变法，由于只强调“器物”层面的改革，而并不注重“制度”层面的保障，最终都以失败告终；② 又如新中国成立初期提出的“现代化”目标，逐步建立了比较完整的工业体系和国民经济体系，但由于缺少相应的法律制度保障，使得我国国民经济曾一度“濒于崩溃的边缘”。③ “从历史上看，没有法治保障，就没有现代国家”，④ 就没有以改革为基础的现代化国家。与此同时，改革开放从学习先进管理制度，到逐步构建适合于本国的制度，使得我国改革重点逐渐从“器物”向“制度”转变。从以上两次改革中便可看出，关注制度层面的改革，并由制度为改革保驾护航，是改革取得成功的关键因素。同时，著名的“黄宗羲定律”⑤

---

① 经济法理念是关于经济法宗旨及其实现路径的基本观念。经济法的宗旨及其实现路径等于经济法理念的基本内容，其是指国家调控本国经济之运行，从而协调经济法主体之利益。从法律逻辑学的视角可知，“市场经济就是法治经济”是经济法理念的外延之一，在本文中，为方便论述，笔者将其归入广义上的“经济法理念”。

② 如我国19世纪60年代开始的洋务运动，以及紧随其后的戊戌变法、辛亥革命都为推进改革而实现国家的现代化而努力。洋务运动主张“师夷长技以自强，引进和学习西方先进的机器设备与科学技术，兴办近代工业”；戊戌变法则主张“学习实行君主立宪制，制宪法，开国会，发展资本主义”，即便戊戌变法的主张涉及制度层面，但两者更多的是“重器物而非制度”，缺少政治、文化改革的配套，质言之，缺乏制度保障，从而使得改革均以失败告终。参见张琢著：《中国现代化的历程及前瞻》，社会科学文献出版社2017年版，第10页、第51页。

③ 参见张守文：《现代化经济体系建设的经济法补缺》，载《现代法学》2018年第6期，第58页。

④ 何勤华：《现代国家政治文明的根基与灵魂——论建设社会主义法治国家的根本战略意义》，载《人民论坛·学术前沿》2014年第22期，第6页。

⑤ 参见秦晖：《并税式改革与“黄宗羲定律”》，载《农村合作经济经营管理》2002年第3期，第6页；秦晖：《“黄宗羲定律”与税费改革的体制化基础：历史的经验与现实的选择》，载《税务研究》2003年第7期，第2—8页。

告诫我们：改革是个复杂系统的工程，尽管历次改革大都以“简政放权”为主要途径和目标，但由于不同历史时期的诸多因素，例如领导人的换届、拍脑袋决策以及经济政策的转变等都会使得行政干预落入“先减后增”的历史窠臼，正如黄宗羲在《明夷待访录》中指出的历史上税收制度“有积累莫返之害”一般，① 往往使得改革效果大打折扣。由上可知，无论是历史上对计划经济的抛弃，还是税制改革所推行的各项措施，抑或是当下为实现国家治理现代化所进行的全面深化改革，都需要相应的理念予以支撑以及相应的法律予以保障，尤其需要以经济法理念为代表的基础支撑以及经济法律层面的制度保障。②

（一）经济法理念对改革的基础支撑作用

1. 经济法理念所支撑的市场经济：市场经济就是法治经济

根据 1993 年《宪法》第 15 条的规定，国家实行社会主义市场经济，加强经济立法并完善宏观调控，依法禁止任何组织或者个人扰乱社会经济秩序。《宪法》这一规定也是我国“经济宪法”重要的法条依据，是经济法与宪法之间的重要纽带。③《宪法》是我国根本大法，其规定我国实行市场经济，并且在此过程中加强经济立法，使得法治精神不断融入市场经济的发展与改革进程中，从而进一步说明市场经济要体现法治精神。质言之，市场经济就是法治经济。

同时，党的十八届四中全会指出，社会主义市场经济本质上是法治经济，必须建立在“保护产权、统一市场、平等交换、公平竞争、有效监督”④ 的基础上。而保护产权、维护市场的统一以及营造公平竞争的市场环境都是经济法理念所蕴含的本质要求，充分体现经济法社会本位、⑤ 平衡协调以及维护公平

---

① 参见马海涛、龚浩、高珂：《“黄宗羲定律”：我国古代“并税式”赋税改革回顾》，载《现代财经》2018 年第 12 期，第 51 页。

② 参见张守文：《法治经济建设的三个重要命题》，载《南海法学》2017 年第 1 期，第 31—37 页；张守文：《中国经济法治的问题及其改进方向》，载《法制与社会发展》2018 年第 2 期，第 20—31 页。

③ 其中“国家加强经济立法，完善宏观调控”便是政府发挥宏观调控职能的重要宪法依据；“国家依法禁止任何组织或者个人扰乱社会经济秩序”便是政府进行市场规制的依据。

④ 《中共中央关于全面推进依法治国若干重大问题的决定》。

⑤ 参见李昌麒主编：《经济法》，法律出版社 2008 年版，第 79 页。

竞争的基本原则,① 它们受到经济法规范中《价格法》《反不正当竞争法》《反垄断法》等法律规范的规制与保护。《宪法》中“国家加强经济立法，完善宏观调控”以及“国家依法禁止任何组织或者个人扰乱社会经济秩序”的规定与党的十八届四中全会全面推进依法治国改革的要求具有内在的一致性。由此可知，“市场经济就是法治经济”作为经济法理念的外在表征之一，在改革的进程中发挥着重要的指导作用，引领我国将“经济法理念”这一法治精神贯穿于改革的全过程，使得改革于法有据。

2. 经济法理念所支撑的改革决定：税收法定原则、制度性减负

我国经济立法多为体制引导型立法，这与经济法是“体制法”② 有很大关联。从经济法制度的规范内容与体系结构来看，其有很明显的体制跟随性，即经济体制的指导理念、主体架构以及运作机制一旦发生变化，便随即传输至经济法制的构建过程之中。经济体制的政策选择通常先于法律体系的制度选择。③ 易言之，改革对于经济法的引导作用甚于经济法对于改革的指导作用。然而时过境迁，随着经济法理念深度的不断拓掘以及经济法理念共识的不断形成，其精神实质不断“内嵌”于改革之进程，使得我国经济立法逐渐从体制引导型转向法治引导型。质言之，经济法理念逐渐成为引导改革的重要因素。以“税收法定原则”④ 与“制度性减负”⑤ 为例，它们逐渐渗透至我国重要改革决定之中,⑥ 成为其重要的指导精神，旨在减少因“非法定”以及“非制度性”而带来的改革的“随机性”与“暂时性”问题，防止改革的稳定性与持续性被破

---

① 参见刘文华主编：《经济法》，中国人民大学出版社 2019 年版，第 50—52 页。

② 参见张守文：《体制改革与经济法的关联性考察》，载《北京大学学报（哲学社会科学版）》2018 年第 5 期，第 33 页。

③ 参见陈甦：《商法机制中政府与市场的功能定位》，载《中国法学》2014 年第 5 期，第 7 页。

④ 党的十八届三中全会明确提出，“落实税收法定原则”，从而使“税收法定原则”成为今后改革决定的重要法治精神引领。佚名：“以税收法定原则引领规范税制改革”，载人民网，http://politics.people.com.cn/n/2015/0326/c70731-26751508.html，最后访问时间：2020 年 2 月 11 日。

⑤ 参见章剑生：《行政收费的理由、依据和监督》，载《行政法学研究》2014 年第 2 期，第 60—76 页。

⑥ 如以“税收法定原则”为指导的“税制改革”以及以“制度性减负”为指导的“政府简政放权”方面的改革。

坏，从而巩固改革预期，跳出“黄宗羲定律”中“前减后增”“边减边增”的历史窠臼。

随着改革向纵深发展，经济法理念今后发挥的作用将更加明显。但是，我们也应清醒地认识到，就目前改革的情况来看，经济法理念规范改革的作用发挥得较好，而经济法理念引导改革的作用仍有待加强，① 即便笔者于前文论述了“税收法定原则”以及“制度性减负”对“改革决定”的指引作用，但不可否认实践中依旧有许多“于法无据”的改革决定。② 因此，这需要我们一代又一代的经济法人，不断深化对经济法理念的研究，增强理论的自洽性与说服性，使得经济法理念对改革发挥更重要的引领作用，真正做到“重大改革于法有据”。这里的“法”，并非仅指狭义上的经济法律制度，包括隐含在制度深处的经济法理念。

（二）经济法制度对改革的持续保障作用

改革开放之初，我国便强调要加强法制建设，将改革开放的重要做法、主要成果以法律的形式固定下来，并以法律保障改革向纵深推进。③ 由此可见，国家充分认可法律对改革的保障作用。经济法制度对改革的持续保障作用主要体现在以下几个方面。

1. 均衡主体负担

正如前文经济法“本体论”中所提到的，政府与市场是经济法中两个重要的主体，由其构成的“二元结构”关系——宏观调控关系与市场规制关系也是经济法中最基础的关系。经济法制度对改革的保障作用，首先体现在对政府与市场这对“二元主体”的保障上，主要表现为均衡两者的主体负担。

如今经济法的制度设计，主要体现在市场主体的“扩权”以及政府的“限权”方面。质言之，是对市场与政府的“双向减负”。从改革开放之初的“家庭联产承包责任制”以及“国有企业改革”，到如今“优化营商环境”“进一步

---

① 参见陈甦：《改革开放40年来我国经济体制与经济法制的互动发展》，载《中州学刊》2018年第11期，第8页。

② 参见刘作翔：《论重大改革于法有据：改革与法治的良性互动——以相关数据和案例为切入点》，载《东方法学》2018年第1期，第15—18页。

③ 参见陶和谦主编：《经济法基础理论》，法律出版社1986年版，第163页。

加强公平竞争审查”的制度安排，都是为了减轻市场主体负担，赋予其更大的经济自由权，从而使得市场主体更具有积极性；同时这也是对政府的“减负”，通过事权的下放，减少不必要且繁琐的行政审批，降低“汲取意欲”，正所谓“无欲则无求”，这对政府也同样适用。因此，经济法通过制度设计对市场主体和政府进行“双向减负”，明确政府与市场在资源配置方面的分工，持续保障改革成果，维持市场机制有效运转。[①] 从而使得政府从过去的“全能政府”转型到“有限政府”，从“管制型政府”转型到“服务型政府”，把应当交给市场的交给市场，真正实现政府自身的减负。[②] 由上，“有限的服务型政府”与“减负的创造性市场”将为我国改革向纵深发展提供不竭动力，这些与经济法的制度保障须臾不可分割。

2. 稳定市场秩序

伴随社会信息化程度的不断加深，信息偏正在导致“大数据杀熟”事件不断升级，算法不断升级以及人工智能技术不当应用导致众多商业巨头乃至商业寡头出现，[③] 由此进一步加剧了行业垄断及不正当竞争。现如今，这些导致市场失灵并扰乱市场秩序的问题比比皆是，因此建立“统一开放、竞争有序”的市场秩序十分必要。同时，经济法约束且保障国家的宏观调控和市场规制手段，进而构建政府与市场的良性、协调关系，[④] 这些举措皆对稳定市场秩序很有助益。鉴于稳定的市场体系是改革的重要基础，而稳定的市场秩序才能保证稳定的市场体系，所以稳定的市场秩序对改革起到了“定心丸”的作用。

正因如此，现实中大量的经济法制度对稳定市场秩序发挥着重要的作用。如经济法制度中《反垄断法》、《反不正当竞争法》以及近年来不断推出并深化的公平竞争审查制度，对保障市场主体公平竞争意义重大，同时也直接影响

---

① 参见张守文：《现代经济体制的构建及其法治保障》，载《政法论丛》2019年第1期，第8—9页。

② 参见何显明：《政府转型与现代化国家治理体系的构建——60年来政府体制演变的内在逻辑》，载《浙江社会科学》2013年第6期，第4—13页。

③ 参见杨勤法、丁庭威：《新时代人工智能技术发展的法律规制》，载《科技与法律》2019年第5期，第53—59页。

④ 参见张守文：《现代化经济体系建设的经济法补缺》，载《现代法学》2018年第6期，第59页。

“统一开放、竞争有序”的现代市场秩序的形成；① 又如，在构建良性、协调的政府与市场关系方面，我国逐渐实施“多证合一”的市场主体登记制度，同时全面实施“双随机、一公开”的市场监管制度，避免政府对企业不当的行政干预与重复繁琐检查造成企业因过度公关而带来的资源浪费。这些经济法制度在当下已较为成熟，在稳定市场秩序方面发挥了重要作用。但明确伴随信息化所产生的信息鸿沟、信息偏在等问题，建立规制信息不当利用的相关经济法制度亦十分必要。易言之，稳定的市场秩序为改革提供了充足的时间与平稳的外部环境，经济法制度在其中具有不可替代的作用。

3. 促进经济发展

促进经济发展是改革的重要目标，同时经济发展也为改革提供坚实的物质基础，对改革的持续推进大有助益。经济法制度则直接促进经济发展，进而间接保障改革向纵深进行。经济法对经济发展的促进作用主要体现在以下几个方面。

首先，制定明晰的产权制度。正如孟子“恒产论”所道，“有恒产者有恒心”②，经济法通过明晰产权制度，激发人们创造价值的动力，并促进经济持续高质量发展。产权制度是市场经济的基石，经济法通过明晰产权制度，减弱我国惯常使用的“运动式”治理方式③对产权常态化、制度化保障的不利影响。通过立法手段为产权建立长期保障机制，以此稳定市场主体预期，激发市场主体活力，促进市场经济发展，进而为改革注入不竭动力。

其次，保障公平竞争的营商环境。好的营商环境是经济发展的重要保障，世界银行在其发布的《2019 营商环境报告》中指出，我国营商环境较去年上升

① 参见张守文：《公平竞争审查制度的经济法解析》，载《政治与法律》2017 年第 11 期，第 2—10 页；孙晋：《新时代确立竞争政策基础性地位的现实意义及其法律实现——兼议〈反垄断法〉的修改》，载《政法论坛》2019 年第 2 期，第 3—12 页；杨勤法、丁庭威：《新时代公平竞争审查制度的解构与重塑》，载《经济法论丛》2019 年第 2 期，第 283—315 页。

② 《孟子·滕文公上》：“民之为道也，有恒产者有恒心，无恒产者无恒心。苟无恒心，放辟邪侈，无不为已。”

③ 参见冯志峰：《中国运动式治理的定义及其特征》，载《中共银川市委党校学报》2007 年第 2 期，第 29—32 页。

32位，首次进入世界前50行列。① 近些年来，中国采用多种经济法律制度，采取产业政策与竞争政策双结合的模式，借助“建立负面清单”、“加强放管服改革”、“多证合一”② 以及推行“公平竞争审查制度”等多项改革举措，减少相关制度交易成本，降低企业负担，③ 不断优化营商环境，增强市场主体活力，从而使得经济从“高速发展”转向“高质发展”，进一步为改革提供坚实的经济基础。

综上，经济法制度通过均衡主体负担、稳定市场秩序并促进经济发展，为改革所需的“政府与市场双向减负”、“稳定市场秩序”及“坚实经济基础”提供支撑，进而为推动改革向纵深发展提供坚定的制度保障。

四、改革与经济法的双向互动——新时代经济法内涵的深化

综合以上论述，笔者已清晰地提炼出改革与经济法两者互动产生的效果——两者“互相影响”亦“互相成就”，即改革不断促进经济法制度的生成，而经济法制度又为改革提供理念支撑与制度保障。与此同时，改革不断向纵深发展，改革与相关政策及制度日益所推进的“帕累托优化”，使得经济法理念与制度也因改革实践而不断深化与完善，而日臻完善的经济法理念与制度也对实现国家治理现代化大有助益。

纵观我国历史发展进程，可清晰看出：伴随市场经济体制的确立，我国开始强调依法治国，建立相应配套的经济法律制度，经济法制备受重视，并在推进改革的进程中发挥重要作用。随着改革向纵深发展，改革所需实现的国家治理现代化对整体法治的统一性、稳定性以及自洽性提出了更高要求，经济法也

① 世界银行：“中国改革有效，营商环境大幅改善”，载央广网，https://baijiahao.baidu.com/s?id=1616080889799603568&wfr=spider&for=pc，最后访问时间：2020年2月11日。

② 参见《国务院关于积极稳妥降低企业杠杆率的意见》（国发〔2016〕54号）、《国务院办公厅关于聚焦企业关切进一步推动优化营商环境政策落实的通知》（国办发〔2018〕104号）、《国务院办公厅关于加快推进“多证合一”改革的指导意见》（国办发〔2017〕41号）。

③ 由经济法保障营商环境优化的前提下，企业家在有限的经济活动中，会花费更多的精力对企业内部生产性的日常经营进行治理（内治），而非花费更多的时间应对非生产性的公关招待（外攘）。参见魏下海、董志强、张永璟：《营商制度环境为何如此重要——来自民营企业家“内治外攘”的经验证据》，载《经济科学》2015年第2期，第105—116页。

在不断因应改革与时代需求的过程中完善自身。在改革与经济法双向互动的过程之中，逐渐形成了结构与功能更加健全、理念与内涵更加深化的现代经济法治体系。

（一）经济法是“现代法”

“现代法”是社会转型的核心内容，改革是社会转型的根本动力。如前所述，数次具有现代化特征的“大改革”与“小改革”为经济法的生成奠定了重要基础，因此，“现代法”是经济法的重要特征，也是经济法区别于其他法律的标识。① 作为现代法的经济法，其现代性主要体现在以下几个方面。

1. 经济法是“包容性制度”

我国经济法自改革开放以来历经40余年的发展，不惑之年的经济法也具备了该年岁所应有的“包容性”，逐渐发展成为“包容性制度”。与“包容性制度”相对应的是“攫取性制度”，在计划经济时期，经济法几近于无，为数不多可称之为经济法律制度的，也是服务于计划经济的一种制度合理性解释的工具，其功用更多的是为国家在资源配置中起决定性作用进行背书。这一时期的制度，便是一种“攫取性制度”，它帮助国家攫取私主体的资源与利益，并确认国家攫取行为的合法性，并非一种“良善的制度”。阿西莫格鲁和罗宾逊认为，“包容性制度”作为一种“良善的制度”，其有助于经济发展，“攫取性制度”可能会产生相反效果，是会导致国家失败的坏制度。② 正如笔者在前文所述，随着改革不断向纵深发展，经济法对于“效率与公平”“自由与秩序”“发展与民生”的价值追求，以及其在“均衡主体负担”“稳定市场秩序”“促进经济发展”等方面发挥的重要作用，逐步使得市场在资源配置中发挥决定性作用，市场主体享有充分的经济自由权，又使得政府能够更好地发挥自身作用，在动态平衡政府与市场关系的基础之上，有效解决“两个失灵”问题，不断优化资源配置。正因如此，经济法也在市场经济发展及改革进程中不断优化其调整范

---

① 参见林默彪：《论当代中国社会转型的分析框架》，载《马克思主义与现实》2005年第5期，第124—127页。

② 参见〔美〕德隆·阿西莫格鲁、詹姆斯·A. 罗宾逊著：《国家为什么会失败》，李增刚译，湖南科学技术出版社2015年版，第51—58页。

围，从“纵向说”“纵横统一说”到“需要国家干预说”,[①] 再到“国家调制说”，这些学说的演变彰显了经济法不断调适和自我证成的勇气和决心，这些皆是经济法作为一种“包容性制度”的生动体现。

2. 经济法是“理性法”

众所周知，在改革开放之前，我国受苏联影响长期实行计划经济，使得经济一度发展缓慢。党的十一届三中全会以后，我国推行改革，扩大开放，经济得以在短短的40余年里突飞猛进。但仍需承认，受计划经济的影响，即便实行改革开放，我国经济社会的发展依旧在一定程度上映射出计划经济时期的“影子”，例如即便实行改革开放，我国经济社会发展仍不是自发性的演进过程，而是充斥着政策规划与制度安排的理性构建的过程,[②] 各种“一五规划”“二五规划”成为指导我们经济社会生活的最高指挥棒，这实属一种典型的“构建理性主义”，此时的经济法体现为一种“回应法”，而非“理性法”。由于人的理性是不能完全化、绝对化的，有限理性使得无法先知先觉的“完人”可以完美地预判即将发生的社会关系,[③] 所以此时的经济法更加关注法律的确定性、稳定性和可预见性,[④] 而非关注经济法的政策性、变易性和特殊性,[⑤] 故此具有形而上的僵化性。卡多佐在其著作《法律的成长》中谈道，“法律必须稳定，但不能一成不变，如果不能达到确定性和变易性的一种平衡，对法律而言具有同样的破坏性”[⑥]。随着改革向纵深发展，经济法制度规范在宏观调控与市场规制中

① 参见王保树：《关于经济法概念的考察》，载《经济法论丛》1999年第2期，第54—55页。

② 参见陈甦：《改革开放40年来我国经济体制与经济法制的互动发展》，载《中州学刊》2018年第11期，第2页。

③ 参见史际春、胡丽文：《政策作为法的渊源及其法治价值》，载《兰州大学学报（社会科学版）》2018年第4期，第154—160页。

④ 参见〔英〕哈耶克著：《法律、立法和自由》，邓正来等译，中国大百科全书出版社2000年版，第213页。

⑤ 参见张守文：《中国经济法治的问题及其改进方向》，载《法制与社会发展》2018年第2期，第22页。

⑥〔美〕卡多佐著：《法律的成长》，李红勃等译，北京大学出版社2014年版，第14—15页。

被频繁使用，其政策性、变易性和特殊性甚为突出，[①] 尤其是自 1993 年我国加入 WTO 后，“市场经济入宪”，到进入新时代提出要“全面深化改革”、实现“国家治理现代化”的目标，经济法逐渐从“建构理性主义”向“进化理性主义”[②] 进行蜕变，其在宏观调控与市场规制的过程中，不断试错纠错、碰壁转变并总结经验教训，在动态调整并适应时代发展需求的过程中，逐渐使得经济法成为新时代全面深化改革、实现国家治理现代化所要求的“理性法”。

3. 经济法的时代性表达：经济宪法

1993 年《宪法》第 15 条规定国家实行社会主义市场经济，应当加强宏观调控和市场规制。[③] 宪法所确立的市场经济体制赋予中国经济法以现代内涵，正如前文所述，这也是“市场经济就是法治经济”该经济法理念外在表征的生动体现。与此同时，在市场经济体制正式确立后，经济法的现代使命变得清晰明朗起来，那便是加强市场规制、规范宏观调控、促进市场竞争。经济宪法所确立的市场经济体制，是我国经济法自产生以来最重要的一次现代化转型，全新的市场理念被注入经济法的内涵之中。[④] 经济法已不再是当初被计划经济架空的“攫取性制度”，也不是单纯因应改革的“回应法”。经济宪法促使经济法实现向现代化的转型，其同经济法是“包容性制度”与“理性法”具有内在的一致性。

（二）经济法是“分配法”

合理、公平分配是经济法兼顾“效率与公平”价值的重要手段。经济法作

---

① 参见张守文：《回望 70 年：经济法制度的沉浮变迁》，载《现代法学》2019 年第 4 期，第 12—15 页。

② 建构理性主义的固有缺陷使其天然不关心制定后的法律实施问题，这也是造成中国社会市场和政府行为失衡的重要原因；进化理性主义认为，人虽有理性，但人为设计与理性创造并不能构成决定因素，制度的起源并不在于构造或设计，而在于从不断犯错与纠错、不断碰壁与转变的实践中，经过无数次经验总结与积累形成。参见李亮：《法律体系到法治体系：从“建构理性主义”到“进化理性主义”——以中共十五大到十八届四中全会政治报告为分析基点》，载《甘肃政法学院学报》2014 年第 6 期，第 1—14 页。

③ 参见 1993 年《宪法》第 15 条：“国家实行社会主义市场经济。国家加强经济立法，完善宏观调控。国家依法禁止任何组织或者个人扰乱社会经济秩序。”

④ 参见单飞跃：《中国经济法部门的形成：轨迹、事件与特征》，载《现代法学》2013 年第 4 期，第 14 页。

为分配法，有助于解决分配失衡问题，通过经济上的合理分配，优化个人财富配置，缩小个人及地区的贫富发展差距，逐步实现全面小康；同时也通过对政府与市场主体负担的合理分配，均衡双方权利（力），进一步简政放权，实现经济法制度与时俱进并进一步促进经济发展。

1. 经济上的分配

《管子·国蓄》中提出“民予则喜，夺则怒，民情皆然”①；《管子·揆度》中提出“天下善者不然，民重则君轻，民轻则君重，此乃财余以满不足之数也”②；此外，清代魏源在《默觚下·治篇十四》提出“不善赋民者，譬则剪韭乎，日剪一畦，不罄不止”③。这些历史典籍皆揭示从古至今各国都无法回避的“君与民”的关系，质言之，君对民采取什么样的“予夺”政策，直接决定君与民之间的“轻重”分配，是否懂得“赋民”，也将决定民的财富是否会“罄止”。时至今日，这个问题依旧存在，且已经衍化为我们非常熟悉的“政府与国民”之间的关系，以及直接影响国民收入与财富的分配制度。在20世纪90年代的改革过程中，一度出现严重的官员（政府）与民争利的现象，④ 严重破坏“予夺”的动态平衡，扭曲“轻重”分配。但随着改革不断向纵深发展，分税制、政企分开、国退民进等改革措施纷纷出台，经济法作为典型的分配法，通过财政制度、税收制度以及其他经济法律制度，不断动态调整政府收入与国民收入的占比，⑤ 以期减轻国民负担，增加国民财富，最终实现共同富裕。然而，我们应理性认识到，在我国目前整体的分配体系中，政府占比相对较高已经是各界的基本共识。因此，作为分配法的经济法依旧任重而道远。

2. 权利（力）上的分配

权利（力）上的分配，更多体现为一种经济法制度上的安排，体现于政府

---

① 《管子·国蓄》。

② 《管子·揆度》。

③ （清）魏源：《默觚下·治篇十四》。

④ 新华网2015年12月10日首次曝光20世纪90年代东北三省地方国企领导承认多年来一直在造假经济数据，大批偷盗厂里生产原料和废料到厂外卖钱的，数不胜数。从正门拉出去的成品不一会就从后门拉回来，领导一手报账卖出多少成品，一手报账采购多少废品，都是国家的钱。关系之风盛行，官员与民争利现象严重。

⑤ 参见张守文著：《分配危机与经济法规制》，北京大学出版社2015年版，第64—69页。

与市场在负担上的“承受能力”，尤其是市场主体在负担上的“承受能力”，主要表现为税费负担以及遭遇不公平竞争的负担，此为一种“直接负担”，以往我们对这类“直接负担”已有较多探讨。然而，对于因制度缺失而导致的制度交易成本过高的负担，也即“间接负担”，我们鲜有关注，但该类“间接负担”对各主体的积极性发挥着至关重要的作用。因此，笔者在这里探讨“权利（力）上的分配”，重点在于如何从制度上减少市场主体以及政府所承受的“间接负担”。正所谓“主体负担的轻重变易，直接影响国家的治乱平衡”，其不仅对市场主体如此，对政府也是如此，过多过细的行政干预也会导致政府疲于应付，降低其治理国家的能力。因此，经济法借由制度安排对政府与市场在权利（力）上进行分配，尤其通过扩大市场主体的权利以及限缩政府的权力，保障对主体负担分配的公平性和合理性。通过“双向减负”的“负担分配”，激发各类主体的活力，为经济和社会发展提供新动力。国家当前推进供给侧结构性改革的重要思路和实现路径之一便是“减负”，这既是为市场主体“减负”，同时也是对政府自身的“减负”。要做好这些“减法”，真正实现“减负”，离不开经济法的制度设计与保障，经济法成为名副其实的“分配法”。

（三）经济法是“发展促进法”

正所谓“以改革促发展”，发展是改革所追求的重要目标，在经济法领域主要体现为经济发展权。经济发展权可划分为“促进发展权”和“自我发展权”，[①] 改革促进发展主要体现在国内主动改革所主导的发展以及全球化等贸易战、关税战等倒逼的改革。经济法作为“发展促进法”，在国家承载国内外“双重压力”进行改革的过程中，不断促进经济发展以完善其时代内涵。

1. 国内主动改革赋予“促进发展权”

改革往往是一国根据其国内经济、社会以及文化等方面在发展过程中所遇到的实际问题，尤其是根据经济发展所遇到的瓶颈进行的革新与变革。国家积极主动推进国内改革，这在“经济发展权”中主要体现为“促进发展权”，“促进发展权”往往是政府通过对各个层面的改革，尤其是经济层面的改革，赋予其他主体更多的发展权，从而实现国家的整体发展。这与安·塞德曼、罗伯

① 参见张守文：《经济发展权的经济法思考》，载《现代法学》2012 年第 2 期，第 5 页。

特·塞德曼所倡导的“发展导向型”的制度建设路径有异曲同工之处。① 体现到国内改革中，主要是政府积极行使“宏观调控权”和“市场规制权”，国家通过运用“经济调制权”，使政府积极行使职权，合理进行行政干预，践行“放管服”改革，打造服务型政府；同时也可充分调动市场主体积极性，使市场主体朝着符合经济发展规律的方向进行转型。在此期间，经济法通过保障政府合理行使自身的“经济调制权”，鼓励和促进符合市场发展规律、积极开展转型升级的企业，充分拓展并保障市场主体的发展权。

2. 全球化倒逼改革谋求“自我发展权”

面对二次现代化的“全球化”，可谓喜忧参半，全球化的发展使我国不断扩大改革开放，谋求自身更大的发展空间，但与此同时，关税战、贸易战等一系列棘手的新问题也随之产生。这给国家提出严峻的挑战，不断倒逼国家进行改革，以提高自身应对全球化带来的各种危机的能力，② 此时的一系列改革措施，将危机应对能力落实到激发市场主体参与全球化竞争的“自我发展权”上。“自我发展权”同样体现为一种“市场对策权”，国家通过改革赋予市场主体更多的权利，市场主体在此基础上适应全球化的发展规律并积极主动转型，不断提升自己参与全球化市场的博弈能力，在与他国企业进行竞争时，不断提升自身的竞争能力、参与能力以及对抗能力。③ 正如华为总裁任正非所说，“过去我们是为了赚点小钱，现在是为了要战胜美国”④。全球化所带来的贸易战倒逼国内市场主体寻求更多的“自我发展权”，找到最佳的“市场对策权”，不断提高市场主体的市场博弈能力。经济法作为“发展促进法”，通过在国内对市场主体的“自我发展权”进行充分的保障，为其在全球化的浪潮中谋求自身发展奠定坚实的制度基础。然而需要我们注意的是，经济法作为国内法，有其固

---

① 参见〔美〕安·塞德曼、罗伯特·塞德曼著：《发展进程中的国家与法律——第三世界问题的解决和制度变革》，冯玉军等译，法律出版社2006年版，第67页。

② 参见张守文：《后危机时代经济法理论的拓掘》，载《重庆大学学报（社会科学版）》2011年第3期，第96—101页；张守文：《危机应对与财税法的发展》，载《法学杂志》2011年第3期，第21—27页。

③ 参见张守文：《贸易战、全球经济治理与经济法的完善》，载《武汉大学学报（哲学社会科学版）》2019年第5期，第11—14页。

④ 任正非：“过去为了赚小钱，现在为了战胜美国!”，载新华网，http：//www. sohu. com/a/333032347_ 376360，最后访问时间：2020年2月11日。

有的局限性，时常与世界各国的经济法律制度不相适应，这将会使我国的改革处于较为被动的状态，所以，需要进一步促进国内经济法与全球先进经济法律制度的接轨，努力做到“纵横协调”，为我国推动改革、促进经济发展、提升市场主体的国际竞争力提供坚实的国内外制度保障。

（四）经济法是“治国法”

党的十八届三中全会提出，全面深化改革的总目标是推进国家治理体系和治理能力现代化，也即国家治理现代化。① 经济法作为“治国之法”，一直为实现全面深化改革的总目标贡献自身的力量，主要体现在经济法构建现代化的“经济治理体系”以及实现国家现代化的“经济治理能力”现代化上。

1. 构建现代化的“经济治理体系”

经济法作为“治国法”，首先表现为通过一系列经济政策参与日常经济的治理。例如财政政策、税收政策、产业政策、竞争政策及货币政策，它们构成我国经济治理体系中不可或缺的部分，在国家治国理政的过程中发挥着重要的作用。如财政政策通过调节央地之间的财政分配，充分发挥地方积极性；税收政策通过专项附加扣除制度缩小贫富差距，缓解社会矛盾；竞争政策为市场营造良好的公平竞争环境、优化营商环境，等等。但正如弗朗西斯·福山所言，“经济发展只靠好的经济政策是推动不起来的，还必须能够保障法律和秩序、财产权、法治以及政治稳定”②。于是，国家在经济政策的基础之上，逐渐通过法定程序将其上升至法律的高度，相关制度逐渐从“以政策为主”转变为“以法律为主”，进而形成完备的财政法、税收法、竞争法以及金融法等，这些完备的“经济法治理体系”在不断提升改革水平的同时，也不断促进国家“经济治理体系”的形成。

2. 提升现代化的“经济治理能力”

正如前文所述，“经济调制能力”已经成为经济法赋予政府管理经济的重要能力，主要分为“宏观调控能力”和“市场规制能力”，这两种能力已构成我国现代化“经济治理能力”不可或缺的一部分。首先，就“宏观调控能力”而言，主要体现为对经济的“宏观”驾驭能力以及对经济的审慎“调控”能

---

① 《中国共产党第十八届中央委员会第三次全体会议公报》。

② 〔美〕弗朗西斯·福山著：《历史的终结与最后的人》，陈高华译，广西师范大学出版社2014年版，第359页。

力。在宏观驾驭经济的过程中，保持经济总量平衡、协调经济结构、熨平经济周期、防控因市场失灵所导致的周期性风险；并在审慎运用财政政策、税收政策及竞争政策调控经济的过程中，稳定市场预期，实现经济健康稳定发展。其次，就“市场规制能力”而言，主要体现为对政府和市场主体的“规范”与“监督”，同时也表现为对政府市场监管行为的“制约”。例如，政府更好地履行自身职责，及时规范与监督扰乱市场的行为，并通过“放管服”改革简政放权，降低自身汲取意愿，减少不必要的行政审批，加强对自身监管权力的制约，更好地保障市场秩序，促进经济平稳发展。最后，在综合运用“宏观调控能力”与“市场规制能力”的基础上，不断提升国家的“经济治理能力”。

五、结语

改革是具有重大历史意义和现实意义的系统工程，涉及多层面、多要素，研究改革与经济法的关系，对于深化新时代经济法理论、完善经济法体系并逐步实现国家治理现代化具有重要意义。本文首先分析改革对经济法所产生的作用，通过剖析改革对经济法“本体论”及“价值论”生成的作用，动态解析作为经济法“二元主体”的政府与市场在改革过程中对“效率与公平”、“自由与秩序”以及“发展与民生”等经济法价值的追求；其次分析经济法对于改革的支撑与保障作用，尤其是“市场经济就是法治经济”以及“税收法定原则”等经济法理念对改革的基础支撑作用，并进一步阐述经济法制度对改革的持续保障作用；最后对改革与经济法的“双向互动”关系展开论述，试图解析经济法在新时代改革浪潮中所具有的“现代法”、“分配法”、“发展促进法”以及“治国法”等特性，以期理解改革对经济法理论内涵及制度体系的深化与完善。质言之，改革与经济法既“互相影响”亦“互相成就”，改革不断促进经济法制度的生成，而经济法制度又为改革提供理念支撑与制度保障。与此同时，改革不断向纵深发展，改革与相关政策及制度日益所推进的“帕累托优化”，使得经济法理念与制度也因改革实践而不断深化与完善，日臻完善的经济法理念与制度，将进一步推进国家治理现代化目标的实现。

（初审：任妍姣；校对：魏静莹）

行政法学的回应性变迁：一个类学术史的梳理

刘 孟*

摘 要：公共行政的变迁和法治政府建设的系列要求，使得以行政行为为核心，以控权（力）—保权（利）为目的，关注行政行为合法性建构的传统行政法理论难以对此予以有效回应，以“行政行为—司法审查”为轴线构建起的传统行政法学理论正面临系列挑战。为突破这一窘境，回应公共行政的变迁，“新行政法”应运而生。一是打破传统“公私法二元论”的立论基础，关注核心实现了由行政行为向行政过程的挪移，其基本面向由国家行政向公共行政转变；二是随着立论基础和关注焦点的挪移，其研究方法抑或范式也在相应发生转变；三是规制理论的发展，风险规制、行政自制等理论为窥探传统行政法提供全新视角，也为传统行政法的体系内容建构带来众多理论冲击。诚然，新理论的提出并不代表问题能一劳永逸地得到有效解决，行政法学界还需直面和回应当下中国法治实践的诸多新课题。

关键词：传统行政法；新行政法；公共行政；回应性变迁

引言

政府职能和目标的转变，使得行政的范围也在作适应性扩展，行政法研究的焦点和理论体系亟须调整和回应。但与此相对的是，面对不断变迁

* 刘孟，四川大学人权法律研究中心助理，四川大学法学院2019级宪法与行政法专业硕士研究生。

的公共行政①和法治政府建设的全新目标等系列现实挑战，以“公私法二元论”为立论基础，行政行为为理论核心，以控权（力）—保权（利）为目的，关注行政行为合法性建构的传统行政法理论不免步履踉跄，难以对此予以有效回应，使得中国行政法学的发展面临诸多困境，以至被讥讽为“黑板行政法”。②

为尽快走出这一困境，回应上述系列挑战带来的理论冲击，行政法学界不得不重新检视传统行政法理论，其结构性变革逐步开启。随后，以“新概念行政法”研讨会③为契机，众多学者参与到对“新行政法”④ 理论及体系的建构与讨论中。在“新行政法”研究的持续深入和传统行政法理论自身弊端不断显露的综合作用下，以“行政行为—司法审查”为轴线构建起的传统行政法学理论正面临众多挑战。

本文拟通过对传统行政法理论及其体系建构的初步阐述，梳理“新行政法”兴起的时代背景及其聚焦的一般维度，在两者的系列对比中阐明行政法学理论的基本转型特征及其学术发展样貌。诚然，新理论的提出并不代表问题能一劳永逸地得到有效解决，新时代中国的行政法还面临着诸多新的挑战。“公私合作”“风险治理”等新兴主题的不断涌现，深刻改变着传统行政法学上行政行为单中心主

---

① 对于何为公共行政，各种定义纷至沓来，彼此争鸣。一般而言，传统意义上的公共行政特指以政府为主体的管理活动。但随着公共行政的变迁，学界普遍认为公共行政的主体应该是多元的，至少是二元的，即传统的政府和新兴从事公共治理的第三部门。比如姜明安教授就指出，国家行政属于公共行政，但公共行政不等于国家行政，因为公共行政除国家行政以外，还包括其他非国家的公共组织的行政，如公共社团（律协、足协等）的行政、公共企事业单位（公立学校、国有企业等）的行政以及社区（村民委员会等）的行政。具体可参见姜明安著：《行政法》（第4版），北京大学出版社2017年版，第7页。

② 参见余凌云：《公共行政变迁之下的行政法》，载《华东政法大学学报》2010年第5期，第95页。

③ 参见田飞龙、郑春燕：“‘新概念行政法’的尝试——一次学术更新的预备会议”，载北大公法网，http：//www. publiclaw. cn/？ c = news&m = view&id = 1271，最后访问时间：2019年3月4日。

④ 澳大利亚法学界将1970年以来制定的一系列调整现代行政关系，反映现代行政权力行使民主化、科学化趋势的法律及在实施中形成的相应法律机制称为“新行政法”。随后“新行政法”在不同场合被提及，引发行政法学界热议。其认为“新行政法”的“新”主要有三：调整范围的新、调整方式的新和法源形式的新。具体可参见姜明安著：《行政法》（第4版），北京大学出版社2017年版，第39—47页。

义的固有格局。① 行政法学理论也亟须回应法治中国建设的系列重大理论需求、政府治理和社会变迁带来的理论变革以及新兴科学技术带来的智识挑战。

一、传统行政法理论的基本逻辑及其困境

（一）传统行政法的基本理论逻辑

提及传统行政法，我们无法绕开奥托·迈耶，其所著的《德国行政法》更是一度被大陆法系奉为圭臬。究其根源在于奥托·迈耶首次运用概念法学的方法进行研究，从具体部门法理论中实现了高度的理论抽象，并以行政行为为核心概念确定了传统行政法的基本架构。② 长期以来，我们深受德国法的研究方法和法律传统的熏陶，行政法研究及其理论总体上偏向德日的风格，③ 并以此为借鉴，在理论发展过程中逐步形成了以“公私法二元论”为立论基础，以行政行为为核心，以控制公权力、保障私权利为目的，以司法审查为核心手段的传统行政法理论。其聚焦的核心在于行政行为的合法性，并依靠“行政行为—司法审查”这一主轴建构起整个传统行政法体系。④ 可以说，在传统意义上，整个行政法是放在行政行为这个核心支点上的。

在这一体系之中，行政行为作为开启行政救济通道的基础范畴，有着举足轻重的地位。更有甚者认为，行政行为是像阿基米德支点一样核心的概念，行政诉讼就是围绕着这个概念构筑起来的。⑤ 这是因为行政诉讼主要是解决行政

---

① 参见章志远：《当代中国行政行为法理论发展的新任务》，载《学习与探索》2018年第2期，第85页。

② 参见〔德〕奥托·迈耶著：《德国行政法》，刘飞译，商务印书馆2013年版，第14页以下。

③ 参见余凌云：《行政诉讼法是行政法发展的一个分水岭吗？——透视行政法的支架性结构》，载《清华法学》2009年第1期，第113—114页。

④ 参见中外法学编辑部：《中国行政法学发展评价（2010－2011）基于期刊论文的分析》，载《中外法学》2013年第4期，第682页。该文指出，很大程度上传统行政法体系的框架是以“行政行为—司法审查”为主轴，包括行政法基本原则、行政主体、行政行为（行政立法、行政处罚、行政许可、行政强制、信息公开、行政契约等）、行政复议、行政诉讼、国家赔偿等一系列内容所建构起的。

⑤ 参见余凌云著：《行政法讲义》（第2版），清华大学出版社2014年版，第28页。

行为的合法性，而行政行为的基本特征决定了法院的受案范围，进而也就控制了司法审查的限度。

此外，受到大陆法系国家围绕行政诉讼来构筑行政行为概念的传统观念①的影响，我国行政法学关注的核心自然是行政活动的合法性，而对行政行为合法性的检验则依赖于司法审查（即以“法官”的身份进行合法性检验），② 这也是其他法学学科的惯常做法。所以传统意义上，行政行为的概念、特征与类型都被赋予了极其浓厚的诉讼意味，③ 使得传统行政法理论更多地呈现出面向司法的理论体系架构。

当我们把目光回到“行政行为—司法审查”这一轴线上，会发现行政行为与行政诉讼之间呈现出某种对应关系，如行政行为的基本特征一定意义上决定了行政诉讼的审查对象，④ 行政行为的合法要件则构成了合法性审查的基本标准，行政行为的效力预示了法院对被诉行政行为的态度，进而决定了判决的类型。再进一步看，行政法总论与行政诉讼之间也存在着某种内在的联系，余凌云教授将这种关系归结为“支架性结构”⑤。需要指出的是，在这种结构中，两者间在功能上很有可能发生双向的流动，究其根源在于法院的审判实践一定程度上可以成为行政法理论发展的动力和催化剂。这也正如某些学者指出的那样，我国行政法的发展是由多股力量共同推动的结果，法官“造法”便是其中之一。⑥ 举例来看，当高校拒绝授予学位申请人学位证时，其能否作为行政诉讼的被告，这在过去还一度引起学界争论。但当司法实务面对诸多高校

---

① 参见章志远著：《行政法学总论》，北京大学出版社2014年版，第162页。

② 其基本的预设是：通过严格遵循经由民主政治过程产生的法律，行政活动可自然地获得法律所“传递”过来的民主正当性，行政法学努力的方向是确保这一传递过程的各个环节都不出问题，故而司法审查成了保障机制的重中之重。

③ 参见余凌云著：《行政法讲义》（第2版），清华大学出版社2014年版，第214页。

④ 这是因为行政行为的基本特征，是法院据以审查该行为是否应作为审查对象的考量标准，而行政行为的类型化处理，只不过是为了简化审查的过程。

⑤ 关于“支架性结构”的具体论述及有关图示，可参见余凌云著：《行政法讲义》（第2版），清华大学出版社2014年版，第28—30页。

⑥ 周佑勇教授认为，除了国家立法层面，还有三股力量共同推动我国行政法的发展：一是国务院层面，二是地方立法，三是法官“造法”。其中司法实践中的许多个案（如田永案、刘燕文案、张成银案等）印证了这一说法。参见周佑勇著：《行政法原论》（第3版），北京大学出版社2018年版，第22—23页。

学位授予纠纷时，法官表现出极度的睿智，严格把握了司法审查的限度，通过个案刺激了行政法基础理论的发展。在田永案、刘燕文案等司法裁判中，法官创设性地运用了正当程序原则和制度等，① 为推动我国行政法的发展作出了巨大贡献。

整体来看，综观传统行政法学的基本理论体系，其呈现以下两种基本倾向：一方面，在于受传统形式法治主义影响，整个传统行政法理论贯穿着无法律便无行政的理念，寄希望于将所有行政行为予以类型化，进而从实定法的层面明确行政活动的容许性和界限；② 另一方面，传统行政法学仅仅关注行政行为的合法律性审查，往往忽视行政形成过程的各种相关元素，进而更加趋向概念法学和形式法学。

（二）传统行政法的理论困境

就行政法学的体系化建构和相关研究，近年来行政法学界做了许多努力和尝试，但始终未在学理上达成某种共识，仍处于自说自话的语境之中，突破传统行政法学的束缚俨然成了行政法学界的必然使命。朱芒教授指出，行政法学的体系化困境在于缺乏统领性的抽象概念，既有概念无法统合新的问题以及形式框架难以容纳政策目的。③ 承前所述，传统行政法理论的体系困境在于：这一体系建构的核心基础——行政行为理论的潜在约束，加之我国传统行政法建构初期司法面向的具体行政行为理论的隐蔽缺陷，在面对日益纷繁复杂的社会变化以及众多无法被类型化的行政行为的挑战时，这一既有理论往往难以周延和有效涵盖新问题、新现象，因而难免在行政法治实践过程中步履踉跄。

回归行政法学发展的学术史，重构初期的中国行政法学更多的是以当时译介的苏联和东欧的行政法学著述为蓝本展开，因而其不可避免地带有浓厚的行

---

① 参见何海波：《司法判决中的正当程序原则》，载《法学研究》2009 年第 1 期，第 131—142 页。

② 参见李福林、张肇廷：《从“行为论”到“关系论”的中国行政法学》，载《学术研究》2018 年第 10 期，第 71 页。

③ 参见朱芒：《中国行政法学的体系化困境及其突破方向》，载《清华法学》2015 年第 1 期，第 6 页。

政管理学色彩。① 因此，1983 年由王岷灿教授主编的第一代行政法学教科书②难以脱离当时浓厚行政管理思想的约束，虽其试图在逻辑上尽力超脱，但事实上行政管理学与行政法学之间的边界依旧模糊，充满浓厚的命令—控制色彩。此外，在传统行政管理的语境中，行政主体通常仅指行政机关，而不包括法律、法规以及规章授权的组织或其他社会公权力主体，这也在无形中限缩了行政法学主体理论及其体系的场域。

1989 年罗豪才教授主编的第二代行政法学教科书③，积极吸收当时最新的行政法研究理论成果，其体系内容更加完整、丰富。该书花了大量篇幅对行政行为理论进行阐述，这为行政法学的学习和研究提供了全新视野。除此之外，该书还用几个专门章节讨论司法审查，初步奠定了传统行政法以“行政行为—司法审查”为轴线展开的理论框架。加之受同年出台的《行政诉讼法》的影响，传统行政法理论对行政活动的合法性检讨愈加重视，司法指向的传统行政法学初步形成。但就其对行政法律关系的论述来看，第二代行政法教科书对行政主体理论的把握，仍处于行政管理语境下的行政法律关系之判断。

从另一个角度来看，1989 年出台的《行政诉讼法》第 2 条规定：“公民、法人或者其他组织认为行政机关和行政机关工作人员的具体行政行为侵犯其合法权益，有权依照本法向人民法院提起诉讼。”对此可以明确：一是能够充当行政诉讼被告的主体是行政机关及其工作人员，此处大幅限缩行政主体被告的范围；二是司法审查的对象是具体行政行为的合法性，使具体行政行为成为我国传统意义上行政法学司法面向的逻辑基点。但当司法实践一次次面对诸如“田永诉北京科技大学案”这样的诉讼时，法院不得不重新审视公立高校的法律地位，进而开创性地将公立高校学生教育纠纷纳入行政诉讼的救济范围，叩开紧闭已久的教育行政诉讼的大门。④ 正是司法实践中众多个案的推动，行政法学

① 参见朱新力、宋华琳：《现代行政法学的建构与政府规制研究的兴起》，载《法律科学》2005 年第 5 期，第 39—40 页。

② 参见王珉灿主编：《行政法概要》，法律出版社 1983 年版。

③ 参见罗豪才主编：《行政法学》，中国政法大学出版社 1989 年版。

④ 参见湛中乐：《司法对高校管理行为的审查——田永诉北京科技大学案评析》，载《中国法律评论》2019 年第 2 期，第 50 页。

的理论才一次次地得以诠释和发展。因此，在2014年《行政诉讼法》修正时，对第2条进行了重新修订，并在2017年的进一步修正中得以继续沿用。其规定："公民、法人或者其他组织认为行政机关和行政机关工作人员的行政行为侵犯其合法权益，有权依照本法向人民法院提起诉讼。前款所称行政行为，包括法律、法规、规章授权的组织作出的行政行为。"较之1989年《行政诉讼法》，新法实现了历史性突破：一是承认行政行为主体的多元性，无形间扩展了行政诉讼被告的范围；二是将具体行政行为修改为行政行为，实现了行政法学理论与行政诉讼实践的某种统一。但要指出的是，虽然司法实践在范围上不断作适应性扩张，但依旧未能改变行政行为这一概念混乱的窘境，相反在某种程度上还加剧了行政法学体系建构的难度。

诚然，上述司法实践的某种回应始终未能脱离面向司法的行政行为合法性检视。回归我国行政法治实践，在面对法治国家、法治政府和法治社会建设的时代课题时，学界开始呼吁要实现由面向司法的传统行政理论转向面向行政的行政理论，并得到越来越多学者的认可和支持。① 但如何突破传统行政法以行政行为为核心建构的大厦，学界观点还未能统一，修补者有之，抛弃重构者亦有之，就此下文将详加阐述。另外，随着党和国家机构的新一轮改革，面对党政合署办公、国家治理能力现代化建设等现实问题，其对传统行政主体理论、行为理论、救济理论等不可避免地产生一定冲击。以行政行为为核心建构的传统行政法理论该如何予以有效回应，体系困境如何突破成为摆在行政法学界面前沉甸甸的使命。

二、"新行政法"研究的兴起与展开

（一）"新行政法"研究的兴起

公共行政作为行政法学的主要研究对象，其内涵抑或外延的界定往往决定

① 类似文献可参见王锡锌：《行政正当性需求的回归——中国"新行政法"概念的提出、逻辑与制度框架》，载《清华法学》2009年第2期；谭宗泽、杨靖文：《面向行政的行政法及其展开》，载《南京社会科学》2017年第1期。

了行政法学研究的疆域。① 所以，“新行政法”的兴起与公共行政的变迁不无关系。溯其缘由在于：一是随着法治政府建设进程中简政放权的进一步扩展，政府职能的社会化倾向越发明显，进而激发出了更多非正式的行政活动，使得最初的权力行政逐步扩展到非权力行政，由此带来公共行政的多元化趋势，并已得到行政诉讼立法的回应；二是伴随着政府主导的一系列事业单位改革，行政权的行使从行政机关扩展到法律授权的其他公共组织；三是随着行政理念从管理向治理的转变，国家行政逐步扩展到以协作行政为代表的公共行政样态。但面对公共行政这一系列快速的发展变化，传统行政法已无法有效地解决行政实践过程中遇到的众多问题，为解决行政实践与理论不匹配的困境，一种内容和外延更为全新的行政法应运而生。

国内关于“新行政法”这一概念，最早是由姜明安教授在澳洲访学归国后提出的。② 随后，为了对行政实践出现的新问题、新现象进行某种理论上的回应，北京大学法学院在2008年举办了“新概念行政法”研讨会。承前所述，以此研讨会为契机，“新行政法”也开始引发学界的广泛关注和讨论。但深究“新行政法”兴起之根源，始终无法脱离社会的转型以及时代的变革。尤其在面对这一转型过程中出现的公共行政新样态（如行政契约、行政协作等非强制行政手段）时，传统行政法理论的弊端就不断显现。此外，如何构建适应这一新样态的新理论，俨然成为行政法学界迫切需要解决的难题。

（二）“新行政法”聚焦维度的展开

行政法理论建构和发展的初期，国内曾掀起行政法基础理论研究和讨论的热潮，据有关学者不完全统计，前后提出过近20种理论学说。其中尤以控权论、管理论、公共利益本位论和平衡论影响较大。③ 当然，这不是本文探讨的重点，但该期间的有关研究和讨论，可以认为是我国“新行政法”研究的前奏或开端。

近年来，基于对中国传统行政法的体系性焦虑，有关“新行政法”的研

---

① 参见朱新力、梁亮：《公共行政变迁与“新行政法”的兴起》，载《国家检察官学院学报》2013年第1期，第113页。

② 参见姜明安著：《行政法》，北京大学出版社2017年版，第40页。

③ 参见章志远著：《行政法学总论》，北京大学出版社2014年版，第59—74页。

究，可谓论著颇丰。通过现有文献的梳理来看，其主要集中于以下几个方面：一是规制理论研究的兴起，于立深、章志远、朱新力等学者借此分别从不同角度阐释其对传统行政法的挑战及其未来之面向。① 此外，基于对风险行政的关注，其中尤以食品、药品安全为一个最为热门的论题，已渐趋形成一个可观的部门行政法体系。二是就行政自制而言，随着我国“法治政府”建设的持续推进，中央政府先后发布系列文件，要求行政主体（主要是政府部门）对行政裁量权进行自我规制，② 这使得行政法学界持续保持着对行政自制的研究热度。此外，关于行政裁量基准的研究，也成了这一课题下的一个高热度研究议题。③ 三是就合作治理与行政决策的相关研究来看，公私合作治理是“新行政法”范式下一个热度不减的话题，每年都有一定数量的论文发表。

诚然，关于“新行政法”研究维度的探讨，本文无意通过大量文献的堆砌加以论述，所以其研究的聚焦维度最终还得回归到“一般行政法”④ 层面上进行。究其缘由在于：一般行政法研究的是行政法的共性问题，为分析行政法现象提供了基本技术与规范路径，也为部门行政法研究构建了具有普适性的理念和价值。⑤ 从另一个层面来看，若“新行政法”概念旨在讨论各个部门行政法

---

① 对此可参见于立深：《概念法学和政府管制背景下的新行政法》，载《法学家》2009年第3期；章志远：《民营化、规制改革与新行政法的兴起——从公交民营化的受挫切入》，载《中国法学》2009年第2期；朱新力、梁亮：《公共行政变迁与新行政法的兴起》，载《国家检察官学院学报》2013年第1期；朱新力、宋华琳：《现代行政法学的建构与政府规制研究的兴起》，载《法律科学》2005年第5期。

② 2004年，中央政府在《全面推进依法行政实施纲要》中要求行政机关在行政决定中说明行使自由裁量权的理由；2008年，在《关于加强市县政府依法行政的决定》中进一步要求细化、量化行政裁量标准并予以公布、执行。此后，国务院又于2010年发布《关于加强法治政府建设的意见》，明确提出“建立行政裁量权基准制度，科学合理细化、量化行政裁量权，完善适用规则，严格规范裁量权行使，避免执法的随意性”。这几份文件的出台，使得行政自制相关研究热度不减。

③ 笔者通过中国知网平台的检索，截至2019年10月底，对此议题研究的相关文章高达386篇，其中尤以周佑勇、姜明安、王敬波、余凌云和章志远等学者为该领域的代表。

④ 在学理传统上，通常将行政法分为“一般行政法”（或“行政法总论”）、“部门行政法”（或“特别行政法”“行政法分论”）。前者指向跨越公共行政部门或领域的、对公共行政有共性要求的一般法规范之集合，后者则指向与特定具体的公共行政部门或领域相关的、对该部门或领域之行政既有一般共性要求又提出特殊要求的法规范之集合。

⑤ 参见余凌云：《行政法讲义》（第2版），清华大学出版社2014年版，第51—52页。

层面上的变化，显然将飘忽不定而难以收到学术范畴之应有价值。① 当然，这并不代表“新行政法”的探索将远离部门行政法。从历史发展来看，基于两者间存在的多元、多层次关系②，部门行政法理论的发展为“新行政法”研究和发展提供了诸多养分。因此，“新行政法”研究的出发点和切入点，往往是部门行政法的新近发展成果。这也是近年来“新行政法”发展中，规制理论研究更多地聚焦以食品、药品安全为代表的风险规制的缘由。但从长远来看，“新行政法”的研究终归会落脚于一般行政法。而在“新行政法”理论发展的起步、未成熟阶段，微观的部门行政法和中观的跨部门行政法将会是其主要的研究领域。③

三、行政法学的回应性变迁：一个初步的对比

承上，为回应公共变迁产生的一系列新样态，“新行政法”的理论研究正不断超脱传统行政法所架构的体系性内容，但这并不意味着“新行政法”的发展脱离了传统行政法的相关理论及其架构。相反，“新行政法”的新近研究是对传统行政法的升华和扩展。需要说明的是，本文并不打算从“主体—行为—救济”三个维度展开对本部分的具体论述。而是更多地立足于“新行政法”研究的最新理论成果，以及结合其基本面向在方法论层面的展开。整体来看，通过传统行政法基本理论的梳理，对比“新行政法”现实面向维度的展开，行政法学的回应性变迁可以归结为以下三个层面的内容：

（一）理论基础的挪移

随着公共行政变迁所带来的行政理念之转变，传统行政法学的理论基础也将发生相应的挪移。具体表征可以通过以下几个方面的论述加以窥视：

---

① 参见沈岿：《监控者与管理者可否合一：行政法学体系转型的基础问题》，载《中国法学》2016 年第 1 期，第 107 页。

② 关于两者的关系，详见余凌云著：《行政法讲义》（第 2 版），清华大学出版社 2014 年版，第 60 页。

③ 参见沈岿：《监控者与管理者可否合一：行政法学体系转型的基础问题》，载《中国法学》2016 年第 1 期，第 107 页。

一是立论基础由公私对立走向公私融合。行政法学界通常认为，在传统意义上，大陆法系国家对行政法学理论的体系化建构，是以公私法二元论①作为基本的理论根基。② 其基本预设是：公法与私法作为两大相互对立法律领域，两者规制的对象之间不存在交叉，相反还应有严格的边界。政府代表了绝对的公共利益，因而公共职能的行权主体只能由政府垄断；与此相对的是，私益主体成了行政相对人的代表。因此，行政权的优越地位于其体系建构之中格外突出。

但在今天去反观传统行政法体系这一立论基础，显然矛盾重重。正如部分学者所指出的那样：现代行政和行政法已经逐步呈现出公中有私、私中有公、公私不分的样态。③ 这样的一种趋势可以通过不断修订成熟的《行政诉讼法》（后文列举的相关条文内容均是2017年最新修订的《行政诉讼法》）加以窥探。具体来看，如依《行政诉讼法》第2条之规定④，行政的主体包容了法律、法规、规章授权的私法主体。再者，依《行政诉讼法》第25条第4款之规定⑤，检察院可以就特定领域的问题提起行政诉讼，行政法律关系的主体边界显然也已突破传统行政法中所限定的对象范围。当然，这样一种转变在情理之中，毕竟理论根植于时代和社会的发展，脱胎于奥托·迈耶时代的“公私法二元论”之立论基础不可避免地带有特定时代的局限性。

---

① 所谓公私法二元论，即认为公法与私法是法律的两大领域，公法是以国家所代表的公益秩序为主要规制对象；私法则以民事主体所代表的公益秩序为规制对象。因此，行政主体是公益的代表，而行政相对人则是私益主体。参见鲁鹏宇：《行政法学理构造的变革——以大陆法系国家为观察视角》，吉林大学2007年博士学位论文，第31页。

② 其实这样的表述散见于行政法学界的诸多学者的论著中，如沈岿、姜明安、马怀德、章志远等学者。江国华在《中国社会科学》发表的《行政转型与行政法学的回应型变迁》一文也有类似表述。从这个角度讲，可以说这是一个行政法学界的常识。

③ 参见〔美〕朱迪·弗里曼著：《合作治理与新行政法》，毕洪海、陈标冲译，第6页。转引自江国华：《行政转型与行政法学的回应型变迁》，载《中国社会科学》2016年第11期，第133页。

④ 《行政诉讼法》第2条第2款规定：“前款所称行政行为，包括法律、法规、规章授权的组织作出的行政行为。”

⑤ 《行政诉讼法》第25条第4款规定：“人民检察院在履行职责中发现生态环境和资源保护、食品药品安全、国有财产保护、国有土地使用权出让等领域负有监督管理职责的行政机关违法行使职权或者不作为，致使国家利益或者社会公共利益受到侵害的，应当向行政机关提出检察建议，督促其依法履行职责。行政机关不依法履行职责的，人民检察院依法向人民法院提起诉讼。”

此外，在我国社会转型时期的行政法治实践中，政府借助私人力量履行行政任务的合作治理模式逐渐兴起。政府一系列的“放管服”改革举措，使得公私合作趋势正得到日渐加强，行政法学界对此的关注和回应也日渐增加。基于此背景，越来越多的学者将研究焦点放在公私合作治理的行政法学理论研究上，相关成果正不断冲击和改变着传统行政法理论，就此后文会详加论述。

二是关注核心逐步实现由行政行为向行政过程挪移。迄今为止，中国传统行政法大致可称为行政行为中心论，行政行为在整个体系中居于核心地位，难以撼动，相关的理论研究也是紧紧围绕行政行为而展开。承前所述，伴随着公共行政的变迁和政府职能的不断扩展（人们衣食住行等各方面都能看到政府管理的影子），行政行为的外延进一步作了适应性扩张，① 使其内涵渐趋模糊，传统的诉讼意义日渐流失。② 与此相对的是，大量私法元素的渗入，以及逐渐产生的诸多新型行政方式，改变了传统行政行为具有的特性。因而有学者指出，时至今日，行政行为已经成为我国行政法学研究中一个极为混乱的基本范畴，③ 其根源在于行政行为双重功能间产生的排斥反应，④ 这使得以行政行为为核心的传统行政法体系面临诸多困境。

基于上述背景，诸多学者参与到对行政法理论体系的重构，以及对传统行政行为中心论的讨论和反思中来。以朱维究、江利红等为代表的学者在借鉴日本最新行政法理论的基础上，极力倡导以行政过程论建构我国新的行政法体系。⑤ 而江国华等人则主张以行政方式取代行政行为，因其更具包容性、整体

① 2014 年修正的《行政诉讼法》第 2 条已将原来的“具体行政行为”更改为“行政行为”。虽然只是两个字的差距，但其内核和外延已经发生了质的转变。

② 参见余凌云著：《行政法讲义》（第 2 版），清华大学出版社 2014 年版，第 214 页。

③ 参见章志远著：《行政法学总论》，北京大学出版社 2014 年版，第 155 页。

④ 参见应松年主编：《行政法与行政诉讼法》（第 2 版），法律出版社 2005 年版，第 133 页。在本书中，编者作了进一步阐释：其指出，在大陆法系及中国的行政法中，行政行为这一术语通常扮演着双重角色。一方面，作为行政诉讼受案范围的行政行为，它的最大功能应该包括行政主体一切具有行政法意义的行为；另一方面，作为理论研究的建构性行政行为概念，它又应该具有自身品质。

⑤ 相关内容可参见朱维究、胡卫列：《行政行为过程性论纲》，载《中国法学》1998 年第 4 期；江利红：《行政过程的阶段性法律构造分析——从行政过程论的视角出发》，载《政治与法律》2013 年第 1 期；江利红：《以行政过程为中心重构行政法学理论体系》，载《法学》2012 年第 3 期。

性和实践性。[①] 李福林等学者则指出，鉴于行政行为在理论和实务上的双重弊端，导致其在面对现代公共行政的变迁时，日渐显现出诸多不足之处。为此，有必要在行政法学研究中引入行政法律关系理论，以弥补行政行为形式理论的缺陷。[②] 随着时间的推移，以行政过程论[③]为代表的学说逐渐被学界接受。因为较之侧重对单个行政行为进行合法性审查的传统行政法，其更加注重对整体行政法实施过程的考察和实施效果的分析。[④] 对此，以裁量性行政行为为例（如行政处罚中的罚款），传统行政法关注的核心在于行政主体是否在法律规定的罚款数额区间作出处罚决定，并以此作为行政行为合法性的判断标准，至于合理与否在所不论。但行政过程论则侧重行政主体作出处罚的动态过程及对其行为的合理性产生内在的拘束，以保障立法最终目的的实现。

三是其基本面向实现由国家行政向公共行政的转变。脱胎于奥托·迈耶时代的传统行政法理论，其基本面向是国家行政。囿于时代的局限及市场经济初期尚为浓郁的计划色彩，我国传统的行政法研究视角自始便指向国家行政。经过改革开放40年的发展，社会生活的各个方面都发生了巨大改变，行政管理职能部分地转移到一些社会组织中（如律协、医师协会、村委会等组织），不再完全归属于国家机构的职权。而对于由这些社会组织行使公共行政职权对相对人产生的法律效果，也就有了寻求救济的必要，司法实践过程中法院个案的判决也很好地体现出对此的关怀。对此，行政法学研究的“行政”范畴不再仅仅指向国家行政，还兼容了非国家行政。与此相对应，行政法学的研究视角逐步实现由国家行政向公共行政的转变，进而实现由行政管理向公共治理的转型。

---

① 参见江国华：《从行政行为到行政方式：中国行政法学立论中心的挪移》，载《当代法学》2015年第4期，第6—8页。

② 参见李福林、张肇廷：《从“行为论”到“关系论”的中国行政法学》，载《学术研究》2018年第10期，第71页。

③ 按照江利红教授的介绍，“行政过程论”是远藤博也、盐野宏、山村恒年等日本学者在借鉴美国的公共行政理论、德国的“二阶段理论”及动态考察方法的基础上提出的，其提倡现代行政法学应当将行政过程中的各种行为形式全盘纳入视野并加以全面、动态考察的观点。具体可参见江利红：《行政过程论在中国行政法学中的导入及其课题》，载《政治与法律》2014年第2期，第50—53页。

④ 参见江利红：《论行政法实施过程的全面动态考察》，载《现代法学》2013年第3期，第34页。

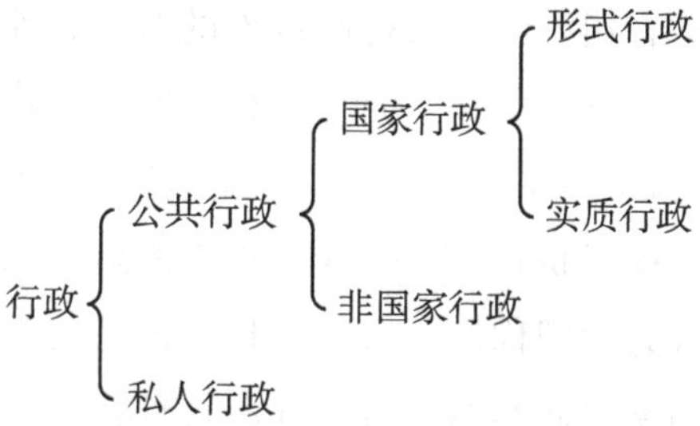

图1　国家行政与公共行政的关系

（二）研究方法的转变

从学术史的视角来看，方法论的成熟与完善决定了学科研究的视野和深度。[①] 行政转型往往决定了行政法的发展方向，理论基础的挪移必将导致学科研究范式的转变。虽然本文有意借鉴苏力著作中对三种研究范式的观点阐释，[②]但不得不考虑法学部门学科间的差异。随着近年来行政法学界对研究方法的不断反思和发展，行政法研究方法已逐步从单一走向多元。

1. 绝非万能的规范主义研究进路

就法律而言，其本身可以视为一种规范命题的系统，为了更好地解决现实生活中出现的个案，法学的研究不得不重视规范主义研究进路，并以此为主要研究范式。[③] 如前所述，以行政行为为关注核心的传统行政法，司法审查的对象是对单个行政行为的合法性检讨。由此，规范主义的研究进路成了传统行政法学理论研究的基调。但由于这一研究进路对既有规范的完备或成熟有较强的依赖性，故在一定程度上限制了其作用的有效发挥。

一方面，随着公共行政变迁的不断冲击，既有法律规范难以涵盖行政法领域出现的新问题。另一方面，随着市场经济的进一步发展，行政形态正在发生重大变化，产生了诸多行政新样态。有限行政行为的合法性审查已经难以满足现实的需要。举例来看，司法实务明确“何某强诉华中科技大学拒绝授予学位

① 参见鲁鹏宇：《行政法学理构造的变革——以大陆法系国家为观察视角》，吉林大学2007年博士学位论文，第172页。

② 参见苏力著：《也许正在发生——转型中国的法学》，法律出版社2004年版，第16—25页。

③ 参见林来梵、翟国强：《有关社会科学方法论的反思——来自法学立场的发言》，载《浙江社会科学》2006年第5期，第13页。

案”等公立高校学生教育纠纷案纳入行政诉讼的范围，使得当事人的有关权利可以通过司法审查得到救济和保障。但与此相对的是，将诸如教职工对高校职称评定不满等涉及其核心权益的纠纷挡在了司法审查的门外，“华中科技大学教师王某华诉教育部案”就是例证。① 该案虽然使得高校职称评定活动走进司法和公众视野，但法院认为“职称评定属于学校内部正常管理活动而非具体行政行为”的判定无形中阻塞了此类纠纷司法审查的通道。②

显然，在行政活动高度复杂化的今天，严格规范主义的“无法不行政”的可操作性已日益下降。③ 传统行政权在面对社会日益多元的利益或价值冲突时，如果仅凭借既有的法律规范文本，已经无法完美地证成行政所需的正当性，规范主义法学亦非万能。

也正是在不断解决、解释行政实务中出现的新问题、新矛盾之际，实证主义法学、社科法学等多元研究范式逐步兴起，各种范式之间相互补充，共同推动行政法理论向前发展和进步。

2. 理论研究方法的变迁

诚然，本文有必要就理论研究方法同前述的研究范式之间作一定的区分性说明。从本质上讲，研究范式更多的是一种理论体系，并为该学科的众多学者所遵循。④ 而研究方法，则更多的是作为对某些问题展开理论研究的工具或手段。有学者曾一针见血地指出，研究方法的单调和落后正日益成为阻碍我国行

---

① 参见郭京霞：“不给评职称状告教育部——武汉一大学教师一审败诉”，载中国法院网，https：//www.chinacourt.org/article/detail/2003/06/id/63265.shtml，最后访问时间：2019年3月5日。

② 学界普遍的共识是，相较于学生和高校管理之间的关系及其争议处理，高校群落中另一组重要的基础性关系——公立高校与教师之间却始终处于法律边缘化地带。司法实践一般将诸如职称评定等情形划入内部人事处理的范畴，肯定和尊重高校在评聘教师及其他专业技术人员职务上的自主权。基于对这一群体的关照，部分学者尝试引入特别权力关系理论来检视此类关系。也有学者指出，司法机关在高校与学生的纠纷化解中形成的极具特色的有限审查智慧，已然为高校和教师纠纷的司法审查提供鲜活样本。就此可参见章志远著：《行政法学总论》，北京大学出版社2014年版，第119—123页。

③ 参见中外法学编辑部：《中国行政法学发展评价（2010—2011）基于期刊论文的分析》，载《中外法学》2013年第1期，第682页。

④ 参见苏力著：《也许正在发生——转型中国的法学》，法律出版社2004年版，第16页。

政法学发展的关键性因素。[①] 但随着行政法学研究视角的转变，以及行政实践活动的日渐复杂，行政法学的理论研究方法也相应予以调整。

一是由静态研究向动态分析转变。传统行政法关注的焦点在于单个行政行为的合法性，对其的研究一般从一般原理和具体制度两个维度展开，[②] 可往往忽视对行政活动的过程性观察，止于形式法治层面。与此相对的是，行政过程作为“新行政法”关注的核心，其注重对行政主体双方的动态分析和互动研究，追求实质法治的新高度。再进一步举例来看，以风险规制为例，传统行政法所欲规范的行政决定基本定位于“面向确定的决定”，[③] 鉴于风险本身的不可预测性和不确定性，传统行政法的静态研究也往往一筹莫展，不得不诉诸动态的分析方法。

二是由合法性分析向合理性分析侧重。囿于形式法治理念的束缚，传统行政法更多面向行政活动的合法性控制，司法审查更多止于合法性审查。但自 2004 年《全面推进依法行政实施纲要》施行以来，合理行政作为依法行政的基本要求，随着其理论内涵的渐趋丰富和成熟，已发展成为行政法的基本原则，预示着我国行政法学基本理念正实现由形式法治向实质法治的根本转变。

三是案例研究和比较研究盛行。近年来，在行政法学诸多研究方法中，案例研究举足轻重。大批行政法学者[④]开始以“案例”为观察视角，通过分析、提炼、解读最高人民法院的指导案例、公报案例及其他典型案例，不断拉近行政法学研究与司法实务的差距，进一步增强了法学研究的回应力。此外，一直以来，比较法研究在法学研究领域一直都占据着重要的席位，在行政法

---

① 参见李福林、张肇廷：《从“行为论”到“关系论”的中国行政法学》，载《学术研究》2018 年第 10 期，第 71 页。

② 参见姜明安：《新时代中国行政法学的转型与使命》，载《财经法学》2019 年第 1 期，第 13 页。

③ 参见王虎：《风险社会中的行政约谈制度：因应、反思与完善》，载《法商研究》2018 年第 1 期，第 22—23 页。

④ 如朱芒、何海波、周伟、章剑生、余凌云、周佑勇、陈岳峰、章志远等大批学者。此外，浙江大学光华法学院、上海交通大学凯原法学院、四川大学法学院等相继开设行政法案例研讨课；中国法学会、上海市法学会和浙江省法学会等相继成立案例法研究会。综上，这一研究方法已逐渐被学界认可，四川大学周伟教授指出，案例研究俨然成为行政法理论研究的一大特色和趋势。

领域尤为显著。外国公法著作的译介和研习，成为我国行政理论研究和发展的重要推力。特别是罗豪才教授主导翻译的《公法名著译丛》，为开拓我国行政法研究的视野提供了契机。德国行政法律关系论、日本行政过程论、美国行政规制理论等，为我国行政法的研究提供了众多新视角。当然，中国实践过程中逐步形成的本土研究经验，亦是推动我国行政法理论不断发展完善的力量。

（三）规制理论的挑战

在传统行政法体系架构中，规制理论①仅仅充当其幕后的一个小角色，并没有引起行政法学界较多的关注。随着行政法学控制节点的上移，行政法开始以法律学的视角和见解，对公共政策的形成和实施过程予以更多的关注。②近年来，规制理论受到学界广泛关注。虽然规制理论无法融入我国以“行政行为”为核心的行政法学概念体系，但学界对规制的基本概念已在我国政策和规范制定中广泛适用。③

1. 风险规制研究的兴起

从某种意义上讲，现代社会是一个风险社会。风险问题因人的行为而产生，反过来又影响人的行为。社会风险的不断增加，给传统行政法带来一系列的挑战，其主要集中于不确定性、主观性和全球网络化三个层面的挑战。④ 再进一步来看，对于诸如风险存在与否、程度大小、是否可控等涉及风险规制决定合法性的重要问题，指向明确性事实判断的传统行政法往往力不能及，而这些风险规制领域的基本框架正从“新行政法”中得到有效的回应和发展。

---

① 规制是“公共机构对那些社会群体重视的活动所进行的持续集中的控制”。规制的核心含义在于指导或调整行为活动，以实现既定的公共政策目标。参见宋华琳：《迈向规制与治理的法律前沿——评科林·斯科特新著〈规制、治理与法律：前沿问题研究〉》，载《法治现代化研究》2017 年第 6 期，第 183—184 页。

② 参见朱新力、宋华琳：《现代行政法学的建构与政府规制研究的兴起》，载《法律科学》2005 年第 5 期，第 40 页。

③ 参见马怀德、王玎：《行政法学的新使命——2016 年行政法学研究述评》，载《北京行政学院学报》2017 年第 3 期，第 102 页。

④ 参见沈岿著：《食品安全、风险治理与行政法》，北京大学出版社 2018 年版，序言第 9—12 页。

尤其近年来，行政法学研究中关于风险治理问题的研究，立足于部门行政法予以展开，针对食品、药品等领域安全的规制讨论颇多。一方面，就食品安全探讨来看，沈岿通过对面粉增白剂存废争议的切入，探讨了风险评估的制度建构；① 杨小敏等从疯牛病风险规制的对比研究中，创造性地引入了“风险文化认知”②。此后，戚建刚针对食品安全风险评估进行深入探讨。③ 除此之外，风险规制中的信息工具理论也引发吴元元等学者的关注。④ 另一方面，近年来鉴于医药领域相关问题频发，学界关于我国药品规制的理论研究也相应加强。在全面推进国家治理体系与治理能力现代化的背景下，刘畅指出我国药品安全规制应从政府监管模式转变到社会共治模式。⑤ 鉴于在药品安全领域，国务院与下属相关机构都有可能对行政规制施加影响。因而有学者认为应将国务院的活动及其与行政规制机构的互动纳入法治的框架之中。⑥ 当然，本文无法对此一一予以列举。整体来看，上述的相关研究多是立足于对风险规制进行的过程性思考，但其对“新行政法”理论的充实和发展提供了全新研究领域和观察视角。

此外，随着大数据和人工智能的迅速发展，数据安全风险越发引人注意。数据风险治理俨然成了当前行政法需要面对并亟须应对的问题。鉴于当前我国数据安全防控暂未建构起系统完整的法律规制体系，行政约谈等非传统行政行为正逐步兴起，日渐成为应对此类风险的重要手段。

2. 公私合作治理的展开

承前所述，在公共行政改革和社会治理变迁的背景下，一种政府借重私人

---

① 参见沈岿：《风险评估的行政法治问题——以食品安全监管领域为例》，载《浙江学刊》2011 年第 3 期，第 16—18 页。

② 参见杨小敏、戚建刚：《风险规制改革的文化认知基础——以欧盟和美国的疯牛病风险规制比较为路径》，载《浙江学刊》2011 年第 3 期，第 28 页。

③ 参见戚建刚：《我国食品安全风险评估组织治理结构之重构》，载《社会治理法治前沿年刊》（2015 年辑），第 188 页。

④ 参见吴元元：《信息基础、声誉机制与执法优化——食品安全治理的新视野》，载《中国社会科学》2012 年第 6 期，第 133 页。

⑤ 参见刘畅：《论我国药品安全规制模式之转型》，载《当代法学》2017 年第 3 期，第 50 页。

⑥ 参见宋华琳：《国务院在行政规制中的作用——以药品安全领域为例》，载《华东政法大学学报》2014 年第 1 期，第 25 页。

力量履行行政任务，共同承担社会治理风险的公私合作治理模式逐步兴起。[①]尤其近年来，警务辅助、治安承包、社区戒毒等私人参与执行行政任务的现象不断涌现，预示着传统秩序行政向公共“治理”的嬗变，也给传统行政法学带来诸多结构性挑战。正是在这一背景下，国内一些较为敏锐的行政法学者参酌欧美行政任务民营化的制度实践和理论学说进行了初步回应，使公共行政民营化成为晚近10年来我国行政法学聚焦的重要研究主题。[②]

粗略来看，贾康、孙洁通过对欧美各国公私伙伴关系概念、起源之梳理，从中抽象概括出其固有的特征与功能，为行政法学的理论研究开阔了视野。[③]敖双红基于国内外民营化进程的观察，指出这一趋势正逐步将传统行政法理论的弊端显露。有鉴于此，一种新的后现代话语正在价值理念、规范体系、规制方式等方面推动着“新行政法”的建构。[④] 王俊元通过对我国台湾地区社会服务民营化历史发展的梳理，指出透过民间力量与政府治理模式的公私协力已成为我国台湾地区公共治理的重要形态。[⑤] 赵宏通过对德国行政民营化进程及其理论研究的梳理，认为德国经验能让我们在行政民营化的规范塑造、学理整合和体系归整等法技术分析和处理方面保有更多自觉。[⑥] 此外，章志远在其专著中用专门章节探讨民营化（本质是公私合作治理）的兴起与行政法学的回应，其认为建构中观部门行政法意义上的合作行政法尤为必要。[⑦]

诚然，这样一个简单的叙述并不能完美地呈现出目前公私合作治理相关研究的全貌，鉴于笔力的不足本文也不能完全予以展开。不过，审视当前行政法学领域关于这一议题的已有相关成果，难免还有些许缺憾。一是在对国外相关

① 参见章剑生著：《现代行政法总论》，法律出版社2014年版，第33—34页。

② 参见章志远：《迈向公私合作型行政法》，载《法学研究》2019年第2期，第137—138页。

③ 参见贾康、孙洁：《公私伙伴关系（PPP）的概念、起源、特征与功能》，载《财政研究》2009年第10期，第2页。

④ 参见敖双红：《公共行政民营化与传统行政法危机》，载《社会科学辑刊》2008年第4期，第55—59页。

⑤ 参见王俊元：《契约途径下社会服务公私协力运作策略之研究——台湾地区经验与启发》，载《公共行政评论》2011年第5期，第26页。

⑥ 参见赵宏：《德国行政民营化的制度发展与学理演进》，载《国家检察官学院学报》2016年第5期，第122—123页。

⑦ 参见章志远著：《行政法学总论》，北京大学出版社2014年版，第424—432页。

研究成果的译介过程中，囿于译介群体及其法制传统之差异，产生了诸如公私伙伴关系、民营化、公私协力等指代内容相似但称谓不一的语汇，这在一定程度上造就了学术对话的隔阂以及概念的混同，如何统一或需予以审视。二是鉴于对该议题的研究尚处于起步阶段，因而更多集中于对域外相关理论的译介，相关论证也更多呈现出对理论和概念的套用，缺少本土化理论建构的自觉和对中国现状的考察。因而有学者指出尝试开拓具有现实解释力和实证主义色彩的本土化研究应成为下一步研究的基本取向。① 三是自党的十八大，尤其是党的十八届三中全会以来，为实现推进国家治理体系和治理能力现代化这一全面深化改革的总目标，实践的合作行政样态也有了新的发展，局部单一视角切入的理论研究成果已然无法满足这一实践要求，亟须加强对这一议题的整体性视角研究的理论回应力。

3. 行政自制理论的实践

传统行政法更多强调借助外部力量（主要是司法审查）来对行政权加以约束，但随着行政权的急剧扩张以及其专业化程度之提升，外部规制的效能日渐下降。对此，崔卓兰等学者认为有必要进一步开拓行政法理论的新视野，探索以政府自身为控制主体的行政自制。② 需要说明的是，与传统的控权理论相比，行政自制更多地强调行权主体的内在约束。这不同于“控权论”所强调的行政法应以控权为主，不断通过外部立法（狭义的立法）控制行政权力。随着法治政府建设进程的加快，以及中央政府就此发布的系列文件的推动，行政主体逐步自觉地约束其所实施的行政行为，使得行政权能在合法合理的区间运行，这已成为行政自制理论发展的重要推力。所以本文关于行政自制的阐释，拟通过中央政府自1999年以来出台的与法治政府建设相关的四个文件予以展开：

---

① 参见章志远：《迈向公私合作型行政法》，载《法学研究》2019年第2期，第138页。

② 参见崔卓兰、刘福元：《行政自制——探索行政法理论视野之拓展》，载《法制与社会发展》2008年第3期，第98页。该文进一步阐明，行政自制是行政主体对自身违法或不当行为的自我控制，包括自我预防、自我发现、自我遏制、自我纠错等一系列下设机制，其首要的功能指向在于弥补以单纯的他制为手段的制约模式的诸多不足，完善行政权的控制机制。

表 1　1999 年以来出台的四个与法治政府建设相关的文件

时间	相关文件
1999 年	《国务院关于全面推进依法行政的决定》
2004 年	《全面推进依法行政实施纲要》
2010 年	《国务院关于加强法治政府建设的意见》
2015 年	《法治政府建设实施纲要（2015—2020 年）》

1999 年，“实行依法治国，建设社会主义法治国家”作为治国的基本方略被写进宪法，由此拉开了我国法治政府建设的序幕。从法治的基本原理上讲，依法治国的核心是依法行政。① 同年 11 月，中央政府发布了《国务院关于全面推进依法行政的决定》，要求地方各级政府加强对乡镇行政机关的监督，督促其依法行政，这无形间成了我国行政自制实践的开端。2004 年中央政府发布《全面推进依法行政实施纲要》，该年政府工作报告中明确提出的“法治政府”建设目标对该纲要的出台产生了重大的影响和塑造作用。2008 年，国务院进一步要求地方政府量化行政裁量标准并予以公布和执行。2010 年，为在新形势下全面推进依法行政，进一步加强法治政府建设，中央政府即行发布《国务院关于加强法治政府建设的意见》，其明确提出建立行政裁量权基准制度，严格规范裁量权行使，使得行政法学界保持了对行政自制研究的热度。党的十八大以来，法治政府建设不断向纵深推进，法治国家建设同步推进。党的十八大报告指出到 2020 年法治政府要基本建成的战略目标。随后，在《中共中央关于全面推进依法治国若干重大问题的决定》中，更是用了大量篇幅对此进行论述。基于这一背景，2015 年中共中央、国务院联合印发《法治政府建设实施纲要（2015—2020 年）》，给地方各级政府法治建设提出更多新要求，以此督促和保障我国法治政府建设目标的实现。

需要指出的是，上述系列政策性文件虽然不具行政法律效力，但源自其科层体制的顶端，先天带有最高的权威性，这对各级政府产生了较强的约束力，促使其进行了系列行政法制度（如行政处罚裁量基准）的创新，大大推动了我国行政法理论的发展。从整体视角来看，法治政府的建设进程可以说是政府规

① 参见周佑勇著：《行政法原论》（第 3 版），北京大学出版社 2018 年版，第 21 页。

制的进程，这一系列政策性文件也成了行政规制的重要组成和研究基点。需进一步明确的是，行政自制所覆盖的问题或领域，不限于规范性文件的制定及合法性审查等方面，在行政问责、重大决策的程序性控制等方面，行政系统都在积极创设规则，以实现“规则之治”。[①] 当然，行政自制理论的中国实践，除了政府自身的推动，也离不开行政法领域相关学者的智识贡献。

四、代结语：必须直面的行政法治实践

德国公法史学家米歇尔·施托莱斯曾说：“公法思想和著述的核心是国家形象。”[②] 但国家形象建构及维护的关键，应是有效地回应和指导国家行政法治的新实践，这俨然成了行政法学研究的前沿性工作。

党的十九大报告指出“在省市县对职能相近的党政机关探索合并设立或合署办公”的基本要求。随后，为全面贯彻党的十九大精神，在新的历史起点上深化党和国家机构改革，党的十九届三中全会通过了《深化党和国家机构改革方案》，为党政合署办公画定了蓝图。党政机关探索合并设立或合署办公，不仅突破了既有行政组织理论中的行政主体范畴，也间接为行政立法、执法、监督和救济等带来深刻变革。但行政法学界对“党政合署”相关议题的研究还不够深入，回应尚待加强。[③] 党的十九届四中全会也就坚持和完善中国特色社会主义制度、推进国家治理体系和治理能力现代化若干重大问题展开讨论，相关决定业已通过。就此，行政法学理论研究如何回应并为此提供重要理论支撑俨然是当前亟须关注的重大实践课题。

此外，随着大数据和人工智能的快速发展，数据安全、个人信息泄露风险和法律伦理风险隐性增加，数据治理水平已日渐成为衡量国家治理能力的重要标准，行政执法如何有效规制亟须正视。同时，随着政府公共数据开放的逐步

---

① 参见沈岿：《行政自我规制与行政法治：一个初步考察》，载《行政法学研究》2011年第3期，第16页。

② 〔德〕米歇尔·施托莱斯著：《德国公法史：国家法学说和行政学（1800—1914）》，雷勇译，法律出版社2007年版，第125页。

③ 笔者以“党政合署”为主题在中国知网进行检索，截至2019年10月底，与此相关的文章不足50篇。对于这一新的行政法治实践，学界的回应力尚需加强。

展开，相关立法回应相对迟缓，如何有效规制和保障国家数据安全和公众数据权益也需行政法学理论的关照。

行文至此，本文无意就上述内容作进一步展开，仅蜻蜓点水式地触及。行政法作为一门处在不断变化发展中的学科，其深植于国家和社会发展的实际需要。理论永远都是灰色的，而实践却在不断更新和发展，我们无法期待新的行政法理论可以解决目前出现的系列法治难题。一个尚处于结构转型，内部存在巨大分歧的学科，于初入者而言，本身已是一个巨大的挑战。

（初审：王姝；校对：周远洋）

美国法制

MEIGUO FAZHI

美国一级制裁的理论基础与制度实践

孟　刚　王晔琼*

摘　要：美国对外实施单边经济制裁的合法性问题一直备受争议，但总体来说，国际法在此问题上的模糊性赋予了美国较大的解释操作空间。美国制裁手段多样，但一级制裁仍是其采取的最主要制裁方式。美国建立起成熟的国内法体系，屡次成功实施对外一级制裁，对各主权国家、个人以及实体均产生了巨大影响。就目前情况看来，虽然受到国内外诸多因素的制约，美国一级制裁范围仍呈扩大趋势。对此，中国只有在识别美国一级制裁风险的基础上，从宏观、微观两个层面做好应对措施，才能够有效消除制裁可能造成的不利影响。

关键词：美国一级制裁；单边经济制裁；域外管辖

引　言

根据《联合国宪章》第41条①、第42条②的规定以及国际社会中经济制裁

---

* 孟刚，法学博士，国家开发银行法律合规局副局长、研究员；王晔琼，中国人民大学法学院博士研究生。

本文是国家社科基金"一带一路"战略研究专项"价值链视角下的'一带一路'建设与国际产能合作研究"（项目编号：17VDL019）和中国银行业协会、浙江大学"一带一路"高质量发展智库研究课题"制裁合规和反洗钱"的阶段性成果。

① 《联合国宪章》第41条规定："安全理事会得决定所应采武力以外之办法，以实施其决议，并得促请联合国会员国执行此项办法。此项办法得包括经济关系、铁路、海运、航空、邮、电、无线电及其他交通工具之局部或全部停止，以及外交关系之断绝。"

② 《联合国宪章》第42条规定："安全理事会如认第四十一条所规定之办法为不足或已经证明为不足时，得采取必要之空海陆军行动，以维持或恢复国际和平及安全。此项行动得包括联合国会员国之空海陆军示威、封锁及其他军事举动。"

的实践可知，经济制裁是一种介于和平谈判与使用武力中间①、改变国际关系的重要工具。对比谈判与使用武力的方法，经济制裁具有成本较低、针对性强、效果显著等固有优势，故国际社会中各主权国家、国际组织均采用经济制裁的方法以实现其目的。其中，美国是实施经济制裁次数最多的主权国家。仅20世纪90年代美国实施的经济制裁数量就超过了此前50年的经济制裁使用总量，②近年来，美国更是频繁地挥舞经济制裁的大棒，并积极更新其经济制裁的手段。其中，一级制裁仍是美国对外实施制裁以实现其政治、经济目的的最主要方式。美国实施的一级制裁对包括中国在内的世界其他国家和地区均产生了巨大影响。

一、美国一级制裁的理论分析

（一）美国一级制裁的界定

美国采取的一级制裁（primary sanction）是指美国限制“美国人”（United States Person）（包括美国人所有或控制的境外实体）与目标方进行经贸往来的制裁行为。除限制“美国人”与目标方直接进行的交易外，上述制裁行为还限制那些具有美国因素的间接交易，包括涉及“美国人”、美国金融系统或是原产于美国的货物、服务或技术的交易。涉及美国人的情况是指，第三国个人、实体在未获许可的情况下利用或通过任何“美国人”“批准、赞助、促成或保证”那些“美国人”本身被禁止的交易。涉及美国金融系统的情况是指，美国银行与第三国中间机构进行与制裁目标方有关的掉头交易。涉及原产于美国的货物、服务或技术的情况是指，第三国个人、实体将出口于美国的货物、服务或技术转出口至目标方。以上情形均被纳入美国一级经济制裁的管辖范畴。③

一级制裁又可分为贸易制裁与金融制裁。贸易制裁是指制裁发起国实施的

---

① *See* Richard W. Parker, “The Problem with Scorecards: How (and How Not) to Measure the Cost - effectiveness of Economic Sanctions”, 21 *Mich J Intl L* 235 - 236 (2000).

② *See* Brett Schaefer, A User's Guide to Economic Sanctions, at http://www.heritage.org/international - economies/report/users - guide - economic - sanctions (last visited on June 24, 2019).

③ 参见任清：“美国的经济制裁：一级制裁及合规要点”，载财新网，http://opinion.caixin.com/2018-12-14/101359144.html，最后访问时间：2019年6月20日。

限制或禁止本国与目标方的进出口业务、限制第三国与目标方进行贸易往来等给目标方的进出口贸易造成损失，从而迫使目标方改变其特定行为或政策的措施。① 金融制裁则指的是发起国通过限制目标方资金融通活动，从而迫使目标方改变特定行为的强制性行为。② 美国实施金融制裁的具体手段包括冻结或没收目标国的海外资产、冻结或取消国家间或国际机构融资、切断目标方获取美元及使用美元结算的渠道、禁止全球的金融机构与目标方交易、直接制裁目标国银行体系等。实际上，在美国实施经济制裁的大部分案件中，贸易制裁措施与金融制裁措施是同时存在的。

（二）美国一级制裁的合法性

经济制裁的合法性争论主要集中在两个方面，一方面是单边经济制裁本身性质的合法性问题，另一方面则是域外管辖的合法性问题。

1. 单边经济制裁的合法性

就一国对外实施单边经济制裁的动因而言，可将单边经济制裁分为三类。第一类是单边自助性经济对抗行为，此类行为具有以下三个特点：一是由受害国实施，二是针对加害国的国际不法行为，三是非武力强制措施。根据《联合国宪章》的规定，除了在安理会授权与自卫的情形下，各国被禁止使用武力，但各国非武力报复的权利并未被禁止。且2001年《国家责任条款草案》第三部分第二章也授权各受害国有条件地对一国际不法行为的责任国采取反措施，虽然该草案尚未生效，但已被国际社会所承认并成为国际习惯法。所以，作为单边自助性经济对抗行为的单边经济制裁措施是符合国际法的。第二类是单边法律性经济干涉。作为经济干涉的单边经济制裁是指由受害国以外的国家针对加害国的国际不法行为采取的一种经济强制措施。根据2001年《国家责任条款草案》第48条的规定，受害国以外的国家援引责任需满足下列情况中的一种："被违背的义务是对包括该国在内的一国家集团承担的、为保护该集团的集体利益而确立的义务"或"被违背的义务是对整个国际社会承担的义务"。该条授

① 参见邵亚楼：《国际经济制裁——历史演进与理论探析》，上海社会科学院2008年博士学位论文，第67页。

② 参见徐以升、马鑫：《美国金融制裁的法律、执行、手段与特征》，载《国际经济评论》2015年第1期，第134页。

权受害国以外的国家对加害国援引国家责任，且第54条同时赋予了受害国以外的国家采取反措施的权利。① 由此可见，单边法律性经济干涉是国际法所允许的合法行为。只要作为经济干涉的单边经济制裁行为符合《国家责任条款草案》所规定的条件，不违背国际法原则，则此类单边经济制裁行为可被认为是合法的。

目前就单边经济制裁合法性问题，争议较大的是第三类行为——单边外交性经济强制。此类经济强制行为不以国际不法行为的存在为前提，区别于以上单边自助性经济对抗行为与单边法律性经济干涉行为，可能单纯出于一国的政治性或外交性目的。对于此类单边外交性经济强制行为，虽无国际法明确授权，但似乎也未被明确禁止。在1945年旧金山制宪会议中，宪章起草委员会拒绝将“经济强制”（economic coercion）列入宪章明确禁止的范畴。②《联合国宪章》只明确将“使用武力”列入禁止范畴，③ 而并不包含“经济强制”。同样地，1970年《国际法原则宣言》特别委员会最终也未采取一些发展中国家代表的提议，④ 而将“经济强制”排除在明确禁止的范畴外。除以上国际条约外，联合国大会虽多次通过相关决议，禁止一国使用或鼓励使用经济强制措施迫使另一国依附于该国行使主权，并从中获得任何利益，但此类联大决议只能被视作形成国际习惯法的证据，因缺乏相应的国家实践尚未成为国际习惯法本身。⑤ 然而，虽然相关联大决议尚未形成国际习惯法规则，但其内容实际上也重申了相应的国际法原则，包括主权平等、互不干涉内政等。当作为单边外交性经济强制行为的单边经济制裁措施违反了这些国际法原则，与国际社会的整体利益无法协调一致时，这种单边经济制裁行为就不可能被视作合法。⑥

---

① 2001年《国家责任条款草案》第54条规定：“本章不妨碍依第48条第1款有权援引另一国责任的任何国家，对该另一国采取合法措施以确保停止该违背义务行为和使受害国和被违背之该义务的受益人得到赔偿。”

② Doc. 2, G/7 (4), 6 May 1945, UNCIO Doc., vol. iii, 1945, p. 251, at pp. 253-254, no. 15, emphasis added.

③ 除联合国安理会授权或会员国自卫的例外。

④ Report of the Special Committee on Friendly Relations, UN Doc. A/6230, 1966.

⑤ 参见简基松：《关于单边经济制裁的“司法性”与“合法性”探讨》，载《法学杂志》2007年第1期，第86页。

⑥ Richard B. Lillich, “Economic Coercion and the International Legal Order”, 51 *the International Affairs*, 81-82 (1975).

2. 域外管辖的合法性

域外管辖可被理解为一国在其境外行使主权权力的行为。① 域外管辖权包括域外立法管辖权、域外司法管辖权与域外执法管辖权。域外立法管辖权指国家制定具有域外效力的法律规则的权力，域外司法管辖权与域外执法管辖权则是国家司法机关与行政机关将此类规则在域外进行适用的权力。② 就美国一级制裁而言，一级制裁禁止"美国人"与被制裁目标方进行经贸往来，相关法律法规看似只适用于具有美国国籍的自然人、法人与其他实体。但据上文所述，包括《第一战争权力法》《伊朗资产管制条例》在内的相关法律法规将"美国人"的定义扩大为包括美国人拥有或控制的任何境外实体，并且，将与"美国人"及原产于美国的产品有联系的外国个人、实体的行为统一纳入其一级制裁的管辖范畴，这使得美国一级制裁相关法律法规具有明显的域外效力。

对于域外管辖是否符合国际法这一问题，"荷花号案"给出了经典的论述，即国际法并没有规则禁止一国就发生在其领域外的违法行为对一外国人行使管辖权，③ 只要国际法没有明确禁止，国家就有权行使域外管辖权。对于这一论述，现今各国的实践并不统一，有些国家对这一判决进行批判，主张虽然国际法未明确禁止，但仍需考虑域外管辖权是否具有国际法上普遍承认的管辖权基础，以此来判断这种域外管辖权是否具有国际法上的正当性。④ 国际法上国家的管辖原则一般分为属地原则、属人原则、保护原则与普遍原则，而这四种管辖原则均可能为一国进行域外管辖提供依据。属地原则允许一国对其领域内的人、物及行为进行管辖，实践中属地原则可分为"主观属地"与"客观属地"，前者以行为发生地作为属地的依据，后者以结果发生地作为属地的依据。除此以外，还有一种特殊的属地原则，即"效果原则"，一国基于发生在境外的行为对本国领土造成了影响而对该行为行使管辖权。国际社会对待"效果原则"大多也持承认的态度，不仅美国经常援引"效果原则"作为其行使域外管辖权

① 参见《联合国大会第61届会议正式纪录补编第10号》，A/61/10，第390页。

② 参见廖诗评：《中国法域外适用法律体系、现状、问题与完善》，载《中国法学》2019年第6期，第21—22页。

③ *See* Sir Robert Jennings qc & Sir Arthur Watts kcmg qc (eds.), *Oppenheim's International Law*, *Volume* 1 *Peace*, 9th ed., Oxford: Oxford University Press, 2008, p. 479.

④ *See* Cedric Ryngaert, *Jurisdiction in International Law*, Oxford: Oxford University Press, 2015, pp. 128 - 129.

的依据，包括中国在内的各国在反垄断法等领域也都采取了此种做法。① 属人原则允许一国对其国民行使管辖权。将属人原则作为依据行使域外管辖权的国家通常主张以国籍作为连结点，不仅包括“积极国籍”②，还包括了“消极国籍”③，前者基本得到各国的认可，但后者在实践中并未得到国际社会的普遍承认。④ 此外，美国禁止第三国个人、实体将原产于美国的货物、服务或技术转出口至制裁目标方，所有违反相关规定的个人、实体均需承担相应的法律责任，这一做法实质上是将国籍这一连结点扩大适用到货物、服务与技术，这也遭到了众多国家的指责与抗议。⑤ 保护原则允许一国对发生在其领域外损害本国国家利益的行为行使管辖权。因“国家利益”这一连结点的内涵太过抽象，某一行为是否损害一国的国家利益完全由一国自行决定，这就给美国援引保护原则对外实施单边经济制裁留下了充足的空间。⑥ 实践中，美国也因对国家利益的主张过于广泛而受到其他国家的反对。⑦ 最后，普遍原则允许一国针对严重的国际犯罪行使管辖权，管辖范围只限定于灭绝种族罪、酷刑罪、海盗罪等违反了国际共同利益的严重国际罪行。普遍原则是对属地原则、属人原则及保护原则的补充，即在可以适用以上三种原则行使管辖权的情形下，一般不必适用普遍原则，美国现今也较少以普遍原则作为依据进行域外管辖。⑧

综上，国际法无明确禁止域外管辖的规定，对于行使域外管辖权是否需要国际法明确授权这一问题，各国实践并不一致。国际法上四种国家管辖原则为

---

① 例如《反垄断法》第2条规定：“中华人民共和国境内经济活动中的垄断行为，适用本法；中华人民共和国境外的垄断行为，对境内市场竞争产生排除、限制影响的，适用本法。”

② “积极国籍”指一国基于在其领域外的行为人具有本国国籍而主张管辖权。

③ “消极国籍”指一国基于在其领域外的本国国民受到伤害而主张管辖权。

④ 参见贾兵兵著：《国际公法：和平时期的解释和适用》，清华大学出版社2015年版，第223页。

⑤ 参见杜涛著：《国际经济制裁法律问题研究》，法律出版社2009年版，第117—119页。

⑥ 参见廖诗评：《国内法域外适用及其应对——以美国法域外适用措施为例》，载《环球法律评论》2019年第3期，第170页。

⑦ *See* Monika B Krizek, “The Protective Principle of Extraterritorial Jurisdiction: A Brief History and an Application of the Principle to Espionage as an Illustration of Current United States Practice”, 6 the *Boston University International Law Journal* 337, 377 - 381 (1988).

⑧ 参见李庆明：《论美国域外管辖：概念、实践及中国因应》，载《国际法研究》2019年第3期，第9页。

美国行使域外管辖权、对外实施单边经济制裁提供了可能的依据。但美国将国籍连结点扩大适用于产品、过于宽泛解释国家利益，并据此主张域外管辖权基础的做法违反了“最低限度联系”标准，也未得到国际社会的普遍承认，因而可被视为缺乏国际法上的“正当性”。

二、美国一级制裁的实践概况

（一）立法实践

除执行联合国安理会决议对外实施多边经济制裁外，美国实施单边经济制裁有其充分的国内法依据，包括其国会立法、总统签署的行政命令以及部门规章。以下将以美国就乌克兰问题对俄罗斯实施的制裁为例，分析美国一级经济制裁的立法实践。这一立法实践适用于所有美国对外经济制裁项目。

1. 国会立法

为美国实施对俄经济制裁提供依据的法律有五部，包括《通过制裁反击美国敌手法》（CAATSA）、2014年《乌克兰自由支持法》（UFSA）、2014年《支持乌克兰主权、统一、民主与经济稳定法》（SSIDES）、《国际紧急经济权力法》（IEEPA）以及《国家紧急状态法》（NEA）。其中，《国际紧急经济权力法》与《国家紧急状态法》不属于专门针对俄罗斯进行经济制裁而出台的法律。根据这两部法律的规定，当美国总统认为某一事件对美国的国家安全、外交政策或经济造成“非同寻常”的威胁时，可根据授权、在咨询国会意见后，宣布进入国家紧急状态，从而采取对目标方的相应制裁措施。① 2014年《乌克兰自由支持法》以及2014年《支持乌克兰主权、统一、民主与经济稳定法》是美国专门就乌克兰克里米亚问题对俄实施经济制裁出台的法律。前者规定了对俄罗斯国防与能源行业及俄罗斯金融机构的具体制裁措施，② 后者则规定了针对为侵犯或破坏乌克兰和平、安全、稳定、主权与地区统一负责的个人，以及俄罗斯

① International Emergency Economic Powers Act of 1977, 50 U. S. C § 1701 – 1703; National Emergencies Act of 1977, 50 U. S. C. § 1601 – 1651.

② Ukraine Freedom Support Act of 2014, 22 U. S. C § 8923 – 8924.

联邦内参与重大腐败合谋或对其负责人员的制裁措施。[①]《通过制裁反击美国敌手法》则是国会针对伊朗、朝鲜与俄罗斯出台的新的专门性制裁措施。

2. 总统行政命令与部门规章

美国总统与行政部门分别为经济制裁的决策者与执行者。总统通过签署行政命令决定开始实施对外经济制裁措施，而包括财政部、商务部在内的行政部门则根据相关立法与总统的行政命令，在其职能范围内制定详细的部门规章，以确保对外制裁措施的顺利执行。

仍以美国就乌克兰问题对俄罗斯实施的制裁为例。美国总统前后一共签署了五份行政命令[②]，宣布冻结与乌克兰局势相关人员的资产、冻结与克里米亚地区相关人员的资产并禁止与该地区的相关交易，并授权财政部在内的相关行政部门执行《通过制裁反击美国敌手法》。为顺利执行总统签署的相关行政命令，OFAC 也颁布了《乌克兰相关制裁规定》对制裁的实体与程序内容作出详细规定。

综上所述，美国对俄罗斯实施经济制裁有其充分、多级别的国内法依据，而此类立法实践模式可普遍适用于美国对外实施的所有经济制裁项目。依据不同的制裁项目、不同的情形，美国国会、总统及相关行政部门就具体的法律法规内容作必要、灵活的调整。完备、详尽的国内法与长期积累的相关立法实践是美国可以成功实施对外经济制裁的重要原因。

（二）执法实践

以上述国内法体系为依据，美国积极进行执法实践，频繁发动对外经济制裁活动。

1. 美国一级制裁与中国

美国在战后曾因人权问题及武器扩散问题启动对中国的经济制裁。目前，美国仍未解除对中国的武器禁运，限制服务于“军事最终用途”的产品对华出口[③]。近年来，中国实体、个人或直接受到美国一级制裁或因美国一级制裁的

---

① Support For the Sovereignty Integrity, Democracy, and Economic Stability of Ukraine Act of 2014, 22 U. S. C §8906.

② Executive Order 13849, 13685, 13662, 13661, 13660.

③ Export Administration Regulations, 15 CFR part 744.

适用而受到处罚。例如，美国商务部工业与安全局不断扩大其“实体清单”（entity list）中中国个人与实体的数量，清单上的个人与实体的行为被认定为违反美国国家安全与外交政策利益，美国依据《国际紧急经济权力法》《出口管制法》等法律法规严格限制或禁止对清单上个人、实体的产品进出口；因认定华为公司提供的设备与服务对美国国家安全构成威胁，美国直接通过2019年《财年国防授权法》第889条限制华为产品在美国的使用；除此以外，一些中国企业因将原产于美国或含有一定美国成分的产品再出口至被制裁国或被制裁的个人、实体，违反美国一级制裁的规定，受到严厉的处罚。

2. 美国一级制裁与其他“一带一路”沿线国家

美国对外实施一级制裁的目标方，除中国外，还包含众多其他“一带一路”沿线国家及其特定的个人与实体，且美国目前进行全面经济制裁的五个国家及地区中有三个为“一带一路”沿线国家及地区，分别是伊朗、叙利亚与乌克兰克里米亚地区，美国目前对以上三个国家及地区实施全面的贸易禁运。除全面经济制裁外，OFAC列出的其他制裁项目中也包含了众多“一带一路”沿线国家，例如伊拉克制裁项目、白俄罗斯制裁项目等。非国家导向型的制裁项目，例如反毒品贸易制裁、反恐怖主义制裁以及信息网络相关制裁等项目的制裁对象也大多为特定“一带一路”沿线国家的个人与实体，例如巴勒斯坦、伊朗、俄罗斯等。

美国对上述目标采取的直接制裁措施包括冻结资产、旅行禁令、禁止美国金融机构与其交易、禁止美国人对其特定产业投资、限制贸易进出口等多种方式，不同的项目适用不同的制裁手段，并依据情势的变更，灵活、快速地变更相应制裁措施，以确保制裁目标的实现。

三、美国一级制裁的发展趋势

根据上文对美国一级经济制裁进行的理论分析与实践梳理可知，美国近年来频繁运用并更新经济制裁的手段，不断扩大一级制裁适用范围、增强一级制裁力度。但与此同时，美国对外实施一级制裁也受到越来越多国内、国际因素的影响和限制，因此对其未来发展趋势的预测变得更为矛盾、复杂。

（一）由一级制裁向次级制裁扩张

20世纪90年代以来，美国在其单边经济制裁活动中频繁地采用次级制裁的措施。这是由于美国在对目标方进行单边经济制裁时，往往难以得到第三国对其制裁措施的支持，从而导致美国经济制裁效率低下，难以达到其政策目标的结果。为改变这一局面，美国转而采用次级制裁的手段，即在对目标方实施制裁的同时，限制第三国的个人、实体与制裁目标方进行无涉美因素的经贸往来，对违反规定的第三国个人、实体进行处罚的制裁行为。① 通过次级制裁，美国强迫第三国在其与制裁目标方之间作出抉择，迫使第三国的个人、实体加入到其制裁队伍中来，限制第三国个人、实体与目标方进行经贸往来，从而达到事实上多边制裁的效果。②

因此，美国经济制裁活动呈现出由最初的一级制裁向次级制裁逐步扩张的趋势。以美国对古巴的制裁为例，美国国会在1996年《古巴自由和民主声援法》中重申，总统应鼓励第三国采取与该法目标一致的行为，限制与古巴的贸易和信贷关系，并敦促总统立即采取行动对援助古巴的第三国实施制裁。③ 同时，该法还规定，任何与古巴政府没收美国公民合法所有财产有关的外国人必须向提起诉讼的原所有者进行赔偿，否则美国将拒绝对此类外国人发放签证并驱逐其出境。④ 除此以外，众多针对伊朗、利比亚、朝鲜等国的有关次级制裁的法律法规相应颁布，为美国实施次级制裁提供了国内法依据。就执法情况而言，众多个人、实体因违反美国次级制裁的规定而受到制裁处罚。例如，美国商务部于2019年5月15日将华为列入其“实体清单”，限制对华为的产品出口，其理由就是华为向伊朗提供被禁止的金融服务，违反了美国对伊朗的相关制裁规则。诸如此类的案例比比皆是。

就目前的情形来看，美国制裁措施从一级制裁扩大到次级制裁，其制裁效

---

① *See* Scott Maberry, “Overview of U. S Economic Sanctions”, 17 *international trade l. j.* 52 (2008).

② 参见刘道纪、高祥：《美国次级制裁合法性问题研究》，载《南京社会科学》2018年第10期，第102页。

③ Cuban Liberty and Democratic Solidarity (Libertad) Act of 1996, 22 U. S. C. § 6021 – 6091, Sec102 (a) (1), (2).

④ Cuban Liberty and Democratic Solidarity (Libertad) Act of 1996, 22 U. S. C. § 6021 – 6091, Sec401.

果显著提升，并有助于巩固其“国际警察”与世界经济霸主的地位，美国将坚持采用这种单边域外经济制裁。当然，这种单边域外经济制裁的合法性也受到越来越多的质疑，以欧盟为代表的其他国家更是颁布阻却法令与之抗衡，这在一定程度上遏制了次级制裁的进一步扩大。

（二）全面制裁与“聪明制裁”并行

因美国频繁进行全面经济制裁而在被制裁国国内引起严重的人道主义危机，美国对外经济制裁措施受到了国际社会的强烈谴责，美国国内反对经济制裁的呼声也日益高涨。美国为在继续实施经济制裁以实现政策目标与避免造成人道主义危机之间寻得平衡，开始采用“聪明制裁”的手段。OFAC、美国国务院及商务部均列出相应的清单，对清单中的个人、实体实施各不相同的、有针对性的经济制裁。

但需注意的是，全面制裁与“聪明制裁”并不是相互独立、互不关联的。在一些美国经济制裁项目中，与被制裁国之间广泛的交易禁止和针对特定个人、实体的制裁并存。例如乌克兰/俄罗斯相关制裁项目，制裁措施既有针对俄罗斯特定个人与实体的“聪明制裁”，也有全面禁止美国人对乌克兰克里米亚地区的进出口业务以及对该地区新的投资的全面制裁。对目标方实施“聪明制裁”，虽然有利于避免人道主义危机产生，但如果仅仅实施“聪明制裁”而放弃全面的贸易限制，往往为目标方提供多种逃避制裁的渠道，影响经济制裁政策目标的实现。并且，美国在不同的情势下对不同的目标方实施符合其政策目标的制裁方式，根据情势变更及时地调整其制裁手段，这样其对外经济制裁就更具灵活性、合理性。另外，就联合国对朝鲜发起的多边制裁来看，全面制裁与“聪明制裁”并存也符合多边经济制裁的发展趋势。为避免人道主义危机，一开始联合国运用“聪明制裁”模式对朝鲜实施制裁，将目标对准与朝鲜核导开发有直接关联的人员与物资，与此无关的个人、实体被排除在外。但在2016年朝鲜进行第四次核试验之后，联合国认为“聪明制裁”的效果受到局限，除针对上述特定目标进行制裁外，还开始对朝实施大范围的进出口限制，① 以防止朝鲜

① 联合国安理会第2270号决议决定限制朝鲜对外出口煤、铁盒铁矿石，并禁止其出口黄金、钛矿石、钒矿石、稀土矿产和进口航空燃料。

将所获得的外汇收入投入核试验，① 从而促进半岛无核化目标的实现。

综上，美国应会继续并行全面制裁与“聪明制裁”，单纯实施全面制裁或“聪明制裁”均不利于其政策目标的实现。

（三）三权分立体制将制衡美国经济制裁的发展态势

美国联邦宪法在联邦层面规定了三权分立的体制，美国国会拥有唯一的立法权，美国总统拥有行政决策权，而司法权由美国联邦最高法院所有。② 这种三权分立的体制也对美国对外经济制裁产生了重要的影响。

美国总统与国会都有针对经济制裁的决策权。其中，总统是对外经济制裁的常规决策者，而国会在特定情形下行使决策权，二者对决策权有争夺，形成相互制约的局面。在冷战前，国会出台的法案仅对侵犯人权、核武器扩散等问题宽泛地鼓励美国政府对外进行经济制裁，③ 此时美国总统对于经济制裁的自由裁量权几乎不受限制。直到1986年《全面反对种族隔离法》出台，该法规定了具体的制裁措施，在一定程度上限制了总统在经济制裁决策方面的自由裁量权。④ 近期，美国国会更是针对特定的国家出台专门的制裁法律，例如1996年《伊朗、利比亚制裁法》、2012年《伊朗威胁减弱与叙利亚人权法》等。因此，总统及行政部门只能在执行法律的框架内行使权力。对此，美国国会积极发挥其在制定有广泛群众基础的制裁措施方面的作用。但与此同时，因国会对总统及行政部门行使经济制裁权力的干涉增多，美国将经济制裁作为其强制性外交工具的目的可能受到阻碍。国会对行政部门的严格监督，可能会降低美国对外经济制裁的灵活性、及时性，影响制裁效率。面对国会的干预，总统也采取积极的反制措施，包括动用其议案否决权阻止法律生效或充分利用国会立法耗时长的特点，抢在国会立法通过之前发布行政命令实施经济制裁。

除国会与总统之间存在制约关系外，美国联邦最高法院所有的违宪审查权

① 参见李婷婷：《“聪明制裁”之后联合国对朝制裁的经济效果评估》，载《现代国际关系》2019年第2期，第43页。

② U. S. C. A. Const. Art. I - III.

③ 包括《1917年与敌国贸易法》《1961年对外援助法》《1977年国际紧急经济权力法》。

④ 法案要求美国行政部门和机构查禁对种族隔离的政府所提供的资金和援助，并要求里根总统于1985年将那些依据国际紧急经济权力法案所实施的制裁措施编纂成典。

也对美国对外实施经济制裁起到一定的制约作用。以上文提到的华为诉美国政府一案为例，华为以美国2019年《财年国防授权法》第889条违宪为由将美国政府诉诸法庭，而第889条正是针对华为公司的直接经济制裁措施。根据马伯里诉麦迪逊一案的判决，任何法律、行政法规、命令均不得与宪法冲突或违反宪法的规定，否则该法律法规无效。① 因此，美国联邦最高法院所有的司法审查权制约着国会与总统针对经济制裁自由裁量权的行使。

（四）国际社会反制力度的增强

面对美国不断加码的一级经济制裁，被制裁目标方并没有一味地妥协于美国的经济封锁与孤立政策，而是积极地对其进行反制。根据上一部分“美国一级经济制裁的当前因应”的内容可知，针对美国经济制裁，目标方政府与企业都尽其所能地采取了有效应对措施。

就政府层面来说，第一，目标方政府加大科技研发的投入力度，提升核心技术研发的自主创新能力，以突破美国对关键技术实施的出口限制；第二，目标方政府结合国内形势，充分利用国内消费市场，拉动内需，促进经济平稳快速发展，以应对美国实施的商品、服务、技术等进出口限制；第三，目标方政府积极寻求规避美国金融体系与贸易限制的替代性措施；第四，建立反制美国经济制裁的国内法体系；第五，被制裁国通过国际争端解决机制进行反制。

就企业层面来说，一方面，被制裁企业依据国际法或美国国内法积极寻求救济措施；另一方面，企业根据“风险为本”原则建立起制裁合规体系，以有效规避美国可能实施的经济制裁。

综上，面对美国经济制裁措施，被制裁目标方不会轻易地妥协，而是会积极地寻求有效的应对措施，且随着美国制裁力度的不断增强，其遭受的国际社会的反制力度也相应增强。因此，美国在通过经济制裁实现其政策目标的进程中将受到更多的阻碍。

---

① Marbury v. Madison, 5 U.S. 137 (1803).

（五）人民币国际化可制约美国经济制裁

美国能够成功实施其经济制裁措施与美元霸权地位有重要的关系。① 因美元在国际货币金融市场中的支配地位，美国可肆无忌惮地实施一系列经济制裁措施。

但近年来，特别是“一带一路”倡议提出后，人民币国际化进程的加快可起到制约美国经济制裁的作用。人民币目前作为全球第二大贸易融资货币、第五大支付货币、第六大外汇交易货币，其国际化程度不断提高，且“一带一路”倡议的实施也为加快人民币国际化进程提供了机遇。具体来说，随着“一带一路”倡议的实施，越来越多的中国企业走出去，更多的投资、贸易活动将使用人民币进行结算。与此同时，沿线国家对人民币的需求也逐步扩大，包括流动性需求与交易和储备需求。在“一带一路”倡议下，有众多推动人民币国际化的具体实践。例如，俄罗斯面对美国严厉的经济制裁，开始寻求人民币资金，扩大对中国的能源出口并同意以人民币作为对华出口石油的计价货币；中国国家开发银行与埃及阿拉伯国际银行签订2.6亿元人民币专项贷款及4000万美元非洲中小企业专项贷款合同等。②

综上，随着“一带一路”倡议实施的不断深入，人民币国际化的进程不断加快。这将为美国经济制裁目标方提供更多的美元替代性应对措施，加大美国对外实施经济制裁的成本，从而在一定程度上制约美国对外经济制裁的进一步扩张。

四、美国一级制裁对中国的影响和启示

（一）中国面临的美国一级制裁风险

首先，中国及其企业与个人均可能被美国直接列为一级制裁的对象，禁止或限制“美国人”与其进行特定交易，包括限制核心技术产品的出口，限制专

① 参见徐鸿编著：《货币政治——美元霸权的式微和人民币国际化的兴起》，中国经济出版社2018年版，第48—50页。

② 参见孟刚著：《“一带一路”和人民币国际化》，中国社会科学出版社2018年版，第114—165页。

利技术的许可使用，禁止美国政府部门向被制裁企业或个人采购任何服务、产品、技术，禁止向被制裁企业或个人提供任何协助等。这些针对中国及中国的企业与个人实施的一级制裁措施可能会对中国经济发展和中国企业的运营情况、经济效益以及国际经贸合作能力产生巨大的消极影响。具体来看，美国限制对中国核心技术产品的出口、限制对中国的专利技术的许可将在很大程度上阻碍中国企业引进高新技术，甚至导致特定产业内的中国企业无法正常运营，并且会降低中国技术改造与产业结构进一步优化的速度。禁止或限制从中国进口各类产品、服务与技术，也会极大缩减中国企业的出口业务利润与中国出口贸易总额。

其次，美国针对其他“一带一路”沿线国家及其个人、实体也采取严厉的一级制裁措施，对伊朗、叙利亚及乌克兰克里米亚地区等重要的“一带一路”沿线国家及地区更是实施全面经济制裁措施。这些制裁措施除使得被制裁国国内经济环境恶化、国际经贸合作能力退化外，还加剧了一些被制裁国社会混乱、政局动荡、武装冲突频发的局面，这也将使得中国企业在对外进行贸易、投资的过程中面临着更大的非市场风险，包括战争、国内武装冲突以及被制裁国政权更替、没收、征用等。

最后，中国企业在进行对外贸易、投资的过程中可能因涉及美国连结点而受到美国一级制裁的管辖，美国因素包括“人”“财”“物”。就具体情形而言，中国个人或实体利用或通过“美国人”“批准、赞助、促成或保证”那些本身“美国人”被禁止的交易、利用美国金融系统进行与被制裁对象的掉头金融交易或将原产于美国的产品转出口至被制裁国等，在以上情形下的中国个人或实体均将因违反美国一级制裁规定而承担一定的责任，美国可对其进行行政处罚或移交司法部追究其刑事责任，这在很大程度上加重了中国企业走出去的阻力。为了避免违反美国一级制裁规则可能受到的处罚，中国企业在对外贸易、投资过程中不能利用或通过“美国人”完成其本身被禁止的交易、不能涉及含有一定美国成分的产品，也不能与美国金融机构进行涉及制裁目标方的掉头交易，并且，在美国一级制裁生效后，中国企业与被制裁国企业的合同谈判与履行均会受到影响，或面临着不得不变更、解除或终止合同的风险。①

---

① 参见赵洲：《单边经济制裁与“一带一路”战略下的贸易、投资保护》，载《社会科学家》2016 年第 1 期，第 114 页。

综上，为维护中国企业与个人的经济利益，实现中国经济平稳健康发展，应从宏观与微观两个层面分别采取有效的应对措施，以最大限度规避以上可能面临的美国一级制裁风险，消除美国一级制裁带来的消极影响。

（二）中国对抗美国一级制裁的应对

1. 宏观层面的因应

第一，中国政府应始终将经济发展作为重要任务，提升国家的自主创新能力，减轻在关键技术领域对国外的依赖程度，通过经济实力的上升增强中国在国际上的话语权。第二，中国应积极寻求并运用一切可能的反制措施，例如颁布反制裁法律法规。商务部应尽快公布不可靠实体清单，并落实具体、可执行的制裁措施。此外，因美国一级制裁管辖范围包括那些具有美国连结点的交易，故相关美国国内法实质上具有域外适用的效力。中国可考虑借鉴欧盟出台的《阻断法令》，颁布单独的法律以阻断外国法的域外效力，明确中国的个人、实体无须遵守具有域外效力的外国法，中国法院不得承认与执行依据此类外国法作出的判决，并授予因外国法域外效力权益受损的中国个人、实体对为此承担责任的外国个人、实体提起诉讼、获得赔偿的权利。① 但需注意到颁布阻断法可能会使得企业、个人陷入两难的境地，一方面其可能因违反《阻断法令》而受到母国的惩罚，另一方面则会因为遵守《阻断法令》而不得不受到美国的制裁。因此，有关部门在起草相关法律文件时可将比例原则作为重要分析方法，综合考虑各利益相关者可能受到的影响，以免误伤包括银行业在内的利益相关方。第三，中国政府可利用 WTO、联合国等多边平台对美国实施单边经济制裁进行反制。例如，中国可以美国一级制裁的相关措施违反《关税与贸易总协定》最惠国待遇原则、构成非关税贸易壁垒为由诉诸 WTO 争端解决机构，维护多边贸易体制，打击违反国际法的单边制裁行为。对于违反国际法的美国单边制裁行为，中国还可选择将争议诉诸国际法院，通过这种国际争端解决机制来维护自身合法权益。考虑到国际法在单边经济制裁问题上的模糊性，留给美国的可解释空间较大，且国际社会目前出现了一些新的情况，包括 WTO 上诉机构

① 参见杨永红：《次级制裁及其反制——由美国次级制裁的立法与实践展开》，载《法商研究》2019 年第 3 期，第 176 页。

因美国阻挠停摆，故将单边制裁行为诉诸国际层面解决实际上难度较大。中国应重点考虑如何建立起可与美国国内法体系相抗衡的具有域外效力的中国法律体系，从而有效反制美国。实际上，中国法律法规中已有相关规定，赋予中国法以域外适用的效力。例如，《外商投资法》第 40 条的规定①实际上授予了我国相关政府部门在投资方面对美国采取反制措施的权力，但此类规定仍然十分笼统，具体哪个行政机关可实施何种具体行政措施的制度安排仍待明确。

2. 微观层面的因应

首先，中国企业应加大自身科研投入力度，努力掌握核心技术，降低对美国产品出口的依赖程度，同时制定符合长期发展目标的经营战略，为我国经济发展提供充分的市场活力。其次，中国企业在遭受美国经济制裁后，可通过美国国内法律途径维护自身权益。华为公司诉美国政府案就为中国企业维权提供了有效的路径参考。再次，中国企业与个人应充分发挥其主观能动性，积极参与中国域外适用法律体系建设，利用其自身的专业优势建言献策，提升社会参与度。最后，中国企业应以 OFAC 发布的《OFAC 合规承诺框架》为基础建立风险为本的制裁合规项目，关注并应用其中的五个基本要素②。《OFAC 合规承诺框架》要求企业管理层应在公司内部组建制裁合规部门，并赋予其一定的权力，为其配备需要的资源，制裁合规部门应进行定期的制裁风险评估，企业内部配套政策应及时更新。同时，企业的审计与测试工作作为调整制裁合规项目的依据也应定期进行。除此以外，企业每年还需进行一次制裁合规培训。

五、结语

美国对外实施一级制裁有完备的国内法体系作为支撑，成熟的法律体系、灵活的运作模式使得美国在对外实施经济制裁的实践中屡建奇功，通过制裁实现其政治、经济目的。虽然美国对外实施单边经济制裁受到其国内三权分立体制或利益集团的制约，国际社会对其单边经济制裁行为的反制力度也不断增强，

---

① 《外商投资法》第 40 条规定：“任何国家或者地区在投资方面对中华人民共和国采取歧视性的禁止、限制或者其他类似措施的，中华人民共和国可以根据实际情况对该国家或者该地区采取相应的措施。”

② 五个基本要素分别为：管理层承诺、制裁风险评估、内部控制、测试和审计、培训。

但就目前的形势来看，美国不会放松制裁力度，同时仍会扩大一级制裁目标范围，以满足其自身的政治、经济利益。

在“一带一路”倡议实施的背景下，中国与其他“一带一路”沿线国家及其个人、实体均面临着美国一级经济制裁管辖的风险。美国一级制裁对“一带一路”倡议的实施产生的影响既包括负面影响，例如破坏沿线国家内部经济环境、国际合作能力下降，也包括积极影响，为“一带一路”倡议的进一步发展提供了机遇，例如迫使美国原先的贸易伙伴寻求替代市场、倒逼沿线国家改革等。对此，中国政府作为“一带一路”倡议的提出者与主要推动者，中国企业作为推动倡议顺利实施的主力军，在面对可能的美国一级制裁风险时，应采取有效措施，积极应对，抓住机遇，迎接挑战。

目前，中国在制裁合规体系建设方面的实践已经较为成熟，在很大程度上有效预防了制裁的发生。但制裁发生后，通过国内或国际争端解决机构寻求救济的实践还较少。同时，相较于美国，中国有关制裁或反制的国内法依据仍然空缺，中国具体如何构建具有域外效力的国内法体系仍是未来学者们重点关注的问题。

（初审：周远洋；校对：陈维）

老派/新派言论规制*

Jack M. Balkin** 著　敖海静***译

摘　要：纽约时报诉沙利文案和五角大楼文件案是第一修正案在前数字时代对传统或者说老派言论规制的经典回应，但在新兴的数字网络世界则面临着影响力日渐弱化的困境。在数字时代，言论和出版自由的实际享有取决于言论自由基础设施这一核心思想，而政府规制言论的基础设施和言论自由的基础设施也实现了相互融合。这一基础设施是新派言论规制的焦点所在。政府可以针对人们用来交流通信的数字基础设施的诸多不同方面进行控制和监控，从而实现对言论的规制。数字时代的信息生产和传输民主化和分散化的力量也同时催生了使用相同的基础设施的言论规制和监控的新技术和新工具。这些规制和监控工具通常在后台自动运转；它们可能利用基础设施私人所有者的合作或胁迫来达到政府的规制目标。但各种老派规制技术没有消失，它们被整合进了“新派”的言论规制技术，很多传统的事前限制问题也重新出现在新派策略当中。新派规制具有三个基本特征：附带审查、公/私合作和吸纳、数字化的事前限制。作为新派言论规制的一个著名案例，国家安全密函制度就是一套常规化、官僚化的强行实施事前限制的制度，而这一制度在很大程度上和传统的第一修正案理论无关。新派言论规制强调预防而不是威慑，强调低能见度（或者说隐蔽性）而不是寒蝉效应。传统言论自由理论往往关注言论规制对无辜者造成的寒蝉效应；但是在政府监控型国家，政府可能只是希望大多数人冷静下来。

---

* 原文 Jack M. Balkin, “Old - School/New - School Speech Regulation”, 127 *the Harvard Law Review*, 2296 - 2342 (2014)。翻译已获得作者授权，中译文摘要和关键词均为译者所加。

** 杰克·M. 巴尔金（Jack M. Balkin），耶鲁大学法学院宪法学和第一修正案奈特（Knight）教授。作者感谢德雷克·班鲍尔（Derek Bambauer）、尤查·本科勒（Yochai Benkler）、马丁·莱德曼（Martin Lederman）、桑福德·列文森（Sanford Levinson）、道恩·努齐亚托（Dawn Nunziato）、罗伯特·波斯特（Robert Post）、戴维·波曾（David Pozen）和戴维·舒尔茨（David Schulz）对本文初稿的评论。

*** 敖海静，法学博士，中国人民大学法学院博士后、讲师。

关键词：言论自由；老派/新派言论规制；言论自由基础设施；政府监控型国家；公/私合作；事前限制；国家安全密函

导论：当街起舞

纽约时报诉沙利文案①和纽约时报诉美国案（五角大楼文件案）② 是20世纪中叶第一修正案法理学兴盛繁荣景象中最著名的两个判例。就沙利文案来说，哲学家亚历山大·米克尔约翰说那是“值得当街起舞的时刻”。③ 沙利文案的判决宣称，“第一修正案的核心要义”就是国家既不能直接通过刑法，也不能间接通过诽谤的民事赔偿来惩罚针对公职人员无恶意的批评。④ 五角大楼文件案也重申了禁止事前限制这一第一修正案的核心原则；⑤ 斯图尔特大法官的协同意见还补充道，政府不能压制对敏感信息的披露，除非这一披露“必然会对我们的国家或人民带来直接的、即刻的，而且是无法弥补的损害”。⑥ 这两个判决共同宣告了新闻出版业在民主社会的关键作用，并且支持了这一个原则，即公共话语的传播对民主的合法性至关重要。⑦ 然而半个世纪后，这两个判决的影响力却因为言论自由实践和技术方面的重大变化而弱化了，这些变化和言论自由基础设施方面的一场革命紧密相关。这种基本上由私人掌控的基础设施是数字时代言论自由的主战场。

在过去的50年里，政府的做法也发生了变化。诚然，各国政府仍在依靠罚

---

① New York Times Co. v. Sullivan, 376 U. S. 254 (1964).

② New York Times Co. v. United States (Pentagon Papers), 403 U. S. 713 (1971) (per curiam).

③ Harry Kalven, Jr., “The New York Times Case: A Note on ‘The Central Meaning of the First Amendment’”, 121 *Ct. Rev.* 191 - 221 (1964).

④ *Sullivan*, 376 U. S. at 273.

⑤ *Pentagon Papers*, 403 U. S. at 714.

⑥ Id. at 730 (Stewart, J., concurring); *See also* id. at 726 - 727 (Brennan, J., concurring)（协同意见解释说，只有涉及最极端情况的“极为狭窄的一类案件”中才能允许事前限制，id. at 726，而且“只有政府的指控和证据表明发表必然不可避免、直接，以及立即导致类似危及海上运输安全的事件发生，才能支持签发临时限制令”，id. at 726 - 727）。

⑦ 正如布伦南大法官所说，言论自由和出版自由的宪法保障预设了“国家对这样一项原则的坚定承诺，即有关公共问题的辩论应当是不受禁止的、强健的和广泛公开的”。*Sullivan*, 376 U. S. at 270.

款、刑事处罚，以及禁令这样的手段规制言论；它们还在从事着前数字化的监控实践。但是新技术已经补充了传统的言论控制模式和传统的监控模式。和言论本身一样，对言论的规制和监控也需要一种基础设施。言论规制和监控越来越多的是由技术强加的，也越来越多地涉及政府和那些控制着言论自由基础设施的私人实体之间的合作。

因此，21 世纪初的一个显著特点就是，言论自由的基础设施越来越和规制言论的基础设施，以及公共和私人监控的基础设施相融合。那些人们相互交流所依赖的技术、相关的机构和做法与政府用来规制和监控言论的技术、相关的机构和做法是一模一样的。

让我们设想一家 20 世纪中叶的报社，比如纽约时报诉沙利文案中的上诉人。为了让报纸最终抵达读者手中，时报需要依靠一套有关技术和机构的基础设施：印刷机、工会、运货卡车、报摊，还有广告商。时报业务的这些特征可能已经受到政府通过各种方式——如货运法规、劳动法等——进行的规制。但是在很大程度上，政府控制和监控言论的能力并非内生于上述时报用来和读者交流的那些技术和做法之中。政府缺少一个远程开关，能让它既悄无声息，又成本低廉地控制时报的印刷机，或者阻止某些文章出现在时报的版面上。政府也没有为了了解潜在的颠覆性或破坏性资料而要求操作时报印刷机的工会成员穿戴隐形麦克风和照相机。这就解释了为什么政府有必要在五角大楼文件案中寻求禁令。当然，政府确实控制着公共街道。按理来说，它本可以在整个纽约市设卡拦截运送时报的货车，但很明显的是，这不仅在物流上有困难，而且就合法性来说也是代价极高的。

数字时代就不同了。政府可以针对人们用来交流通信的数字基础设施的诸多不同方面进行控制和监控：电信宽带公司、网络托管服务、域名注册商、搜索引擎、社交媒体平台、支付系统，以及广告商。正是这些使数字时代的信息生产和传输民主化和分散化的力量也同时催生了使用相同的基础设施的言论规制和监控的新技术和新工具。这些规制和监控工具通常在后台自动运转；它们可能利用基础设施私人所有者的合作或胁迫来达到政府的规制目标。即使政府的政策阻碍、限制或者监控了言论，但低能见度和利用私人主体有助于政府保持合法性。这就是数字时代有关言论、出版和结社自由的大事件。

传统的或者说“老派”的言论规制技术通常采用刑事处罚、民事损害赔偿和禁令来规制个别发言者和出版者。沙利文案和五角大楼文件案中的里程碑式的判决正是对老派言论规制的附和：在这两个案件中，为了控制和约束发言者和出版者的言论，国家对他们施加了惩罚和禁令。

这些方法在21世纪几乎没有消失，但它们被整合进了“新派”的言论规制技术。后者通过对数字网络和诸如搜索引擎、支付系统和广告商这样的辅助服务设施的控制来规制言论；这些技术的目标是数字基础设施的所有者，而不再直接关注出版者和发言者。①

这些新派技术有三个通常一起发挥作用的特征。这些特征都不是全新的，②其中的每一个都有前数字世界的对应物或先例，但每一个都被改造以适应新技术环境的要求。

第一个特征是**附带审查**，即国家为了控制发言者B而对A进行规制。数字时代使得许多人能够在全国和全球范围内实现广泛的交流。由于发言者甚多，通常又是匿名的，很难纳入，或者说已经超出了政府有效控制的范围，国家就将目标调整为互联网中介或其他数字基础设施的所有者——以问责相威胁，诱使他们阻止、限制或审查其他主体的言论。

与此相关的第二个特征就是，**公/私合作和吸纳**（co - optation）是新派言论规制的标志。如果政府不拥有言论自由的基础设施，它就需要强迫或吸纳私人所有者协助进行言论规制和监控——帮助国家识别政府试图监控、规制或关闭的发言者和网站。为此，政府综合利用“胡萝卜”加“大棒”的政策，包括授予协助政府进行监控的法律豁免权。为了减少法律上的不确定性，确保一种简单的商业环境，即便政府没有直接加以胁迫，私人基础设施所有者通常也有动机提供协助。

---

① 德雷克·班鲍尔教授将这些新派技术描述为他所谓的“软审查”的一种新兴形式的实例，他认为这种审查合法性不足，因为它的公开性不足。*See* Derek E. Bambauer, “Orwell's Armchair”, 79 *U. Chi. L. Rev.* 863, 867 - 868 (2012). 正如我在本文结论部分所指出的，新派技术往往强调预防而不是威慑，并寻求低能见度甚至隐蔽性。

② *See* Jack M. Balkin, “Digital Speech and Democratic Culture: A Theory of Freedom of Expression for the Information Society”, 79 *N. Y. U. L. Rev.* 1, 1 - 3 (2004).（主张为了理解技术变革对宪法解释的影响，“我们不应当关注新颖性，而应当关注能见度”, id. at 2）。

第三个特征是，政府发明了新的**数字化的事前限制**形式。许多新派言论规制技术都有和事前限制相似的效果，尽管它们可能并不涉及传统的许可制度或司法禁令。此外，在政府监控型国家（National Surveillance State）中，事前限制对政府广泛的监控实践来说尤为重要。正如本文第三部分所解释的，现如今在美国，针对私人基础设施所有者的事前限制已经无处不在；禁言令已经成了数字监控中完全规范化和官僚化的元素，虽然看不见摸不着却已司空见惯。

在本文当中，我会用“言论规制”，而不是“审查”的表述——最大的例外是对“附带审查”这个艺术化表达（a term of art）的讨论。我更倾向于用“言论规制”这个表述是出于以下三个原因：

第一，人们普遍假定不应允许“审查制度”存在，但并不是所有的言论规制都不合理。① 现如今，公民自由的一个关键问题是本文确定的新派技术中的哪些**应当**被认为是审查制度。② 在纽约时报诉沙利文案之前，传统的有关诽谤的普通法并没有被普遍认为属于审查制度。赫伯特·韦克斯勒（Herbert Wechsler）在沙利文案中辩护的天才之处就在于其展示出了长期适用的普通法规则的效果和典型的审查制度别无二致。③ 如前所述，在我看来，许多新派技术的运作和事前限制极为类似，无论它们是否需要政府许可或适用司法禁令。

第二，正如我使用的术语，“言论规制”主要涉及国家规制、吸纳或和私人主体合作的国家行为，或者利用对基础设施的私人控制来实现国家目标的国家规制。相比之下，“审查”的做法则不一定和国家有关。它们可能是文化上的，也可能是纪律上的，而且在公民社会中无处不在。④ 事实上，有时候这些做法越是普遍，人们就越不会认为它们不正常。

---

① 正如下文所要指出的，并非所有附带审查都是不合理的。参见本文第二（一）2 部分第 6、第 7 和第 8 自然段。

② *See* Derek E. Bambauer, “Orwell’s Armchair”, 79 *U. Chi. L. Rev.* 873 (2012).（提供了关于“审查制度”的一个技术性定义，即“集中关注政府控制信息的方法，并将对这些方法措施的合法性分析作为另一个单独的步骤”，因为不是所有审查都是非法的）。

③ *See* Brief for Petitioner at 30 – 31, 44 – 51, *Sullivan*, 376 U. S. 254 (No. 39)（比较了亚拉巴马州诽谤法和 1798 年《煽动叛乱法》，符合明显而即刻的危险标准的藐视法庭罪）。

④ *See generally* Censorship and Silencing (Robert C. Post ed., 1998)（描述了各种控制表达的文化实践）。

第三，“审查”一词的包容性不足，因为即便有一些言论规制实践是违法的，可能也不会被广泛视作“审查”。例如，数字监控是新派技术的重要组成部分。监控实践可能间接地规制了言论和结社，但也可能促进或催生了其他形式的言论规制。事实上，如果没有无处不在的数字监控，现如今的某些言论规制可能就难以开展。但是，即便监控实践严重影响了表达活动，但人们仍然可能将它们区别于直接审查。

本文其余部分安排如下：第一部分提出了言论和出版自由的实际享有取决于言论自由基础设施这一核心思想。这一基础设施是新派言论规制的焦点所在。紧接着，第二部分介绍了各种新派技术，并将它们和传统的或老派言论规制方法进行了比较。这一部分尤其解释了有多少传统的事前限制问题重新出现在新派策略当中，还解释了政府影响力这一“软权力”有时如何替代了私人基础设施所有者的直接规制。

在上述观点的基础上，第三部分讨论了一个新派言论规制的著名案例：每年附随国家安全密函（national security letters，NSLs）签发的数万封禁言令。这一实践正是迅速兴起的政府监控型国家带来的副作用。政府需要私人基础设施所有者的协助，以便进行有效的监控，而且政府希望对这些协助的性质和范围保密。结果，政府创建了一套常规化、官僚化的强行实施事前限制的制度，而这一制度在很大程度上和传统的第一修正案理论无关。

最后，第四部分总结指出，新派言论规制强调预防而不是威慑，强调低能见度（或者说隐蔽性）而不是寒蝉效应。不论是国家，还是私人基础设施所有者，都愿意选择过滤、屏蔽和监控这些普通公众基本上看不见的手段，这样的话他们的操作就会看起来很常规，既不引人注目，也不会让人感到冒犯。保密有助于实现这一目标，而公开则会破坏它。传统言论自由理论往往关注言论规制对无辜者造成的寒蝉效应；但是在政府监控型国家，政府可能只是希望大多数人冷静下来。

一、言论自由的基础设施

言论和出版自由所要求的不仅仅是免于国家禁止的自由。实践中，言论和出版自由还需要一套**言论自由的基础设施**。①

什么是言论自由的基础设施呢？以电影产业为例，如果公众无法利用电影放映机、电影院、DVD 播放机和现代电影发行体系，那么这一产业就会受到极大的阻碍。一般来说，我们将电影业称为一个产业。它包括用以创作、制作和发行影片的一系列技术、艺术家、技工、机构、商业组织、合同安排和行业惯例。反过来，这些要素被一个更大的支撑性机构网所覆盖。同样地，20 世纪中叶的纽约时报在沙利文案和五角大楼文件案中的特色也绝不只是一摞印满墨迹的纸。它是编辑、记者、编辑部、办公室、通讯社、印刷机、工会、货车，以及订阅服务等要素累积的产物；它也依赖于更大范围的业务、合同安排和行业惯例来生产“所有适合刊登的新闻”。②

从更广泛的角度来看，我们可以发现，沙利文案和五角大楼文件案所宣告的言论自由的民主模式和赋予民主以合法性的公共知识和舆论领域取决于各种机构，比如电话公司、公共图书馆、书店、学校、大学、邮局、邮政补贴率、宽带服务等。一旦我们把注意力从表达的时刻转移到支持和实现表达的技术、经济和社会基础设施上，我们就能理解基础设施对言论和出版自由的重要性了。③

用第一修正案自身的话来说就是，基础设施的作用是显而易见的。修正案

---

① Jack M. Balkin, “The Future of Free Expression in a Digital Age”, 36 *Pepp. L. Rev.* 427 – 432 (2009). (“言论自由制度不仅取决于有没有国家审查，还取决于言论自由的基础设施。言论自由的基础设施包括在任何时候都可以利用的服务于知识、创造和传播的各种媒体和机构”, footnote omitted); Balkin, “Digital Speech and Democratic Culture: A Theory of Freedom of Expression for the Information Society”, 79 *N. Y. U. L. Rev.* 52 – 54 (2004); *See* also Yochai Benkler, “Property, Commons, and the First Amendment: Towards a Core Common Infrastructure”, 3 (White Paper for the First Amendment Program, Brennan Ctr. for Justice at NYU Law Sch., 2001), at http: //perma. cc/5DDR – WU5M。

② W. Joseph Campbell, “Story of the Most Famous Seven Words in US Journalism”, *BBC News*, Feb. 10, 2012, at http: //www. bbc. co. uk/news/world – us – canada – 16918787 [https: //perma. cc/G6B7 – DW3A] (internal quotation marks omitted) (recounting the history of the *New York Times*'s famous motto).

③ 值得强调的是，这种由各种支持性机构和技术构成的基础设施概念和纯粹的基础设施的经济理论有部分重叠，但不一定和它完全相同。*See generally* Brett M. Frischmann, *Infrastructure* (2012).

不仅保护“言论”，还保护宗教、“出版”、“请愿”和“集会”的“自由实践”。① “出版”一词具有双重含义：生产和传播内容的机构；生产和传播内容的技术。在出版业创立之初，它就提到了使用当今大众传播关键技术——印刷机——的自由。② 可能会有人争论“出版”的当代含义到底应当是指技术还是新闻实践。③ 但可以肯定的是，这两者之间有着深刻的关联。技术使得某些内容生产实践和某些组织模式成为可能，而内容生产实践则取决于技术的提供和机构的支持。我们现在所称的“新闻业”的变化往往都是由技术和大众传播经济学的变化塑造出来的。④

同样地，“请愿”的权利也不可避免地涉及机构、技术和实践。“集会”也不只是众多身体在空间中的聚集。它需要进入聚集的地点和人员集中并组织集会的方法（今天，集会和组织的方法就包括社交媒体）。在 20 世纪的理论学说中，结社自由被认为是一种辅助性权利，⑤ 不仅支持其他自由作为自身的一种基础设施，而且其本身就依赖于基础设施。和言论自由权一样，宗教的自由实

---

① U. S. Const. amend. I.

② *See* Eugene Volokh, “Freedom for the Press as an Industry, or for the Press as a Technology? From the Framing to Today”, 160 *U. Pa. L. Rev.* 459, 462 – 463 (2012). (认为建国时期的“出版自由”指向的是任何可以利用印刷机或通过印刷机来出版发表的人，而不是新闻机构); *See also* David A. Anderson, “Freedom of the Press”, 80 *Tex. L. Rev.* 429, 446 – 447 (2002). (“对第一修正案的制定者来说，‘出版界’的意思是指‘印刷业’，与其说它是指新闻业，不如说是指印刷技术和该技术创造的传播机会”, id. at 446); Id. at 446 n. 90 (“同时代的文献一致表明，出版自由意味着通过印刷机表达自己观点的自由”); Edward Lee, “Freedom of the Press 2. 0”, 42 *Ga. L. Rev.* 309, 315 – 316, 339 – 356 (2008). (认为“出版”指向的是印刷机，“出版自由”是为了保护“言论技术”, id. at 345)。*But see* Patrick J. Charles & Kevin Francis O’ Neill, “Saving the Press Clause from Ruin: The Customary Origins of a ‘Free Press’ as Interface to the Present and Future”, 3 *Utah L. Rev.* 1691, 1769 – 1770 (2012). (批判了那种对技术的唯一关注，强调了建国者的出版概念是调查和报道政府活动的关键，因而就暗含了接触有新闻价值的时间和政府信息的权利)。

③ *See*, *e. g.*, Potter Steward, “Or of the Press”, 26 *Hastings L. J.* 631, 633 – 634 (1975). (主张“出版业”, id. at 633, 享有特殊的宪法保护); Sonja R. West, “Awakening the Press Clause”, 58 *UCLA L. Rev.* 1025, 1031 (2011). (认为出版条款赋予了狭义的新闻机构特殊的宪法承认，并且“允许记者主要在新闻采编方面获得额外和独特的保护”)。

④ *See generally* Yochai Benkler, *The Wealth of Networks* (2006).

⑤ *See*, *e. g.*, NAACP v. Alabama, 357 U. S. 449, 460 (1958). (“毫无疑问的是，为促进信仰和思想而结社的自由是第十四修正案正当程序条款所保障的‘自由’的一个不可分割的方面，该条款也包含了言论自由”)。

践也依赖于某种基础设施。① 即便米克尔约翰高唱要当街起舞，也需要街道这一基础设施。

对于依赖基础设施的那些自由，可以通过攻击或控制这种基础设施的方式来实现对它们的攻击或控制。当政府利用这种基础设施或它的局限性作为规制和监控的杠杆时，这些自由就变得异常脆弱。事实上，很多著名的第一修正案判例就涉及政府对言论自由基础设施的攻击，或是试图利用基础设施的弱点或局限性来控制言论。例如，在海牙诉产业组织委员会案②中，政府试图通过禁止劳工抗议者进入公共街道和公园来阻止集会；在施耐德诉新泽西州案③中，新泽西州试图禁止分发传单；在格罗让诉美国报业公司案④中，路易斯安那州则试图对报纸征税。

数字时代的标志是言论自由基础设施的一场革命。这套基础设施包括域名系统（DNS）、互联网协议、信息存储和传输技术标准、互联网主干网、宽带网络和宽带公司、网络托管公司，以及用于存储、创建、显示和传输文档的云服务；包括用来创建、发布、传输和共享内容的各种平台和社交媒体；包括各种硬件平台：计算机、平板电脑，尤其是已经成为通用的信息和通信设备的智能手机；包括所有类型的软件应用程序——包括开放式的（如 Linux 及其变种，包括 Apache 和 Android）和封闭式的（如用于手机和平板电脑的苹果 iOS 系统）；包括分布式和网络化的摄像系统、人脸识别系统、感官输入设备和信息收集设备；最后还包括一系列支持数字通信的辅助性服务：（1）搜索引擎，没有它，大多数信息都会丢失；（2）像贝宝（PayPal）、万事达卡（MasterCard）、维萨（Visa）这样的支付公司，它们促进了和数字发言者的交易；（3）支持和补贴互联网上大部分免费的平台、内容生产和应用程序的广告商。

---

① *See* Richard W. Garnett, "Do Churches Matter? Towards an Institutional Understanding of the Religion Clauses", 53 *Vill. L. Rev.* 273, 274 (2008); Richard W. Garnett, "The Political (and Other) Safeguards of Religions Freedom", 32 *Cardozo L. Rev.* 1815, 1824 - 1825 (2011); Jack M. Balkin, "The Infrastructure of Religious Freedom", *Balkinization*, May 5, 2007, at http: //balkin. blogspot. com/2007/05/infrastructure - of - religious - freedom. html [http: //perma. cc/5EDD - 9Q4L] .

② Hague v. CIO, 307 U. S. 469 (1939).

③ Schneider v. State, 308 U. S. 147 (1939).

④ Grosjean v. American Press Co. , 297 U. S. 233 (1936).

信息时代的一个广为人知的典型特征就是信息生产的民主化，因此也带来了发言和自我表达机会的民主化。通常和互联网有关的“非中介化（disintermediation)”并不包括废除媒体把关人，而是用一种基础设施取代另一种基础设施。媒体公司的转型就体现了这种民主化。在20世纪中叶，最有影响力的媒体公司是发行它们创作或编辑的内容的出版者：电影公司、图书出版者、报纸和广播公司。公共领域则主要是由这些出版者生产的内容的一系列受众而组织起来的。

在21世纪的第二个十年，最有影响力的媒体公司是像谷歌（Google）和脸书（Facebook）这样的平台。这些平台的主要目的不是发布平台所有者生产的内容。相反，它们为终端用户创造了发表（Blogger，Tumblr，Twitter)、发送电子邮件和私人信息（Gmail，Yahoo！Mail)、上传（YouTube，Pinterest）和共享(Facebook）内容的机会；它们使终端用户很容易找到其他人生产的内容(Google，Bing)。大众受众仍然存在，但现在他们中的许多人也是共享和转换内容的终端用户；在很多情况下，他们是积极的内容生产者。从出版者到平台的转变，既是言论自由基础设施革命的结果，也是原因。

从出版者到平台的转变使言论规制变得复杂。那些传播国家希望加以控制内容的人可能处在匿名状态，也可能用了假名，甚至可能根本不在政府的管辖地域范围。因此，各国越来越多地瞄准数字基础设施，这不仅是因为大多数人都在通过数字基础设施说话，还因为瞄准这一基础设施是最便捷的监控方式。

推动言论表达民主化的数字基础设施的诸多特征也同样使数字基础设施成为言论规制和监控最有效也最诱人的目标。虽然数字基础设施使发言者摆脱了对旧式媒体把关人的依赖，但它只不过是通过建立新的中介机构来实施这种依赖，而且这些中介机构为国家和私人主体提供了新的控制和监控机会。

毫不奇怪的是，私人主体和国家都在努力塑造基础设施，以便更好地促进控制和监控。通过这一过程，有关言论的民主化的数字基础设施也成为监控和言论规制的基础设施。这方面的两个例子是：（1）向云计算发展，鼓励终端用户和企业在大型私有服务器网络上存储越来越多的信息——电子邮件、文档、照片和个人数据；（2）将传统电话服务分解为一系列的数字服务，作为很多人选择用作个人电脑的智能手机的普及就是最好的证明。

为了屏蔽或强制删除内容，或者搜索和分析内容，这两种趋势都使政府更容易将注意力集中在少数大企业上，如互联网主干网的所有者；宽带提供商；电信公司；谷歌、雅虎和脸书这样的平台所有者；亚马逊这样的网络托管服务商；GoDaddy 和 Network Solutions 这样的注册商；以及维萨、万事达卡和贝宝这样的支付系统所有者。

由于言论自由的基础设施主要掌握在私人手里，因此对政府来说，愿不愿意征用私人主体参与到它们的控制和监控努力当中就变得至关重要。监控和言论规制的基础设施要求新形式的公/私合作或融合。某些私人组织积极寻求政府加强对基础设施的控制和监控。当政府以问责相威胁或承诺豁免相关责任时，其他私人组织也被迫投入服务。

言论、言论规制和监控的基础设施间的合并是长期趋势。在互联网时代刚刚开启的时候，约翰·吉尔默（John Gilmore）就认为，“网络视审查制度为一种损害，并且绕开了它”①。到 2014 年，我们可以说，互联网视言论规制和监控为设计要求，将之构建到了系统当中。相应地，21 世纪初网络活动家呐喊着斯图尔特·布兰德（Stewart Brand）的名言“信息渴望自由”。② 现在，我们理解了信息还渴望被收集、整理、分析和用于监控、控制。③

---

① Philip Elmer - DeWitt & David S. Jackson, “First Nation in Cyberspace”, *Time*, Dec. 6, 1993, at 62.（引自约翰·吉尔默）。这句名言有很多种版本。*See*, *e. g.*, John Perry Barlow, Censorship 2000, at http://www.isoc.org/oti/articles/1000/barlow.html [https://perma.cc/SHA2 - CLR4]（last visited on May 10, 2014).（引自约翰·吉尔默在第二届计算机、隐私和自由研讨会上的评论：“互联网似乎把审查视为一种故障，并且绕过了它”）。

② Wikipedia, Information Wants to Be Free, at http://en.wikipedia.org/wiki/Information_wants_to_be_free [http://perma.cc/N6LY - TSXN]（last visited May 10, 2014).

③ 以吉尔默和布兰德为代表的乐观主义并非普遍现象。劳伦斯·莱斯格教授和詹姆斯·博伊尔教授等人很早就认识到了这个问题。See Lawrence Lessig, *Code and Other Laws of Cyberspace*, 1999.（认为互联网可以作为一种规制和控制手段）；James Boyle, “Foucault in Cyberspace: Surveillance, Sovereignty, and Hardwired Censors”, 66 *U. Cin. L. Rev.* 177 (1997).（认为国家可以利用私有化的实施机制和国家支持的技术来控制互联网）；*See also* Jack Goldsmith & Tim Wu, Who Controls The Internet? (2006)（认为国家有多种手段来规制互联网内容，包括向各种互联网中介机构施压）。

二、老派/新派言论规制

言论基础设施的变化催生了新的言论规制模式。为了论述方便，我们可以在“老派”和“新派”言论规制之间作出区分。

老派言论规制通常针对人、场所，以及前数字化的大众传播技术；国家逮捕、拘留或驱逐人；控制进入用于集会和抗议的公共场所；以及垄断、管制、夺取；或者破坏出版和传播的能力和技术，如印刷机、广播设施、电影放映机、录像带、传单和书籍。

21世纪则以“新派”言论规制——通过控制数字网络来规制言论的技术——为特色。它们通常针对对互联网言论至关重要的中介和支持机构。新派言论规制的目标范围从互联网服务提供商和宽带提供商覆盖到域名注册商、托管服务商、搜索引擎、广告商和信用卡公司。新派言论规制通常强调事前预防，而不是事后惩罚，以及复杂的公/私合作形式。它既挥舞“大棒”，也给“胡萝卜”，并且和私人的、国家的数字监控新技术密切相关。

数字网络和中介机构的新派规制是在老派技术的基础上建立起来的，这些老派技术在数字世界不会消失。事实上，新老两派控制和监控技术可以相互支持和补充。例如，针对维基解密披露的机密文件，政府将泄密嫌疑人二等兵布拉德利·曼宁（Bradley Manning，现在叫切尔西·曼宁 Chelsea Manning）单独监禁，甚至在军事法庭开庭审理之前就对他进行了各种形式的严惩。① 爱德华·斯诺登（Edward Snowden）泄露了一些有关美国新派监控实践的秘密，② 但对他的追捕却体现了以监禁和控制为目的的老派特征。在美国官员警告了几个拉丁美洲国家不要庇护斯诺登或允许他过境之后，美国的欧洲盟友们为了抓

① *See* Ed Pilkington, “Bradley Manning's Treatment Was Cruel and Inhuman, UN Torture Chief Rules”, *The Guardian*, Mar. 12, 2012, at http://www.theguardian.com/world/2012/mar/12/bradley-manning-cruel-inhuman-treatment-un [https://perma.cc/5VZS-J6XY].

② *See generally* Edward Snowden, “Timeline”, *BBC News*, Aug. 20, 2013, at http://www.bbc.com/news/world-us-canada-23768248 [https://perma.cc/5LBT-9GQH]; Bob Orr, “The Hunt for Edward Snowden”, *CBS News*, June 25, 2013, at http://www.cbsnews.com/news/the-hunt-for-edward-snowden/ [https://perma.cc/U6ZN-LVCU].

住斯诺登，实际上已经让玻利维亚总统的飞机迫降了。① 在英国，政府要求《卫报》销毁存有敏感资料的硬盘，② 这就是焚书的21世纪版本。记者格伦·格林沃尔德（Glenn Greenwald）的合作伙伴戴维·米兰达（David Miranda）曾爆出许多有关美国国家安全局（NSA）进行秘密监控的猛料，但他被英国官员扣留在希思罗机场长达九个小时。③ 政府通讯总部——英国国内相对于美国国家安全局的机构——可能假定格林沃尔德和他的同事们已经意识到数字网络对于允许他们发布敏感资料的通信来说已不再安全，因此为了绕开数字监控，他们采用了一种老式的信息传递方式——信使。这种做法使得政府通讯总部试图通过同样“老派”的逮捕和拘留的方式来切断这一替代性的信息传递方式。④

以下是有关新派言论规制的一些关键特征的指南。

---

① Peter Baker &Ellen Barry, “Snowden, in Russia, Seeks Asylum in Ecuador”, *N. Y. Times*, June 23, 2013, at http://www.nytimes.com/2013/06/24/world/asia/nsa-leaker-leaves-hong-kong-local-officials-say.html [https://perma.cc/HJ6F-BV5D]; Catherine E. Shoichet, Bolivia, “Presidential Plane Forced to Land After False Rumors of Snowden Onboard”, *CNN*, July 3, 2013, at http://www.cnn.com/2013/07/02/world/americas/bolivia-presidential-plane/index.html [https://perma.cc/9LQP-9QKG].

② Julian Borger, NSA Files, “Why the Guardian in London Destroyed Hard Drives of Leaked Files”, *The Guardian*, Aug. 20, 2013, at http://www.theguardian.com/world/2013/aug/20/nsa-snowden-files-drives-destroyed-london [https://perma.cc/DRE5-8RMK].

③ Steven Erlanger, “Britons Question Whether Detention of Reporter's Partner Was Terror-Related”, *N. Y. Times*, Aug. 19, 2013, at http://www.nytimes.com/2013/08/20/world/europe/britain-detains-the-partner-of-glen-greenwald.html [https://perma.cc/B5Q2-3X5L]; Mark Hosenball, “British Accuse David Miranda, Glenn Greenwald's Parnter, of ‘Terrorism’”, *Huffington Post*, Nov. 2, 2013, at http://www.huffingtonpost.com/2013/11/02/david-miranda-terrorism-glenn-greenwald-british_n_4199838.html [https://perma.cc/F98Y-C6V5].

④ 政府也可能利用通过计算机、手机和其他电子设备的边境搜查来进行电子监控，否则第四修正案会禁止这种监控。*See* United States v. Ramsey, 431 U.S. 606, 621 (1977)（指出边境搜查是“历史上公认的第四修正案关于取得搜查令的一般原则的例外”）；*Cf.* United States v. Cotterman, 709 F.3d 952, 968 (9th Cir. 2013)（承认边境搜查属于例外，但首次认定“对［被告的］的计算机进行全面的法医检验的前提是存在合理怀疑”）。

（一）从直接规制到附带审查

1. 老派：对发言者、场所和传统（前数字化）出版技术的规制

老派规制的目标是发言者和前数字化的组织、通信实践和技术。这些包括公共场所、邮局、印刷机、电影、电报、电话，以及无线电和广播电视。各国可以对广播技术实行垄断，也可以利用许可证制度来限制谁可以运用这些技术。

即便没有直接控制，各国也可能对出版者、广播公司和新闻记者产生间接影响。政治精英和广播、出版设施所有者之间的家庭、社会和经济关系网可以促成一种“软权力”，使得政客和官员们能型塑报道范围并设置议程。① 政客和官员们可能会试图拉拢出版者、广播公司和新闻记者，而这些人反过来可能也急于保持和这些政客官员们的接触，并且讨好他们。

2. 新派：对数字中介机构和平台的附带审查和控制

在数字时代，数字平台和中介机构与电视、有线和无线电广播相结合。这极大地增加了潜在发言者的数量。拉拢如此之多的发言者变得越来越困难，这就使得利用软权力来控制报道范围和议程设定也变得困难。② 此外，许多发言者是匿名的，或者用了假名，甚至根本不在政府管辖的地域范围。因此，各国必须求助于其他手段。作为针对发言者的替代，或者说除了这一方式之外，各国可以将中介机构或辅助性服务设施的所有者作为目标。

这些技术既可以是笨拙的，也可以是很精巧的。当所有其他方法都不可用时，各国可以试着关闭互联网服务提供商和宽带提供商。③ 不同于剪断电话线或电报线这种老派技术，其可以暂时切断或限制手机接入互联网，以阻止激进

---

① *See*, *e. g.*, Cherian George, *Freedom From the Press*, 2012.（描述了新加坡政府如何通过将许可证制度和家庭、经济关系结合起来控制私有媒体）。

② *Cf.* Benkler, *The Wealth of Networks*, at 247（认为网络化的公共领域提供了更宽广的进入渠道、参与式过滤和相对廉洁的平台来凸显公众的能见度）；本文第二（三）2（3）部分描述了利用软权力影响数字基础设施所有者的情况。

③ *See*, *e. g.*, James Glanz & John Markoff, “Egypt Leaders Found ‘Off’ Switch for Int - ernet”, *N. Y. Times*, Feb. 15, 2011, at http://www.nytimes.com/2011/02/16/technology/16internet.html [https://perma.cc/Y2W3 - D9VQ]（描述了埃及在阿拉伯之春抗议期间如何暂时切断互联网接入）；The Economist, “Reaching for the Kill Switch”, Feb. 10, 2011, at http://www.economist.com/node/18112043 [https://perma.cc/E9CW - G8RH].（注意到缅甸和尼泊尔的互联网被切断）。

分子或抗议者之间的通信。① 但公开和过度的权力展示可能会使国家丧失合法性。最好是在后台或幕后控制数字网络，使控制和监控看起来和正常情况没什么两样，而不是突然间或间歇性展现出非同寻常的力量。

为了实现这些目标，各国要么拥有互联网中介机构，要么对私人中介机构施加控制。后一种策略直接导致了**附带审查**的实践，这也是数字时代言论规制的一种典型技术。

当国家要求一个私人主体 A 对另一个私人主体 B 的言论负责，并且 A 有权力阻止、审查或以其他方式控制对 B 的言论的访问时，附带审查就发生了。② 这将导致 A 限制 B 的言论，或撤回对 B 在基础设施上的支持。③ 事实上，由于不涉及 A 自身的言论，为了避免任何被问责的可能，A 宁求稳妥，甚至会限制受保护的言论。④

在这方面，附带审查和过度覆盖（overbreadth），以及事前限制制度之间都存在亲和力。A 在不存在任何有关 B 的言论的合法性的事先司法决定的情况下

---

① *See*, *e. g.*, Robert Barnes, "Public Safety, Technology and the First Amendment Collide in San Francisco's Subway", *Wash. Post*, Aug. 28, 2011, at http://www.washingtonpost.com/politics/public-safety-technology-and-the-first-amendment-collide-in-san-franciscos-subway/2011/08/26/gIQAfTIblJ_story.html [https://perma.cc/L7GJ-F5S8]（描述了旧金山湾区捷运系统为了一场“快闪族”计划好的扰乱捷运系统服务的抗议活动而决定切断手机服务）; *See also* W. Danny Green, Comment, "The First Amendment and Cell Phones: Governmental Control over Cell Phone Use on Publicly Owned Lands", 44 *Ariz. St. L. J.* 1355, 1358 (2012).（认为湾区捷运系统切断手机服务的行为违反了第一修正案）。

② J. M. Balkin, "Free Speech and Hostile Environments", 99 *Colum. L. Rev.* 2295, 2298 (1999); *See also* Christina Mulligan, "Technological Intermediaries and Freedom of the Press", 66 *SMU L. Rev.* 157, 160 (2013).（认为附带审查是对出版自由的威胁）。迈克尔·迈耶森教授创造了这个术语。*See* Michael I. Meyerson, "Authors, Editors, and Uncommon Carriers: Identifying the 'Speaker' Within the New Media", 71 *Notre Dame L. Rev.* 79, 118 (1995).（将附带审查界定为“他人通信中一方私人主体实施的沉默”）; *See also* Seth F. Kreimer, "Censorship by Proxy: The First Amendment, Internet Intermediaries, and the Problem of the Weakest Link", 155 *U. Pa. L. Rev.* 11, 16 (2006).（创造了两个术语：“代理审查”和“通过代理的审查”）。

③ 政府可以通过它作为一种附带审查的非正式手段的“软权力”的影响来实现类似效果，参见本文第二（三）2（2）部分。

④ 尽管审查是由私人主体实施的，但仍然存在国家行为，“因为政府为私人主体之间的互相审查创造了激励”。J. M. Balkin, "Free Speech and Hostile Environments", 99 *Colum. L. Rev.* 2299 (1999).

采取行动，而B可能事先也没收到有关A限制或撤回基础设施服务这一决定的任何通知。① 国家为A创造了过度反应的激励。由于A和B的激励并不相融，A的行为除了阻止或限制了对不受保护的言论的访问之外，很可能还阻止或限制了对受保护的言论的访问。②

虽然附带审查并非新鲜事物，③ 但它在数字时代变得尤为重要。这是因为有太多的言论不仅需要通过像互联网服务提供商和宽带提供商这样的私有渠道传播，从而出现在私有托管服务和各类平台上，而且还要依赖域名系统的有效运行，依靠搜索引擎和社交媒体等辅助服务才能被发现，或者依赖在线支付系统通过大量的个人支付来提供运营资金。实际上，言论自由的数字基础设施的每个方面都可能是附带审查的潜在目标。

但附带审查也并不总是让人不安。就第一修正案的目的来说，把A和B视作同一个实体或发言者是有意义的，这样对言论自由的威胁是最小的。④ 当由出版者承担替代责任有最充分理由时，附带审查就没有什么宪法上的问题。⑤ 这就解释了为什么由报纸对其记者、专栏作家和广告商的言论负责，或者让图书出版商对他们出版作者的作品负责，一般不会有宪法上的问题。⑥

---

① *See* Christina Mulligan, "Technological Intermediaries and Freedom of the Press", 66 *SMU L. Rev.* 165 (2013).（把附带审查比作事前限制，因为发言者对自己是否被中介机构屏蔽没有发言权）。

② *See* J. M. Balkin, "Free Speech and Hostile Environments", 99 *Colum. L. Rev.* 2303 (1999).（指出在附带审查的情况下，无论言论是否是受保护的，都会被屏蔽）；Felix T. Wu, "Collateral Censorship and the Limits of Intermediary Immunity", 87 *Notre Dame L. Rev.* 293, 296 (2011).（"例如，对带有诽谤内容的留言板运营商施加诽谤责任很可能会诱使其屏蔽大量潜在的诽谤内容，包括一些事实真实的或仅仅是意见的内容，或是其他免予起诉的内容"）。

③ *See* id. J. M. Balkin, "Free Speech and Hostile Environments", at 2302.（"当法院和立法机关将有害言论的责任强加给传播者、公共载体或一些其他渠道，而且它们这些和受审查的发言者不是同一家企业，缺乏编辑控制的权利，也没有关于通过其渠道流动的内容的性质的信息时，最明显的例子就发生了"）；Michael I. Meyerson, "Authors, Editors, and Uncommon Carriers: Identifying the 'Speaker' Within the New Media", 71 *Notre Dame L. Rev.* 116 - 117 (1995).（举例说明了政府对慈善募捐者和传播者施加的压力）。

④ Id. J. M. Balkin, "Free Speech and Hostile Environments", at 2300 - 2302.

⑤ Id. at 2301.

⑥ Id. at 2301 - 2302.

然而，当A和B是毫不相干的两方，并且B生产了数字世界中的诸多大量可能难以单独监控或编辑的新内容时，还让A对B的言论负责就可能导致对言论的过度和不合理干预。① 在数字时代，绝大多数数字基础设施的所有者都是发言者以外的人，他们和发言者之间的关系与作者和图书出版商之间的关系有很大不同。因此，有问题的附带审查形式就会普遍出现。

从言论自由的角度看，这似乎是一个问题，而从政府的角度看，却可能是一个机会，因为政府很难轻易找到匿名发言者，但却希望确保有害或非法言论不会到处传播。对那些希望鼓励过滤和屏蔽来自境外内容的国家来说，附带审查可能尤为重要，因为政府通常无法控制外国中介机构和发言者。

中介责任也是促进言论规制中的公/私合作的策略。② 例如，各国可能希望中介机构标记、删除可疑内容，开发或资助（国家今后可以应用的）有效的过滤技术，关闭账号，或者移交用户私人信息。这些任务可能是资源密集型的，政府很难独自完成。对中介机构以问责相威胁——同时辅以豁免承诺换取遵守——有助于国家说服私人基础设施的所有者与之合作并为之工作。

附带审查的问题已经使得像纽约时报诉沙利文案这样的里程碑式的判例在应对数字时代时越来越捉襟见肘。和许多传统的第一修正案判例法一样，沙利文案试图通过限制针对发言者和传统出版社的直接诉讼或起诉来保护言论。但是现如今，不论是政府，还是私人主体，都更倾向于把中介机构视作最具诱惑力的规制目标。③

事实上，沙利文案的一个鲜为人知的特点是，它是一个关于中介责任的案件，但1964年的美国联邦最高法院没有注意到这个问题。④ 纽约时报是因为实际上并非自己撰写的一则广告而遭到起诉，⑤ 根据普通法有关出版者责任的规

---

① Id. at 2302.

② 参见本文第二（三）部分。

③ *See* Seth F. Kreimer, "Censorship by Proxy: The First Amendment, Internet Intermediaries, and the Problem of the Weakest Link", 155 *U. Pa. L. Rev.* 14 (2006). (寻求控制互联网通信的国家行为者已经开始探索既不针对发言者，也不针对听众的策略)。

④ *See* Rebecca Tushnet, "Power Without Responsibility: Intermediaries and the First Amendment", 76 *Geo. Wash. L. Rev.* 986, 1005 (2008). ("沙利文案是一件事关以纽约时报作为中介机构只经过最小范围的审查之后就登了另一个实体的广告的案件")。

⑤ N. Y. Times Co. v. Sullivan, 376 U. S. 254, 256 (1964).

则，它应当对自己出版的诽谤性内容负责。① 美国联邦最高法院关于沙利文案的判决没有质疑普通法的这一特征，甚至都没有将之视作言论自由问题。② 事实上，沙利文案和后来的判例都假定普通法关于出版者责任和雇主责任的规则将继续适用于诽谤诉讼。③

事实证明，这种假定并不适合数字时代。20 世纪 90 年代，电信公司很快意识到它们将传输和存储大量并非由其自身生产（也无法进行可靠编辑）的内容。因此，超越纽约时报诉沙利文案就很有必要。④

美国联邦最高法院最近一次认为附带审查构成第一修正案问题是在 1959 年的史密斯诉加利福尼亚州案⑤中。史密斯案推翻了一项制定法，该法规定书商囤积后经司法认定包含淫秽内容的书籍要负刑事责任，即便书店老板并不知道

---

① Id. at 262（引用陪审团的指示）；*See* Restatement（Second）of Torts §578（1977）（"除了只发布或传播由第三人发表的诽谤内容的人之外，重复或以其他方式转载诽谤内容的人必须承担法律责任，就如同是他最初发表了这些内容一样"）。

② *See* Sullivan，376 U. S. at 286 –288（讨论了时报作为出版商是否有所要求的恶意，但不是出版商是否对其没有撰写或编辑的声明负责）。

③ *See* Cantrell v. Forest City Publ'g Co.，419 U. S. 245，253 –254（1974）（同意了一项陪审团指控，该指控准许出版商对其工作人员撰写的明知虚假的文章承担替代责任）。

④ Rebecca Tushnet，"Power Without Responsibility：Intermediaries and the First Amendment"，76 *Geo. Wash. L. Rev.* 1007（2008）.（《通信规范法》颁布的理论基础在于，在互联网允许大量用户生成内容的情况下，任何互联网服务提供商都不会接受标准的沙利文案式的责任带来的风险）。两个低级法院的判决引发对这个问题的关注，但这两个判决截然相反。*Compare* Cubby，Inc. v. CompuServe Inc.，776 F. Supp. 135，138 –142（S. D. N. T. 1991）（认为 CompuServe 只不过是其在线论坛上内容的普通法上的传播者，不能期望它监督或编辑这些内容）；*with* Stratton Oakmont，Inc. v. Prodigy Servs. Co.，1995 WL 323710，at *4（N. Y. Sup. Ct. May 24，1995）（认为 Prodigy 是出版商，因为它认为自己在调整公告栏，并且使用软件过滤内容）。第一修正案律师弗洛伊德·阿布拉姆斯认为，即便 CompuServe 案采用了传播者责任规则，也不足以保护电信公司。See Floyd Abrams，"First Amendment Postcards from the Edge of Cyberspace"，11 *St. John's J. Legal Comment.* 693，704（1996）.［"需要一个比（CompuServe 案）的'有理由知道'标准更具保护性的标准……它现在不作为一个普通法问题而存在。"（punctuation omitted）］。

⑤ Smith v. California，361 U. S. 147（1959）.

这些书的内容。[①]

电信公司没有选择扩张史密斯案的适用范围，而是通过游说立法，争取中介机构的豁免权。[②] 现在，美国根据所涉及的内容，为中介机构提供不同程度的保护。[③] 例如，1996 年《电信法》（the Telecommunications Act of 1996）第 230 节[④]规定，交互式服务的用户或提供者不因令人反感的内容而受到损害，但侵犯知识产权的法律责任不适用该规定。[⑤] 当潜在的侵权内容从互联网服务提供商、主干网运营商及类似渠道流动，并且它们也不知情时，1998 年《千禧年数字版权法》（the Digital Millennium Copyright Act of 1998，MCA）第 512 节[⑥]为它们提供了一个安全港；[⑦] 该法还为托管他人内容的中介机构（如 YouTube）设置了一个详细的通知—删除程序。[⑧]

---

① 法院解释说，"如果书商在不知道图书内容的情况下就要承担刑事责任……他肯定会倾向于只卖经他检查过的书；因此除了淫秽作品之外，国家还将对受宪法保护的作品进行限制……在国家的强制下，书商的自我审查将是一种影响到整个公众的审查制度，而这种审查的害处不会因为是由私人管理的就会减少"。Id. at 153 – 154. 法院所称的"自我审查"实际上是政府利用书商进行的附带审查；书商和作者各不相同的动机使这种审查成为可能。J. M. Balkin，"Free Speech and Hostile Environments"，99 *Colum. L. Rev.* 2302（1999）［*citing* Michael I. Meyerson，"Authors，Editors，and Uncommon Carriers：Identifying the 'Speaker' Within the New Media"，71 *Notre Dame L. Rev.* 118（1995）］。与此不同，史密斯案则类似于普通法关于传播者责任的规定，即如果传播者不知道其销售、传播的图书中的诽谤内容，他们就不会为此承担责任。*See* Cubby，Inc. v. CompuServe Inc.，776 F. Supp. 141 – 142（S. D. N. T. 1991）.

② Rebecca Tushnet，"Power Without Responsibility：Intermediaries and the First Amendment"，76 *Geo. Wash. L. Rev.* 1007 – 1008（2008）.（认为通信产业不是要找一个"超级沙利文案"，id. at 1008 n. 95，而是寻求立法上的解决方案，id. at 1007 n. 94）.

③ *See* id. at 1004 – 1005（注意到法律上为侵权提供的各种不同的中介责任制度，包括诽谤和欺诈、《千禧年数字版权法》规定的侵害版权、其他侵害知识产权的行为，以及淫秽和儿童色情制品的刑事附带责任）。

④ 47 U. S. C §230（2006）.

⑤ Id. §230（c）（1）（任何交互式计算机服务的提供者或使用者不得被视为另一信息内容提供者提供的任何信息的发布者或发言者）。

⑥ 17 U. S. C §512（2012）.

⑦ *See* id. §512（a）（为"临时数字网络通信"提供豁免）；id. §512（b）（为临时缓存提供豁免）。

⑧ *See* id. §512（g）（描述了针对服务提供商的通知 – 删除程序）。

第 230 节关于豁免权的规定，以及在某种较弱的意义上，还包括第 512 节有关安全港的规定，都属于数字时代美国最重要的言论自由保障措施。它们使得开发广泛的电信系统、搜索引擎、各类平台，以及云服务，而无惧承担巨大责任成为可能。① 如果谷歌或脸书的早期版本被视作出现在其设施上的无数链接、博客、帖子、评论，以及更新的发布者，那么它们就不太可能从一系列诽谤诉讼中幸存下来。然而，第 230 节关于豁免权的规定和第 512 节关于安全港的规定都是立法行为，不是美国联邦最高法院判决的结果，也并不是每个国家都存在保护言论的中介责任规则。②

但是，中介机构豁免权和安全港制度所不能保护的领域就构成了中介责任制度，也因此构成了潜在的附带审查制度。DMCA 第 512 节 g 款规定，只有提供内容托管服务的公司同意通知—删除的方案，才能适用安全港条款。如果某个私人主体声称托管在中介机构的内容侵犯了其版权，该中介机构必须立即删除内容或承担责任。③ 因此，中介机构仍然有动机删除受合理使用规则和第一修正案保护的内容。④ 但是，如果个人提交一份反通知，表明身份，并且同意诉讼管辖权和送达程序的话，这些人就可以恢复他们的内容，但实际上很少有

---

① *See* Jack M. Balkin, "The Future of Free Expression in a Digital Age", 36 *Pepp. L. Rev.* 436 – 438 (2009).（论述了中介责任对创新的影响）。

② *See*, *e. g.*, Noah C. N. Hampson, "The Internet Is Not a Lawless Prairie: Data Protection and Privacy in Italy", 34 *B. C. Int' L & Comp. L. Rev.* 477 (2011).（描述了意大利起诉三名谷歌高管，原因是 YouTube 上一段视频侵犯一名遭受同学霸凌的自闭症学生的隐私）；Miquel Peguera, "The DMCA Safe Harbors and Their European Counterparts: A Comparative Analysis of Some Common Problems", 32 *Colum J. L & Arts* 481 (2009).（论述了美国 DMCA 安全港和欧盟理事会电子商务指令间的差异）。

③ *See* 17 U. S. C §512 (g)（规定了通知—删除程序）。

④ *See*, *e. g.*, Christina Mulligan, "Technological Intermediaries and Freedom of the Press", 66 *SMU L. Rev.* 181 – 184 (2013).（"通知 – 删除程序……在实际提起的版权侵权诉讼中排除了对言论的保障。" id. at 181）；Rebecca Tushnet, "Power Without Responsibility: Intermediaries and the First Amendment", 76 *Geo. Wash. L. Rev.* 1003 (2008).（"由于 DMCA 通知要求最低，而且互联网服务提供商没有进行调查的激励，那么除了保护版权不受侵害，通知—删除程序还可以用来抑制批评性言论"）。

人这么做。[①] 结果，通知—删除规则限制了那些想匿名发言的人，那些负担不起法律代理的人，以及那些生活在境外，并且不愿意卷入美国法院的诉讼的人。此外，借助对 DMCA 第 512 节[②]的解释和很大程度上会让安全港条款变成具文的新制定法，内容产业一再推动更大的中介责任。[③]

（二）数字化的事前限制

1. 老派：传统事前限制及其效果

事前限制是最古老——可以追溯至印刷术的早期——的言论规制形式之一。[④] 虽然现如今的事前限制通常和司法禁令有关——这正是五角大楼文件案的主题——但它的根源还是在旧式的许可证和官僚管理制度。根据这种制度，国家规定经营印刷业必须取得许可证，并且要求在出版之前进行内容审查。[⑤]

在五角大楼文件案中，政府请求发布禁令假定了有关世界和通信技术的某些事实，这些事实使得禁令值得发布。例如，五角大楼的文件只有在报纸得到复制件并有时间排版的情况下才能成功出版。政府认为复制这套原始文件要花费大量时间和精力，但丹尼尔·埃尔斯伯格（Daniel Ellsberg）当时没有这样神奇的能力，只将这些文件制作成多份电子版，并立刻散播到跨越美国法院管辖范围的全球各地。

---

① *See* Rebecca Tushnet, "Power Without Responsibility: Intermediaries and the First Amendment", 76 *Geo. Wash. L. Rev.* 1003 (2008). （"大多数收到通知的用户不会反通知，即便他们可能有正当合理的辩护理由"）。

② *See*, *e. g.*, Viacom International Inc. v. YouTube, Inc., 718 F. Supp. 2d 514 (S. D. N. Y. 2010). (就申请 DMCA 安全港所必需的侵权知识程度提起诉讼); *affirmed in part*, *vacated in part*, *reserved in part and remanded*, 676 F. 3d 19 (2d Cir. 2012).

③ 本文第二（二）2（3）部分讨论了《打击在线侵权和仿冒法案》、《停止在线盗版法案》和 2011 年《保护知识产权法案》。此外第 230 节还带来一个额外的变化：当在线服务提供商屏蔽和过滤内容时该条款使它们无须承担责任，从而更容易让它们和政府开展合作。*See* 47 U. S. C §230（c）（2）（2006）。

④ *See* Fredrick Seaton Siebert, Freedom of The Press in England, 1476 - 1776, at 21 - 30 (1952).

⑤ *See* Philip Hamburger, "The Development of the Law of Seditious Libel and the Control of the Press", 37 *Stan. L. Rev.* 661, 673 (1985). （"许可证制度……有很多优势。特别是为控制书面资料这一任务而设立的时候，许可证制度就可以让官方对出版进行审查，并且很容易给违规者定罪"）。

如今，政府可能凭借一份司法禁令成功压制像五角大楼文件这样的敏感信息的想法几近新奇。现时代的丹尼尔·埃尔斯伯格可能会和维基解密这样的组织合作，维基解密在海外很多地方都有安全的服务器。① 反过来，维基解密也会（并且已经）和世界上不同国家的新闻机构合作，以为泄密事件造势。当维基解密开始发布相关内容时，奥巴马政府没有像尼克松政府那样试着申请禁令。相反，它依靠不同的方法来控制维基解密。②

不过即使在数字世界，如果运用得当，事前限制——包括单方面的禁令——仍然可以成为重要的言论规制工具。新派言论规制的一些最重要的特征是，即便不采用许可证制度和司法禁令，也会利用数字技术来实现和传统的事前限制类似的效果。因此，在讨论这些新派技术之前，重要的是要了解事前限制是如何起作用的，以及为什么会比事后的刑事诉讼更限制出版自由。③

事前限制（包括许可证制度）特别麻烦，因为它将诉讼费用、举证责任和惰性后果从国家转移到了发言者身上。事前限制试图使违规内容变得易于识别、阻止和控制，使违规的发言者更易于受到起诉、惩罚和威慑。我们可以将这些效果分为六类：

（1）故意过度覆盖。和事后的诉讼和惩罚制度相比，事前限制会让政府审查和监控更大范围、更多样化的内容。检察官或民事原告只会考虑引起他们注意的行为，然后必须决定是否起诉；但就事前限制制度来说，无论多么无辜，所有事物都要提交至政府，得到政府的许可才能公布。事前限制的力量——包括弊端——就是将受保护的和不受保护的内容全都混在一起。

（2）转移了不作为/惰性的负担。在事前限制制度下，通信——包括完全受第一修正案保护的通信内容——在获得许可之前是不能进行的，这就可能损

---

① Micah L. Sifry, *WikiLeaks and the Age of Transparency*, New Haven: Yale University Press, 2011, pp. 27–28, 37; Noam Cohen, "What Would Daniel Ellsberg Do with the Pentagon Papers Today?"; *N. Y. Times*, Apr. 19, 2010, at B3.

② 参见本文第二（三）2（3）部分。

③ 关于事前限制的第一修正案问题的经典讨论，*see* Thomas I. Emerson, "The Doctrine of Prior Restraint" 20 *Law & Contemp. Probs.* 648, 656–660 (1955); *See also* Stephen R. Barnett, "The Puzzle of Prior Restraint", 29 *Stan. L. Rev.* 539 (1977); Vincent Blasi, "Toward a Theory of Prior Restraint: The Central Linkage", 66 *Minn. L. Rev.* 11 (1981); John Calvin Jeffries, "Rethinking Prior Restraint", 92 *Yale L. J.* 499 (1983).

害信息的交流功能或价值。这使得言论的表达取决于发言者是否获得国家的许可。如果政府不作回应，没有许可，发言者就只能选择沉默。但在事后惩罚制度下，表达是不存在延迟的，而且取决于国家的回应。如果国家什么都不做，自由表达就得以持续。这样，事前限制实践就放大了过度覆盖的问题，因为为了便于搜索不受保护的资料，大量受保护的资料可能被无限期屏蔽。

（3）将决策转移到有限的程序保护和司法外程序。事后惩罚制度使发言者有权获得包括陪审团审判在内的所有程序性保护，以及宪法对言论自由的保障。事前限制制度则可以是行政性的或非正式的，而且问题不在于内容是否受到第一修正案的保护，而在于管理者是否认为它属于相关的法定范畴。裁决由执行性或行政性官员作出，而且这一裁决受到的司法审查比行政行为更加有限。此外，在数字时代，决策可能是由软件程序作出的，没有人为干预，也可能不存在切实可行的司法审查方式。

（4）从公诉转向低透明度的控制系统。事前限制制度可以在幕后运作，不受公众监督。它可以实现管理上的常规化和机械化。当对数字内容的屏蔽和过滤是自动的时候，这个问题就更严重了。事后惩罚制度要求对控告作出个别决定，很多情况下，还要求进行刑事或民事诉讼；这就为公众审查和讨论控告是否明智提供了更多机会。

（5）转移了错误成本的负担。事前限制制度为过度审查创造了制度激励。正如托马斯·爱默生教授所解释的那样，“审查员的职责就是审查。他对发现需要压制的东西有职业利益……他通常对要求压制的利益——他自己所代表的利益——反应敏锐，但却不太适应那些支持言论自由的更分散、更不具侵略性的力量”①。当禁止的权力置于私人手中或由过滤程序自动执行时，情况就更糟了。

（6）强制自我识别；提高定位、逮捕、压制和惩罚的概率。事前限制的目的是使政府感兴趣的内容更可能遭到压制，并对其出版者进行识别和惩罚。在事后惩罚制度中，政府必须对违规内容进行定位，然后再决定是否值得花时间和资源进行起诉。但事前限制制度将费用负担从政府转移到了发言者身上，从而降低了审查成本。发言者有责任证明这些内容为什么应当发布。

① Id. Emerson, “The Doctrine of Prior Restraint”, at 659.

如果发言者无视或藐视事前限制制度中的许可证制度，那么核心问题不在于内容是否受宪法保护，而在于发言者事先是否获得了适当许可。这是使司法禁令像事前限制那样运作的关键因素。① 根据附带排除规则，如果一个人违反了法院发布的出版禁令，出版者就失去了以质疑法院命令的合宪性作为针对藐视法庭罪指控的抗辩的权利。②

此外，检察官如果怀疑某人违法，通常不会将违法行为视作对其个人的冒犯；相反，他/她会进行专业上的算计，以判断在资源有限的情况下，起诉是否值得。与此不同，在事前限制制度下，如果发言者没有请求许可，授予许可的人更有可能将这一行为视作对其权威的威胁，从而为确立其权力而主张某些严厉的惩罚。

2. 新派：针对数字基础设施的事前限制

数字技术允许国家和合作的私人主体都能通过不一定涉及行政或官僚审查和司法禁令的技术，实现许多和事前限制相同的成本和负担转移的效果。

（1）过滤。过滤系统利用技术来实现许多和传统的事前限制相同的效果。过滤系统的覆盖范围通常都是很宽泛的，尤其当它在域名系统和 IP 层面上进行时就更是如此了。③ 但是，尤其当目标是降低成本并实现全面性时，过度覆盖不仅不是一个缺陷（bug），反而作用重大。

为了谨防逆向工程，过滤方法通常是保密的，而且可能受到商业秘密法的保护。过滤标准——特别是国家采用私人主体设计的过滤器时——可能不尊重

---

① John Calvin Jeffries, "Rethinking Prior Restraint", 92 *Yale L. J.* 431 -432 (1983).（认为禁令有一个让自身比事后惩罚更令人不安的特征，那就是附带禁止规则的持续性活力）。

② Richard E. Labunshi, "The 'Collateral Bar' Rule and the First Amendment: The Constitutionality of Enforcing Unconstitutional Orders", 37 *Am. U. L. Rev.* 323, 327 (1988).（描述了这项规则）；为了减轻这项规则的严苛性，法院将例外情况移植到了这项规则上，认为该规则不适用于"明显无效"的命令；*See* Walker v. City of Birmingham, 388 U. S. 307, 315 (1967)（援引附带排除规则认为，"这不属于禁令明显无效或只是轻率地假装有效的情形"）；*In re* Providence Journal Co. , 820 F. 2d 1342, 1347 (1st Cir. 1986)（"一项明显无效的命令不能作为认定藐视法庭罪的依据"）。

③ Derek E. Bambauer, "Cybersieves", 59 *Duke L. J.* 377, 397 (2009).［"大多数——即便不是全部——互联网过滤系统都是过度过滤的（屏蔽无害内容）、过滤不足的（无法屏蔽违禁资料），或前两点兼而有之的"］。

第一修正案规定的类别，而且不适当地基于内容和观点。① 过滤系统会自动地屏蔽言论，在这个过程中，没有机会向过滤器提出质疑，也不存在对发言者的程序性保障，以及对遭屏蔽言论的个别的宪法分析。② 错误成本由发言者，而不是过滤系统承担，并且发言者还要负责修改或移除网络阻塞。最后，过滤系统在后台悄无声息地运作着，公众可能注意不到它的影响。③

（2）查封域名。域名系统将 IP 数字地址链接到像 www. nytimes. com 这样的域名，国家还可以通过声明对域名系统的控制来控制内容。例如，2010 年 11 月，国土安全部发起“我们的网站”行动（Operation in Our Sites），查封了涉嫌侵犯知识产权的个人或实体的域名。④

查封域名至少具备传统事前限制的五个特征。第一，在设计上覆盖范围过宽：破坏域名系统会屏蔽某个给定域名可访问的所有内容。第二，转移了不作为/惰性的负担：在政府恢复域名之前，通过域名系统的访问会遭到阻止。第三，查封通常涉及单方程序，对受影响的发言者的程序性保护十分有限。第四，查封的操作过程透明度低。第五，在查封域名的过程中，政府可能和私营产业的成员合作，而这些成员缺乏反对过度起诉的激励。

在一起乌龙事件当中，移民和海关执法局（ICE）的特工以涉嫌为侵犯版权提供便利为由，查封了 Dajaz1 运营的一家嘻哈网站的域名。为查封提供正当理由的宣誓书的信息并不准确；尤其是用来证明查封令的正当性的涉嫌侵权的

---

① 在国家没有采取行动的情况下，私人主体基于内容和观点进行过滤不存在宪法障碍，第 230 节的另一项规定甚至使中介机构免于因屏蔽内容而遭受损害。47 U. S. C §530（c）（2）（2006）. 然而，当基于内容或观点的过滤是政府附带审查的结果时，这里就存在着国家行为。*See* J. M. Balkin，“Free Speech and Hostile Environments”，99 *Colum. L. Rev.* 2299（1999）.

② 这一点在知识产权方面尤为重要。许多新派言论规制都是针对潜在的侵犯版权的行为。虽然“针对特定出版物”的初步禁令是对显然有效的版权即将受到侵害的常见的司法回应，Dall. Dowboys Cheerleaders，Inc. v. Scoreboard Posters，Inc.，600 F. 2d 1184，1187（5th Cir. 1979）（collecting cases，但它并不意味着行政上的或技术上的事前限制方案——这些方案不涉及对侵权行为的司法认定——逾越了言论自由原则）。

③ 政府也可能将对过滤技术的规避认定为违法。*Cf.* 17 U. S. C §1201（2012）（禁止对规避访问控制实施的技术的散布）。

④ National Intellectual Prop. Rights Coordination Ctr.，Operation in Our Sites，at http：//www. ice. gov/doclib/news/library/factsheets/pdf/operation - in - our - sites. pdf［https：//perma. cc/6KMD - 5BTW］（last visited on May 10，2014）.

链接实际上是艺术家们自己提供给 Dajza1 的。① 即便如此，ICE 和司法部还是连同美国唱片业协会（RIAA）一起将此网站关闭了一年，部分原因正是获得了对最初查封令的一系列秘密的单方面延期。② 最终，在政府认定缺乏起诉的正当理由之后，被查封的域名恢复了。③

该事件包含了新派言论规制的三个典型方面：政府和私营产业之间的合作；为控制言论而攻击互联网基础设施；新执法技术绕开了传统的程序保障和公民自由保护。

（3）旨在诱发过滤和/或附带审查的禁令。在内容产业经常性的敦促下，国家也制订了详尽的新计划，以全新的方式使用禁令。它们的核心创新是从针对发言者的限制转向针对私人基础设施所有者的限制；目标是让私人基础设施所有者来完成监控、屏蔽和过滤的工作。

三个很好的例子就是美国国会提出（但谢天谢地被否决了）的立法：《打击在线侵权和仿冒法案（COICA）》④、《停止在线盗版法案（SOPA）》，⑤ 以及 2011 年《保护知识产权法案（PIPA）》。⑥ 这些法案表面上是为了规制、屏蔽和惩罚那些只提供侵犯知识产权的资料的外国网站。但是它们的实际条款的涉及

---

① Dara Kerr, "Homeland Security's Domain Seizures Worries Congress", *CNET*, Sept. 3, 2012, at http://news.cnet.com/8301-1023_3-57505318-93/homeland-securitys-domain-seizures-worries-congress [https://perma.cc/9U3Q-CSBT].

② *See* Elec. Frontier Found., In the Matter of the Seizure of the Internet Domain Name "*DAJAZ1. COM*", at https://www.eff.org/cases/matter-seizure-internet-domain-name-dajaz1com [https://perma.cc/X42D-5NL2] (last visited on May 10, 2014)（2012 年 5 月公开的密封的法庭记录）; Id. Kerr.

③ *See* id. Kerr; Timothy B. Lee, "Waiting on the RIAA, Feds Held Seized Dajaz1 Domain for Months", *Ars Technica*, May 4, 2012, at http://arstechnica.com/tech-policy/2012/05/waiting-on-the-riaa-feds-held-seized-dajaz-domain-for-months [http://perma.cc/URT7-V56S]; *See also* Derek E. Bambauer, "Orwell's Armchair", 79 *U. Chi. L. Rev.* 863, 865-867 (2012)（描述了"保护我们的孩子"行动，在这一行动当中，司法部和国土安全部利用单方命令控制了那些被认为是儿童色情网站的域名，同时也扫除了一些不涉及犯罪的网站）。

④ S. 3804, 111th Cong. (2010), at https://perma.cc/EQ5S-2B28.

⑤ H. R. 3261, 112th Cong. (2011), at https://perma.cc/88NK-M47F.

⑥ Preventing Real Online Threats to Economic Creativity and Theft of Intellectual Property Act of 2011（2011 年《禁止互联网上对经济创造力的真实威胁和盗窃知识产权法》）, S. 968, 112th Cong. (as amended, May 26, 2011)（以下简称 PIPA）, *at* https://perma.cc/LK8N-9PB4.

面十分宽泛，以至于会将大量受保护的言论也囊括进去。因为被认为对言论自由和互联网自由造成了普遍威胁，这两项（原文如此——译者注）法案最终引起了巨大争议，受到互联网活跃分子、科技公司和公众的广泛反对。① 事实上，针对 SOPA 和 PIPA 的抗议是最近人民宪政主义捍卫言论自由权利最突出的例子之一。②

虽然这些法案没有成为法律，但基于以下两方面的原因，它们还是极富教益的。首先，受到内容产业持续游说的国会未来很有可能尝试类似的立法。其次，这些法案展示了一个下定决心的政府——通常和私营产业携手合作——如何能利用数字基础设施的诸多不同方面创造出精巧的新式控制方法。因此，研究 SOPA、PIPA 和 COICA 中使用的技术就为我们提供了一个了解未来潜在的言论自由之争的窗口。

例如，SOPA 第 102 节赋予美国司法部长获得针对“外国侵权网站”的禁令的资格。③ 这一条款被广泛界定为包括**域名**在美国境外注册的网站——即便该网站属于使用了外国注册机构的美国公司。④ 更重要的是，如果网站的任何部分“便利了”对版权的侵害，该网站就被认为“侵权”。⑤ 该条款后段意义

---

① 关于抗议 SOPA 和 PIPA 活动的历史，*see generally* Edward Lee，“The Fight for The Future（2013）”，at https：//perma. cc/6CNV - F7E3。在抗议活动的高潮期，2012 年 1 月 18 日，维基百科为抗议这两项法案而将页面调成灰暗色调，谷歌使用了一个带有指向更多信息的链接的反 SOPA 标志，Mozilla 将 Mozilla. org 和 Mozilla. com 英文网站指向一个“操作页面”。Vlad Savov，“The SOPA Blackout：Wikipedia，Reddit，Mozilla，Google，and Many Others Protest Proposed Law”，*The Verge*，Jan. 18，2012，at http：//www. theverge. com/2012/1/18/2715300/sopa - blackout - wikipedia - reddit - mozilla - google - protest [https：//perma. cc/GVK3 - 9DFM]；*See also* Yochai Benkler et al.，“Social Mobilization and the Networked Public Sphere：Mapping the SOPA - PIPA Debate”（Berkman Ctr. for Internet & Society，Research Publication No. 2013 - 16，2013），at https：//perma. cc/5SB4 - YYJK（展示了网上关于这一问题争议的演变）。

② 正是因为法院从未肯定过这两项法案的合宪性，这一事件和其他一些塑造了美国言论自由概念的政治争议属于同一范畴。*See generally* Michael Kent Curtis，Free Speech，“The People's Darling Privilege”（2000）（回顾了美国历史上重大的言论自由争议）。

③ H. R. 3261 § 102.

④ Id. § 101（4），（8）. *See* Marvin Ammori，“SOPA/PIPA Copyright Bills Also Target American Sites”，*Ammori. org*，Dec. 31，2011，at http：//ammori. org/2011/12/31/sopapipa - copyright - bills - also - target - domestic - sites/ [https：//perma. cc/5UBX - 7UXB]．（举了 Google. ca 和 Amazon. co. uk 的例子）。

⑤ H. R. 3261 § 102（a）.

含混不清，有不同的解释。例如，它可能适用于类似 Facebook 或 YouTube 这样的平台，这些平台的客户经常上传或链接侵权内容。如果这些网站没有安装过滤器来屏蔽所有这些内容或阻止这些内容的上传，那么争论就到此结束，即便它们不知道具体侵权行为的存在，而且根据现行版权法也无须承担次要责任，但它们可能构成了这部制定法意义上的“便利侵权”。

因此，第 102 节威胁要突破 DMCA 中的安全港规则。这些规则豁免了中介机构的侵害版权的责任，除非中介机构实际知悉利用其服务进行的侵权行为，或者用众议院关于 DMCA 的报告中的话说，“对明显侵权的‘危险信号’视而不见”。①

DMCA 规定的实际知悉标准改善了附带审查的问题。相反，第 102 节会给那些属于制定法定义范围内的中介机构提供激励，鼓励它们进行有利于内容产业的比如通过安装内容过滤器进行的附带审查。因此，对在美国做生意的主体发布禁令不是为了关闭其业务，而是诱使其对他人的内容和言论进行过滤和审查。换句话说，禁令的目的是附带审查。

（4）针对数字基础设施的事前限制。多数情况下，被指控为“外国侵权网站”的网站都位于美国境外，不受美国法院的管辖。在这种情况下，美国司法部长可以在不举行对抗式听证的情况下获得禁令。② 当然，针对这样一个境外网站的禁令可能对该网站本身起不到什么阻止作用。但是，一旦司法部长获得单方面的禁令，这部制定法就会“秀”出真正的“肌肉”。作为追究原始网站责任的替代，司法部长可以向美国境内数字基础设施的诸多不同部分发布指令。政府可以命令搜索引擎不得链接到该网站，也可以命令在线广告商不得在该网站上做广告，还可以命令支付处理商（如信用卡公司）不得办理美国客户和该网站之间的业务。③

也许最重要的是，司法部长可以命令所有互联网“服务提供商”④ ——包

---

① H. R. Rep. No. 105 – 551, pt. 2, at 57 (1998); *See also* 17 U. S. C. §512 (c) (1) (A) (ii) (2012)（假如要从安全港中获益，互联网服务提供商必须“对侵权行为是明显的这一事实或情况不知情”）。

② *See* H. R. 3261 §102 (b) (2).

③ Id. §102 (c).

④ Id. §102 (c) (2) (A); Id. §101 (22) [cross – refereencing 17 U. S. C. §512 (k) (1) (2012)].

括宽带公司、校园网、图书馆、专用网络、电话公司，以及有线电视公司——采取“技术上可行并合理的措施，以阻止访问”该网站。① 这不仅包括屏蔽和过滤，还包括阻止该网站的域名（例如 nytimes. com）解析为分配给它的 IP 地址（例如，170. 149. 172. 130 就是当前分配给 nytimes. com 的 IP 地址②）。换句话说，对于域名系统将熟悉的域名转换成允许网际间通信的数字互联网地址的实际功能，政府可以发布命令加以干扰。域名系统的完整性不仅对有效的全球通信至关重要，而且对网络安全也至关重要。③

所有这些企业如果反对这些命令，有可能面临政府的起诉，但如果它们选择合作，就会获得法律上的豁免。④ 因此，为帮助政府阻止美国公民访问外国网站，SOPA 给互联网基础设施的关键要素创造了激励——不管该外国网站含有的侵权性资料占多少比例（可能只占千分之一），也不管这些资料是否真的被证明侵权了——所有这些都是基于单方面的禁令。这项技术使政府能够控制的不是原始出版者，而是数字基础设施的关键方面。在这个意义上，它可能比传统的事前限制更加强有力。

（5）针对数字基础设施的“私人事前限制”。除了针对第三方的政府命令外，SOPA 第 103 节还设想了一种新的数字控制制度，我们可以称之为“私人事前限制”。它授权一些私人主体控制其他反过来运营数字基础设施的私人主体。如果一个私人主体通知一个在线广告商或支付处理商其正在和一家“专门盗窃美国财产”的网站做生意，⑤ 那么广告商和支付处理商将有五天时间停止和该

① Id. § 102（c）（2）（A）.

② *See* IP Tracker, IP Locator Also Known as IP Lookup Tool, http：//www. ip – tracker. org/locator/ip – lookup. php? ip = nytimes. com［https：//perma. cc/5YDL – R7BG］（last visited on May 10, 2014）.（识别 nytimes. com 的 IP 地址）。

③ *See* Mark Lemley, David S. Levine & David G. Post, “Don't Break the Internet”, 64 *Stan. L. Rev. Online* 34, 34 – 35（2011）.（讨论了 SOPA 和 PIPA 中 DNS 条款的法律后果）；Vint Cerf et al. , An Open Letter from Internet Engineers to the United States Congress, Dec. 15, 2011, at https：//perma. cc/32MP – LUAZ（认为 SOPA 和 PIPA 会带来严重的安全风险）。

④ H. R. 3261 § 102（c）（5）.

⑤ Id. § 103（a）（1）（internal quotation mark omitted）.

网站的交易，否则将面临潜在的法律制裁。[①] 投诉的私人主体实际上不需要在法庭上证明任何东西就可以启动这一机制；它只需宣称受到了该网站“或网站的一部分”[②] ——可能只是由数千页组成的网络平台里的一页——上行为的损害即可。

“专门盗窃美国的财产”一语的定义也很宽泛。它包括在其网站上为侵权提供“便利”[③] 或“规避认定侵权行为高发率”[④] 的任何企业，而不管该企业是否知悉具体的侵权行为，也不管根据现行法律其是否要承担次要责任。[⑤] 这一规定将使大多数依赖用户创建内容的企业变得脆弱，而这样的企业也是言论自由基础设施的重要组成部分。第三方可能会继续威胁要阻止支付处理商和广告商和这些公司做生意。

私人事前限制制度的要义就在于诱使依赖广告和支付系统的企业安装过滤器，并对其平台或网站任何部分上任何可疑内容持续进行监控和移除。换句话说，这一制度的目标就是诱使这些公司进行附带审查，而过度过滤和过度屏蔽的结果也就是可想而知的了。拒绝这样做的公司则被迫为寻找会继续和它们做生意的支付系统和广告商展开争夺。如果没人跟它们做生意，它们的业务就会缩水。这一特征还催生了下一组技术——数字黑名单。

（三）公/私合作和吸纳——从麦卡锡主义到数字黑名单

1. 老派：公/私合作和吸纳

在老派言论规制中，国家不是独自行动的。私人主体可能推动国家规制言论，甚至提供帮助。反过来，国家可能通过“大棒”“胡萝卜”或者综合运用这两种策略来争取私人主体的协助。一个相关的策略是媒体吸纳。新闻界和政府官员建立良好关系，以及继续接触政府消息来源的愿望可能导致媒体组织在报道新闻时手下留情、歪曲报道、自我审查，或推迟公开让人难堪的资料。

---

① Id. §103 (b); Id. §103 (d) (4). 如果被告网站发送了反通知，id. §103 (b) (5)，或者如果支付服务提供商或广告商未能在五日内停止和该网站的业务往来，id. §103 (c)，原告还可以起诉要求对域名注册商签发禁令，以阻止域名解析。Id.

② Id. §103 (a) (2).

③ Id. §103 (a) (1) (B) (i).

④ Id. §103 (a) (1) (B) (ii).

⑤ 参见本文第二（一）2部分第15和第16自然段（讨论了DMCA规定的意图标准）。

私人主体还可能通过以下两种方式协助国家：进行私人监控，并为当局识别可疑人员；规避或将异见人士或涉嫌从事国家希望加以限制的活动的人士列入黑名单。现在被我们和麦卡锡时期联系起来的黑名单制度就是一个公/私合作和吸纳的例子。政府明确表示要清除工业、教育、艺术和专业人士中的共产党。私人主体便以此为信号，拒绝和那些涉嫌同情颠覆分子或拒绝配合政府搜拿颠覆分子的人做生意。

2. 新派：数据分享、豁免和数字黑名单

公/私合作和吸纳是新派言论规制的标志。① 在某些情况下，例如最近曝光的政府监控的消息，政府给私人基础设施的所有者下达了禁止他们讨论这些安排的命令。② 在其他情况下，政府则是既给“胡萝卜”，又挥舞“大棒”，其中最重要的就是授予私人基础设施所有者协助政府识别或关闭其不喜欢或试图规制的网站和发言者时的法律豁免权。

（1）获取数据。许多私人实体都在收集并向政府出售个人数据，以便于监控和分析；这种做法使得联邦和州政府绕开了第四修正案的要求。③ 不管你是否乐意，私人公司——包括电信公司、搜索引擎和社交媒体公司——都可以直接或通过中介机构让国家获取它们的数据。④ 应政府的要求（或强迫），私人公司也可以建造特殊的接入设施或“后门”，使政府能渗透进它们的通信和数据存储系统。⑤ 此外，国家可以向私人公司授予豁免权，以换取合作、技术接入，以及对政府认为有害或危险的言论进行监管和屏蔽。例如，2008 年《外国情报

---

① *See generally* Yochai Benkler, “WikiLeaks and the PROTECT - IP Act: A New Public - Private Threat to the Internet Commons”, 140 the *Daedalus*, 154 (2011); Michael D. Birnhack & Niva Elkin - Koren, “The Invisible Handshake: The Reemergence of the State in the Digital Environment”, 8 *Va. J. L. & Tech.* 6 (2003).

② 参见本文第三部分。

③ *See* Robert O' Harrow, Jr., “No Place To Hide”, 20 the *J. marshall J. computer & Info. l* 2 -4 (2005). (描述了执法人员可用的各种数据收集服务)。

④ *See* Joshua Brustein, “Tech Giants, Like Telecoms, Have Been Sharing with the NSA”, *Bloomberg Businessweek*, June 6, 2013, at http: //www.businessweek.com/articles/2013 - 06 - 06/tech - giants - like - telecoms - have - been - sharing - with - the - nsa [https: //perma.cc/FWF6 - JLYS].

⑤ Nicole Perlroth, Jeff Larson & Scott Shane, “N. S. A. Able to Foil Basic Safeguards of Privacy on Web”, *N. Y. Times*, Sept. 6, 2013, at A1.

监控法修正案》[①] 授予电信公司溯及既往的豁免权，使其能和政府共享数据。[②] 反过来，不合作则可能使私人公司承担法律责任或受到监管压力。

（2）为附带审查授予豁免权。如果中介机构进行附带审查，国家可以授予其豁免权。如果中介机构搜索并屏蔽违规内容，或拒绝和相关发言者交易，这在法律上也是无害的。但如果它不搜索、屏蔽或停止交易，可能就要对违规内容承担辅助责任或替代责任。

SOPA 第 103 节提供了一个有关这些技术的例子。一旦被另一个私人主体告知它们正在和目标网站做生意，即使这些指控从未在法庭上得到证实，但只要支付提供商和广告商停止交易，它们就不会受到损害。[③] 这项立法的早期版本 COICA 在鼓励私人主体的合作上更加直截了当。[④] COICA 要求司法部长建立一份公开的网站黑名单，“列出司法部根据信息和合理确信确定的专门从事侵权行为，但司法部长尚未根据本节规定提起诉讼的网站”。[⑤] 如果某网站被列入司法部长的黑名单，而支付系统提供商、域名服务提供商和广告提供商停止和该网站的交易或拒绝向其提供服务，那么它们就会得到豁免。[⑥] 此后，该网站就有责任证明它不在司法部长的名单里。[⑦] 这种精巧的私人事前限制制度在无须官方的政府许可制度或司法禁令的情况下，实现了传统事前限制所有的成本和负担转移的效果。COICA 的后续版本用制定法授权的私人黑名单取代了司法部黑名单：“如果域名注册库、域名注册商、金融交易服务商或向网站提供广告的服务商合理地确信该网站专门从事侵权行为，那么这些实体均不因本节规定的任

---

① Foreign Intelligence Surveillance Act of 1978 Amendments Act of 2008（《1978 年外国情报监控法 - 2008 年修正案》），Pub. L. No. 110 - 261，122 Stat. 2436 [codified at 50 U. S. C. § § 1881，1881a - 1881g，1885，1885a - 1885c（2006 & Supp. V 2011）].

② *See* id. § 201，122 Stat. at 2468 - 2470（adding § 802，now codified at 50 U. S. C. § § 1881a，to FISA）.

③ Stop Online Piracy Act（《停止在线盗版法案》），H. R. 3261，112th Cong. § 103（2011）.

④ *See* Yochai Benkler，“WikiLeaks and the PROTECT - IP Act：A New Public - Private Threat to the Internet Commons”，140 the *Daedalus*，160 - 161（2011）.

⑤ Combating Online Infringement and Counterfeits Act（《打击在线侵权和仿冒法案》），S. 3804，111th Cong. § 2324（j）（1）（2010）（如参议院司法委员会所述，Sept. 20，2010）.

⑥ *See* id. § 2324（j）（2）.

⑦ *See* id. § 2324（j）（3）.

何自愿措施而对任何人承担责任……”①

“如果支付系统提供商和广告商善意行事，并基于可靠证据合理地确信某网站专门进行侵权行为”，《保护知识产权法案》第5节同样免除了这些实体自愿拒绝和该网站交易的责任。② 这种豁免条款的目的是鼓励建立行业黑名单；即便这一黑名单内含错误信息，建立和执行这一名单也无须承担法律责任。

（3）软权力。政府行为者也可以非正式地鼓励言论规制。③ 我们可以把这些技术理解为附带审查的法外方法。近期最突出的例子莫过于美国政府试图关闭维基解密，但不打算靠直接下达命令或威胁私人公司的方式。④ 2010年11月28日，维基解密及其大众媒体合作伙伴——包括《卫报》《纽约时报》《明镜周刊》等知名媒体——开始从美国驻各国使馆和国务院之间往来的约25万份机密电报中解密文件。⑤ 政府官员和政客们反应迅速，但主要是针对维基解密，而非其传统媒体合作伙伴。虽然《纽约时报》也是这些电文的发布者，但副总统约瑟夫·拜登（Joseph Biden）认为，相比五角大楼文件，维基解密的创始人朱利安·阿桑奇（Julian Assange）更像一个高科技恐怖分支；⑥ 国务

---

① Combating Online Infringement and Counterfeits Act, S. 3804, 111th Cong. §2（e）（5）（B）（2010）（如参议院司法委员会的报告所述，Nov. 18, 2010）.

② Preventing Real Online Threats to Economic Creativity and Theft of Intellectual Property Act of 2011, S. 968, 112th Cong. §5（a）（如参议院司法委员会的报告所述，May 16, 2011）.

③ *See* Derek E. Bambauer, “The New American Way of Censorship”, Ariz. Att'y, Mar. 2013, at 32, 34, 36 – 37（描述了多种“软审查”工具，这些工具直接或通过影响其他行动者来实现目标）。班鲍尔界定的“软审查”比我所说的“软权力”要宽泛一些：“软审查”包括“以不相关的法律作为屏蔽资料的借口；为过滤访问付费；或说服中介机构限制内容。” Derek E. Bambauer, “Orwell's Armchair”, 79 *U. Chi. L. Rev.* 867（2012）.

④ *See* Derek E. Bambauer, “Orwell's Armchair”, 79 *U. Chi. L. Rev.* 891 – 893（2012）.（描述了多管齐下对维基解密施压）；Yochai Benkler, “A Free Irresponsible Press：WikiLeaks and the Battle over the Soul of the Networked Fourth Estate”, 46 *Harv. C. R. – C. L. L. Rev.* 311, 330 – 351（2011）（同样）。

⑤ Id. Benkler, “A Free Irresponsible Press：WikiLeaks and the Battle over the Soul of the Networked Fourth Estate”, at 326.

⑥ The Guardian, Julian Assange Like a Hi – Tech Terrorist, Says Joe Biden, Dec. 19, 2000, at https：//www.theguardian.com/media/2010/dec/19/assange – high – tech – terrorist – biden [https：//perma.cc/56HV – MKF7].

卿希拉里·克林顿（Hillary Clinton）则声称，泄露外交电报“是对国际社会的攻击”。①

2010 年 11 月 27 日，也就是开始解密电文的前一天，国务院法律顾问哈罗德·柯（Harold Koh）给维基解密写了一封措辞精妙的信，同时也向公众公开。② 信中既没有直接声称由于公布了这些电文，维基解密已经违法或将会违法，也没有说维基解密及其合作伙伴的操作不受宪法保护。③ 相反，信中声称这些资料“是违反美国法律提供的”，但没有具体言明谁违法了。④ 信中还说，“只要维基解密持有这些资料，违法就仍在继续”，同时指出，“维基解密已经提供了大约 25 万份文件（给《纽约时报》《卫报》《明镜周刊》）以供发布，进一步推动了机密文件的非法传播”⑤。因此，虽然没有直接宣称维基解密本身违法（这也会牵涉到时报），但国务院“正确地宣称（有人）违反了法律，暗示维基解密是搞事的那一方”。⑥

12 月 1 日，参议院国土安全委员会主席、参议员约瑟夫·利伯曼（Joseph Lieberman）呼吁各家公司停止和维基解密的业务往来。⑦ 他的办公室私下联系了亚马逊网站（Amazon. com）——该网站在其服务器上托管了维基解密——询问它和维基解密的关系。⑧

继国务院的公开信和参议员利伯曼的公开呼吁之后，数字基础设施的各个

---

① Glenn Kessler, “Clinton, in Kazakhstan for Summit, Will Face Leaders Unhappy over WikiLeaks Cables”, *Wash. Post*, Nov. 30, 2010, at http: //www. washingtonpost. com/wp – dyn/content/article/2010/11/30/AR2010113001095. html [https: //perma. cc/4VUE – 6KJ7].

② Letter from Harold Hongju Koh, Legal Adviser, U. S. Dep't of State, to Jennifer Robinson, Attorney for Julian Assange (Nov. 27, 2010), at https: //perma. cc/653P – 2LZF.

③ *See* id.

④ Id.

⑤ Id.

⑥ Yochai Benkler, “WikiLeaks and the PROTECT – IP Act: A New Public – Private Threat to the Internet Commons”, 140 the *Daedalus*, 156 (2011).

⑦ Charles Arthur, “WikiLeaks Under Attack: The Definitive Timeline”, *The Guardian*, Jan. 8, 2010, at http: //www. theguardian. com/media/2010/dec/07/wikileaks – under – attack – definitive – timeline [https: //perma. cc/E6B2 – XHSY].

⑧ Rachel Slajda, “How Lieberman Got Amazon to Drop Wikileaks”, *Talking Points Memo*, Dec. 1, 2010, at http: //talkingpointsmemo. com/muckraker/how – lieberman – got – amazon – to – drop – wikileaks [https: //perma. cc/YV55 – JCQS].

部分开始拒绝向维基解密提供服务。亚马逊立即从服务器上移除了维基解密。[1]为维基解密提供服务的域名注册商EveryDNS停止了将WikiLeaks.org指向维基解密的服务器。[2]根据国务院的公开信，贝宝也不再为维基解密处理支付业务。[3]维萨、万事达卡和美国银行很快也加入其中。[4]当月下旬，控制着可以在iPads和iPhones上加载的应用程序的苹果公司也从其应用商店下架了一个第三方应用程序，而“iPhone用户正是通过这一应用程序访问和搜索维基解密公布的使馆电报”。[5]虽然维基解密能找到一个进行托管和存储的替代服务器，以及一个瑞士域名，但支付服务的丧失损害了它继续运作的能力。[6]

维基解密这个小插曲展示了政府如何能够利用私人对言论自由基础设施的控制，在不进行任何公开或隐蔽威胁的情况下，仅仅通过鼓励控制数字基础设施的私人行动者来让违规发言者闭嘴。[7]维基解密的姿态和五角大楼文件案中的纽约时报几乎如出一辙：它也是从一个消息来源那里收集到了大量资料，并且向全世界公布。然而对美国官员来说，利用公开声明的软权力和几项恰到好处的调查，说服控制着言论自由的数字基础设施的私人公司不再和维基解密做生意，却出人意料的容易。对此，部分原因是大多数企业都不喜欢负面宣传，而更愿意被视为优秀的企业公民。它们更喜欢平静的生活。在这种生活中，它们可以盈利，可以为绝大多数客户服务，而不受政府的不当干预。还有部分原因是，和它的传统媒体合作伙伴不同，维基解密在很大程度上是一个不知名的实体，声誉很容易败坏，也很容易给人以犯罪或恐怖组织的印象。值得注意的是，奥巴马政府和利伯曼参议员没有对《纽约时报》采用同样的策略，更不用说《明镜周刊》和《卫报》了。如果他们公开鼓动维萨、万事达卡和亚马逊停

---

① Yochai Benkler, “A Free Irresponsible Press: WikiLeaks and the Battle over the Soul of the Networked Fourth Estate”, 46 *Harv. C. R. – C. L. L. Rev.* 339 – 340 (2011).

② Id. at 340.

③ Id. at 341.

④ Id. at 341 – 342.

⑤ Yochai Benkler, “WikiLeaks and the PROTECT – IP Act: A New Public – Private Threat to the Internet Commons”, 140 the *Daedalus*, 157 (2011).

⑥ Id. at 157 – 158.

⑦ *See* Derek E. Bambauer, “Orwell's Armchair”, 79 *U. Chi. L. Rev.* 894 – 899 (2012). (描述了政府劝告、说服，乃至哄骗基础设施公司限制言论的多种技术)。

止和《纽约时报》的业务往来，似乎就构成对出版自由的粗暴干涉，也是一种新式的数字麦卡锡主义。

三、辅以事前限制的数字监控：国家安全密函

对监控如何影响言论和结社自由的充分讨论已经超出了本文的范围。① 在这儿，我感兴趣的是一个更具体的问题：对数字监控日益增长的需求如何引导政府瞄准言论自由的基础设施。

数字时代不仅促进了通信和内容生产的民主化，还导致了无处不在的数字监控，以及国家监控能力的扩展，我在其他地方称之为政府监控型国家。② 但是为了进行监控，政府需要进入大多数人赖以发言的设施；因此，政府就需要进入基本上由私人掌握的言论自由基础设施。因此，政府监控型国家的治理要求的一个后果就是，有必要强制或吸纳言论自由基础设施的私人所有者协助政府的监控工作。这种合作并不新鲜。在前数字时代，电话公司有时也协助过政府的监控工作。③ 然而由于监控的需求和可能性呈指数级增长，同时数字时代的许多言论都是通过私人所有的数字网络、服务设施和平台表达出来的，因此，数字监控就要求大量的公/私合作。

合作的必要性要求私人公司不要透露其合作的性质和范围。但如果不泄露潜在目标并使监控徒劳无功，私人基础设施所有者通常就无法展示政府监控的范围。因此，政府的数字监控计划不可避免地导致对私人基础设施或技术所有

---

① *See*, *e. g.*, Julie E. Cohen, "What Privacy Is For", 126 *Harv. L. Rev.* 1904 (2013); Neil M. Richards, "The Dangers of Surveillance", 126 *Harv. L. Rev.* 1934 (2013); Neil M. Richards, "Intellectual Privacy", 87 *Tex. L. Rev.* 387 (2008).

② *See* Jack M. Balkin, "The Constitution in the National Surveillance State", 93 *Minn L. Rev.* 1, 3 (2008); Jack M. Balkin & Sanford Levinson, "The Processes of Constitutional Change: From Partison Entrenchment to the National Surveillance State", 75 *Fordham L. Rev.* 489 (2006).

③ 例如，通过 Shamrock 项目，电报公司向国家安全局提供了"1945 年 8 月至 1975 年 5 月从美国发出的大多数电报副本"。S. Select Comm. to Study Governmental Operations with Respect to Intelligence Activities, Book III: Supplementary Detailed Staff Reports on Intelligence Activities and the Rights of Americans, S. Rep. No. 94 – 755, at 765 (1976); *See also* L. Britt Snider, *Unlucky SHAMROCK*, *Recollections from the Church Committee's Investigation of NSA*, *Stud. Intelligence*, Winter 1999 – 2000, at 43, at https: //perma. cc/VTN9 – JVVJ.

者的事前限制。这些基础设施或技术的运作方式和事前限制基本相同。无处不在的数字监控的另一面是无处不在的事前限制实践。

有一个很好的例子说明了数字监控如何需要广泛利用事前限制，这个例子就是政府签发国家安全密函的实践。随着2001年《美国爱国者法》的颁布，国家安全密函的使用量大大增多，该法允许很多不同的政府机构在任何关于恐怖主义或外国情报的调查中使用这种函件。

国家安全密函有两个主要特征。第一，无须司法许可令状或经过听证，行政官员就可以签发这种函件。① 第二，国家安全密函通常附有禁言令。② 收件人不得泄露国家安全密函的内容或其本身存在的事实，收件人必须服从禁言令，直至政府解除这一禁令，而政府有可能永远不会这样做。③ 在2006年《爱国者法》重新授权之前，不可能在法庭上挑战国家安全密函，也不可能要求取消禁

---

① *See* 18 U. S. C §2709（b）（2012）（授权联邦调查局局长和其他官员向电子通信服务提供商索取订户的特定信息）；id. §2709（a）（对电子通信服务提供商施加遵守国家安全密函的义务）。

② 如果联邦调查局高级官员证实“否则可能危及美国的国家安全；干扰对犯罪活动、恐怖主义或间谍活动的调查；干扰外交关系；或危及任何人的生命或人身安全”，那么收件人就不得向任何人（代表收件人的律师除外）披露国家安全密函或其附带的禁言令本身存在这一事实或它们的内容。Id. §2709（c）（1）. 据政府估计，大约97%的国家安全密函都附有禁言令。*In re* National Sec. Letter, 930 F. Supp. 2d 1064, 1074（N. D. Cal. 2013）.

③ 18 U. S. C §2709（c）（1）. 当政府根据《爱国者法》第215节要求电信公司提供大量元数据时，也会使用禁言令。*See* 50 U. S. C §1861（c）（2）（E）（2006 & Supp. V 2011）; Id. §1861（d）（1）. 第215节的命令是从外国情报监控法院或单方诉讼程序中指定的地方法官那里获得的。Id. §1861（b）（1）. 对第215节规定的保密令只能在签发一年之后受到挑战。*See* Id. §1861（f）（2）（A）（i）. 保密命令还可以根据《外国情报监控法》第702节签发。*See* 50 U. S. C §1881a（h）（1）（A）（2006 & Supp. V 2011）（授权司法部长发布命令）; Id. §1861b（c）（5）（b）（授权法院在涉及海外美国人的案件中发布保密令）。电信公司收到第1881a节规定的命令后可以立即提出异议。Id. §1881a（h）（4）（A）. 以下讨论的重点是国家安全密函，因为它们给言论自由制造的麻烦最严重。和第215节、第702节规定的命令不同，国家安全密函中的命令是在未经任何司法听证的情况下签发的。即便如此，第215节和第702节规定的保密命令也有很多同样的难题，因为它们是单方面签发的，没有通过，而且在第215节规定的命令的情况下，也缺乏在对抗性听证中及时进行司法复核的机会。

言令。① 在对《爱国者法》的重新授权中，国会增加了对国家安全密函进行有限的司法审查的规定。② 尽管这些变化为救济提供了理论上的可能性，但它们的目的是故意使未经政府同意而取消禁言令变得非常困难。③

国家安全密函是监控基础设施和言论自由基础设施相融合的有力例证。没有拥有言论自由基础设施的政府需要强制或吸纳私人所有者协助其进行监控。它还必须确保私人企业不披露政府的行为，甚至不披露它们收到强制其参加的命令的事实。用一位匿名的国家安全密函收件人的话说就是，国家征召收件人做“政府的秘密线人”。④

封口规则（gag rules）不仅可以防止私人基础设施所有者泄露监控目标；还有助于确保政府监控的范围和程度不被公众所知。这一特征使得国家安全密函作为数字通信的普遍背景特征存在，而不会引发公众恐慌。事实上，《爱国者法》扩张的最重要的影响之一是，它允许国家安全密函成为政府调查的常规特点。随着数字监控成为官僚化的常规现象，并且泛滥开，提供个性化的裁决和重要的程序保障变得越来越困难。

针对基础设施所有者而非确定的利害关系人进行监控和政府监控型国家中

---

① *See* USA PATRIOT Improvement and Reauthorization Act of 2005, Pub. L. No. 109 - 177, § §115, 116 (a), 120 Stat. 192, 211 - 214 (2006), amended by USA PATRIOT Act Additional Reauthorizing Amendments Acts of 2006, Pub. L. No. 109 - 178, §4 (b), 120 Stat. 278, 280 (2006) [codified at 18 U. S. C. §3511 (2012)]; John Doe, Inc. v. Mukasey, 549 F. 3d 861, 867 - 68 (2d Cir. 2008) (describing the addition of §3511).

② 18 U. S. C. §3511 (b) (2012).

③ 18 U. S. C. §3511 (b) (2) 创设出一项有利于维持禁言令的推定，并使政府很容易要求法院维持这项禁令的效力。它允许法院“在发现没有理由相信信息的披露会危及美国的国家安全；干扰对犯罪活动、恐怖主义或间谍活动的调查；干扰外交关系；或危及任何人的生命或人身安全的情况下，修改或撤销此种保密要求”。但是，如果政府高级官员“证实披露可能危及国家安全或干扰外交关系，那么除非法院发现这种证实是出于恶意，否则这一证实应被视为决定性的”。Id. 同样地，18 U. S. C. §3511 (b) (3) 极大地限制了禁言令的接收者修改或撤销旧的禁言令的能力。如果法院否决了一项要求撤销禁言令的请求，那么接收者必须再等一年才能再次要求修改或取消该禁言令。结果就是无限期的或只要政府愿意，就可以维持禁言令。

④ *See* Anonymous, “My National Security Letter Gag Order”, *Wash. Post*, Mar. 23, 2007, at http://www.washingtonpost.com/wp-dyn/content/article/2007/03/22/AR2007032201882.html [https://perma.cc/JA9J-UY4Y].

监控的官僚化、常规化特征密不可分。很多（如果不是大多数）国家安全密函的收件人都是大企业。它们可能没有理由挑战国家安全密函和禁言令，首先是因为它们希望和政府保持良好关系，其次是因为它们可能不想让客户知道其（不论是否被迫）和政府监控的合作深度。① 事实上，斯诺登事件的一个影响就是暴露了一种可能存在的现象，即像威瑞森（Verizon）、谷歌、脸书等大公司都在各种不同的环境下协助政府的监控工作。这对这些公司中的大多数来说都是一个坏消息——尤其是那些在美国境外拥有大量客户的公司。

国家安全密函附带的禁言令具备一项典型的行政事前限制的所有特征。在某些方面，它们的影响甚至比尼尔诉明尼苏达州案（*Near v. Minnesota*）和五角大楼文件案中的司法禁令更具事前限制的特征。

第一，国家安全密函的秘密性鼓励了对监控范围和禁言令时长的过度和过长解读。行政部门是国家安全密函的必要性和范围，以及禁言令时长的评判者。

第二，国家安全密函有力地转移了行为和惯性的负担。没有政府的同意，存在国家安全密函这一事实本身都不可能被披露出来。甚至特别是在国家安全密函被证明是完全不必要的、非法的，或者违反了政府内部调查规则的情况下，政府也没有动力取消禁言令。政府几乎没有理由向公众曝光自己的丑事，即便在2006年的修正案之后，对国家安全密函附带的禁言令也只有很有限的司法救济。② 此外，国家安全密函的收件人如果不能说服法庭取消禁言令，就必须等上一整年才能再次申请取消。③

---

① *See* id.（“督察长的报告显示，大型电信公司都非常愿意和政府机构分享敏感数据——至少有一次，一家电信公司向联邦调查局提供的信息甚至比对方要求的还多”）。

② *See* 18 U. S. C. §3511（b）（2）创设出一项有利于维持禁言令的推定，并使政府很容易要求法院维持这项禁令的效力。它允许法院“在发现没有理由相信信息的披露会危及美国的国家安全；干扰对犯罪活动、恐怖主义或间谍活动的调查；干扰外交关系；或危及任何人的生命或人身安全的情况下，修改或撤销此种保密要求”。但是，如果政府高级官员“证实披露可能危及国家安全或干扰外交关系，那么除非法院发现这种证实是出于恶意，否则这一证实应被视为决定性的”。Id. 同样地，18 U. S. C. §3511（b）（3）极大地限制了禁言令的接收者修改或撤销旧的禁言令的能力。如果法院否决了一项要求撤销禁言令的请求，那么接收者必须再等一年才能再次要求修改或取消该禁言令。结果就是无限期地或只要政府愿意，就可以维持禁言令。

③ 18 U. S. C. §3511（b）（3）.

第三，这些国家安全密函都是由行政官员签发的，在发布禁言令之前，不存在对收件人的司法或宪法保障。行政官员是根据调查重点，而不是第一修正案的关注点来决定是否签发国家安全密函，但他们只受到非常有限的司法审查。对国家安全密函的唯一限制是不能仅为调查受第一修正案保障的行为而签发；法律只要求政府为调查确定一个额外目的。①

第四，禁言令的使用确保了目前这个运作中的庞大的国家安全密函制度处在公众的视野盲区。每年都会签发数以万计的国家安全密函，② 但那些最熟悉这种实践及其后果的人被禁止谈论这种实践。2007 年，一位匿名的国家安全密函收件人③发表了一篇评论文章，赤裸裸地展示了强制保密的效果：

> 禁言令之下的生活是很有压力的，也显得魔幻和不真实。在刑事起诉的威胁下，我必须对同事、家人和朋友隐瞒我涉案的方方面面——包括收到国家安全密函的事实。会见律师时，我不能告诉女友我准备去哪里或曾去过哪里。我把和案件有关的文件藏在她看不到的地方。在客户和朋友问我是不是挑战国家安全密函的合宪性的那个人时，除了盯着他们的眼睛说谎之外我别无选择。④

第五，禁言令鼓励了过度审查和滥用。如前所述，政府几乎没有动力取消禁言令，尤其在国家安全密函是不必要的、遭到滥用的、非法的，或违反自身

---

① *See* 18 U. S. C. §2709（b）（1）（2012）（允许联邦调查局局长要求提供信息，但前提是“对美国公民的此类调查并非**仅仅**基于受美国宪法第一修正案保护的行为”）（着重号为引者所加）。

② *See* Office of the Inspector Gen. , U. S. Dep't of Justice, A Review of the Federal Bureau of Investigation's Use of National Security Letters 120－121（2007）. ［以下简称《督察长关于国家安全密函的报告》（Inspector General's Report on NSLs）］, at http：//perma. cc/MG9F－KMQZ（注意到 2005 年签发的国家安全密函要求超过了 47000 份）。

③ 匿名收件人后来被确认为是尼古拉斯·梅里尔。*See* Ellen Nakashima, “Plaintiff Who Challenged FBI's National Security Letters Reveals Concerns”, *Wash. Post*, Aug. 10, 2010, at http：//www. washingtonpost. com/wp－dyn/content/article/2010/08/09/AR2010080906252. html ［https：//perma. cc/9WX－LS26］.

④ Wash. Post, My National Security Letter Gag Order, Mar. 23, 2007, at http：//www. washingtonpost. com/wp－dyn/content/article/2007/03/22/AR2007032201882. html ［https：//perma. cc/JA9J－UY4Y］.

内部规则的情况下更是如此。督察长的报告表明，已经发生了多起滥权案件，①而保密制度对此也无能为力。

第六，国家安全密函收件人是由政府选定的，如果收件人公开了密函的存在——更不要说密函的内容了——那他很可能会因为政府权威受到了直接挑战而遭到刑事检控。政府几乎不能容忍对其监控活动的广泛的非暴力反抗。如果一家基础设施公司开始披露它定期收到国家安全密函，其他公司可能就更加胆大妄为，从而破坏一个有价值的信息来源。因此，政府有充分的理由对任何企图破坏国家安全密函制度的人杀一儆百。

到目前为止，只有个别地区法院和一个巡回上诉法院处理过由禁言令引发的第一修正案问题。② 在2008年的无名氏公司诉穆凯西案③中，联邦第二巡回上诉法院发现国家安全密函存在一些宪法上的问题，但最终拒绝推翻整个制度。相反，法院提供了一系列可能的保全解释，其中有一些和实际的制定法文本关系不大，并且最终将案件发回重审。④

国家安全密函证明了法官在处理新派言论规制时面临的困境。联邦第二巡回上诉法院指出，“保密要求在某种意义上就是一种事前限制”，⑤ 它阻止了公

---

① *See* Inspector General's Report on NSLs, at 122 – 124; *See also* Office of the Inspector Gen., U. S. Dep't of Justice, A Review of the FBI's Use of Section 215 Orders for Business Records in 2006, at 5 (2008), at http: //perma. cc/A6GX – WM5D（发现“在外国情报监控法法庭援引第一修正案两次拒绝对同一调查签署第215节规定的命令后，联邦调查局为修改后的信息签发了国家安全密函”）。

② *In re* Nat' l Sec. Letter, 930 F. Supp. 2d 1064 (N. D. Cal. 2013); Doe v. Gonzales (*Deo II*), 500 F. Supp. 2d 379 (S. D. N. Y. 2007), *aff'd in part*, *rev'd in part*, *and remanded sub. nom.* John Doe, Inc. v. Mukasey, 549 F. 3d 861 (2d Cir. 2008); Doe v. Gonzales (*Doe CT*), 386 F. Supp. 2d 66 (D. Conn. 2005), *dismissed as moot*, 449 F. 3d 415 (2d Cir. 2006); Doe v. Ashcroft (*Doe I*), 334 F. Supp. 2d 471 (S. D. N. Y. 2004), *vacated and remanded sub. nom.* Doe v. Gonzales, 449 F. 3d 415 (2d Cir. 2006).

③ John Doe, Inc. v. Mukasey, 549 F. 3d 861. 作出判决的几位法官极为优秀：乔恩·O. 纽曼法官撰写了法庭意见书，圭多·卡拉布雷西法官和当时的索尼娅·索托马约尔法官（现在是美国联邦最高法院大法官）加入了这份意见书。

④ *See* id. at 883 – 885.

⑤ Id. at 876.

众对政府秘密监控的范围和滥用这样一个重要公共问题的讨论。① 尽管如此，法院还是不愿意采用斯图尔特大法官在五角大楼文件案中的审查标准，这一标准会质问披露国家安全密函是否“必然会对我们的国家或人民带来直接的、即刻的，而且是无法弥补的损害”。② 政府不可能在每年签发给各个公司的数万封国家安全密函上采用这个标准。即便政府打算按照这个标准行事，单单证据要求就会占据联邦法院的大部分工作。

联邦第二巡回上诉法院也没有适用内布拉斯加州出版协会诉斯图尔特案③中可能不太严苛的标准，该案推翻了作为事前限制的审前禁言令。内布拉斯加州出版协会案要求联邦法院在签发禁言令之前至少要考虑是否存在事前限制效果的“替代措施”，④ 而国家安全密函的保密规则也不符合这一要求。

相反，联邦第二巡回上诉法院询问国家安全密函的禁言令规则是否符合弗里德曼诉马里兰州案⑤中的宪法要求。弗里德曼案涉及对州审查委员会的宪法限制，该委员会禁止电影在被确定为淫秽而遭屏蔽之前放映。弗里德曼案认为州委员会必须尽快决定是否禁止放映，如果州委员会负有证明影片不受保护的举证责任，那么它就必须立即向法院申请支持禁止放映的禁令，而且任何司法审查前的限制都必须有一个短暂而明确的期限。最后，必须有迅速的司法解决方案。⑥

---

① Id. at 878（无名氏公司一直被限制公开表达一类信息，尽管是一个范围很窄的类别，而且这类信息和对政府活动的有意批评有关）。

② *Pentagon Papers*, 403 U. S. 713, 730 (1971) (Stewart, J. , concurring). 布伦南大法官的审查标准建立在尼尔诉明尼苏达州案的基础上，也与此很相似。*See* id. at 726 – 727 (Brennan, J. , concurring)（解释说，只有在涉及最极端情况的“极为狭窄的一类案件”中才允许禁止言论：“只有政府的指控和证据证明出版物必然不可避免地、直接地、立即地引起危及海上运输安全的事件发生才能支持临时限制令的签发”）。

③ Nebraska Press Ass'n v. Stuart, 427 U. S. 539 (1976).

④ Id. at 565.

⑤ Freedman v. Maryland, 380 U. S. 51 (1965).

⑥ *See* id. at 58 – 60; *accord* Se. Promotions, Ltd. v. Conrad, 420 U. S. 546, 560 (1975).

援引弗里德曼案意味着联邦第二巡回上诉法院有意降低司法审查的门槛。① 弗里德曼案涉及针对低价值言论或完全不受第一修正案保护的资料的许可制度。② 正如布伦南大法官在五角大楼文件案中所解释的那样，“虽然试图加以压制的资料属于第一修正案的保护范围，但如果唯一的问题是能否因为压倒性国家利益的存在而禁止该资料在一段时间内出版的话”，弗里德曼案就不适用。③

最终，联邦第二巡回上诉法院甚至都没有要求国家安全密函符合弗里德曼案的标准。事实上，政府也不可能符合这项标准，因为政府不可能就其签发的数万封国家安全密函所附的禁言令一一立即向法官提出申请；而且它也不可能很快就为互联网服务商提供全面的宪法程序保护作出决定。

政府的辩解暴露了政府监控型国家里数字事前限制的赤裸裸现实。第一，政府解释说，“如果它不得不依靠法律诉讼来强制实施仅 2005 年就签发的四万多封国家安全密函中的保护要求，那它将不堪重负”④。换言之，政府指出，后《爱国者法》时代的国家安全密函的核心特征就是，它们是一种常规化、行政化和官僚化的监控，不容易受到和老派（前数字化）监控和言论规制方法相关的个别司法审查的影响。弗里德曼案是为了处理每年生产数量相对较少的电影，而不是一年就产生数以万计监控要求的一套官僚制度。即便适用弗里德曼案的标准，也意味着监控系统和禁言令将不得不关闭或大幅度削减。

第二，政府辩称，它不应当负担为每一个禁言令获得司法审查的责任，因为“没有任何理由相信大多数国家安全密函的收件人愿意向任何人披露这一事实”。⑤ 如前所述，原因是绝大多数国家安全密函都是发给数量相对较少的私人基础设施大业主的，他们的客户遍布全球，不希望让人们注意到自身和美国数

---

① 事实上，鉴于政府要求监控的性质和范围，联邦第二巡回上诉法院的法官们无法就是否进行严格审查达成共识；相反，法官们认为，无论进行何种标准的审查，结果都是一样的。John Doe, Inc. v. Mukasey, 549 F. 3d 861, 878 (2d Cir. 2008).

② *Pentagon Papers*, 403 U. S. 713, 726 n. (1971) (Brennan, J. , concurring).

③ Id.

④ *Mukasey*, 549 F. 3d at 879.

⑤ Id. [quoting Brief for the Defendants - Appellants at 33, *Mukasey*, 549 F. 3d 861 (No. 07 - 4943 - cv), 2008 WL 6082598] (internal quotation marks omitted).

字监控实践的合作深度。[①] 美国政府关于目标仅限于外国人的声明，对他们的客户起不了什么安慰作用。也许少数对政府监控持强烈的意识形态上的反对立场的企业家——比如发起无名氏诉讼的尼古拉斯·梅里尔（Nicholas Merrill）——有理由大惊小怪，但对他们可以加以个别处理。

所以，在政府同意非正式地遵守“相互通知程序”的前提下，联邦第二巡回上诉法院维持了国家安全密函禁言令制度，[②] 但不管多么严谨，在制定法文本中都找不到这一程序的依据。[③] 联邦第二巡回上诉法院建议，“政府可以通知每一个国家安全密函的收件人，假如收件人想对保密要求提出异议，他应该迅速通知政府，可能十天的期限比较合适”[④]。一旦接到通知，“政府可以有在一段期限内——可能是三十天——启动司法审查程序以维持保密要求，而且该程序必须在规定的时间内——也许是六十天——终结”[⑤]。如此一来，“几乎消除了政府提起诉讼的负担（同时国家安全密函收件人在众多诉讼中的辩护负担也相应最小化）”[⑥]。即便联邦第二巡回上诉法院的相互通知建议是和弗里德曼案

---

① *See* id. at 880.（“典型的国家安全密函的收件人经营的义务在任何意义上都不依赖于披露他收到密函这一事实，他几乎没有任何动机为了公开谈论收到密函这一事实而发起一场诉讼”）。

② Id. at 879.（internal quotation marks omitted）.

③ Id. at 883（指出，虽然“法院无权为了创设政府对保密要求发动司法审查的宪法义务而‘解释’或‘修改’有关国家安全密函的制定法……但政府也许无需其他立法就能承担这一义务”）。

④ Id. at 879.

⑤ Id.

⑥ Id. 另外，联邦第二巡回上诉法院将第3511（b）（2）和（b）（3）节解释为，政府有责任证明披露收到国家安全密函这一事实将对国家安全造成威胁。Id. at 883. 法院还认为，第2709（c）和3511（b）节“是违宪的，因为它们规定了保密要求，却不让政府承担发动司法审查的责任”，Id.，同时，“由于政府官员关于上述披露事实可能危及国家安全或干扰外交关系的证明被视为决定性的”，“在这个意义上”，第3511（b）（2）和（b）（3）节“也是违宪的”。Id.

相一致的，但政府尚未颁布要求自身遵守该建议的内部规则。①

尽管联邦第二巡回上诉法院承认“保密要求在某种意义上是一种事前限制”，② 但没有视为一种“典型”③ 的事前限制：“它不是针对那些习惯上希望行使言论自由权利的人——比如公共论坛上的发言人、文学作品发行人或电影参展人——的限制。”④ 在它看来，五角大楼文件案才是典型案例，在这个案件中，政府试图阻止《纽约时报》发表自己认为公众有权知道的政府运作信息。⑤

这种解释忽略了新派言论规制的三个重要特征。首先，在数字时代，政府或许不太可能针对像《纽约时报》这样的传统新闻出版界中的个别发言者或成员。因为针对个别发言者可能是困难的、低效的和徒劳的。发言者可能匿名，也可能身处海外，或者说他们的发表速度能快到让事前限制毫无用处。

---

① *See In re* National Sec. Letter, 930 F. Supp. 2d 1064, 1070 – 1072 (N. D. Cal. 2013)（指出，虽然政府表示将遵守相互通知程序，但没有为此颁布规则；同时认为国家安全密函条款是违宪的，因为从表面上看，它们没有遵守弗里德曼案的标准，也经不起保全解释的检验）。在递交给联邦第九巡回上诉法院的摘要中，政府指出，“自 2009 年以来，联邦调查局始终遵守无名氏案中的禁令，并在全国范围内实施该案提出的‘相互通知’程序”。Government's Opening Brief *In re* National Sec. Letter, Nos. 13 – 15957 & 13 – 16731 (9th Cir. Jan. 17, 2014), at http://perma.cc/ZYM6 – 6XDV. 除了联邦第二巡回上诉法院的建议之外，总统的情报和通信技术审查小组还建议，除紧急情况外，国家安全密函只能在司法裁决之后签发。Richard A. Clarke et at., *Liberty and Security in a Changing World: Report and Recommendation of the President's Review Group on Intelligence and Communications Technologies* 26 – 27, 93 – 94, 122 – 123 (2013), at https://perma.cc/R65B – VCUL. 这些建议如果得到遵守，可能会减少签发的国家安全密函的数量，但诉讼程序仍将是单方面的。甚至为了遵守弗里德曼案的标准，也必须迅速提出并非单方面的司法解决方案。此外，根据审查小组的建议，国家安全密函签发之后，收件人仍有责任对命令提出异议。*See* id. at 27（“保密命令不应以阻止收件人寻求法律顾问以质疑命令合法性的方式进行签发”）。但是，这些建议将要求政府每 180 天都要重新获得对禁言令的批准。Id. 审查小组还建议立法允许禁言令接收者定期公开他们收到的命令数量、遵守的命令的数量、生产的信息的一般类别，以及每一类别信息的用户数量除非政府令人信服地证明这种公开将会危及国家安全。Id. at 123. 这虽然改善了，但并不能完全解决事前限制问题。

② *Mukasey*, 549 F. 3d at 876.

③ Id.

④ Id. 法院补充说，虽然“禁止披露的要求是由某一类信息的内容……收件人收到国家安全密函这一事实和某些相关细节”触发的，但它也不是“典型的基于内容的限制”。Id.

⑤ *See* id. at 882 [citing *Pentagon Papers*, 403 U. S. 713 (1971) (per curiam)].

相反，政府现在更有可能将目标锁定在私人基础设施所有者身上，因为政府需要他们的合作来进行监控。正如我们在涉及 SOPA 的案例中所看到的，政府试图吸纳私人基础设施来完成自身的工作。在数字时代，这可能是事前限制的主要功能。

第三，一些国家安全密函命令可能是针对传统新闻出版机构的，因为它们要找到记者和其消息来源之间的联络信息。政府不会去禁止《纽约时报》，但会签发一份国家安全密函，希望找出时报正在和谁联系，已经联系了多长时间，以及都通过什么场合联系。最近，司法部获得了美联社两个月以来的电话联系记录，很可能是为了进一步调查泄密事件。① 对司法部行为的曝光引起公众对政府调查实践的强烈抗议和激烈辩论，导致司法部改革了提出此类要求的内部程序。② 这些信息的公开只是因为司法部使用了大陪审团传票；根据其内部规则，这种要求必须在 90 天以内公开。③ 但是如果政府使用了国家安全密函，那么要求提供电话记录的要求可能仍然是秘密的。④

第四，或许也是最重要的，私人基础设施所有者是 21 世纪的“新闻出版界”。出版条款中的“新闻出版界（the press）”既指新闻机构，也指用来传播

---

① *See* Mark Sherman, “Government Obtain Wide AP Phone Records in Probe”, *Associated Press*, May 13, 2013, at http://bigstory.ap.org/article/govt – obtains – wide – ap – phone – records – probe [https://perma.cc/Y65X – YEZ8].

② Scott Neuman, “Justice Tightens Guidelines for Obtaining Records from Meida”, *NPR*, July12, 2013, at http://www.npr.org/blogs/thetwo – way/2013/07/12/201566829/justice – tightens – guidelines – for – obtaining – records – from – media [https://perma.cc/5CZF – J9KS].

③ *See* 28 C.F.R. §50.10 (g) (3) (2013) (Justice Department Guidelines) (“当新闻媒体未经任何通知即被要求将电话费用记录呈交法院时，则应当在根据法院传票作出的任何返还后的四十五天内通知，但负责的助理司法部长有权将通知期限再延长四十五天”)。

④ *See* Philip Bump, “The Justice Department Secretly Seized AP Phone Records – on a Terror Leak?”, *The Wire*, May13, 2013, at http://www.theatlanticwire.com/politics/2013/05/justice – department – ap – phone – records/65184/ [https://perma.cc/AWT – 92K3].

信息的技术。[①] 在殖民地时期，许多印刷厂的老板不仅出版自己的言论，也出版顾客的言论。[②] 当政府瞄准互联网服务提供商、宽带服务商和类似的数字基础设施提供商时，它是在技术意义上瞄准了现代版本的“新闻出版界”。[③]

如果你只是盯着第一修正案的重要法条，你会觉得事前限制是非同寻常的，在法律上是不受欢迎的，而且只能在最短的时间段内存在。[④] 然而相比之下，在政府监控型国家，针对基础设施公司的事前限制非常普遍，既享受到法律的优待，又可能永远存在。五角大楼文件案中政府要求的事前限制似乎非同寻常，还引发了全国的关注。但政府监控型国家的事前限制特点却极为普遍，而且并没有引起多少关注；它们既无处不在，又隐蔽难见。

---

① *See* Eugene Volokh, “Freedom for the Press as an Industry, or for the Press as a Technology? From the Framing to Today”, 160 *U. Pa. L. Rev.* 459, 462 – 463 (2012). (认为建国时期的“出版自由”指向的是任何可以利用印刷机或通过印刷机来出版发表的人，而不是新闻机构); *See also* David A. Anderson, “Freedom of the Press”, 80 *Tex. L. Rev.* 429, 446 – 447 (2002). (“对第一修正案的制定者来说，‘出版界’的意思是指‘印刷业’，与其说它是指新闻业，不如说是指印刷技术和该技术创造的传播机会”, id. at 446); Id. at 446 n. 90 (“同时代的文献一致表明，出版自由意味着通过印刷机表达自己观点的自由”); Edward Lee, “Freedom of the Press 2. 0”, 42 *Ga. L. Rev.* 309, 315 – 316, 339 – 356 (2008). (认为“出版”指向的是印刷机，“出版自由”是为了保护“言论技术”, id. 345)。*But see* Patrick J. Charles & Kevin Francis O' Neill, “Saving the Press Clause from Ruin: The Customary Origins of a ‘Free Press’ as Interface to the Present and Future”, 2012 *Utah L. Rev.* 1769 – 1970 (1691). (批判了那种对技术的唯一关注，强调了建国者的出版概念是调查和报道政府活动的关键，因而就暗含了接触有新闻价值的时间和政府信息的权利)。

② Merrill Jensen, *The New Nation: A History of the United States During The Confederation*, New York: Alfred A. Knopf, 1950, pp. 430, 1781 – 1789. (“大多数报纸出版商都认为，将某问题各个方面的资料都加以出版是他们的公共责任，即便其中某些和特定出版商自己的观点背道而驰”); David A. Anderson, “The Origins of the Press Clause”, 30 *UCLA L. Rev.* 455, 466 (1983). (指出，许多殖民地时期的报纸除了出版发表党派资料以外，“还充当公共辩论的论坛”)。

③ Edward Lee, “Freedom of the Press 2. 0”, 42 *Ga. L. Rev.* 345 (2008).

④ *See* Neb. Press Association v. Stuart, 427 U. S. 539, 562 (1976) (“事前限制是我们的法学所知的最非同寻常的补救措施之一”); *Pentagon Papers*, 403 U. S. 713, 714 (1971) (per curiam) [“对本法院来说，任何事前限制表达的制度都会被推定不具有宪法上的效力”, *quoting* Bantam Books, Inc. v. Sullivan, 372 U. S. 58, 70 (1963) (internal quotation marks omitted)]; Freedman v. Maryland, 380 U. S. 51, 59 (1965) (在就案情作出最后的司法裁决之前施加的限制，同样也必须限于符合合理的司法解决方案的最短的固定期限内对现状的维持)。

四、结论：新派言论规制的目标

（一）老派规制的目标：寒蝉效应和事后惩罚

前数字时代强制执行和前数字技术利用的可能性决定了老派言论规制的目标和实践。老派规制试图控制身体、场所和前数字化的大众传播技术。在出版转向数字网络之前，国家很难在被禁止的活动发生之前进行阻止；因此，很多老派言论规制都是事后的——刑事起诉、民事罚款或者罚没和销毁图书资料。例如，纽约时报诉沙利文案就涉及诽谤法，这是事后规制。

在老派模式下，事前禁止言论当然不是不可能，但机会比新派言论规制下更为有限。大体上说，下列情形下的事前限制在前数字化世界是可能的。第一，当国家能合理有效地对出版或广播技术实施许可制度，或控制对政府财产的利用时，它就可以在不受其欢迎的活动发生之前加以阻止。第二，国家可以在得知不受欢迎的言论即将发表时进行阻止，并且可以通过司法禁令及时采取行动。五角大楼文件案就属于这种情况。

除了上述两种情形，国家通常无法在言论发表之前就加以禁止，因此，老派言论规制往往依赖威慑。国家希望通过让人们有理由害怕行为的后果来防止不受欢迎的言论。为此，国家可以通过制定模糊笼统的规则来抑制它希望加以防止的表达行为。尽管国家可能不希望牵连到受保护的表达，它只是想确保禁止所有不受保护的行为。从规制（而不是公民自由保护）的角度来看，不确定一个人的行为是否违法，可能是一种美德，而不是一种恶。

现代第一修正案理论对寒蝉效应的关注不过是老派言论规制所欲实现的另一面。老派言论规制想对国家希望控制的言论产生一种寒蝉效应。如果国家对不受欢迎言论的报复或惩罚受到公众的高度关注或广泛认可，这就很有帮助。同样地，如果对表达活动的监控是公开进行的，或者监控的可能性对公众来说是非常明显的，那也是很有帮助的。即便公众从未看到警察在一场示威游行中记录人名，或没见到有人因非法言论被捕，但只要公民知道这些做法是真实存在的就够了。老派言论规制的要义就在于劝阻和抑制，从而产生恐惧、忧虑、悲观或顺从。

（二）新派规制的目标：无处不在、低能见度和事前预防——从寒蝉效应到冷静下来

在数字世界，国家的实践和技术有不同的侧重点。相较于老派言论规制，新派言论规制为事前防止提供了更多和更有效的可能性。由于言论自由基础设施和规制与监控技术相融合，国家能更好地发现不受欢迎的言论何时出现。此外，直接或间接诱导私人主体参与监控和附带审查，可能更容易阻止言论的发表。国家可以激励私人主体搜索不受欢迎的内容，让它的传播速度慢下来，过滤它，或者完全屏蔽它。

可以肯定的是，老派言论规制并没有消失。即便是在新派言论规制当中，政府也可能希望为了保护财产权和监控能力而限制活动。版权法和合理使用的界限往往很模糊，因此，两者的结合可能会限制受保护的表达。如前所述，国家安全密函附带的禁言令是为了起一种**警告**作用，所以没有企业会试图披露这件事情。

但是，由于数字网络使监控和预防变得更容易，新派言论规制更多地使用了事前策略，包括屏蔽和过滤。因此，粗略地说，虽然老派言论规制强调威慑和寒蝉效应，但新派言论规制则强调预防和低能见度（或隐蔽性）。

随着对有害内容的监控和屏蔽变得越来越有效和普遍，产生寒蝉效应的老派方式也变得更复杂。我们从一个只监控可疑人员的世界转向一个为了便于分析、预防和应对政府和私人企业收集尽可能多的人的数据的世界时，治理的策略也发生了变化。

国家和私人基础设施所有者可能更希望普通公众基本感受不到监控的存在。数据收集、分析的范围和程度应该是保密的，或者至少是能见度极低的，以便能让人们觉得虽然这些数据是安全的，但并没有经常被察觉到。当监控对人们来说并不明显时，他们可能更愿意披露政府和私人基础设施所有者随后会收集和分析的信息。这一点尤为重要，因为收集到的完全无辜者的数据可能有助于国家识别、获悉、理解或阻止那些受到国家怀疑的人的行为。就公众意识到监控无所不在这一点来说，不管是政府，还是私人企业，都希望公众不要把监控视为一种旨在诱导人们俯首帖耳的威胁；相反，政府和私人企业可能都希望将数据收集描述成正常的、低调的和无害的。在政府监控型国家，受到监控的经

历曾一度是给“可疑”人员的保留节目，但现在也民主化、普遍化和平庸化了。在一个监控无所不在的世界里，国家和私人基础设施所有者可能不想对大多数人产生寒蝉效应；相反，他们可能只是希望大多数人能冷静下来。

总而言之，新派言论规制的目标是常态化和隐蔽性——或者至少是低能见度——采用预防而不只是惩罚行动，而且这种行动可以远程自动地进行。具有讽刺意味的是，恰恰是数字时代的言论民主化催生了这些控制和监控实践。套改一句名言来说就是，在网上，没人知道你是一条狗——除了政府和私人基础设施所有者。

纽约时报诉沙利文案和五角大楼文件案是20世纪对当时言论规制技术的回应。但是，言论规制技术没有停滞不前；推动它们发展的技术也没有停滞不前。正如后新政时期言论自由的捍卫者不得不设计出建构宪法保障的各种方式，以应对老派技术一样，在一个新派言论规制世界重新构想言论自由原则的重任就落在了当代人的肩上。对言论自由的承诺可能是永恒的，但言论规制的技术却是千变万化的。我们的回应也必须如此。

（初审：王姝；校对：石家韵）

司法前沿

SIFA QIANYAN

论证券集团诉讼补偿功用的强化

——基于对美国证券集团诉讼新近发展的反思

何玲瑜*

摘　要：证券集团诉讼具有补偿和威慑的双重功用。中国式证券集团诉讼拟通过证券集团诉讼补偿功用的发挥来实现证券法投资者保护之立法目的和价值导向。但从美国的制度实践来看，证券集团诉讼的制度失灵使得补偿功用的发挥不尽如人意，威慑功用的发挥名不副实。为了避免中国式证券集团诉讼在实施过程中发生制度异化，导致补偿功用弱化，偏离投资者保护的价值目标，需要在我国证券私人诉讼机制内部针对有碍补偿功用发挥的短缺之处进行完善；在机制外部，则应吸取美国的失败教训，利用公私协同的证券执法理念和方式，针锋相对地弥补证券私人诉讼和证券公共执法各自的缺陷，以实现证券集团诉讼补偿功用的强化，更好达成投资者保护之目标。

关键词：证券集团诉讼；私人诉讼；公共执法；投资者保护

2019年12月28日修订通过，并于2020年3月1日正式施行的《证券法》第95条之规定确立了中国式证券集团诉讼。证券集团诉讼的制度原理是补偿（compensation）和威慑（deterrence）。① 2019年修订后的《证券法》将证券集团诉讼设置在投资者保护专章，立法目的和价值导向不言而喻，即通过弥补投资者损失，充分发挥制度的补偿功用，以实现投资者保护的目标。然而，从美国证券集团诉讼制度的运行实践来看，证券集团诉讼补偿功用的表现不尽如人意，美国证券集团诉讼虽历经改革却始终难以缩减其内生弊端，不合理的律师

---

* 何玲瑜，美国波士顿大学法学院银行与金融法硕士。

① *See* John C. Coffee, Jr., "Reforming the Securities Class Action: An Essay on Deterrence and its Implementation", 106 *COLUM. L. REV.* 1534, 1538 (2006).

激励机制以及责任认定和承担机制使得委托代理矛盾被二次激化；有限的和解金被不公平分配，可以落入原告投资者口袋的补偿几乎所剩无几。因此，美国证券集团诉讼的补偿功用逐步弱化。[①] 为了避免中国式证券集团诉讼同样异化，本文将基于对证券集团诉讼的制度原理与功用回溯，结合对我国证券集团诉讼立法逻辑的分析，明确中国式证券集团诉讼的价值导向和短缺之处；并以美国为例，通过实证分析考察证券集团诉讼补偿功用弱化之现状，探寻美国证券集团诉讼补偿功用弱化的根源。本文将立足于我国国情，试提出强化中国式证券集团诉讼补偿功用的初步思路，防止补偿功用弱化现象在我国证券集团诉讼制度实践过程中产生，以实现对投资者利益的充分保障。

一、中国式证券集团诉讼的价值导向

（一）证券集团诉讼的制度原理与功用回溯

集团诉讼（class actions）运作高效、诉讼成本低、法院判决结果统一、原告受偿公平，受害者享有低风险、低成本的诉讼激励机制得以缓解集体行动困境，[②] 从而在大规模证券侵权损害救济途径中占有一席之地。证券集团诉讼制度补偿与威慑之政策原理不仅是对集团诉讼上述优势的集中体现和升华，从证券执法为达成监管目标应具有的作用、内涵等角度来看，补偿性和威慑性也是证券执法应具有的制度价值，[③] 而从制度评价与研究角度来看，补偿功用和威慑功用的发挥也是证券集团诉讼制度运行的评判标准。

但是，证券集团诉讼补偿功用和威慑功用的实践结果却令人失望。以美国为例，美国证券集团诉讼的制度异化使其在填补投资者损害和惩戒阻却违法者方面双重失败。在补偿功用的发挥上，美国证券集团诉讼不仅只带来很低的受

---

① 参见郭雳：《美国证券集团诉讼的制度反思》，载《北大法律评论》第 10 卷第 2 辑，北京大学出版社 2009 年版，第 437 页。

② 参见郭雳：《美国证券集团诉讼的制度反思》，载《北大法律评论》第 10 卷第 2 辑，北京大学出版社 2009 年版，第 429 页。

③ 参见洪艳蓉：《证券执法的制度价值及其实现——来自美国的经验借鉴》，载《北大法律评论》第 17 卷第 1 辑，北京大学出版社 2016 年版，第 146 页。

偿比例，投资者内部更存在受害人和受偿人不匹配的问题。原告方在集团律师的操纵下“预伤敌一千，先自损八百”，他们被趋利的集团律师操纵，内部毫无凝聚力可言，真正的受害方甚至没有机会加入到对抗中来，即使加入其中，有心无力的小投资者也很难拥有发言权，更别提发挥监督作用，① 由此导致集团律师变本加厉，成为集团诉讼背后的谋利者。② 证券集团诉讼的补偿功用基本丧失，投资者保护目标的实现大打折扣。而在威慑功用的发挥上，证券集团诉讼对潜在行径的阻却乏善可陈，被告方在证券集团诉讼中很难受到真正的惩戒，巨额和解金的威慑并不代表惩戒落到实处，本应承担责任的被告公司管理层通过将责任转嫁给被告公司以及保险公司等方式全身而退，管理层金蝉脱壳般将终极责任转嫁给股东，导致被告公司股东承受终极损失，证券集团诉讼的威慑功用最终也未能落到实处，即使名义上的惩戒违法达成，低补偿率和原告自我负担效应又加大了兼顾投资者保护的难度。

美国证券集团诉讼制度失灵的原因至少可以向三方面延伸探析：其一，趋利的集团律师主导了原告方，他们为了获取高昂的律师费和胜诉酬金，罔顾原告方整体利益，在其主导的谈判和解中，中小投资者很难获取应有的救济和赔偿；其二，作为被告方中的决策者和责任人的董事、监事、高级管理人员，为求自保借由保险制度等进行责任转嫁，使得赔偿责任的终极承担者落在公司股东头上，造成了责任循环自我负担现象；其三，法官中立裁判者角色缺位，法官不仅需要兼顾多项工作而且还会过多地介入和解，不同法院对证券集团诉讼的态度无法统一，使法院无法在证券集团诉讼中树立权威，也很难为诉讼和解设立统一标尺，而美国联邦最高法院对集团诉讼态度的变幻莫测，更增加了证券集团诉讼有效运行的难度。③

---

① 小投资者由于各种因素往往无法作为原告取得救济和赔偿，即使可以参与和解，他们实际能从和解中所获赔偿金额也非常低，由于规模太小，他们最后甚至会直接把集团诉讼通知扔进废纸篓。*See* Hal S. Scott & Leslie N. Silverman, “Stockholder Adoption of Mandatory Individual Arbitration for Stockholder Disputes”, 36 *Harv. J. L. & Pub. Pol'y* 1187, 1189 (2013).

② See John C. Coffee, Jr., “Understanding the Plaintiff’ s Attorney: The Implications of Economic Theory for Private Enforcement of Law Through Class and Derivative Actions”, 86 *Colum. L. Rev.* 669, 677-680 (1986).

③ 更多详尽、客观的分析，参见郭雳：《美国证券集团诉讼的制度反思》，载《北大法律评论》第10卷第2辑，北京大学出版社2009年版，第426—446页。

虽然美国对证券集团诉讼的制度失灵有相对充分的认识并不断进行着制度改革，① 但从近10年的发展情况来看，美国证券集团诉讼依旧面临着诸多新旧问题的挑战：其一，证券诉讼存在向州法院转移的趋势，② 州法院在证券诉讼中有了新的突出地位，③ 由此引发的诸多问题或导致证券集团诉讼制度倒退；④

---

① 例如，1938年《联邦民事诉讼规则》（Federal Rules of Civil Procedure，FRCP）中的23规则（Rule 23）是规制集团诉讼主要规则，其先后经历了1966年、1987年、1998年、2003年、2007年、2009年等数次修正。1995年《私人证券诉讼改革法》（Private Securities Litigation Reform Act，PSLRA）通过，国会寄希望于PSLRA的激励措施将集团诉讼的控制权交给拥有更多财务权益的成熟机构投资者手中，以此减轻对法官的依赖。但是PSLRA却导致一批规避者将证券集团诉讼大规模地向州法院转移，为了应对这一状况，追求证券集团诉讼的一致性以使得证券集团诉讼符合更高的联邦标准，美国国会于1998年制定了《证券诉讼统一标准法》（Securities Litigation Uniform Standards Act，SLUSA），确定了联邦法院在大多数情况下的管辖权。之后，为遏制集团诉讼被滥用，2005年美国国会又通过了《集团诉讼公平法》（Class Action Fairness Act，CAFA）。

② 一方面，可能是联邦证券集团诉讼计划（federal scheme for securities group action litigation）将许多州层面的法律诉求从联邦法院中驱逐出去，导致集团律师开始采用一种"分解"（disaggregation）技术在联邦集团诉讼之外集合低价值的个人诉讼请求。另一方面，机构投资者在将诉讼向州法院转移的路上可能也起到了至关重要的作用，个人投资者则为了谋求自身利益的最大化，大多会选择跟随机构投资者通过声明退出规则将诉讼转移到州法院，以期获得更好的诉讼结果。*See* John C. Coffee, Jr., "Litigation Governance: Taking Accountability Seriously", 110 *COLUM. L. REV.* 288, 311 (2010); Benjamin P. Edwards, "Disaggregated Classes", 9 *Va. L. & Bus. Rev.* 305, 307 (2015).

③ 因为SLUSA所规定的联邦对证券集团诉讼的管辖并非绝对专属管辖，因此，理论上原告是可以在州法院提出违反1933年《证券法》的指控的，并且逐步得到了判例的肯定。*See* Cyan, Inc. v. Beaver Cty. Employees Ret. Fund, 138 S. Ct. 1061, 200 L. Ed. 2d 332 (2018).

④ 首先，可能产生大量的重复诉讼和证券责任不统一的问题，增加了情况相似的原告和被告在不同场合提起诉讼的结果不一致的可能性。其次，如果越来越多的原告通过声明退出规则退出联邦诉讼而转向州起诉，证券集团诉讼机制将陷入困境，形同虚设。再次，随着越来越多的成熟机构投资者离开联邦法院转向州法院，国会通过PSLRA和SLUSA以期达成的统一证券集团诉讼以及联邦控制的目标将逐步完全落空，由于面临高昂的代理成本，那些留在联邦法院的原告会更难以控制和监督集团律师。最后，大量的诉前程序的存在，却无法顺延入正常的联邦证券集团诉讼程序，将导致大量司法资源和当事人资源的浪费。*See* Merrill Lynch, Pierce, Fenner & Smith Inc. v. Dabit, 547 U. S. 71, 87 (2006); Mitchell A. Lowenthal & Shiwon Choe, "State Courts Lack Jurisdiction to Hear Securities Act Class Actions, but the Frequent Failure to Ask the Right Question Too Often Produces the Wrong Answer", 17 *U. Pa. J. Bus. L.* 739, 741 - 743 (2015); Benjamin P. Edwards, "Disaggregated Classes", 9 *Va. L. & Bus. Rev.* 305, 310 (2015).

其二，机构投资者大量担任首席原告并主导和解过程，利益冲突问题使得中小投资者很难获得有效补偿，公共养老基金与政治势力的复杂关系，① 使和解的公正性难以得到保障；② 其三，被告公司开始尝试使用在公司章程中先设仲裁条款的策略来规避联邦证券集团诉讼，联邦法院也通过一系列裁决，③ 默许了企业通过使用仲裁条款避免承担集团诉讼责任的行为；④ 其四，经过改革后的律师收费机制依旧不合理，集团律师依旧是和解的主导者和谋利者；⑤ 其五，美国联邦最高法院对证券集团诉讼暧昧不清的态度，⑥ 成为将证券集团诉讼推

① *See* Elliott J. Weiss, "The Lead Plaintiff Provisions of the PSLRA After a Decade, or 'Look What's Happened to My Baby'", 61 *VAND. L. REV.* 543, 552 (2008).

② *See* Stephen J. Choi, Drew T. Johnson - Skinner & A. C. Pritchard, "The Price of Pay to Play in Securities Class Actions", 8 *J. EMPIRICAL LEGAL STUD*, 650, 651 (2011).

③ *See* AT&T Mobility LLC v. Concepcion, 131 S. Ct. 1740 (2011); Am. Express Co. v. Italian Colors Rest., 133 S. Ct. 2304 (2013).

④ 与在联邦法院提起的诉讼不同，仲裁不受严格的辩护标准的约束，对仲裁员的自主权及其裁决也缺乏审查。这些裁决最终可能会引致针对企业的集团诉讼几乎被完全规避或消除。在不允许集团诉讼的情况下，拥有较大诉讼利益的大股东通常是可以接受的，因为可供他们选择的救济途径还有很多，并且他们也多有财力支持其单独进行索赔。然而，中小股东却会发现，以个人名义提出索赔的成本过高。因此，他们实际上将被禁止为自己的利益寻求赔偿。同样重要的是，减少潜在索赔人的数量会降低集团诉讼的整体威慑效果，对大股东和小股东都造成伤害。如果公司管理层认为他们的潜在负债已经大幅下降，他们可能会加倍牺牲股东利益来扩充自己。*See* Bradley J. Bondi, "Facilitating Economic Recovery and Sustainable Growth Through Reform of the Securities Class - Action System: Exploring Arbitration As an Alternative to Litigation", 33 *Harv. J. L. & Pub. Pol'y* 607, 632 - 633 (2010); Brian T. Fitzpatrick, "The End of Class Actions?", 57 *Ariz. L. Rev.* 161 (2015).

⑤ *See* Lynn A. Baker et. al., "Is the Price Right? An Empirical Study of Fee - Setting in Securities Class Actions", 115 *Colum. L. Rev.* 1371 (2015).

⑥ 通过一系列判决，美国联邦最高法院反复解释着集团诉讼，但这些判决并不总是有利于原告或者被告，美国联邦最高法院针对集团诉讼暧昧不清的判决已经在一定程度上表明了破坏集团诉讼的意图。*See* Wal - Mart Stores, Inc. v. Dukes, 564 U. S. 338, 131 S. Ct. 2541, 180 L. Ed. 2d 374 (2011); AT&T Mobility LLC v. Concepcion, 131 S. Ct. 1740 (2011); Comcast Corp. v. Behrend, 569 U. S. 27, 133 S. Ct. 1426, 185 L. Ed. 2d 515 (2013); Amgen Inc. v. Connecticut Ret. Plans & Tr. Funds, 568 U. S. 455, 133 S. Ct. 1184, 185 L. Ed. 2d 308 (2013); Halliburton Co. v. Erica P. John Fund, Inc., 573 U. S. 258, 134 S. Ct. 2398, 189 L. Ed. 2d 339 (2014); Am. Express Co. v. Italian Colors Rest., 133 S. Ct. 2304 (2013).

向悬崖边缘的“主推手”。①

整体而言，美国证券集团诉讼正在被其参与者“规避”。尽管历经改革，私人诉讼的直接补偿功用一直表现不佳，间接威慑功用也愈来愈流于表面。威慑效果多来自不当行为的披露而非集团诉讼本身。公司的不当行为被披露后，公司预计会损失40%左右的价值，这其中大部分是来自声誉受损而不是预期的诉讼损失，诉讼损失不到其价值的9%。同时，几乎所有的直接责任人都会辞职或被解雇，而不会影响到管理层，和解和判决依旧主要影响股东。但是，和解带来的更加深远的负面效应却降低了美国资本市场的吸引力，证券集团诉讼的普遍存在和高成本推动了资本流向海外或私人市场，并降低了风险资本投资，原因是上市的责任风险增加。② 因此集团诉讼本身也许“已经死亡，濒临死亡，或走向了僵尸状态”③。

（二）中国式证券集团诉讼的定位与短缺之处

长久以来，我国证券民事纠纷解决机制的运行阻力重重，举步维艰。在法院端，自2002年开始受理证券民事纠纷以来，单独诉讼模式弊端明显，④ 法院对证券纠纷多采取消极处理之态度，存在收案少、立案少、审理少、判决少、执行少等突出问题。⑤ 在原告端，维权成本高，收益低，⑥ 原告寻求司法救济动力不足，缺乏激励机制。⑦ 在被告端，以2019年修订前的《证券法》第69条

---

① 由于法院对集团诉讼门槛的细化，严格的标准以及对23规则的严格适用，联邦集团诉讼的开展变得更具挑战性。*See* Bernadette Bollas Genetin, “Back to Class: Lessons from the Roberts Court Class Action Jurisprudence”, 48 *Akron L. Rev.* 697, 719 – 720 (2015).

② *See* Hal S. Scott & Leslie N. Silverman, “Stockholder Adoption of Mandatory Individual Arbitration for Stockholder Disputes”, 36 *Harv. J. L. & Pub. Pol'y* 1187, 1189 – 1190 (2013).

③ J. Maria Glover, “The Supreme Court's ‘Non – Transsubstantive’ Class Action”, 165 *U. Pa. L. Rev.* 1625 (2017).

④ 参见郭锋：《从大庆联谊股东诉讼案谈中国证券民事赔偿制度的构建》，载《法学杂志》2006年第1期，第153页。

⑤ 参见缪因知：《证券诉讼在中国：适用前景与改进方略》，载《北方法学》2012年第1期，第111页。

⑥ 参见任自力：《美国证券集团诉讼变革透视》，载《环球法律评论》2007年第3期，第67页。

⑦ 参见汤欣：《私人诉讼与证券执法》，载《清华法学》2007年第3期，第94页。

关于虚假陈述民事法律责任的规定为例，股票发行人或上市公司作为主要的起诉对象，民事赔偿存在循环困境。[①]

中国式证券集团诉讼应运而生。2019年修订后的《证券法》第95条激进地确定了中国式证券集团诉讼，[②] 不仅破除了之前由虚假陈述司法解释等设置的起诉壁垒，还巧妙地引入默示加入、明示退出的制度安排，借用民事诉讼法人数不确定的代表人诉讼之规定降低了中小投资者的起诉成本和维权难度，同时创造性地加入投资者保护机构担任诉讼代表人来主导诉讼的规定更减少了滥诉、扰诉的概率，投资者保护机构的专业优势和职能优势又能提高投资者权益救济水平。

在证券法律实施机制方面，"美国素来两条腿走路，公私并举"，[③] 美国证券集团诉讼作为重要的证券私人执法手段，虽然基于填补投资者损失之目的而产生，但是在之后的运行发展过程中，补偿功用逐步弱化，威慑功用反而不断强化，因此，被认为有效缓解和弥补了证券公共执法之不足。[④] 与美国不同，我国的证券公共执法向来强势，[⑤] 并在威慑功用发挥上起着主要作用，而证券私人执法力度则相对孱弱，导致补偿功用难以得到有效发挥。"在此次修法之前，为推进证券私人诉讼补偿功用的发挥，强化投资者保护途径，最高人民法院已经先后表态支持中国证监会主导非诉调解和试行先行赔付制度，并通过支持诉讼、示范判决等方式探索投资者保护的司法路径。"[⑥] 而此次修法对中国式证券集团诉讼的确立，则进一步明确了证券私人诉讼补偿功用发挥的法律依据和运行基础，是助力实现投资者保护立法目的与价值导向的重要举措。

但是，中国式证券集团诉讼在实施过程中，仍需注意以下四点问题：第一，

---

① 参见汤欣：《建立中国式证券集体诉讼制度》，载《中国金融》2019年第3期，第59页。

② 参见彭冰："《证券法》修改的'得与失'"，载财新网，http：//opinion. caixin. com/2019－12－30/101499298. html，最后访问时间：2020年3月10日。

③ 郭雳：《美国证券集团诉讼的制度反思》，载《北大法律评论》第10卷第2辑，北京大学出版社2009年版，第440页。

④ See Tamar Frankel，"Implied Rights of Action"，67 *Va. L. Rev.* 553（1981）.

⑤ 参见缪因知：《政府性证券监管批判及与民事诉讼之权衡》，载《交大法学》2015年第1期，第157页。

⑥ 汤欣：《建立中国式证券集体诉讼制度》，载《中国金融》2019年第3期，第59页。

与补偿功用联系最为紧密的和解机制还需要根据制度运行实践进行专门构建；我国证券集团诉讼的判决与和解在被告责任承担上存在差别①，其是否会影响到补偿功用的效果也未可知。第二，越过证券律师，转由投资者保护机构主导的中国式证券集团诉讼，② 其激励机制的发挥也需要继续探讨，以中证中小投资者投服中心（以下简称投服中心）为例，虽然其在探索我国股东积极主义的实践中已经积累了不少经验，③ 但是它既非一般理解中的事业单位，也不是民法上的财团法人，作为中国证监会直接管理的金融类公益机构，④ 是兼具“公益色彩”与“行政色彩”的有限责任公司，与我国台湾地区的财团法人证券投资人及期货交易人保护中心（以下简称投保中心）在创设目的、权能属性、运行成本来源等方面都具有高度的相似性。但从我国台湾地区投保中心的运行情况来看，机构的激励机制一直存在困境，导致投保中心工作的开展并不顺利。⑤同时从《证券法》赋予其的角色和使命来看，⑥ 投服中心既是拥有征集投票权、公司派生诉讼提起权、证券集团诉讼首席原告（诉讼代表人）地位的特殊“小”股东；又是担任着证券纠纷解决职责，进行广义的法律适用的证券纠纷调解者；还是发挥专业优势，接受中小投资者的委托开展证券支持诉讼的支持起诉人。投服中心职能冲突问题如何解决，工作开展是否会顾此失彼，目前都是一个疑问，更遑论关于投服中心与证券律师及其他机构投资者在证券集团诉讼中的协调配合等更为细化的问题，⑦ 这些都需要进行更多的考证。第三，中

---

① 参见章武生：《我国证券集团诉讼的模式选择与制度重构》，载《中国法学》2017年第2期，第297页。

② 根据2019年修订后的《证券法》第90条的规定，投资者保护机构是依照法律、行政法规或者国务院证券监督管理机构的规定设立的机构。

③ 参见郭雳：《作为积极股东的投资者保护机构——以投服中心为例的分析》，载《法学》2019年第8期，第148页。

④ 参见投服中心官网（http：//www. isc. com. cn/html/gywm/）的介绍，最后访问时间：2020年3月12日。

⑤ 参见吕成龙：《投保机构在证券民事诉讼中的角色定位》，载《北方法学》2017年第6期，第32—33页。

⑥ 参见《证券法》第90条、第94条、第95条。

⑦ 关于证券律师，还需注意，由于制度、文化、社会背景等的不同，证券律师对美国证券集团诉讼的消极影响，并不能百分百表明证券律师对中国式证券集团诉讼也会产生一样的负面效应。是否应当适度扩张证券律师在中国式证券集团诉讼中的作用，赋予其部分私人检察长职能，也存在可以探讨的空间。

国式证券集团诉讼的启动很大程度上依赖于法院的公告，这就强化了法院在其中的主导地位，法院的工作如何展开，如何改掉之前的消极传统和习惯是首先需要正视和解决的问题；同时，由于各地金融审判实践经验还不够丰富，不同法官在专业能力上也存在较大差异，如何提高法官的审判能力，从而进一步统一判决标准也是目前需要进行考虑的；而长久以来各地形成的地方保护主义亦成为金融司法面临的挑战，如何借证券集团诉讼确立之机，对这些问题进行系统性的处理，是我国当前金融审判面临的课题。第四，虽然2019年修订后的《证券法》第24条和第85条较之修订前的《证券法》第26条和第69条，对关于控股股东、实际控制人承担虚假陈述民事责任的归责原则作出重大调整，由此前的过错原则变为过错推定原则，减轻了投资者的举证责任，但是如何引导投资者保护机构直接起诉控股股东，实际控制人，公司董事、监事、高级管理人员，消除责任承担循环问题，还需要立法进一步明确。以上几点并不能穷尽未来我国证券集团诉讼在补偿功用发挥上可能遇到的障碍和问题，但在接下来的制度运行中若不加以重视，则有可能引起制度异化，导致我国证券集团诉讼补偿功用弱化，使我国的证券私人执法偏离投资者保护的价值导向。

二、美国证券集团诉讼补偿功用的实证分析

进入21世纪后，不同于反对者和怀疑论者的预测，美国证券集团诉讼表面上仍然蓬勃发展，但无法回避的是，其中依旧充斥着道德挑战和低价值和解。① 虽然证券集团诉讼的起诉数量呈现逐年增加的趋势，2019年在美上市公司中有8.9%被起诉，起诉率是2005年以来的最高水平。② 证券集团诉讼依旧是美国强大的公共执法体系的重要补充。③ 但高起诉率却不一定意味着高和解率，美国证券集团诉讼在和解上依旧表现平平，和解金总额呈现整体下降趋势，补偿功用持续处于弱势水平。客观原因可能与美国上市公司数量自1995年PSLRA施行以来大幅缩水有关，但问题根源依旧与其制度弊端和内部矛盾无法分离。

---

① *See* Jessica Erickson, "Investing in Corporate Procedure", 99 *B. U. L. Rev.* 1367 (2019).

② *See* Cornerstone Research, Securities Class Action Filings – 2019 Year in Review, at 11 (2020).

③ 指DOJ执法、SEC执法以及州检察长和证券执法官员的执法行动体系。

（一）美国证券集团诉讼和解概况

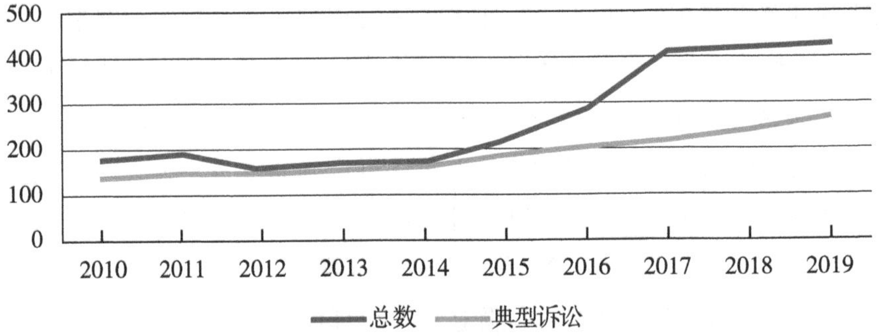

图 1　美国证券集团诉讼起诉数量趋势①

从图 1 可见，自 2010 年到 2019 年，美国证券集团诉讼的起诉数量呈整体上升的趋势。近 3 年来的起诉数量更是维持了 400 件以上的水平。受特拉华州法院对 Trulia 案判决的影响，② 大量的并购诉讼向联邦转移，是造成近三年起诉总数增加的原因。与加密货币和 ICO（Initial Coin Offering，首次代币发行）有关的新生违法指控类型占据了 2018 年起诉数量的一定比例，而事件驱动（event - driven）诉讼则是造成 2018 年美国证券集团兴盛的主因。但与 2018 年相比，事件驱动诉讼并没有继续主导 2019 年的起诉数量，与网络安全有关的诉讼数量增加占据了 2019 年起诉数量的很大比例，因此，“新生”诉讼类型或是维持起诉数量增加的主因。③

---

① *See* Cornerstone Research，Securities Class Action Filings - 2019 Year in Review，at 5 (2020). Cyan 案件后，证券集团诉讼向州转移倾向明显，因此统计数据已经将联邦与州起诉数量合并，但是在州起诉数量与联邦层面的数量相比，排除平行诉讼，数量占比非常小，因此起诉数量趋势依旧主要反映联邦证券集团诉讼的起诉数量趋势。典型诉讼是指排除并购诉讼的案件，即基于 10b - 5 规则，1933 年《美国证券法》第 11 条、第 12 条等典型的证券诉讼，下同。

② *See* In re Trulia Inc. Stockholders Litigation，129 A. 2d 884，898 - 899 (Del. Ch. 2016).

③ *See* NERA ECONOMIC CONSULTING，Janeen McIntosh and Svetlana Starykh，Recent Trends in Securities Class Action Litigation：2019 Full - Year Review，at 7 (2020).

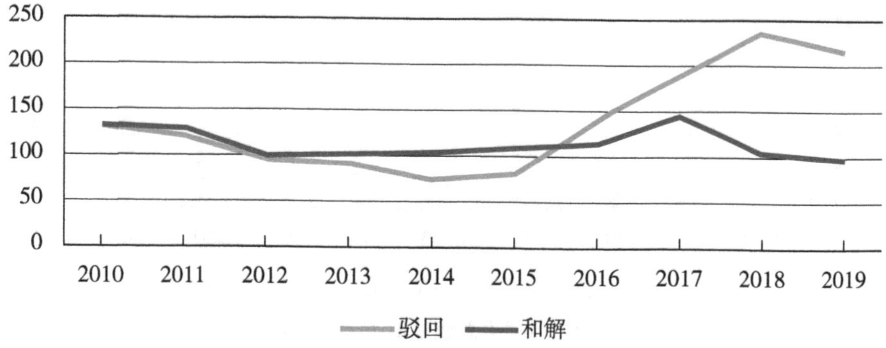

图 2　美国证券集团诉讼已决案件驳回/和解趋势①

判决结果方面，从图 2 可见，从 2016 年开始，驳回成为绝大多数案件的判决结果。② 尽管自 2014 年到 2018 年被驳回的案件数量持续增加，但这种趋势在 2019 年并没有持续，2019 年被驳回的案件数量下降到 2017 年和 2018 年数量的中间值。联邦裁决数量的总体下降是导致 2019 年驳回数量下降的主要原因。即使如此，在 2019 年的总判决结果中，依旧有超过三分之二的案件以有利于被告的方式解决，原告没有得到任何赔偿。自 2012 年以来，和解案件首次少于 100 起，除 2017 年，和解数量一直呈现下降的趋势。尽管和解的案件总数在 2019 年继续下降，但在 2019 年涉及违反 10b－5 规制、1933 年《美国证券法》第 11 条或第 12 条案件的和解数量略有增加，这类案件的和解数量增加了 11%，与之相反，并购案件的和解数量减少了近 50%，这是自 2015 年以来首次出现的情况，当时的和解数量不到 200 起。但是无论证券集团诉讼的诉由是什么，有利于被告的判决结果出现的概率仍然很高。2019 年，并购案件的驳回比例是 88%，高于 2018 年的 78%，而标准证券集团诉讼的驳回比例为 54%，仅仅略低于 2018 年的 61%。③

---

① Id. at 9.

② 驳回包含直接驳回和上诉后的驳回。

③ *See* NERA ECONOMIC CONSULTING, Janeen McIntosh and Svetlana Starykh, Recent Trends in Securities Class Action Litigation: 2019 Full－Year Review, at 10 (2020).

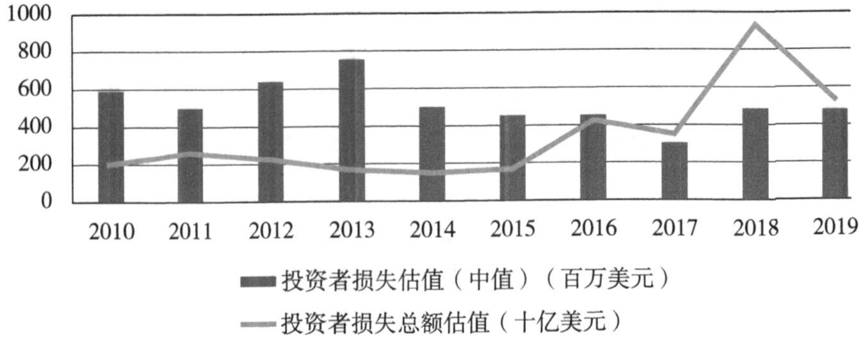

图3　投资者损失估值①

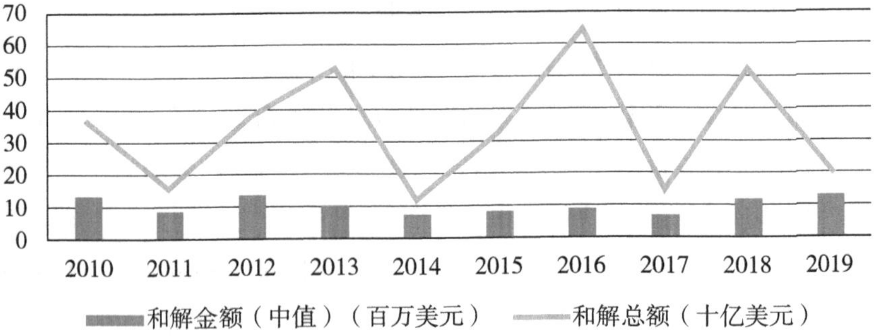

图4　和解金额②

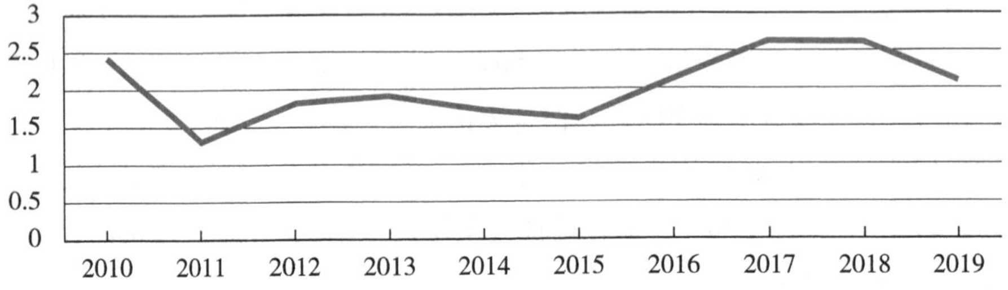

图5　和解金额占投资者损失估值之比（中值）（百分比）③

① Id. at 19 – 20. 投资者损失估值仅包含基于10b – 5规则，1933年《美国证券法》第11条、第12条的起诉。

② *See* Securities Class Action Settlements – 2019 Review and Analysis, Cornerstone Research, at 3 (2020). Janeen McIntosh and Svetlana Starykh, Recent Trends in Securities Class Action Litigation: 2019 Full – Year Review, NERA ECONOMIC CONSULTING, at 15 (2020).

③ *See* id. Janeen McIntosh and Svetlana Starykh, Recent Trends in Securities Class Action Litigation: 2019 Full – Year Review, at 15.

鉴于准确的补偿率无法计算，本文以投资者损失估值（中值）以及和解金额（中值）来计算美国证券集团诉讼的补偿率，① 以对美国证券集团诉讼的补偿功用进行评估。结合图 3、图 4 和图 5，投资者损失水平自 2017 年触底后，2018 年和 2019 年保持反弹趋势，保持在近 10 年内的中间水平；同时，和解金额（中值）也较前两年上升，但是和解的整体水平却是自 2018 年达到小高峰之后，再度回到比 2017 年更低的水平。分析认为，这与缺少规模较大的诉讼和解有关。② 与之相应，2018 年的和解总额之所以暴增，与提供和解资金的潜在来源有关。具体来说，被告的总资产不仅代表着可以直接从被告方获得资金来源，更代表着潜在 D&O 保险的覆盖范围。2018 年，和解案件中的被告公司规模（总资产额）比 2017 年增长了 50%，而其中退市公司和破产公司的和解是过去 10 年来最低的，因此，被告公司经济因素或成为 2018 年和解金额规模增长的重要作用。③ 而 2019 年被告公司的整体规模持续增长，比 2018 年增长了 59%。大公司越来越多导致了原告律师对潜在的诉求更加激进。④ 然而，无论和解的表现如何，对补偿率却并没有太大的影响，根据计算，和解金占投资者损失的中值持续 10 年基本维持在 2% 左右的水平，美国证券集团诉讼的补偿功用整体上呈弱势水平。

（二）影响美国证券集团诉讼和解的主要因素

影响和解的因素有很多，例如投资者损失的估值；被告公司在集团诉讼结束后的市值；除普通股外被指受欺诈影响的证券种类；代表原告指控价值的变量，例如该公司是否已经受到政府或监管机构的制裁；或是否已经支付了与指控相关的罚款；和解时的诉讼阶段；机构投资者（公共养老金）是否担任首席

---

① 和解金额（中值）占投资者损失估值（中值）之比。排除并购诉讼的和解，排除了打成最高值和最低值的和解，中值更能反映出客观和普遍的补偿情况。

② *See* Cornerstone Research, Securities Class Action Settlements – 2019 Review and Analysis, at 3 (2020).

③ *See* Cornerstone Research, Securities Class Action Settlements – 2018 Review and Analysis, at 2 (2019).

④ *See* Cornerstone Research, Securities Class Action Settlements – 2019 Review and Analysis, at 2 (2020).

原告；是否存在平行的派生诉讼；被告公司的经济部门；被控违法的种类；[①] D&O 保险的存在和影响等。[②] 同时，市场对诉由的反应也不同，根据研究，含第 10（b）条指控的起诉往往会带来更消极的市场反应。[③]

在上述因素中，对和解具有显著和持续影响的因素主要有四类。其一，财务违法指控。财务违法指控主要指基于 10b－5 规则起诉的涉嫌违反美国通用会计准则（Generally Accepted Accounting Principles，GAAP），涉嫌违反其他报告标准，涉嫌审计违法，或者财务报告的内部控制薄弱的指控。涉及财务违法指控的和解案件在 2019 年的和解案件中占比达到 44%，虽然已经接近和解总数的一半，但这其实是继 2014 年产生的峰值 67% 之后连续 5 年下降的比例。[④] 与财务违法指控有关的案件通常能得到相对高额的和解结果。[⑤]

其二，派生诉讼。在已经和解的案件中有 53% 涉及平行的派生诉讼，这是过去 10 年里的第二高值。和解案件如果同时伴随着派生诉讼一般代表着潜在的投资者的损失越大，并且可能得到越高的和解金。虽然这一特征在 2019 年的表现并不明显，部分原因是这些伴随着平行派生诉讼的案件由越来越多的小规模公司作被告。[⑥]

---

① 研究结果表明，涉及财务违法指控或是影响证券集团诉讼和解的最为重要的因素，因为通常会比较容易证明。*See* Dain C. Donelson et. al.，“The Role of Directors´and Officers´Insurance in Securities Fraud Class Action Settlements”，58 *J. L. & Econ.* 747，774－775（2015）.

② *See* Janeen McIntosh and Svetlana Starykh，Recent Trends in Securities Class Action Litigation：2019 Full－Year Review，NERA ECONOMIC CONSULTING，at 21（2020）.

③ *See* Mark Klock，“Do Class Action Filings Affect Stock Prices? The Stock Market Reaction to Securities Class Actions Post Pslra”，15 *J. Bus. & Sec. L.* 109，110（2016）.

④ 当事人对诉由的敏感度不同，历史上公共养老基金更倾向于加入财务违法指控，但是这一趋势在近年并不十分明显。

⑤ *See* Cornerstone Research，Securities Class Action Settlements－2019 Review and Analysis，at 9（2020）.

⑥ Id. at 10.

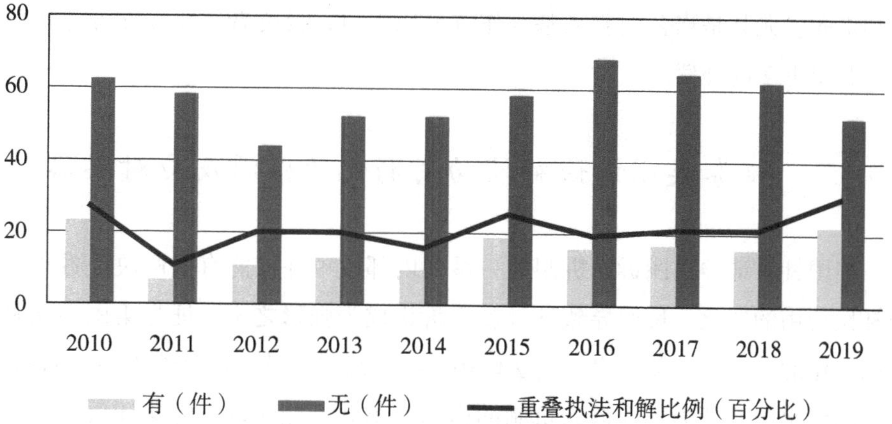

图 6　有无 SEC 相关执法的和解情况对比①

其三，相关 SEC 执法。过去 5 年，有相关 SEC 执法的证券集团诉讼的和解数量保持相对稳定（见图 6）。在 2015 年至 2019 年达成和解的案件中，42% 存在 SEC 相关执法的涉案被告，他们要么宣布破产，要么在和解前已经被交易所摘牌。② 这也印证了这些案件的违法性通常比较严重，投资者的损失也相对严重，因此才会存在公私双重执法。和解案件存在相关的 SEC 执法行动通常会带来更高的和解金额，这些案件大多涉及规模较大的发行人被告。涉及 SEC 相应行动的案件，还可能包括与相关集团诉讼所涉期间相关的犯罪活动指控，在 2019 年，超过 40% 的 SEC 诉讼案件涉及刑事指控。③ 总的来说，从过去 10 年的数据来看，存在 SEC 执法的和解案件基本可以占到总和解案件的 21%，即和解案件中五分之一的案件存在 SEC 的相关执法行动，在 2019 年已经和解的案件中，存在 SEC 相关执法行动的案件更是占到了 30%，这是过去 10 年的最高比例。

其四，机构投资者担任首席原告，公共养老基金作为机构投资者的主力军，在 2010—2019 年担任首席原告所取得的平均和解金额为 2080 万美元，而非公共养老基金机构投资者在 2010—2019 年担任首席原告所取得的平均和解金额仅为 550 万美元。④ 一般来说，机构投资者担任首席原告会影响和解的结果、规

① *See* Cornerstone Research, Securities Class Action Settlements – 2019 Review and Analysis, at 11 (2020).

② Id.

③ Id.

④ Id. at 12.

模和走向。尤其是当公共养老基金作首席原告时，投资者往往能在证券集团诉讼中获得更多的补偿。①

三、证券集团诉讼补偿功用弱化的根源及应对思路

美国针对证券集团诉讼机制的一系列内部改革并没能有效解决证券集团诉讼补偿功用的弱化，反而导致证券私人诉讼成为强弩之末。证券集团诉讼补偿功用弱化的根源由利益冲突、司法依赖、根基羸弱以及文化血液等多方面构成。这些问题都表明证券私人诉讼机制的内部改革并不能实现证券集团诉讼的自我救赎，因此，寻求外部力量协助和弥补证券私人诉讼的弱势之处则顺理成章地成为替代内部改革的首选。

（一）证券私人诉讼与利益冲突高度共生

美国证券集团诉讼中存在难以消除的两大利益冲突。第一，胜诉酬金制助长了美国证券集团诉讼制度的异化，② 集团律师对集团诉讼的结果最感兴趣，一旦和解达成，法院会从和解金中为集团律师划拨丰厚的酬金（fee award），而首席原告通常只能从中获得一小部分。美国证券集团诉讼制度正是利用胜诉酬金机制来鼓励优秀的律师取得好的成绩，利用律师之间的竞争来取得更为实惠的费率。因此，很难想象集团律师愿意在集团诉讼中做公益性的法律工作，而不追逐高额的回报。这也是私人执法补偿功用弱化，投资者保护目标难以达成的根本原因。第二，PSLRA 所假想出的完美首席原告不存在。虽然 PSLRA 赋予了首席原告美好的愿景，承载着国会的希望，坚信可以通过控制首席原告来监督集团律师，打击扰诉和欺诈行为。但是，23 规则第（a）（4）条又要求首席原告必须充分代表具有不同风险偏好、经验成熟度以及不同补救需求的集团成员。③ 事实上，首席原告自身的利益往往会与集团利益发生冲突。很难想象首

---

① *See* Lynn A. Baker et. al., "Is the Price Right? An Empirical Study of Fee - Setting in Securities Class Actions", 115 *Colum. L. Rev.* 1371, 1374 (2015).

② 参见郭雳：《美国证券集团诉讼的制度反思》，载《北大法律评论》第 10 卷第 2 辑，北京大学出版社 2009 年版，第 429 页。

③ *See* Fed. Rules Civ. Proc. Rule 23 (a) (4), 28 U. S. C. A.

席原告能选择牺牲自己的利益来奉献给集团成员。这种利益冲突在由机构投资者作首席原告时会被放大，因为相较其他投资者，机构投资者往往更可能继续持有被告公司的股票，他们可能会选择推动被告公司治理改革，这意味着他们的主张将对那些想要最大限度地收回资金的股东们而言非常不利。①

在中国式证券集团诉讼中，虽然投服中心的加入大大降低了集团律师和首席原告的利益冲突问题，但是利益冲突背后的激励机制问题还有待解决，证券集团诉讼的利益冲突问题正是激励机制设置和改革失败的后果。考虑到在证券私人诉讼机制内部可能无法自我消除利益冲突问题以实现适当有效的激励，因此，在外部探寻适度的监督或引导就成为对私利制约从而重塑激励机制的另一种思路。

（二）证券私人诉讼过度依赖司法

证券私人诉讼的高效运行需要依托强大和中立的司法体系。但是，在美国证券集团诉讼中，法院缺乏中立立场，在一定程度上偏离了裁判者的角色，法院的引导作用逐步嬗变为主导作用，判例极大地影响了诉讼的提起以及集团律师的策略，集团律师为了获取法院批准的费用奖励不惜一切代价来迎合法院。最终导致证券私人诉讼过度依赖司法介入，证券私人执法的自主性、积极性和有效性受到打击。

美国法院基于各种考虑对证券集团诉讼的发展进行限制。例如，SLUSA 之后，法院或出于对集团诉讼许可通过后被告和解压力的担忧，或出于对法院收入的关心，或出于联邦政府的压力，开始大幅减弱集团诉讼能力，许多法院在诉前许可阶段，已经开始要求原告证明他们对案件的大部分事实有充分的理据，许多许可中的要求②甚至难以达成；一些法院通过严格把控许可要求来驳回和解，即使和解能避免进入审判程序；一些法院甚至取消了 23 规则第(c)（4)条的规定；③美国联邦最高法院更是支持了具有约束力的“禁止采用集团诉讼解决纠纷”的仲裁

---

① *See* Elizabeth Chamblee Burch, “Optimal Lead Plaintiffs”, 64 *Vand. L. Rev.* 1109, 1110 - 1111 (2011).

② 例如，关于集团的定义、数量、共性、代表的充分性以及 23 规则第（b）（2）条和第（b）（3）条的证明。

③ *See* Fed. Rules Civ. Proc. Rule 23（c）（4）, 28 U. S. C. A. “在适当的时候，可以就特定问题提起或维持集团诉讼。”

条款的效力。这一系列行为被认为是损害了集团诉讼的赔偿、威慑和效率功用。①

自1966年修订23规则确立现代的集团诉讼后，如今的美国联邦最高法院对集团诉讼的审查比以往任何时候都要频繁和彻底，通过集团许可（class certification）的过程变得更加严格，更加漫长，更加昂贵，也更加不确定。② 美国联邦最高法院的一系列的决定，使得投资者通过集团诉讼寻求补偿变得更加困难。美国联邦最高法院对证券私人诉讼的限制，还在客观上削弱了辅助公共执法的工具，降低了整体执法水平和威慑功用。③ 在过去的40年里，从一开始渐进，到近年来更加大胆，美国联邦最高法院已经通过私人集团诉讼将联邦法律从“友好”变为“不友好”。④

而这个问题可能在我国以另一方式凸显，中国式证券集团诉讼依赖法院发出公告，即法院启动制，投资者若想通过证券集团诉讼寻求有效补偿，高度依赖于法院对证券违法案件积极主动的关注、整理、启动和审理，虽然我国的国情和政策与美国有很大不同，使得我国可能不会产生法院（尤其是最高人民法院）对证券集团诉讼在态度上的暧昧不清和行动上的主动削弱，但是我国法院对待证券违法案件的消极态度已经成为习惯，而相较于拥有司法权力的法院，证券集团诉讼中的原告中小投资者属于弱势方，他们只能依赖司法，却很难影响司法，依靠证券集团诉讼机制内部实现司法的自我改善和监督更加艰难。因此，若存在如以证监会代表的公权力为案件前期筛选提供建议，或者将证券违法案件的办案信息等与法院共享，则可以影响法院对案件的启动，从证券私人诉讼外部对消极司法产生一定程度的正面影响。

（三）证券私人执法或已不足以与公共执法比肩而立

美国私人参与公共执法有着深厚的传统，虽然目的是解决在单个诉讼程序

---

① *See* Robert H. Klonoff, “The Decline of Class Actions”, 90 Wash. U. L. Rev. 729, 729 - 730 (2013).

② *See* Elizabeth J. Cabraser, “The Class Abides: Class Actions and the ‘Roberts Court’”, 48 Akron L. Rev. 757, 800 (2015).

③ *See* Zachary D. Clopton, “Procedural Retrenchment and the States”, 106 Cal. L. Rev. 411, 467 - 469 (2018).

④ *See* Stephen B. Burbank, Sean Farhang, “Class Actions and the Counterrevolution Against Federal Litigation”, 165 *U. Pa. L. Rev.* 1495, 1497 - 1529 (2017).

中由大量相同事实和法律引起的索赔低效问题，但是证券集团诉讼和以个人自治为基础的法律制度之结合或许只能被视为一种权宜“婚姻”。① 将集团诉讼作为当代私人执法寻求纠正公共伤害的主要手段实则存在巨大争议。即使集团诉讼能从被告方处获得数百亿美元的巨额和解金，但代理成本问题却始终难以有效解决，集团诉讼允许集团律师代表数量庞大的原告团同时获得巨大权力，这种权力除了疲惫不堪的法官之外无法获得更有效的监督。②

同时，将获取和解补偿的私人集团诉讼与获得公共补偿的公共执法进行类比本身也存在缺陷。美国最早关于是否需要引入集团诉讼的争论就基于这个类比。但是，公共补偿的现实与私人集团诉讼其实并不相称。集团诉讼往往涉及成千上万人的利益，为了有机会得到最终补偿，他们通常要经历一个漫长的诉讼过程，包括通知对方、提交索赔申请、等待法院许可、和解谈判等，但是经过二次分配，原告投资者获得赔偿的金额却往往只能占到损失的一小部分。相对来说，公共执法则完全不同，它有多种方法，通常不要求索赔，而要求对损失进行全额补偿。③

因此，与公共执法相比，私人执法也许是“多余的”，仅仅是对资源有限的公共执法进行外部补充，从而增强证券执法的整体威慑功用。基于此，公共执法通过与私人执法或向他们发出收集诉源进行执法的信号，可以大幅度提升公共执法的执法力度。在美国，公共执法实质上一直影响或者背负着私人执法的成功，当私人执法力度下降时，公共执法能够在整体威慑和执法水平下降的情况下，接手一些与之前公共执法成本相当的私人执法案件，以对私人执法的失败做出回应，从而维持原有执法的补偿和威慑水平。④ 当前美国的证券私人执法已经备受质疑，法院对集团诉讼中关于集团许可、管辖权和仲裁的决定已经削弱了私人执法能力，但这些决定却并不适用于公共执法，公共执法可以多元化的执法方式进行公共执法，美国证券私人执法在结合公共执法情况一起分

---

① *See* Deborah R. Hensler, “Happy 50th Anniversary, Rule 23! Shouldn't We Know You Better After All This Time?”, 165 *U. Pa. L. Rev.* 1599 (2017).

② *See* Myriam Gilles & Gary Friedman, “After Class: Aggregate Litigation in the Wake of at&t Mobility V Concepcion”, 79 *U. Chi. L. Rev.* 623, 624 - 626 (2012).

③ *See* Prentiss Cox, Amy Widman, Mark Totten, “Strategies of Public Udap Enforcement”, 55 *Harv. J. on Legis.* 37, 99 - 100 (2018).

④ *See* Zachary D. Clopton, “Class Actions and Executive Power”, 92 *N. Y. U. L. Rev.* 878, 888 - 890 (2017).

析时，整体证券执法水平被拉升，补偿功用得到弥补。

在我国，证券公共执法长期处于强势状态，虽然曾一度饱受执法效率低、力度弱的质疑，但是近年来证券监管已逐渐将重心转向中后端监督与执法，执法力度也呈现上升趋势。① 我国证券执法除了需要严厉的行政和刑事手段发挥证券执法的惩戒和威慑的作用之外，也需要高效处理证券欺诈纠纷，为遭受损失的投资者提供补偿渠道。② 中国式证券集团诉讼正是为实现后者而进行的重要制度革新。然而，一方面，我国的证券公共执法在补偿功用上的贡献微乎其微，公共执法无法像美国那样实现私人执法补偿功用失效后的补充；另一方面，我国的私人执法处于经过重大变革后的起航阶段，补偿功用的充分发挥很难一蹴而就，威慑功用的实现也前途未卜。因此，公私并举在我国能否真正实现，至少在现阶段还疑信参半。然而，若可以在我国证券执法公私并举构建的初期，就对大力引导公私执法的配合协作，实现公私协同，则可以优先实现对证券执法补偿功用和威慑功用协调发挥的制度保障。

（四）证券私人诉讼的表面兴盛取决于逐利文化与国情

即使美国证券集团诉讼的弊端使得证券私人诉讼的功效和价值不尽如人意，且带来不小的负面效应。但是，其作为证券私人执法的主要方式和手段，已然在美国法律制度和文化中扎根，并且得到了广泛的认可。尽管它可能依旧会时刻遭到学者的抨击，但是这项制度却很难有可能会消亡。实践证明，法律、文化和激励因素都促进了美国证券集团诉讼的高速发展。虽然集团律师被认为是制度异化背后的主推手，但 23 规则的应用使得集团诉讼数量大幅增加，客观上促进了律师行业的发展，原告律师数量不断增加，它们由小律所发展成大律所，从处理人身伤害案件到处理涉案金额庞大的集团诉讼案件，甚至已经可以付出数百万美元的奖励费用来谋求集团诉讼。③

---

① 参见郭雳：《证券执法中的公共补偿——美国公平基金制度的探析与借鉴》，载《清华法学》2018 年第 6 期，第 68 页。

② 参见郭雳：《证券执法中的公共补偿——美国公平基金制度的探析与借鉴》，载《清华法学》2018 年第 6 期，第 60 页。

③ *See* John C. Coffee, Jr. , “The Globalization of Entrepreneurial Litigation: Law, Culture, and Incentives”, 165 *U. Pa. L. Rev.* 1895, 1896 (2017).

Coffee 教授认为：即使美国没有采用证券集团诉讼，或许它的替代品也不一定更好。因为，1966 年 23 规则的修正事实上催化的是美国法律体系中一些预先存在和独特的因素，从而加强了对那些愿意担任私人检察长的人的经济激励。美国的主要参与者是响应这些新激励措施的合法企业家。就像 23 规则一样重要，胜诉酬金制度早已经在美国得到了较高程度的认可和接受，并大量用于一个工业化国家发生的人身伤害诉讼中。随着时间的推移，23 规则被应用在越来越多的领域，产生了更广泛的影响，但是这种影响在很大程度上归因于一种预先存在的文化，这种文化已经适应了胜诉酬金制度和风险承担。同时，私人检察长理论为原告的律师提供的起诉基础，在其他任何国家或地区都没有得到像在美国那样的充分理解和尊重。①

美国的证券私人诉讼在各方参与者求同存异后产生了相对平衡的状态。美国证券私人诉讼中所蕴含的“利益至上”和“经济激励”等美式风格很容易得到美国社会的认可和接受。但是这种文化却必然在中国水土不服。即使在立法和政策上可以规避利益至上的思维，例如以投服中心的公益性抵抗私人的逐利性，但是缺乏与法律移植地区相似文化的承载，中国式证券集团诉讼能否实现蓬勃发展还是未知数。最佳的应对解决之道，则是将中国式证券集团诉讼植根于我国证券执法领域内，已经过长期实践形成的、社会公众高度依赖公权力寻求救济的证券公共执法文化之中，② 以公私协同理念推动我国的证券私人诉讼实现更具健康与活力的发展。

四、防患于未然：中国式证券集团诉讼补偿功用之强化

（一）公私协同对证券集团诉讼补偿功用的强化

经过对美国证券集团诉讼补偿功用的实证分析，发现美国证券集团诉讼的和解结果并没有为因欺诈而受损的股东提供有意义的补偿，因为这些案件通常

① Id. at 1923 - 1924.

② 参见任国凡：《先行调解面临的司法困境与出路——以保障当事人程序选择权为中心》，载《法律适用》2013 年第 12 期，第 79 页。

只解决了实际估计损失的一小部分。① 对比美国 SEC 的执法数据，近 5 年（2015—2019 年）的平均资金收缴额为 40.72 亿美元，相较于上一个 5 年（2010—2014 年）的平均资金收缴额 32.69 亿美元增加了 8.03 亿美元，涨幅近 25%。② 公共执法的强势从前文对 SEC 的平行执法对和解结果之影响的实证分析中也可窥一二。因此，实现证券公私执法的有机协调配合，以应对与解决彼此的不足之处，成为研究证券公共执法与证券私人执法的重要观点之一。

美国学者认为，SEC 应当对证券私人执法进行"监管"（oversight），这种监管可以表现在原告在提起诉讼时先行通知 SEC，因为 SEC 可以随时接手起诉，以及出现在任何证券违法案件的和解听证会上。这样一来，证券执法的补偿功用得到最佳发挥，取得胜利的原告通过诉讼判决实现的法定处罚以及享有 SEC 执法实现的吐出违法所得来收回律师费和成本。③ 原告在提起诉讼之前先向 SEC 反映其诉求，这样不仅可以降低 SEC 收集违法案件信息的成本，以推动 SEC 迅速展开违法行动，而且 SEC 还可以为是否存在滥诉或者扰诉进行专业判断。此种分流机制的意义在于，对有价值的诉讼，SEC 可以针对案件事实直接进行执法，虽然原告可能因延误起诉带来一定的损失，但是经过 SEC 过滤而认可的案件，原告可以得到更有价值的补偿；如果 SEC 不予受理，原告还保留起诉的权利，④ 但是不被 SEC 认可的案件，在很大程度上已经可以反映出案件的价值和诉讼结果。因为经过 SEC 的专业调查，已可以基本判断出被告公司是否进行了欺诈行为或者是否已经对欺诈实施了自我监管。

整体来讲，证券公共执法对私人执法的强化体现在三方面，第一，公共执法引导私人执法，能减少私人诉讼的难度，经过预筛的案件，法院更易受理，

---

① *See* John C. Coffee, Jr., "Reforming the Securities Class Action: On Deterrence and Its Implementation", 106 *COLUM. L. REV.* 1534, 1545 (2006).

② 笔者根据美国 SEC 官方发布的执法报告中公布的数据计算得出的平均值。*See* SEC, 2019 ANNUAL REPORT: DIVISION OF ENFORCEMENT, at https://www.sec.gov/enforce/reports-and-publications/annual-reports/enforcement-2019-annual-report (last visit on March 12, 2020).

③ *See* Janet Cooper Alexander, "Rethinking Damages in Securities Class Actions", 48 *STAN. L. REV.* 1487, 1514-1517 (1996).

④ *See* Jill E. Fisch, "Class Action Reform, Qui Tam, and the Role of the Plaintiff", 60 *L. & CONTEMP. PROBS.* 167, 200 (1997).

案件证明更加容易，司法过度干预或主导的影响将大大降低，使原告投资者更容易取得补偿。第二，可以有效降低维权成本，证券私人诉讼的补偿率之所以低，很大程度是因为维权成本过高。从图 7 可以看出，证券私人诉讼的成本一直高于 SEC 的执法成本。公共执法成本虽然相对较低，但是也呈现出上升的趋势，而如果可以实现公私协同执法，则可以大幅度降低维权成本，实现补偿的最大化。第三，在美国，公私执法的重叠（overlapping）加重了被告公司的负担，在实现一定威慑效果的基础上，重复的执法可能对被告公司造成一定的伤害，① 而公私协作执法则可以使被告公司得到较为合理的金钱惩罚，并将其合理用于对原告投资者的补偿。

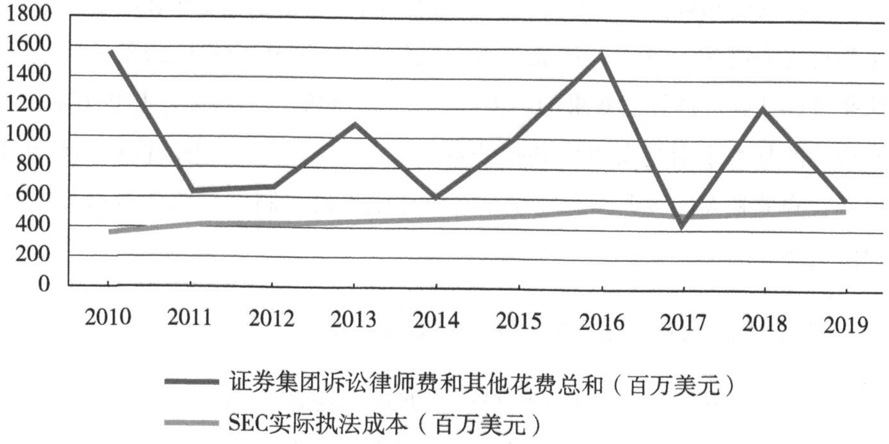

图 7　公私执法成本比较②

公共执法引导私人执法已经具备了很坚实的运行基础，特别是在美国，SEC 的公共执法能力给予了该理论更多的信心。③ 同时，实践中基于公共执法

---

① *See* Amanda M. Rose, "The Multienforcer Approach to Securities Fraud Deterrence: A Critical Analysis", 158 *U. Pa. L. Rev.* 2173, 2214 - 2216 (2010).

② 数据分别根据 Janeen McIntosh 和 Svetlana Starykh 的报告以及 SEC 官方网站公布的数据统计得出。*See* Janeen McIntosh and Svetlana Starykh, Recent Trends in Securities Class Action Litigation: 2019 Full - Year Review, NERA ECONOMIC CONSULTING, at 24 (2020), at https: //www. nera. com/publications/archive/2020/recent - trends - in - securities - class - action - litigation - - 2019 - full - y. html [https: //www. sec. gov/] (last visit on March 12, 2020).

③ *See* David Freeman Engstrom, "Agencies as Litigation Gatekeepers", 123 *YALE L. J.* 616 (2013).

对私人执法的强大影响，产生了所谓证券公共执法驮运私人执法的现象（piggy-backing effect），即 SEC 等公共执法行动对私人证券诉讼造成的潜在影响，这证明了公共执法对私人执法的影响力。如果说我国呼吁构建证券集团诉讼制度的声音已经存在近30年，那么美国学者呼吁扩张 SEC 对证券集团诉讼的监管权限也就进行了30余年。

不过，私人执法对公共执法的提升同样不能被忽视。证券私人执法对公共执法的补充作用不可替代，即使是在预筛机制之下，SEC 排除的案件依然有希望在证券集团诉讼上尝试得到救济。而且，虽然公共执法在惩戒违法和震慑潜在违法行为方面一直表现强势，但其劣势在于它可能比想象的更不透明、更不持久、更容易受到政治压力的影响。① SEC 就曾因允许执法对象在不承认或否认不当行为的情况下与 SEC 达成和解而受到批评。② 由公共执法完全统摄私人执法是难以达到最佳补偿效果的。因此，公私协同的证券执法才是更好的选择，公私协同的基本原则是实现公共执法对私人执法的引导作用，构建预筛机制，但是不宜降低私人证券诉讼的地位，需要在私人诉讼制度内部提高和改革激励与保障机制。

（二）公私协同在中国证券执法中的践行建议

诉讼作为证券市场中的一种纠纷解决方式，包括很多优势，有市场相容性、分散性、公开性以及对证券监管的有效补充性。③ 中国式证券集团诉讼刚刚起航，需要在制度实施之初，明确其投资者保护之价值导向，发挥证券私人诉讼的补偿功用。美国对证券集团诉讼数次改革失败的经验时刻警醒我们，在践行中国式证券集团诉讼过程中不忘初心，时刻预防制度异化。

一方面，需要改进此次立法中的短缺之处，这是保障制度内部运行良好的首要工作。笔者仅从宏观角度建议：首先，要引导建立合理的证券集团诉讼和

---

① *See* Zachary D. Clopton, "Class Actions and Executive Power", 92 *N. Y. U. L. Rev.* 878, 894 (2017).

② *See* Verity Winship, "Jennifer K. Robbennolt, An Empirical Study of Admissions in Sec Settlements", 60 *Ariz. L. Rev.* 1 (2018).

③ 参见缪因知著：《中国证券法律实施机制研究》，北京大学出版社2017年版，第55—57页。

解机制和上诉机制；进一步划分投服中心职能定位，构建有针对性的激励机制。其次，调整法院对证券集团诉讼的引导作用而非主导作用，通过试行金融法庭,[①]或者上市公司地管辖等多种方式解决法院的专业能力不足、投资者起诉不便等问题。[②]最后，进一步完善被告公司直接责任人的责任认定之立法工作，进一步完善原告投资者起诉被告公司直接责任人的引导工作。

另一方面，在中国式证券集团诉讼外部，要以公私协同之理念和方式继续推进证券监管改革，进一步强化证券执法尤其是私人证券执法的补偿功用。事实上，此次立法引入的投资者保护机构本身就是公共执法引导私人执法在我国的有益尝试，但是投资者保护机构的特殊性质也使得它可能成为制约证券私人执法补偿功用发挥的阻力。考虑到这一点，对投服中心职能进行更清晰化的划分，考虑把其“行政”权能交还证监会，同时重构证监会在公私协同执法中的地位和作用是一个可以考虑的方案。

结合我国的具体国情，公私协同证券执法可以从三个方面入手。宏观上，要强化证监会的权力和责任，赋予其对私人证券诉讼的引导作用。可通过行政信息披露制度、报告制度的重塑，充分利用大数据等建立和完善证监会行政处罚数据库等方式实现对潜在案件的初步分流；这种分流机制可以通过证监会与法院加强信息共享和协调合作的途径，通过程序上的衔接，助力法院完善证券集团诉讼的公告制度。

中观上，公私协同执法提升证券执法的补偿功用，可以配合推行公平基金制度。以美国为例，SEC 已经通过公平基金向受害者返还和分配违法者的不当所得，虽然公平基金在能否对规模较小的证券欺诈案件的受害者有实质性的帮助饱受怀疑。但这缘于公共执法的资源有限，SEC 无法调查所有涉嫌违反《美国证券法》的行为，因此在决定调查哪些涉嫌违法的行为时，SEC 往往会根据一系列因素来确定优先次序。[③]但是公平基金制度本身规则设置和运用的不周

---

① 参见汤欣：《建立中国式证券集体诉讼制度》，载《中国金融》2019 年第 3 期，第 59 页。

② 参见缪因知：《证券诉讼在中国：适用前景与改进方略》，载《北方法学》2012 年第 1 期，第 114 页。

③ *See* Carlos Berdejó, “Small Investments, Big Losses: The States’ Role in Protecting Local Investors from Securities Fraud”, 92 *Wash. L. Rev.* 567, 582 - 586 (2017).

之处，恰可以利用证券集团诉讼制度来弥补，以保护投资者利益为前提，配合投资者补偿机制的建立。①

微观上，需要进一步加强证券公共执法和私人诉讼在具体案件审理上的配合，这需要从法律解释和对案件认定标准的统一角度进行改革和完善。② 事实上，虚假陈述司法解释的立法目的就部分体现了该思路，但是行政前置程序却妨碍了整体诉讼的运行和展开。在公私协同思路下，可以尝试由证监会在案件分流机制下，基于《证券法》的规定，根据在对证券违法案件的调查工作中总结出的实际经验，对可能存在的私人诉讼进行分类，并对每一类案件的违法认定标准与法院和当事人进行分享。③

（初审：赵楠；校对：李铖瑜）

① 参见郭雳：《证券执法中的公共补偿——美国公平基金制度的探析与借鉴》，载《清华法学》2018年第6期，第77—78页。公平基金是一种公共补偿机制，与私人诉讼机制并不矛盾，两者虽然都致力于填补投资者的损失，但法律性质不同，从公平基金处获得补偿并不意味着受损投资者丧失了提起证券欺诈民事诉讼的权利，所以即便二者标准不完全一致，也不会影响受损投资者在诉讼中的主张。

② *See* Joseph A. Grundfest, "Disimplying Private Rights of Action Under the Federal Securities Laws: The Commission's Authority", 107 *Harv. L. Rev.* 961 (1994).

③ 例如内幕交易因果关系的认定、虚假陈述重大性的认定等。

“诉讼经济说”语境下交换给付判决的检讨与修正

张苏平*

摘　要：对于债务人主张同时履行抗辩权成立的给付之诉如何判决的问题，我国学者经由规范继受形成了“诉讼经济说”理论，以采交换给付判决为当。从内部批判的角度来看，“诉讼经济说”在进行“行使抗辩权”到“作出交换给付判决”的实体论证时存在不连贯，其无法延续抗辩权对请求权实现的阻碍作用，在解释交换给付判决对请求权限制的来源时也存在矛盾。从外部批判的角度来看，“诉讼经济说”忽略了交换给付判决存在的不正当的信赖转化功能，对利益状况的衡量也不全面，因而其论证结果呈现出“结果非价值”的特征。为了克服这些弊端，平衡交换给付判决对当事人间利益关系的影响，应当赋予其独立于同时履行抗辩权的规范目的，于若干特殊的信赖状态情形划定其适用领域。

关键词：诉讼经济说；交换给付判决；同时履行抗辩权；规范目的

一、引言：由规范继受而形成的“诉讼经济说”

债权人基于双务合同向债务人主张给付请求权，在债权人对债务人负担的给付发生效果前，债务人可以行使同时履行抗辩权拒绝给付，从而债权人与债务人均不能立即获得其应得的给付，致使合同履行陷入僵局。债权人提起针对债务人的给付之诉以求破解该僵局，疑难问题便出现了：针对债权人主张给付请求权、债务人主张同时履行抗辩权的诉讼，如何作出判决？我国司法实践多采驳回原告诉讼请求的判决，认为在债务人主张的同时履行抗辩权成立时，债

* 张苏平，中国人民大学法学院2019级诉讼法学硕士研究生。本文在写作及修改过程中得到了肖建国教授等师友的指导与帮助，特此致谢，但文责自负。

权人的请求权不能被支持。这一做法受到学者的质疑，主要原因是驳回诉讼请求的判决并未化解合同僵局，在判决之后，债务人仍可行使同时履行抗辩权拒绝给付，若债权人冒险先为给付，还须再次起诉主张请求权。在此基础上，我国学者基于诉讼经济的考量，通过规范继受的方式引介了“交换给付判决”这一形式。

“交换给付判决”并非我国法秩序下的固有概念，而是我国学者借由域外法秩序中有关规范与判例的继受而引进的。就所继受的规范与判例而言，主要包括《德国民法典》第 322 条第 1 款①关于“同时履行给付的判决”的规定、《日本强制执行法》第 31 条第 1 款②关于对待给付判决的强制执行的规定、我国台湾地区“强制执行法”第 4 条第 2 款和第 3 款③关于附条件或有对待给付的执行名义的强制执行的规定，以及日本和我国台湾地区作出交换给付判决的相关判例。在此背景下，我国学者所论述的交换给付判决，就是“判处债务人在获得全部对待给付的情况下同时履行自己负担的给付”④ 的判决，其主文可表述为：“原告提出对待给付时，被告即向原告为给付⑤。”

在前述诉讼的情形下，我国是否也应当采用交换给付判决的形式？对此，

---

① 《德国民法典》第 322 条第 1 款规定：“一方因双务合同而诉请履行向其负担的给付的，另一方对自己所享有的、到对待给付被履行时止拒绝履行给付的权利的主张，仅具有使该另一方被判决同时履行给付的效果。”参见《德国民法典》，陈卫佐译注，法律出版社 2015 年版，第 122 页。

② 《日本强制执行法》第 31 条第 1 款规定：“债务名义中所判定的债务人的给付有相应的对待给付时，债权人于证明其已履行对待给付或已提供对待给付时，开始强制执行。”参见《日本民事诉讼法典》，曹云吉译注，厦门大学出版社 2017 年版，第 317 页。

③ 我国台湾地区“强制执行法”第 4 条第 2 款规定：“执行名义附有条件、期限或须债权人提供担保者，于条件成就、期限届至或供担保后，始得开始强制执行。”第 3 款规定：“执行名义有对待给付者，以债权人已为给付或已提出给付后，始得开始强制执行。”

④ 卢谌、杜景林著：《德国民法典债法总则评注》，中国方正出版社 2007 年版，第 118 页。除此之外，在其他情形也有交换给付判决的适用，例如被告为原告应先履行的抗辩，但被告陷于受领迟延的情形，原告也可获得“判令被告受领对待给付后为给付”的判决。参见史尚宽著：《债法总论》，中国政法大学出版社 2000 年版，第 582 页。

⑤ 马强：《试论同时履行抗辩权》，载《法学论坛》2001 年第 2 期，第 74 页；王洪亮：《〈合同法〉第 66 条（同时履行抗辩权）评注》，载《法学家》2017 年第 2 期，第 175 页。

我国学者经由规范继受形成的理论以采交换给付判决为当。[①] 具体而言：第一，对于作为前置性问题的同时履行抗辩权的性质，采“抗辩权说”而非“交换说”，由此，同时履行抗辩权作为抗辩权得对请求权进行限制；[②] 第二，同时履行抗辩权的成立是作出交换给付判决的基础，二者具有连贯的规范目的，[③] 即交换给付判决有助于同时履行抗辩权实体法上规范目的的实现；第三，由作为交换给付判决构成要件的同时履行抗辩权的性质决定，交换给付判决是附条件的判决，[④] 即对请求权进行限制的判决；[⑤] 第四，采纳交换给付判决的外部动因是实现诉讼经济，即将诉讼经济作为交换给付判决的目标。[⑥] 综上，我国学者形成了以“抗辩权说”为实体法上的制度基点，通过将被告在诉讼中主张同时履行抗辩权的效果转化为交换给付判决的方式，实现对原告所主张的请求权的限制，进而融贯作为实体法制度的同时履行抗辩权规范与作为诉讼法制度的交换给付判决规范的规范目的，将实现诉讼经济作为交换给付判决的外部证成的理论，本文将其称为“诉讼经济说”。

“诉讼经济说”是规范继受的结果，其存在理论上的不协调及具体应用层面的困难。在更实质的层面，其并未在规范目的与作为基础的同时履行抗辩权是否协调方面作更多考量，遑论考虑该判决的作出是否会使双方当事人间的利

① 代表性的观点可参见史尚宽著：《债法总论》，中国政法大学出版社2000年版，第588页；韩世远：《构造与出路：中国法上的同时履行抗辩权》，载《中国社会科学》2005年第3期，第115—116页；王洪亮：《〈合同法〉第66条（同时履行抗辩权）评注》，载《法学家》2017年第2期，第175页。

② 参见崔建远：《履行抗辩权探微》，载《法学研究》2007年第3期，第45—58页；胡康生主编：《中华人民共和国合同法释义》，法律出版社2013年版，第130页；王洪亮：《〈合同法〉第66条（同时履行抗辩权）评注》，载《法学家》2017年第2期，第163—176页。

③ 王泽鉴教授赞同作出交换给付判决的判例（1940年上字第89号）见解，即是“就双务契约给付与对待给付之牵连性及同时履行抗辩权之功能而言”。参见王泽鉴著：《民法学说与判例研究》（重排合订本），北京大学出版社2015年版，第1244页。

④ 参见韩世远：《执行根据附条件：学理与实务之间》，载《人民法院报》2009年3月26日，第5版。

⑤ 参见王洪亮：《〈合同法〉第66条（同时履行抗辩权）评注》，载《法学家》2017年第2期，第175页。

⑥ 诉讼经济的目标主要包括一次性解决纠纷、能够实现民事诉讼的目的、节约诉讼成本等具体目的。参见王夙：《我国合同法中同时履行抗辩权的效力问题研究——以实体法与程序法为透析视角》，载《河北法学》2015年第2期，第189—190页。

益失衡。因此，本文的目标就是对“诉讼经济说”所建构的交换给付判决作两方面的检讨：作为内部批判，指出“诉讼经济说”形成的“行使同时履行抗辩权——作出交换给付判决”这一实体层面的论证链条并不连贯；作为外部批判，指出交换给付判决存在不正当的信赖转化功能以及利益衡量不全面的问题。此外，应当承认，交换给付判决在若干情形中可以发挥积极作用，但应当充分考虑利益状况，确立其独立于同时履行抗辩权的规范目的，实现适用领域的重构。

二、内部批判：“行使抗辩权——交换给付判决”实体论证不连贯

交换给付判决使债权人在提出给付之诉后不必再次起诉，就可借强制执行实现权利。从结果意义上而言，诚如“诉讼经济说”所主张的，交换给付判决“减少了诉的产生”①，其并非无价值。因此，在反思并重构其价值取向之前，必须先行解构“诉讼经济说”的理论以避免陷入纯粹的价值之争。作为内部批判，“诉讼经济说”在证成交换给付判决的实体逻辑过程中，出现了从“行使同时履行抗辩权”到“作出交换给付判决”的逻辑断裂，导致其实体论证不连贯。

（一）交换给付判决无法实现对请求权的阻碍

“诉讼经济说”的实体法基点为民法中的同时履行抗辩权。② 我国学者也继

---

① 参见刘凡圆：《论同时履行的判决》，兰州大学2018年硕士学位论文，第23页。但是必须强调，这里仅仅应当理解为减少了债权人主张同一请求权的诉的产生，而未必会减少基于该双务合同纠纷而可能产生的其他诉；并且，这一结果是否真正利于“一次性纠纷解决”，其本身是否符合“诉讼经济”的要求，均值得商榷。

② 参见崔建远著：《债法总论》，法律出版社2013年版，第76页；王洪亮著：《债法总论》，北京大学出版社2016年版，第116—117页；韩世远著：《合同法总论》，法律出版社2018年版，第381页。

受了德国民法理论,[①] 认为抗辩权的基本功能就是构成对请求权行使的阻碍。[②] 因此,“诉讼经济说”必须说明:在其倡导的融贯规范目的之下,交换给付判决至少能延续作为其基础的同时履行抗辩权的效果,“阻碍”请求权的行使。当然,所谓“阻碍”请求权行使,一定是相对于请求权正常行使而言的,因此需要比较交换给付判决与请求权正常行使情形下作出的判决(即单纯的给付判决)对请求权行使有何不同影响。

1. 判决形式差异对请求权行使的影响

单纯的给付判决与交换给付判决存在显著的形式差异。第一,交换给付判决的主文为债务人所负担的给付附加了“债权人提出自己的给付”这一形式上的“条件”[③]。第二,对交换给付判决的执行来说,“必须原告已经履行,使条件成就,始得开始强制执行”,且须“由债权人自己举证,由执行机关进行形式审查”。[④] 然而,因抗辩权对请求权行使的阻碍并非形式意义上的,故交换给付判决的形式上的特殊构造不足以说明其对请求权具有阻碍作用:

第一,交换给付判决中,债务人所负担的给付被附条件,仅仅意味着债权人的请求权不能“即刻实现”,而并非意味着不能实现。同时履行抗辩是延期的抗辩,非永久的抗辩(排除的抗辩),[⑤] 这种划分并不是从时间维度进行的,而是在于切分请求权“终局性”实现的可能。延期的抗辩并不是使请求权在“此时此刻”不能实现,而是使“本次”(而非时间维度的“此时”)请求“确定性”地不能实现,这才属于构成了阻碍。在前述附条件的形式之下,债权人请求权的实现仅是在时间维度上被拖延,即债权人为了实现其请求权,必须提出自己的给付;而在本次请求的范围内,判决中所附条件并不能使本次请求

---

① “给付拒绝权……是被告享有的旨在妨碍原告请求权的反对权。”参见〔德〕汉斯·布洛克斯、沃尔夫·迪特里希·瓦尔克著:《德国民法总论》(第41版),张艳译,杨大可校,冯楚奇补译,中国人民大学出版社2019年版,第291页。“抗辩权……在程序中,它使被告可以阻止或削弱给付判决。”参见〔德〕卡尔·拉伦茨著:《德国民法通论(上册)》,王晓晔、邵建东、程建英、徐国建、谢怀栻译,法律出版社2013年版,第330—331页。

② 参见陈卫佐著:《德国民法总论》,法律出版社2007年版,第63页;朱庆育著:《民法总论》,北京大学出版社2016年版,第516—517页。

③ 这里所指“条件”,是从形式上而言与“附条件”相似,区别于后文要提到的实质上的“附条件”。

④ 参见韩世远著:《合同法总论》,法律出版社2018年版,第407页。

⑤ 参见朱庆育著:《民法总论》,北京大学出版社2016年版,第517页。

“确定地”不能实现。

第二，执行机关对形式上所附条件的审查为形式审查，这无法在实质上阻碍请求权实现。在债权人瑕疵给付、不完全给付时，债务人应得的给付尚未完全发生效力，此时债务人的同时履行抗辩权仍未被排除。① 但囿于执行机关只能进行形式审查，债务人此时无法阻止债权人对生效判决所载明的债务人的全部给付申请强制执行。债务人固然可以另行起诉，但双方当事人就债权人所负担的给付发生的实体争议，涉及的是债务人在双务合同中作为对待给付债权人所享有的请求权，并非其同时履行抗辩权在发挥效力。此外，另诉的效果是认定判决所附的形式条件未成就，此时并无债务人主张同时履行抗辩权的空间。也就是说，即使债务人成功阻止了对其负担的全部给付的强制执行，也不是其享有的同时履行抗辩权所发挥的效力。

以上的比较表明：两种判决在形式上的差异并不足以证成交换给付判决对请求权的实现具有阻碍作用。于是必须进入实质性考察的层面，也就是忽略两种判决的形式差异，仅考虑交换给付判决相较于单纯的给付判决是否实质上使请求权的实现变得困难。

2. 判决实质差异对请求权行使的影响

给付请求权是私法上的权利，其行使或径向相对人主张，或借助国家强制力主张并实现。因此，要考察请求权实质上受阻碍与否，必须分别考虑请求权的实现是否借助于国家强制力。若在判决作出后，债务人自动给付，则两种判决模式对请求权的实现的影响并无差异。若债务人并未自动给付，由于此时债务人主张的抗辩权已经现实地转化为交换给付判决，于是债权人必须借助强制执行程序以实现其请求权。在此情形下，“诉讼经济说”也未能保证交换给付判决能够延续同时履行抗辩权对请求权实现的阻碍作用。

首先，单纯的给付判决与交换给付判决在确认债权人的请求权成立方面没有区别，也就是说，交换给付判决没有对“确认”请求权的成立产生阻碍。然而，债权人于给付之诉中主张其请求权，不应被解释为仅请求法院确认其请求权存在，或者仅请求法院确认债务人负担双务合同项下的给付义务（描述性语句），还应当包含请求法院在判决主文中规范性地载明债务人当为给付的意旨

① 参见王洪亮著：《债法总论》，北京大学出版社2016年版，第120—121页。

（规范性语句），即判决应具备规范性特征。① 进而在这一前提下，“诉讼经济说”必须设法解释：两种判决模式下，由债权人主张其请求权而发生的效果——判决主文中载明了债务人应当给付的规范性语句——有所不同。除此之外，还应当设法解释，交换给付判决在某种程度上影响了判决主文中这一规范语句的效力。

从“诉讼经济说”的既有观点来看，支持者解释的路径主要是实质上附条件的理论。与形式上附条件不同，交换给付判决实际上是通过在效力层面附加条件去阻碍债权人请求权的实现。实质上附条件，又分为判决作为执行根据附条件（以下简称“执行根据附条件说”）② 与债务人给付义务附条件（以下简称“给付义务附条件说”）③ 两种观点，以下分别辨析其是否可行。

（1）“执行根据附条件说”

“执行根据附条件说”必须回答的是，作为执行根据的判决依其性质是否容许其效力系于一定的条件成就而发生。为此，该说的支持者提出了“广义法律行为说”，将判决视为广义上的法律行为，以法律行为附条件解释作为执行根据的判决附条件。④

对“执行根据附条件说”的检验，首先应当考察“广义法律行为说”这一路径是否成立。为此，必须先考察法律行为何附条件，进而对比审视作为执行根据的判决是否因其本质相似而可类推法律行为附条件的原理。法律行为是私

---

① 类似的观点可参见〔德〕康拉德·赫尔维格著：《诉权与诉的可能性——当代民事诉讼基本问题研究》，任重译，法律出版社2018年版，第48页。

② 有时又被表述为“执行名义成立的要件”，但其关涉的仍然是交换给付判决的执行力有无。持这一观点的，参见郑冠宇：《对待给付判决的执行名义》，载《月旦法学教室》第61期，第12页；韩世远：《执行根据附条件：学理与实务之间》，载《人民法院报》2009年3月26日，第5版；姜福晓：《论文换给付判决的司法应用》，载《兰州学刊》2013年第11期，第213页；丁宝同、高育玲：《同时履行抗辩权的行使——以程序法为中心》，载《乐山师范学院学报》2016年第6期，第93—94页。

③ 有时又被表述为“开始强制执行的要件”，但其认可交换给付判决一经确定即有执行力，并且不满足该要件而为强制执行，需要通过债权人履行对待给付义务而弥补，故其实质上就是债务人给付义务附条件，只是采用了形式附条件的概念表达。持这一观点的，参见杨与龄编著：《强制执行法论》，中国政法大学出版社2002年版，第100—101页；王泽鉴著：《民法学说与判例研究》（重排合订本），北京大学出版社2015年版，第1245页；茹艳红：《论同时履行判决》，西南政法大学2017年硕士学位论文，第33—34页。

④ 参见韩世远著：《合同法总论》，法律出版社2018年版，第405页。

法自治的工具，若不承认民事主体得以其意志借由法秩序的效力决定法律行为的内容，则无法通过法律行为建立法律关系，私法自治的目标就落空。因此，法律行为的内容可以且应当由民事主体决定。在此之下，对法律行为的内容与法律行为所附条件的关系，有两种不同的理解。第一种理解认为法律行为所附条件，类似附属于法律行为的另一个“从法律行为”，依民事主体的意志，“从法律行为”的内容成为“主法律行为”所附的条件。第二种理解以条件的无效往往会导致法律行为本身无效为由，否认条件为法律行为之外的从行为，认为条件为法律行为的组成部分或者为法律行为同一意思表示的内容之一。既然条件本就为法律行为的内容之一，则亦应由民事主体决定。① 无论何种理解均可以得出结论：法律行为依其性质及功能天然地可以附条件。

就作为执行根据的判决而言：第一，其并不承担建构私法关系的任务，因而无须借民事主体的意志决定其内容，其形成是法院行使审判权的结果，这不同于法律行为。第二，法律行为所附条件，“其基本意义在于能够使行为人实施法律行为的‘动机’具有法律意义，以使行为人能够避免因难以预料的未来事件的发生或者不发生所导致的不利后果”②。而对判决来说，没有必要为规避不确定因素而控制其效力，因为其只能且必须依据法庭调查及辩论的结果而作出。第三，判决何时生效、为何生效均应依诉讼法规范而确定。③ 因此，“广义法律行为说”在解释法律行为附条件原理对于判决附条件的可类推性方面，理据不足。

这一结论仅仅说明了判决不可在与法律行为存在类似本质这一意义上附条件。对“执行根据附条件说”的检验，还须考察执行根据附条件的正当性基础。

条件的内容多为某项事实的发生，在交换给付判决的语境下，指债权人提出自己所负担的给付已全面适当地完成。这种类型的事实往往并非“价值无涉”的，例如债权人提供服务作为给付，该服务是否合乎合同本旨，就涉及一定程度的价值判断。对涉及价值判断的条件，执行机构无力也不应进行实质审

① 参见尹田著：《民法典总则之理论与立法研究》，法律出版社2018年版，第462页。

② 参见尹田著：《民法典总则之理论与立法研究》，法律出版社2018年版，第461页。

③ 《民事诉讼法》第155条规定：“最高人民法院的判决、裁定，以及依法不准上诉或者超过上诉期没有上诉的判决、裁定，是发生法律效力的判决、裁定。”

查。如果执行机构仅对条件是否成就作形式审查，由于条件自身就蕴含着部分实质判断，因而对条件是否成就的判断就难以明确，这在一定程度上背离了执行根据载明的给付内容应当明确具体的要求。若从实质附条件的思路出发，由于实质附条件就是将作为执行根据的判决效力的发生与需要部分价值判断的事实是否发生联系在一起，因此执行机构对该条件的审查部分行使了审判机构的职能，实质上是对已经生效的执行根据的效力进行再次审查，超出执行权的权力范围。这种欠缺正当性与公正性的审查，会导致作为执行根据的判决的效力发生欠缺公正性。强制执行是可以直接导致民事权利变动的公权行为，一旦作为其基础的执行根据的效力产生过程出现瑕疵，将会导致权利变动的根据难以说明，引发后续争议。因此，作为执行根据的判决在实质上附条件的解释路径，并不能圆满地说明所附条件对判决效力影响的正当性。

（2）“给付义务附条件说”

实际上，“诉讼经济说”的支持者也并非均认为是执行根据附条件，有观点认为所谓附条件其实是“限制原告请求被告给付所附加之条件”①，即实质为给付义务附条件。在实现方式层面，有观点以《民事诉讼法》第152条第1款第3项的“判决结果和诉讼费用的负担”为解释对象，认为现行法对“判决结果”附条件留有余地。②

然而，“给付义务附条件说”也面临着矛盾。第一，此说需要解释的是，既然对双务合同中的同时履行抗辩权采“抗辩权说”而非“交换说”，则双方当事人各自的给付义务原本并不互为条件，为何生效判决却使债权人请求债务人的给付以债权人自己提出给付为条件？其实，只有对同时履行抗辩权采“交换说”才可能得出“给付义务附条件说”的结论。第二，交换给付判决生效后，只要债权人未请求给付，则债务人依然可以拒绝给付，这并非因为债务人的给付义务所附条件尚未成就，而是因为债务人依然可以主张同时履行抗辩权，拒绝给付。第三，债务人在判决生效后继续主张同时履行抗辩权的效果是有权拒绝债权人的给付要求，但这并不影响其主动为给付；而债务人给付义务附条件的效果是，只要条件尚未成就，即债权人尚未提出给付或全面适当地给付，

---

① 参见王泽鉴著：《民法学说与判例研究》（重排合订本），北京大学出版社2015年版，第1245页。

② 参见韩世远著：《合同法总论》，法律出版社2018年版，第404—406页。

则债务人的给付义务就不能被履行。换言之，相当于债务人的给付义务尚未进入可被履行的状态，这无异于强制债权人先为给付。对此，史尚宽教授指出，“依理言之，交换给付判决，并非命债权人先为给付，故非附条件之判决”①。这表明，“给付义务附条件说”的观点不仅与同时履行抗辩权的原理相悖，而且会架空合同生效的要件，并且有迫使债务人在判决生效后放弃同时履行抗辩权之嫌。

概括而言，“执行根据附条件说”无法以“法律行为附条件”为执行根据附条件的类比对象，且依执行根据的性质，附加条件欠缺正当性；“给付义务附条件说”违背了“抗辩权说”对同时履行抗辩权的定性，且面临着“命债权人先为给付”的诘难。因此，“诉讼经济说”试图将交换给付判决的效力附加实质条件，进而通过这种方式“阻碍”债权人请求权的实现，以求作为交换给付判决基础的同时履行抗辩权不失其抗辩权性质的构想是难以实现的。根本原因在于支持者对“行使抗辩权的效果”与“作出交换给付判决”产生混同，从“行使抗辩权”到“作出交换给付判决”的逻辑出现了断裂。事实上，最重要的问题恰恰是行使抗辩权的诉讼能否以及基于何种理由才可以作出交换给付判决，而支持者的论述恰恰将这期间的逻辑关联一带而过，“消解”了这一问题。

（二）交换给付判决无法解释对请求权限制的来源

虽然“诉讼经济说”认为交换给付判决在性质上属于对请求权限制的判决，但内部也存在分歧：对请求权的限制是自始存在于作为债权人的原告的诉讼请求之中，还是因作为债务人的被告主张同时履行抗辩权而使法院对原告本无限制的诉讼请求加以限制？本文将对此问题的回答概括为“自始限制说”与“本无限制说”两类观点，这两类观点内部又各自存在问题，因而无法作圆满解释。

1.“自始限制说”与“抗辩权说”的前提不符

“自始限制说”认为交换给付判决是对请求权限制的判决，且原告全部胜诉，因此其必须建立在原告的请求自始即包含了限制之上，即原告在请求被告给付时，即包含有自己愿为给付的意愿，或自始请求的就是同时履行的判决而

① 史尚宽著：《债法总论》，中国政法大学出版社2000年版，第587页。

非其胜诉的判决。①

“自始限制说”忽略了不仅仅是作为债务人的被告基于双务合同享有同时履行抗辩权，作为债权人的原告也享有该抗辩权。原告限制自己请求权，与其享有的同时履行抗辩权的拒绝给付的效力相悖，将原告通过诉讼主张其给付请求权解释为包含限制自己请求权的意思，与原告放弃同时履行抗辩权在效果上相近。“由于抗辩权利人通常不会缩减自己的权利，所以原则上不得推定放弃之意思”②，就此而言，这种解释欠缺正当性。

更重要的是，“自始限制说”与“抗辩权说”的前提不符。原告的请求自始即包含了限制的观点，恰恰是同时履行抗辩制度法律构造中的“交换说”的逻辑。依“交换说”，在给付之诉的申请中就包含了同时为给付的请求，因此原告获得的应当是带有相应限制的判决。拉伦茨认为，将合同不履行的抗辩设计成为抗辩权完全是出于诉讼技术上的考虑：即在不考虑请求权受到限制的情况下，只要被告不援用这种限制条件，那么原告就可以在诉讼中主张自己的请求权；反之，如果被告援用了这种限制条件，那么只要原告不能够证明被告负有先为给付的义务，法院就应当考虑将原告的请求权限定在请求同时给付之上。③ 这反映出拉伦茨是“交换说”的支持者。赞同原告的请求权自始受到限制这一观点的“诉讼经济说”支持者，也赞同同时履行抗辩权为真正的抗辩权，④ 但“抗辩权说”的前提却并非原告的请求自始包含限制。

2. “本无限制说”对证明责任的分配不当

“本无限制说”主张，“如果被告在诉讼中提出同时履行抗辩权，原则上双方各承担一半诉讼费用；如果原告自始即在诉讼中申请同时履行抗辩，或者在提出同时履行抗辩权后，立刻限制自己的请求，则诉讼费用完全由被告承担”⑤。这种观点认为只要原告在起诉时未明确限制自己的请求权，则不应将诉

---

① 参见韩世远著：《合同法总论》，法律出版社 2018 年版，第 403—406 页。

② 王洪亮著：《债法总论》，北京大学出版社 2016 年版，第 122 页。

③ Vgl. Larenz, Lehrbuch des Schuldrechts AT, S. 205f. 转引自卢谌、杜景林著：《德国民法典债法总则评注》，中国方正出版社 2007 年版，第 116 页。

④ 参见常露：《论交换给付判决的合理性》，载《广西政法管理干部学院学报》2013 年第 3 期，第 74 页；韩世远著：《合同法总论》，法律出版社 2018 年版，第 381 页。

⑤ 王洪亮：《〈合同法〉第 66 条（同时履行抗辩权）评注》，载《法学家》2017 年第 2 期，第 176 页。

讼请求作为限制的请求看待，而应作为完全地请求对方给付来看待。对此，一种显而易见的诘难是，既然被告是基于法定的抗辩权而未履行债务，就没有理由让其败诉并承担诉讼费，这种合同的双方当事人在实体法上的请求权可能是一样的、可互换的，为什么先起诉的一方就可以“胜诉”而未起诉或者后起诉的一方就只能“败诉”呢?①

此外，该观点虽未否定“抗辩权说”的前提，但在证明责任分配上无法自圆其说。该说认为同时履行抗辩权为真正的抗辩权，却同时认为应由原告证明自己已经给付，或证明被告负有先给付的义务（通说）。② 如此分配，是要将这两项事实作为原告针对被告的同时履行抗辩进行“再抗辩”的事实来对待。然而，“原告证明自己已经给付”是“原告未给付或未提出给付”的否定性事实，“被告负有先给付的义务”是“被告没有先给付义务→对待给付请求权已经到期”的否定性事实。因此，这两项事实是同时履行抗辩权成立要件事实的否定形式，原告此时并非“再抗辩”，而是在否认被告主张抗辩权的事实，对此，原告不负证明责任。其实，通说对证明责任的分配反而是“交换说”的逻辑。依“交换说”，由于原告实体法上的请求权自始就有限制，因而被告只需主张该抗辩即可，然后由原告证明其给付请求权存在，否则其请求权就不能被支持。③

我国台湾地区 1950 年台上字 902 号判例要旨同样采上述通说见解：“原告如不能证明自己已为对待给付或已提出对待给付，法院应为原告提出对待给付时，被告即向原告为给付之判决。”然而，判例的见解值得商榷。原告不能证明自己已为对待给付或已提出对待给付并不构成法院作交换给付判决的充分条件，后者仍取决于被告能否证明“他方当事人未为对待给付”以主张同时履行抗辩权。不难看出，这一问题根源在于降低被告举证难度与“抗辩权说”之间的紧张关系，“诉讼经济说”主张的交换给付判决建立在“抗辩权说”之上，又试图降低被告证明消极事实的困难，最终造成了逻辑的不自洽。

---

① 参见韩世远著：《合同法总论》，法律出版社 2018 年版，第 406 页。请注意这里的观点并不是韩世远教授自己的观点，而是韩世远教授所反对的观点。

② 参见韩世远著：《合同法总论》，法律出版社 2018 年版，第 401 页。

③ Vgl. Larenz, Schuldrecht AT, 14. Aufl. , § 15 I, S. 207. 转引自王洪亮著：《债法总论》，北京大学出版社 2016 年版，第 124—125 页。

上述分析表明，虽然“诉讼经济说”的支持者均赞同交换给付判决实属限制了原告的请求权，却无法在逻辑自洽的前提下解释这种限制究竟是自始存在于原告的请求之中，还是抗辩权行使的效果使然。

三、外部批判：信赖转化不正当与利益衡量不全面

在完成对“诉讼经济说”的内部批判之后，还须进一步考察“诉讼经济说”语境下交换给付判决导致的结果是否妥当，即进行外部批判。为此，这一部分将不再着眼于证成交换给付判决的论证在逻辑方面是否自洽，而应当考虑其论证的结果在价值上是否为“可欲的”①。显而易见，对“诉讼经济说”的外部批判涉及结果的价值判断，就此而言区别于前文的内部批判。

在融贯的规范目的支配下，“诉讼经济说”将同时履行抗辩权作为交换给付判决的前提，这导致作为结果的交换给付判决的价值自始就蕴含于作为前提的同时履行抗辩权之中，即前提与结果的价值是同质的。基于这一点，对结果的价值批判才与对前提的价值批判具有同质性，即二者均为外部批判。具体来说，“诉讼经济说”的论证结果在两个方面呈现出“结果非价值”的特征：第一，交换给付判决客观上存在信赖转化功能，但这一功能无法促进作为前提的同时履行抗辩权的价值的实现，因而是不正当的；第二，交换给付判决未考虑到某些特殊利益状态，在这些特殊利益状态的情形中不适宜作出交换给付判决，因而其价值在特殊利益状态的情形下不应被倡导。概言之，交换给付判决的“结果非价值”体现在——无法促进前提价值的实现、结果的价值不应被倡导。

（一）不正当的信赖转化功能

从实然的角度观察，债务人行使同时履行抗辩权（以避免被判决给付）与债务人被判决交换给付，这两种情形对于双务合同中信赖关系的影响是异质的。

---

① 在此，论证结果在价值上是否为“可欲的”，意味着该结果是否是令人向往且值得追求的。如果该结果是可欲的，则意味着该结果促进了某种值得提倡的价值的实现，且该结果在价值上是应当被倡导的。如果该结果是不可欲的，则意味着该结果无法促进某种值得倡导的价值的实现，或者该结果在价值上不应被倡导，此即与下文“结果非价值”相对应，也构成了本文语境下所谓“结果非价值”的意涵。

原本，债务人通过同时履行抗辩权避免授信于债权人，[①] 从而避免将自己应得的给付完全系于对债权人的信赖之上。而交换给付判决不仅确认了债权人请求权的成立，而且以规范语句的方式表达了债务人当为给付。如此，债权人应得的给付不必立足于其对债务人的信赖，而是转化为对生效判决的执行力的依赖。但因交换给付判决的主文及其既判力的客观范围并未及于债务人的请求权，故债务人应得的给付仍须系于其对债权人的信赖，特别是对债权人不为不完全给付、不为加害给付等的信赖。

由此对比可发现，交换给付判决在客观上具有“信赖转化”的功能：[②] 对债务人而言，交换给付判决将债务人对自己的保护限缩至较窄的范围，其仅可阻止债权人完全未给付的情形（由此债权人便无法通过申请强制执行的方式实现其请求权）。除此之外，债务人事实上不能拒绝债权人的给付请求，因为债权人至少可通过申请强制执行的方式实现其请求权。于是，债务人借助同时履行抗辩权避免授信的可能性在很大程度上落空，其不得不信赖债权人的全面适当地给付。

反对意见认为，债务人仍受到交换给付判决所载明的“债权人于提出自己的给付之时”这一条件的保护。但是，受制于审执分立，执行机构仅能对债权人的给付进行形式审查，在不要求以公文书或公证证书证明债务人已受清偿或债务人受领迟延[③]的背景下，这种形式审查无法对债务人提供充分保护。在债权人全面适当给付时，交换给付判决并未显现出弊端，但对于债权人不完全给付、加害给付等情形，由于我国债务人异议之诉的阙如，债务人无法申请受诉法院发布停止强制执行的暂时命令，也无法通过异议之诉取得有执行力的裁判

① 参见韩世远著：《合同法总论》，法律出版社2018年版，第378—379页。

② 交换给付判决使债权人不必借助于对债务人的信赖而实现其请求权，对债权人而言殊为有利。当然，这种“信赖转化”的作用并非交换给付判决的专属，即使是单纯的给付判决（继续履行的判决），同样也具有这种信赖转化的功能。但是应当注意的是，这里是在债务人行使了同时履行抗辩权的前提之下而言的。即使是“诉讼经济说”的支持者，在此前提下，也没有认为应当作出单纯的给付判决的观点，否则便会使同时履行抗辩权的规范目的落空，特别是损害了其行使的效力。因此，恰恰是在行使了同时履行抗辩权的前提下，指出交换给付判决的这种信赖转化功能才特别具有实益。

③ 参见《德国民事诉讼法》第756条第1款。

并宣告强制执行不合法、命令停止强制执行。① 此时债务人只能另行提起诉讼以寻求保护（例如，另行起诉主张补救履行请求权），但其已经丧失了避免授信于债权人的利益，且难以阻止正在进行的执行行为。同时，二次诉讼已然现实化，“诉讼经济说”欲通过交换给付判决的实现避免二次诉讼的目的落空。

由此可得到的结论是，交换给付判决并非与同时履行抗辩权的规范目的一脉相承。相反，它在很大程度上改变了债务人行使同时履行抗辩权后的信赖状态，更无法促进同时履行抗辩权避免授信价值的实现，存在“信赖转化功能”不正当。

（二）不全面的利益状况衡量

交换给付判决还反映出利益状况衡量不全面的特点，这种不全面性具有两重意涵：第一，依照“诉讼经济说”的理论，在适用方面，交换给付判决原本并不考虑结果是否合乎当事人之间的信赖基础以及是否照顾到更高位阶的价值取向，而只要求满足同时履行抗辩权的构成要件。也就是说，除非信赖基础等因素影响到同时履行抗辩权的成立，才会因不满足构成要件而影响到交换给付判决的作出，否则应当基于诉讼经济的考虑作出交换给付判决。在这个意义上，称交换给付判决利益状况衡量不全面，实指其仅仅衡量了与驳回原告诉讼请求判决对迅速解决纠纷的影响，也即仅衡量了两种判决对诉讼经济这一利益目标的实现何者更优。第二，即使没有考虑除同时履行抗辩权构成要件之外的其他利益因素，交换给付判决也应当额外考虑其所追求的诉讼经济与判决导致的结果之间的权衡关系。换句话说，交换给付判决利益状况衡量不全面还表现在其并未特别考虑判决所导致的结果是否妥当、值得倡导。特别是在下文所述的特殊情形中，这种结果导向的价值考量更显得重要。

1. 未考虑判决所致结果是否合乎信赖基础

“诉讼经济说”对利益状况衡量不全面的一个表征是，其未考虑判决所致结果是否充分顾及双方当事人的信赖基础。若当事人间的信赖基础丧失，则意味着给付请求因主观或客观原因而实际上难以实现，此时纵然在形式上符合了作出交换给付判决的要件，也应当否定这种判决形式的适用。当事人的信赖基

① 参见《德国民事诉讼法》第767条、第769条、第775条。

础丧失，典型的情况是债权人以行为表明其履行给付义务是不可被期待的，这一情况又可区分为两种具体样态，以下详述。

第一种样态，当事人的行为在客观上即表明另一方当事人不可期待其全面适当地履行义务。例如，承揽合同的一方当事人为另一方当事人安装的机器设备达不到合同约定的基数参数，未提供设备的设计图纸及重量计算依据，提供的设备无相应的产品合格证即厂检证明，提供三无产品，达不到工程完工后应有的效果，拒绝解决争议等行为。[①] 此类行为的结果，尚达不到《合同法》第110条对非金钱债务不能继续履行的三类情形的程度，但当事人的行为表明，即使判决交换给付，另一方当事人也不可期待该方当事人能够继续全面、适当地给付，此时双方的信赖基础丧失，在该方当事人的给付义务不为生效判决的既判力所拘束的情况下，再次引发争议的可能性极高。此时必须衡量诉讼经济的目标与债务人无法获得债权人给付的风险之间的关系，在交换给付判决未必能实现迅速解决纠纷的情形下，诉讼经济的目标并不当然具有利益上的优先性。

第二种样态，一方当事人以诉讼中主张的形式主观地表达其认为给付已经发生效果。在这种情况下，另一方当事人同样不可期待该方当事人能够继续全面适当地给付。例如，设计合同的当事人A在完成LOGO设计初稿后，未经当事人B有效确认即投入下一阶段设计，致使当事人B用该LOGO申请注册商标被驳回，在诉讼中当事人A主张其已经依约履行了合同义务，请求当事人B支付服务费。[②] 在这种情况下，因生效的交换给付判决对当事人A所负担的给付没有既判力，故虽然当事人A继续给付并无障碍（因为其须提出给付才可依该判决申请对当事人B的强制执行），但当事人A的给付是否能够达到全面、适当，以避免当事人B不得不另行起诉，则不无疑问。具言之，当事人A不仅不能在诉讼前全面适当地给付，并且在诉讼中主张其给付已经发生效果的情形，较之于前述单纯的给付不符合约定的情形，双方当事人的信赖基础更易丧失。

以上两种情形，在当事人并未解除或诉请解除合同而请求继续履行时，在价值上不宜作出交换给付判决；在当事人解除或诉请解除合同时，对合同解除

---

① 参见重庆市第四中级人民法院（2015）渝四中法民终字第00913号民事判决书。

② 参见浙江省高级人民法院（2016）浙民终271号民事判决书。

后双方当事人互负的返还义务，在价值上也不宜类推适用同时履行抗辩权的规定，不宜作出交换给付判决。总之，在各类信赖基础丧失的情形中，由于债权人不被期待能够全面适当地给付，而执行机关对执行开始条件的审查又必须贯彻形式审查原则，致使债务人难以期待债权人的给付。此时就利益衡量而言，不可仅衡量交换给付判决与驳回原告诉讼请求判决对迅速解决纠纷的影响。“诉讼经济说”未考虑这种特殊的利益状态而贯彻交换给付判决，为其利益状态衡量不全面的一个表征。

2. 未判断判决所致结果是否具有优位性

“诉讼经济说”对利益状况衡量不全面的另一个表征是，其未判断交换给付判决所致力于实现的诉讼经济的结果是否优位于判决所致的其他结果，也就是并未对交换给付判决所致的结果进行价值判断，特别是这种结果超出了交换给付判决原本的规范目的的范围时，对其是否妥当、是否值得倡导的衡量就更为重要。如果在特定案件里存在更高位阶的价值取向，则宜认为诉讼经济当让位于这一更高位阶的价值。

典型的情形是，案件处理结果的实体目标超出交换给付判决所追求的诉讼经济价值时，这一判决就并无“用武之地”。例如，原告中科院过程所与被告公司签订合作协议，约定双方共同研发蛋白质和疫苗层析纯化装备，其中中科院过程所负责样机的研制，被告公司提供产业化基地及相关必需的配套设施，双方各占国家批准的专项经费的50%。后双方签订涉案试用协议，约定中科院过程所为被告公司提供试用设备，免费试用结束后应提供详细的试用反馈报告。后中科院过程所交付了试用设备，被告公司认为所交付的样机不符合要求，将样机退回，拒绝支付开发经费。中科院过程所起诉请求被告公司支付技术合作开发经费及利息，法院以《合同法》第66条为依据，认为中科院过程所在未履行合同义务下请求被告公司支付经费缺乏依据。① 以本案为典型，其合同目的为合作研发，追求的实体目标在于改进现有设备、实现技术创新。特别考虑到此类合同当事人的给付义务并非支付价款等较为容易全面适当履行的义务，而存在研发风险、技术问题以及研发激励问题，故当事人能否全面适当地给付、研发设备是否符合技术开发合同的约定，处

① 参见北京知识产权法院（2017）京73民终2103号民事判决书。

于极为不确定的状态。由于此类合同的实体目的具有价值上的优位性，不能简单地用诉讼经济的理念进行评价，否则会降低这类研发工作蕴含的“与人民群众的健康息息相关”价值的地位，故而在此采用交换给付判决并无价值上的“着力点”。从反面来看，即使采用交换给付判决，由于此类合同的特殊性，给付是否适当、全面并非执行机构能够审查的。在被告公司成立同时履行抗辩权、拒绝支付经费的情况下，法院并未判决交换给付，而是驳回了中科院过程所的给付请求，值得赞同。

概括而言，“诉讼经济说”的理论目标是实现纠纷的迅速解决与“诉讼经济”，这一目标严重依赖于实体目标的价值取向，若出现实体目的的价值并不在于经济地解决纠纷，而在于确保当事人给付义务的全面、适当履行的情况，则“诉讼经济说”就失去了价值支点，从外部批判的角度而言，就是其论证的结果在价值上不值得被倡导，这正是“诉讼经济说”没有考虑的内容，为其利益状态衡量不全面的另一表征。

四、修正：交换给付判决适用领域之重构

前述内部批判揭示了“诉讼经济说”理论的内部不协调，外部批判揭示了交换给付判决的“结果非价值”性，展示了其并未关注到的利益状况。这些问题提示了如下几点：第一，交换给付判决理论之所以出现了很多逻辑不自洽的现象，在一定程度上正是请求权与抗辩权体系内部本身存在问题的表现，例如“抗辩权说”认为请求权不必以债权人先提出给付为必要，却无法说明它与双务合同的“牵连性”之间究竟是什么关系；第二，作出交换给付判决并非行使同时履行抗辩权的当然结果，而是应当有一些独立的限制条件；第三，诉讼经济可以作为交换给付判决的附带效果，但不能构成其独立的规范目的。基于这些提示，本文主张：交换给付判决的规范目的应当独立于同时履行抗辩权。将这一主张落到实处，就需要为交换给付判决设立特别的构成要件以划定其特殊的适用领域，明确于同时履行抗辩权成立的给付之诉中并非均有其适用余地。并且，适用领域的划定还必须对交换给付判决改变“信赖状态”这一客观功能有所回应，以求结果的妥当性。

在认可交换给付判决客观上具有“信赖转化”功能的前提下，设计其独立

构成要件以划定适用领域时，必须对判决作出前双方当事人的信赖状态进行考量。以信赖关系的程度为标准进行考察：一个极端是，作为合同基础的信赖均已丧失，债权人请求替代给付的损害赔偿或者请求解除合同，并需要借助强制执行保护权利；另一个极端是，债权人对其权利的保护可系于双务合同的信赖基础，表现在债务人自动依债务本旨给付，或经债权人请求后全面适当地给付。作出交换给付判决时所依赖的利益状态，特别是在评判信赖基础与合同约束力方面，应当介于这两个极端之间。

相较于司法实践中常见的驳回债权人诉讼请求的判决而言，交换给付判决更偏向于债权人，因而要克服其弊端，还须兼顾债务人的利益状况。具体而言，或者是因债权人的原因创造出了有利于债务人的利益状况，例如债权人对自己主张同时履行抗辩权无利益的场合；或者是债务人因自己的行为主动创造出了客观上对自己有利的状况，而使自己的利益保护受到降低的评价的场合，例如债务人的行为导致其可能违约，可能破坏信赖关系，这一事实本身就是消极意义上有利于债务人的情形。

综合考虑双方当事人的信赖状态，兼顾债务人的利益，在下列情形中，交换给付判决能够克服其对信赖关系的不当影响，恰当地发挥功用：

第一，债权人主张同时履行抗辩权“无利益”① 的情形。债权人主张同时履行抗辩权无利益时，应否定其主张的可能性，若此后债务人对债权人提起诉讼，债权人无从行使同时履行抗辩权，债务人即可胜诉，这有利于债务人。此时同时履行抗辩权的性质并未改变，只是因债权人主张同时履行抗辩权“无利益”而创造了类似于“交换说”所预设的利益构造。既然债务人已有一定保障，作出有利于债权人的交换给付判决就获得了正当性。

---

① 这里的“无利益”的意涵，类似于债务人部分给付若严重影响债权人的利益，此时债权人对该部分给付“无利益”。例如，甲乙间订有未定履行期的双务合同，甲起诉乙，请求乙给付，乙在诉讼中主张同时履行抗辩权拒绝给付。但查明，甲即将举家迁往国外，届时，甲向乙履行自己的给付将会变得特别困难。此时即为甲作为债权人对于主张自己的同时履行抗辩权“无利益”的情形。即使乙随即起诉请求甲给付，甲在该诉讼中主张自己享有的同时履行抗辩权也可以被认为是无济于事的，因为即使甲据此拒绝了自己的履行，也无法得到乙的给付，反而增加了自己履行给付的成本。在这种利益状态下，债权人欲请求债务人履行给付，实际上需要其先提出给付，因为债权人原本可借其同时履行抗辩权而避免自己先提出给付的这一利益已经丧失。

第二，不安抗辩权行使后补充同时履行规则的情形。在先给付义务人行使不安抗辩权的场合，其中止给付，对方又未提供担保时，不应直接进入解除阶段，而应补充同时履行规则。[①] 因债务人的行为使债之关系出现了信赖障碍，不应迫使先给付义务人先行给付，以致不安抗辩权目的落空，因而不应在债务人既未提供担保又未给付的情况下驳回先给付义务人的给付请求。但信赖关系尚未超出严守契约的可能性范围，此时选择交换给付判决作为补充同时履行规则的方法，代替驳回先给付义务人的给付请求的判决，具有正当性。

第三，债务人期前影响信赖关系的情形。双务合同的当事人应当同时给付，在给付均未到期时，债务人出现了足以影响信赖关系却并未构成期前违约的情况，此时债权人不得请求替代给付的损害赔偿，又因并非先给付义务人，故债权人没有不安抗辩权。在法律评价上，可以转用不安抗辩的事由，债务人以其行为影响信赖关系，虽然其原给付义务并未被替代，但应当影响其原本可借履行期尚未届至或届满的抗辩而保有的期限利益。若使债权人可以在尚未到期时就请求原给付，就可将债务人应当被剥夺的这部分期限利益转化为交换给付判决的形式。在该交换给付判决作出后，由于债权人享有的履行期尚未届至或届满的抗辩不受影响，因而债权人可以拒绝债务人要求其提前为原给付的请求，只是该拒绝在交换给付判决生效的情况下，同样带来了债权人不得依交换给付判决请求债务人为原给付的效果。如果债权人放弃该抗辩，其效果相当于变更原本双方同时到期的履行期（债权人是通过其意思变更，债务人是通过其影响信赖关系的行为被视为变更），债权人提出给付后就可以请求债务人给付，债务人未给付的，债权人可立即依据交换给付判决申请强制执行。

第四，债务人受提存制度保护的情形。债权人起诉债务人请求其给付，若债权人已经提出给付，但债务人陷入受领迟延，致使债权人的给付尚未发生效果，此时仍不排除债务人的同时履行抗辩权。但如果债权人在诉前或者诉中依据《合同法》第 101 条第 1 项将给付标的物提存，由于提存只有在标的物符合

---

① 参见王洪亮著：《债法总论》，北京大学出版社 2016 年版，第 132 页。

债务本旨①并且排除提存人的取回权②的情况下，才能发生债务人的债权实现的效果，因此若债权人在提存时书面注明债务人未为对待给付，则债务人并不立即享有受领权，债务人的债权并未自提存之日起立即实现。但债务人此时确实受到了提存的保护，只要债务人履行了生效判决所载明的给付义务，就可获得提存物的受领权，以确保自己的债权得以实现，无须承受自己债权得不到债权人给付的风险。于是，在此情形下，作出交换给付判决，是建立在提存制度对债务人的债权已有较为充分的保护的基础之上的，通过交换给付判决所改变当事人之间的信赖关系，不会危及债务人债权的实现，是正当的。

第五，合同解除后恢复原状的情形。若认为解除合同后，当事人的关系为特别清算关系，则双方当事人依据《合同法》第97条而生的返还请求权可以准用同时履行抗辩权的规则。③ 在对返还请求权准用同时履行抗辩权规则的情况下，由于合同已经解除，当事人之间的信赖关系已经消灭，特别是依《合同法》第94条而产生解除权的情形，更难谓当事人互负的返还义务是系于相互的信赖关系。④ 因此，此时以强制执行力替代合同约束力，无须考虑信赖转化问题，判决交换给付是适当的，在此有交换给付判决的适用余地。

交换给付判决本就是国外法律制度，我国并无相应的规范。在此背景下，学者为了吸收交换给付判决的合理功用，多采“规范继受”的模式。从不轻易迈入立法论的角度，以继受规范的形式形成理论，殊值赞同。同时，“诉讼经济说”也显露出这一理论形成模式天然存在的某些弊端：容易忽视实质层面的理论证成，使已有的理论显得“理所应当”。有检讨则同时须有修正，本文的落脚点也正是尝试修正交换给付判决的适用领域。但必须说明，本文进

---

① 《提存公证规则》第13条第1款规定：“符合下列条件的，公证处应当予以提存：……（四）提存标的与债的标的相符。”

② 《提存公证规则》第26条规定：“提存人可以凭人民法院生效的判决、裁定或提存之债已经清偿的公证证明取回提存物。提存受领人以书面形式向公证处表示抛弃提存受领权的，提存人得取回提存物。提存人取回提存物的，视为未提存。因此产生的费用由提存人承担。提存人未支付提存费用前，公证处有权留置价值相当的提存标的。”

③ 参见王洪亮著：《债法总论》，北京大学出版社2016年版，第119页。

④ 《合同法》第94条规定的法定解除情形主要包括：因不可抗力致使不能实现合同目的；在履行期限届满之前，当事人一方明确表示或者以自己的行为表明不履行主要债务；当事人一方迟延履行主要债务，经催告后在合理期限内仍未履行；当事人一方迟延履行债务或者有其他违约行为致使不能实现合同目的。

行的理论修正也未必能实现价值上的均衡，因为修正后的交换给付判决适用领域明显牺牲了部分诉讼经济的价值。因此，对理论优劣性的争论最终也会不可避免地回归到价值的取舍上来。只是本文坚持，在本文非排他性列举的各种情形中，涉及信赖状态的特殊情况，宜作超出诉讼经济的考量以修正交换给付判决的理论。

（初审：常敏；校对：魏静莹）

论认罪认罚案件中供述的限制性适用

丰怡凯*

摘　要：从理论层面考察，可以发现，当前有关认罪认罚案件的司法处理模式逐渐呈现出一种“新实质真实主义”的诉讼理念。在该诉讼理念影响下，以速裁程序为代表的认罪认罚案件审判程序更接近于“确认式”的庭审样态。此外，认罪认罚案件中，认罪供述不仅已经成为最为核心的证据形式，而且包含“自愿性”这一主观要素。基于上述分析，有必要对认罪供述的适用进行合理而适度的限制。从司法维度上来看，首先，限制性适用的场域应定位于速裁程序；其次，限制性适用的具体对象应聚焦于自愿性与真实性，并由此引申出限制性适用的最终目标导向：针对证据能力与证明力的限制性适用。认罪供述限制性适用的具体规则正是围绕这一目标导向而构建的。

关键词：认罪认罚案件；认罪供述；限制性适用；证据能力；证明力

一、问题的提出

犯罪嫌疑人、被告人（以下统称犯罪嫌疑人）供述作为《刑事诉讼法》明文规定的刑事证据种类之一，在案件的侦办、起诉乃至审判过程中发挥着重要作用，素有“证据之王”的别称。同时，以供述为主要形式的口供，曾经对我国的刑事司法实务产生了深远影响，一度形成了为学界所诟病的“口供中心主义”，导致刑讯逼供等非法现象的滋生与蔓延。基于此，在“以审判为中心”的诉讼制度改革浪潮下，有学者提出了从“口供本位”到“物证本位”的呼

* 丰怡凯，中国政法大学刑事司法学院2018级诉讼法学硕士研究生。

吁。① 同时，立法层面也针对犯罪嫌疑人供述的收集确立了非法排除规则，并完善了“事实清楚，证据确实、充分”的证明标准以及口供补强规则，以严格规范供述的证据性适用。

毋庸讳言，从“以供述为中心”的错误理念到当前“事实清楚，证据确实、充分”证明标准的提出与践行，体现了对犯罪嫌疑人供述的理性认识过程。而值得注意的是，新近的认罪认罚从宽制度改革触发了一种新型的“合作式”诉讼模式。在该诉讼模式下，“犯罪嫌疑人自愿如实供述涉嫌犯罪的事实”不仅成为认罪认罚程序启动的逻辑起点，同时也构成了支撑该程序架构的正当性基础。换句话说，相比于非认罪认罚案件，认罪认罚案件中犯罪嫌疑人的认罪供述（以下简称认罪供述）具有更加明显的核心性价值。

而需要指出的是，由于当前我国尚未针对认罪认罚从宽制度构建起独立的刑事证据规则，这也导致其中最为核心的证据形式——认罪供述在具体内涵、适用范围与效力边界等问题上仍处于忽视与有待厘清的状态。但随着该新型诉讼模式的日渐广泛适用，可以预见的是，专门适用于认罪认罚程序的证据规则将很快得以出炉。在此背景下，同时基于认罪供述的上述特性，一个亟待明晰与解决的问题摆在了我们面前——在认罪认罚从宽制度效率导向性的内核下，是否有必要对认罪供述的适用持一种更加审慎的态度，并在适当范围内进行合理限制，以避免认罪认罚案件唯供述化、认罚供述成为“颠扑不破的真理”，进而诱发冤错。本文将以此问题为出发点，对认罪认罚案件中供述的限制性适用展开初步的研究。

二、认罪供述限制性适用的理论考察

（一）认罪认罚从宽制度下诉讼理念的渐变

从世界范围内来看，各国的认罪案件处理机制②通常要求犯罪嫌疑人作出

① 参见樊崇义、陈永生：《从口供本位到物证本位》，载《检察实践》2000 年第 3 期，第 1—4 页。

② 比较有代表性的如美国辩诉交易、英国认罪答辩、德国认罪协商以及我国认罪认罚从宽等制度。

认罪供述或者进行认罪答辩。需要指出的是，在认罪供述或认罪答辩的事实认定效力方面，各国认罪案件处理机制的做法不尽相同。但基于其中蕴含的价值理念与理论内涵，大体上可以将其分为两大类型，即“形式真实主义默认型”与“实质真实主义审慎型”。

“形式真实主义默认型”主要存在于英美法系国家的认罪案件处理机制中。以英国的“国家诱导下的被告人认罪答辩程序”为例，除被告人的认罪答辩以外，在事实认定方面，法官通常并不额外要求控方提供更多的相关证据，同时也无须证人出庭作证。① 在美国辩诉交易的认罪答辩程序中，一旦被告人作出认罪供述，法院一般便认定相关事实成立并判决其有罪，原则上无须再进行定罪裁判而直接进入量刑程序。② 由此，可以发现，在英美法系国家的认罪程序中，被告人的认罪供述在案件事实认定方面已经被视为最有力的证据。换言之，在当事人主义诉讼模式下，英美法系就认罪案件的处理理念更偏向于“形式真实主义”。即，除被告人的有罪供述以外，审判机关通常不会就案件事实的进一步确认与发现而大费周章。

不同于英美法系国家针对认罪案件中认罪供述的事实认定效力所奉行的“形式真实主义默认型”，以德国为代表的大陆法系国家更多地体现为一种“实质真实主义审慎型”的处理模式。如在德国的认罪协商制度中，即使被告人已作出认罪供述，审判机关仍需就案件事实真相进行调查。③ 同样地，法国的认罪答辩程序也规定即使在被告人业已认罪的情况下，审判机关仍有义务继续着重审查犯罪事实的真实性。④ 一言以蔽之，在大陆法系国家的认罪案件处理程序中，被告人的认罪供述只是佐证案件事实成立的一部分，其无法免除审判机关发现案件最终事实的法定义务。应当说，基于传统职权主义诉讼模式的影响，大陆法系国家在处理认罪案件方面仍以“实质真实主义”为基准，强调审判机关应当依法审查与被告人认罪供述相关的事实和证据。

---

① 参见〔英〕麦高伟、路加·马什著：《英国的刑事法官：正当性、法院与国家诱导的认罪答辩》，付欣译，商务印书馆2018年版，第42页。

② North Carolina v. Alford, 400 U. S. 25 (1970).

③ 参见〔德〕魏根特著：《德国刑事诉讼程序》，岳礼玲、温小洁译，中国政法大学出版社2004年版，第3页。

④ 参见《法国刑事诉讼法典》，罗结珍译，中国法制出版社2006年版，第315页。

我国长期以来的刑事立法理念与实践表明，审判机关扮演着“公平正义的最后一道防线”的角色，负有依法发现并审查案件事实、确保案件得到公正处理的义务。因而，就审判机关在案件事实的审查与认定方面而言，我国与大陆法系国家一脉相承。同时，这也昭示了我国在案件处理方面一贯秉持着“实质真实主义”的诉讼理念。基于此，即使针对以效率为导向的认罪认罚从宽制度，立法层面仍未降低原有“事实清楚，证据确实、充分”的证明标准。但是，在认罪认罚案件中被告人认罪、控辩双方已就案件事实达成一致的特殊前提下，审判机关审查案件事实真相的过程与步骤可以适度简化。例如，证明方式与证明程序的简化甚至是省略等。基于上述认罪认罚案件中审判机关在发现与认定事实方面产生的变化，有学者将其表述为“新实质真实主义”。① 应当说，“新实质真实主义”兼具“形式”与“实质”两方面的特征。“形式”方面，主要表现为积极承认认罪认罚案件中控辩双方无争议、犯罪嫌疑人认罪供述产生的事实证明效力，而允许其以一种极简的证明程序完成上述证明。“实质”方面，认罪认罚案件仍须坚持发现案件事实真相、确保公正的真实观。也即，在认罪认罚诉讼程序中，审判机关同样需要运用证据规则对案件事实进行最终的认定与裁判。

归纳而言，认罪认罚诉讼程序作为我国的认罪案件处理机制，一方面，其仍坚持了我国长期以来的“实质真实观”，同时也体现了对大陆法系“实质真实主义”诉讼理念的传承；另一方面，基于犯罪嫌疑人“自证其罪”的正当性前提，其也借鉴了英美法系一贯奉行的“形式真实主义”理论，在事实证明的方式与程序方面“形式化”特征明显。

（二）“新实质真实主义”下认罪供述限制性适用的必要性

可以明确的是，“新实质真实主义”的诉讼理念与价值要求决定了应当审慎对待犯罪嫌疑人认罪供述的效力，以保障案件事实的正确认定，避免冤错。此外，从认罪认罚从宽制度改革带来的诉讼模式影响以及认罪供述的本身诸多特性来看，可以发现，认罪认罚案件供述的限制性适用具有以下现实必要性。

---

① 参见孔令勇：《证据规则中的新实质真实主义——认罪认罚从宽制度中证据规则的理论反思》，载《新疆大学学报（哲学·人文社会科学版）》2017 年第 3 期，第 44 页。

1. 程序上：认罪供述面临着“确认式”的新型庭审样态

毋庸讳言，庭审实质化改革对于“以审判为中心”的诉讼制度改革目标的实现意义重大。但作为一种诉讼成本较高的审判方式，庭审实质化应以解决实际的诉讼争议为目标。而依托认罪认罚从宽制度，能够有效实现认罪认罚案件与非认罪认罚案件的甄别与分类。其中，对于认罪认罚案件，由于控辩双方已经在犯罪事实、罪名、量刑抑或程序适用方面达成合意，因此通常并不存在什么争议。基于此，与常规案件相比而言，以速裁程序为代表的认罪认罚案件审判程序，其庭审样态呈现出较为明显的“司法确认性”。① 对于适用速裁程序或者简易程序进行审理的认罪认罚案件来说，法庭调查、法庭辩论等环节也将可能被全面简化甚至省略。这意味着，在认罪认罚案件所塑造的新型庭审样态下，审判机关的重心并非在对定罪问题的过多实质化审理，而是更多地在审查认罪供述、量刑建议等基础上保障案件事实的真实性，从而逐渐趋于定罪量刑的监督者。因此，在上述庭审程序中，严格审查并规范认罪供述的适用效力与范围，能够充分发挥审判机关“保障犯罪嫌疑人权利的最后一道防线”的作用。

2. 价值功能上：认罪供述在认罪认罚证据体系中居于核心地位

如上文所言，长期以来，面对“口供中心主义”的诸多弊端，我国在司法改革过程中一直寻求降低供述在证据体系中的价值比重。但在认罪认罚从宽制度改革的影响下，认罪认罚案件面临着“确认式”的庭审样态，具有明显的效率导向性。基于上述特性，可以明确的是，在认罪认罚案件的证据体系中，供述的价值比重并不会被刻意降低，相反，“认罪供述”的证据价值势必将得到最大限度的挖掘与利用。正如有学者所论，认罪认罚从宽制度改革的证据学意义在于明确了有罪供述的积极价值，并以其为中心构建了一套指控证据体系，从而完成刑事证明任务。② 事实上，犯罪嫌疑人的认罪供述也一直是贯穿认罪

---

① 有研究表明，截至2015年底，世界上已多达66个国家与地区建立了鼓励被告人认罪、放弃正式审判的制度（以下简称放弃审判制度）。参见熊秋红：《比较法视野下的认罪认罚从宽制度——兼论刑事诉讼第四范式》，载《比较法研究》2019年第5期，第82页。而我国的认罪认罚案件仍须以开庭审理为前提，以保障被告人的审判权与案件事实的真实性。但与非认罪认罚案件所适用的审判程序相比而言，认罪认罚案件审判程序因被告人的认罪与控辩双方的零争议而不可避免地呈现出“确认式”特征。

② 参见秦宗文、叶巍：《认罪认罚案件口供补强问题研究》，载《江苏行政学院学报》2019年第2期，第123页。

认罚从宽制度的逻辑主线。如最高人民检察院孙谦副检察长曾指出，实行认罪认罚从宽制度有利于促进犯罪嫌疑人的配合，并如实供述所犯罪行，便于司法机关及时查明案件事实。① 因此，认罪供述在认罪认罚案件的证据体系中发挥着统率全局的核心作用。但需要指出的是，认罪供述核心性证据地位固然能够推动认罪认罚案件“简办、速审”，实现制度的效率价值，但同时也应看到，“唯认罪供述”的隐患可能同样存在。基于此，有必要将认罪供述的效力与适用边界限制在适当的范围内。

3. 构成要素上：认罪供述包含“自愿性”的主观特性

一般认为，证据最显著的特性在于其能够认定案件事实的客观性。但值得注意的是，认罪供述在具备传统证据客观特性的同时，还包含独特的主观构成要素——自愿性。依据《刑事诉讼法》第174条、第182条等条文规定，犯罪嫌疑人的认罪供述应当建立在自愿的基础上，即“自愿认罪，且如实供述涉嫌犯罪的事实”。此外，应当承认的是，“自愿性”这一主观要素不仅赋予了认罪供述存在的正当性，同时还是贯穿于整个认罪认罚程序的“制度金线”，能够推动实现从“认罪”到“认罚”的程序演进。换句话说，作为整个认罪认罚程序启动的逻辑原点以及运行的正当性根基，认罪的自愿性也将直接为后续的“认罚”，即同意检察机关提出的量刑建议奠定自愿性基础。概言之，“自愿性”这一主观要素，已经成为认罪供述乃至认罪认罚程序的核心性内容。

需要特别予以注意的是，作为主观层面的要素，认罪供述“自愿性”的内涵事实上难以有效把握，这也凸显了对认罪供述持审慎态度、进行限制性适用的必要性。一方面，在认罪自愿性的发源地——英美国家，有关自愿性的具体判断标准似乎还有待明确。例如，《布莱克法律词典》将供述自愿性的判断标准聚焦于“不受强迫或引诱”；② 而美国联邦最高法院自20世纪40年代以来，通过一系列的判例初步确立了判断自愿性的“整体情况”标准，如是否存在虐待、威胁、较长时间羁押等。此外，各州也有权在此基础上自由采取更高的判

① 参见孙谦：“刑事案件认罪认罚从宽制度试点工作这九大问题要注意”，载搜狐网，https：//www. sohu. com/a/125785698_ 384990，最后访问时间：2020年2月10日。

② *See* Bryan A. Garner, *Black’s Law Dictionary*, 9th ed., St. Paul: Thomson West, 2009, p. 339.

断标准。① 另一方面，鉴于认罪认罚从宽制度中并未明确何谓“自愿性”，我国学界也因此出现了有关认罪“自愿性”的探讨与争鸣。例如，有学者将认罪自愿性概括为“对制度构成的明知要素”与“对认识内容实现的意志要素”;②也有学者指出，认罪认罚的自愿性具有相对性。该观点认为，在不涉及法律规定的刑讯逼供等禁止事项前提下，犯罪嫌疑人基于合理、合法、适度的压力所作的认罪认罚仍具有自愿性。③

三、认罪供述限制性适用的司法维度

从制度层面上来看，认罪认罚从宽制度改革对于原有刑事诉讼产生了结构性影响，并由此衍生出了以“新实质真实主义”为根基的诉讼模式，同时也塑造了新型的证据表现与庭审样态。与此相对应的是，同样应当以一种有别于原有诉讼模式下的证据规则对其加以适度约束，用以保障应然的公正性。具体到认罪供述的限制性适用方面，从其背后蕴含的诉讼理念与现实必要性来看，合理限制认罪供述适用的主要目的在于尝试规避因认罪认罚程序外在简化性与内在效率性可能导致的“案件事实的实质真实缺失”。以此为基础，可以进一步探究认罪供述限制性适用的司法维度，以期发现认罪供述限制性适用的具体要素以及逻辑构成，最终尝试回归理论层面，进而为限制性适用具体规则的构建提供规范的指引。

（一）场域分析

依据《刑事诉讼法》及其相关立法规定，在审判程序适用方面，当前认罪认罚案件已经初步形成速裁程序、简易程序与普通程序并行的格局。一方面，当认罪认罚案件适用普通程序时，由于依然保留着常规的证明环节，相对稳健的程序设置很大程度上能够有效保障对认罪供述的审查与核验。另一方面，从

① 参见杨文革：《美国口供规则中的自愿性原则》，载《环球法律评论》2013 年第 4 期，第 131 页。

② 参见闫召华、李艳飞：《认罪认罚自愿性研究》，载《河南财经政法大学学报》2018 年第 2 期，第 88 页。

③ 参见杨帆：《认罪自愿性的边界与保障》，载《法学杂志》2019 年第 10 期，第 16 页。

实践情况来看，作为最能体现出认罪认罚从宽制度效率价值与“确认式”庭审样态的速裁程序，适用最为广泛①。此外，值得注意的是，传统的证据理论与证据规则一般建立在控辩双方对事实认定等确有争议的基础之上。而在认罪认罚案件中，特别是在体现为“确认式”庭审样态的速裁程序中，由于被告人作出了认罪供述，控辩双方在案件事实认定与定罪方面已经达成共识，似乎使得常规的证据规则在此无用武之地。同时，这也促使传统的控审关系发生了微妙的调整。即，审判机关从原有的“定罪绝对主导者”逐渐演变为“定罪的审查与监督者”，而检察机关通过控辩双方在定罪问题上的合意能够对最终罪名的认定产生有力的实质影响。鉴于此，在认罪认罚案件专有证据规则尚未构建的情况下，至少应当加快构建有关认罪认罚案件供述的限制性适用规则。可以明确的是，未来认罪认罚案件供述限制性适用的场域应当着重体现在最为典型且最为必要的认罪认罚速裁程序，以保障“确认式”庭审样态下案件事实真相的依法发现。

（二）逻辑展开

1. 限制性适用的具体对象

应当予以明确的是，认罪认罚案件中，认罪供述包含两大基本构成要素：一是主观层面的自愿性；二是客观层面的真实性，且二者不应混为一谈。② 此外，两者之间存在一定的逻辑关系。即，对于认罪供述，首先应当从程序方面审查是否具备“自愿性”；其次审查实体方面是否满足“真实性”。换言之，认罪供述限制性适用的具体对象实际上可以分为两类：自愿性与真实性。

（1）审查认罪供述“自愿性”。自愿性作为认罪供述的主观性构成要素，

---

① 实践中，认罪认罚案件多适用速裁程序。其中个别地方的速裁程序适用率接近70%。参见徐明敏：《认罪认罚从宽制度诉讼效率全流程提升的困境与出路——基于S市C区法院速裁程序运行情况的实证考察》，载《司法体制综合配套改革与刑事审判问题研究——全国法院第30届学术会议讨论会获奖论文集（下）》2019年6月20日，第968页。

② 有学者认为认罪认罚案件中，认罪供述一旦具备自愿性要素，即能够推定其同时符合客观真实性标准。参见杨文革：《试论认罪认罚从宽案件的证明标准》，载《长白学刊》2019年第3期，第76页。笔者认为，此观点实际上混淆了认罪供述中的“自愿性”与“真实性”，二者并不可等量齐观，下文将详细论述。

其确立目的在于对人格尊严、个人自治、精神自由等价值的保护。① 此外，由于自愿性已经成为认罪供述以及认罪认罚程序的核心性内容，故而理应成为司法机关办理认罪认罚案件时的重点关注对象。因此，在《刑事诉讼法》规定的基础上，由最高人民检察院、最高人民法院、公安部、国家安全部、司法部联合发布的《关于适用认罪认罚从宽制度的指导意见》（以下简称《指导意见》）中进一步着重规定，侦查阶段不能强迫犯罪嫌疑人认罪、审查起诉阶段应当保障与审查认罪自愿性、审判阶段应当将认罪的自愿性作为重点核查对象。

虽然认罪认罚从宽制度中尚未明晰自愿性的具体内涵，但结合相关立法规定来看，认罪供述自愿性的核心要义至少关涉以下三个层面，这也为审查自愿性提供了可供参考的判断标准：一是被告知权与知情权。公安机关、司法机关应当告知犯罪嫌疑人享有认罪认罚从宽权利，且须将选择认罪认罚可能导致的法律后果一并告知，使其处于知情与明智状态。二是意志自由且不受外力侵扰。即犯罪嫌疑人能够自主支配其意志，不应受到任何威胁、侵害、引诱等侵扰，有选择认罪认罚的自由，也有不认罪认罚的自由。三是表达意见权。犯罪嫌疑人针对认罪认罚程序产生的任何疑问、忧虑都能够随时向公安机关、司法机关进行及时的意见反馈。需要指出的是，鉴于犯罪嫌疑人自身能力的有限性，在此过程中值班律师或者辩护律师的及时介入与提供帮助就显得尤为重要。

（2）评估认罪供述“真实性”。作为认罪供述的另一重要构成要素，真实性能够反映出认罪供述中蕴含的客观事实程度。自认罪认罚从宽制度改革以来，学界有关认罪认罚案件整体真实性的应然标准产生过较为激烈的讨论。② 其中，主流更倾向于坚守“事实清楚，证据确实、充分”法定证明标准不动摇。此外，《指导意见》第3条明确指出，公安机关、司法机关办理认罪认罚案件应当坚持法定证明标准，防止因犯罪嫌疑人认罪而降低证据要求。这意味着，对于认罪认罚案件而言，尽管办案机关发现真实性的过程与步骤可以适当简化，甚至是简略，但在真实性本身方面，仍然需要达到法定证明标准。基于此，内嵌

---

① 参见〔美〕约书亚·德雷勒斯、艾伦·C. 迈克尔斯著：《美国刑事诉讼法精解》（第1卷），吴宏耀译，北京大学出版社2009年版，第434—435页。

② 学界在认罪认罚案件应当遵循何种证明标准的问题上形成了泾渭分明的两种观点，即证明标准降低说与证明标准同等说。参见肖沛权：《论认罪认罚案件的证明标准》，载《法学杂志》2019年第10期，第26页。

于认罪认罚案件中的认罪供述，其真实性同样需要满足“确实、充分”的法定标准。因而，认罪供述限制性适用的另一对象在于严格评估其真实性是否达到法定证明标准，能否有效认定相关的案件事实。需要指出的是，由于认罪供述的真实性并非一成不变抑或是绝对的，因此，在这一环节中可能需要涉及有关其真实性的补强规则与印证规则。

2. 限制性适用的目标导向

一般而言，完整意义上的证据形态要求同时具备证据能力与证明力。其中，证据能力乃是证明力的基础与前提。具体到认罪认罚案件语境下的认罪供述，首先，证据能力也即认定案件事实的资格。前文论及，犯罪嫌疑人认罪的自愿性不仅是认罪认罚程序启动的起点，同时也是认罪供述合法性与正当性的前提与基础。换言之，认罪自愿性直接关涉认罪供述的证据能力，缺乏自愿性即意味着认罪供述实际上丧失了认定案件事实的资格。基于此，可以明确的是，“自愿性”事实上已经成为认罪供述证据能力层面的标准。① 其次，认罪供述的证明力则主要指其认定案件事实的效力与程度。从这个意义上来讲，显然“真实性”体现了认罪供述证明力层面的标准。

从“自愿性”到“证据能力”、从“真实性”到“证明力”的逻辑转变，体现了对认罪供述的理性而深刻的认识过程。基于此，上述以自愿性与真实性为具体对象的限制性适用，本质上可归属于对认罪供述证据能力与证明力限制性适用的范畴。循此出发，可以明确的是，认罪供述限制性适用的最终目标导向包括证据能力与证明力限制性适用两大维度。

首先是针对认罪供述证据能力方面的限制性适用。立足于认罪自愿性的独特价值，认罪供述证据能力的限制性适用主要表现为将欠缺自愿性的认罪供述视为无证据能力的证据形态，并依法剥夺其认定案件事实的资格，原则上予以排除适用。需要指出的是，依据认罪供述欠缺自愿性情境的不同，其限制性适用的具体表现也将有所差异。

其次是针对认罪供述证明力方面的限制性适用。在“新实质真实主义”价值理念的要求下，认罪供述证明力的限制性适用具体分为两个层面：其一，认

---

① 参见纵博：《认罪认罚案件中口供判断的若干问题》，载《中国刑事法杂志》2019年第6期，第111页。

罪供述应当具备客观真实性的基本要求，且应达到“确实、充分”的法定证明标准，能够正确反映相关的案件事实；其二，“孤证不能定案”的原则同样适用于认罪供述。即，认罪认罚案件中，仅凭犯罪嫌疑人的认罪供述，无法认定全部的案件事实，仍需要其他相关证据予以印证。同时，认罪供述不能免除审判机关继续发现案件事实的法定职责。

四、认罪供述限制性适用的规则构建

基于认罪认罚案件的特殊性以及认罪认罚程序的简化性，应当积极探索证据规则的差异化。同时，从上文分析来看，认罪供述的重要性与复杂性远已超一般意义上的“供述”，且早已深入地内嵌于认罪认罚从宽制度之中，成为贯穿整个制度的“基本线”，并与制度运行的正当性以及效率价值的实现息息相关。因此，可以明确的是，认罪认罚案件中至少应当构建有关认罪供述的证据规则。具体表现为应当对其适用进行适当而合理的限制，为其效力的发挥设置适度的“红线”，避免认罪认罚程序唯效率化，进一步保障程序的正当性。依托上述司法维度下的理论指引与目标导向，认罪供述限制性适用的具体规则构建，可以从以下两个方面展开。

（一）认罪供述证据能力方面的限制性适用

如上文所论，认罪的自愿性与否已然成为判断认罪供述是否具有证据能力的标准和关键。结合实践情况来看，认罪供述欠缺自愿性通常表现为以下两种情形：一是认罪供述自始不具有自愿性。即犯罪嫌疑人基于事实上的“非自愿”而作出了“有罪供述”。二是因犯罪嫌疑人行使撤回认罪的权利而使得原有认罪供述中的自愿性消弭。认罪供述有关证据能力方面的限制性适用正是围绕上述两个层面展开的，具体表现为对自始缺乏自愿性认罪供述的直接排除以及对撤回后认罪供述再适用的限制：

1. 对认罪供述自愿性禁止补强

在证据规则中，补强本质上而言属于对定罪的限制。其强调的是待补强的证据证明力薄弱，不足以认定案情，而需要其他具有证明力的证据进一步强化待补强证据的证明力，以核验其真实性。[①] 易言之，证据补强规则主要适用于证据的证明力层面而非证据能力层面。如《刑事诉讼法》所确立的非法证据规则表明，对于采用刑讯逼供等非法方法收集的犯罪嫌疑人的供述应当排除，不允许对其进行补强。同样地，一旦在审判过程中发现认罪供述缺失自愿性这一核心构成要素，则意味着犯罪嫌疑人的认罪供述丧失了证据能力，认罪认罚程序的适用丧失了正当性。在我国，大体上认罪供述自始欠缺自愿性的原因有二：其一，《指导意见》指出认罪认罚从宽制度可适用于侦查阶段，且强调区别不同诉讼阶段的认罪对从宽幅度的影响，因此犯罪嫌疑人在侦查阶段认罪的比例或将更高。但长期以来，侦查程序构造的“线性特征”使得侦查机关的询问权几乎不受制约。此外，侦查程序中羁押比例过高亦是久拖未决的痼疾。在此背景下，特别是在犯罪嫌疑人处于羁押状态时，其认罪自愿性很难得到切实保障。其二，检察机关事实上居于认罪认罚从宽制度的主导者地位，这已经成为共识。在检察机关的强力主导下，一方面，犯罪嫌疑人所获得的律师帮助易流于形式[②]，其认罪自愿性欠缺实质性保障；另一方面，集公诉与批捕于一身的检察机关由于与案件的结局存在一定的利害关系，[③] 因而可能迁就侦查环节认罪的自愿性问题，容易导致那些非自愿的认罪无法得到有效甄别。此外，在认罪认罚的适用率要达到70%左右的指标压力下[④]，不排除个别检察官罔顾客观公正义务，甚至对犯罪嫌疑人施加某些不当影响，导致其在非自愿的情况下选择认罪认罚。

在上述情况下，认罪供述自始不具备自愿性与相应的证据能力。换句话而言，该情形下，由于欠缺自愿性补强的合法性基础，因而应当禁止对自愿性进行补强。

---

① 参见孔令勇：《证据规则中的新实质真实主义——认罪认罚从宽制度中证据规则的理论反思》，载《新疆大学学报（哲学·人文社会科学版）》2017年第3期，第50页。

② 有学者认为，当前值班律师事实上面临着“名”与“实”的悖离、“功能”与“权利”的悖离、“职责”与“收益、风险”的悖离等“三重悖离”困境，无法为认罪认罚案件中犯罪嫌疑人提供实质性的帮助。参见汪海燕：《三重悖离：认罪认罚从宽程序中值班律师制度的困境》，载《法学杂志》2019年第12期，第13—17页。

③ 参见陈瑞华：《论侦查中心主义》，载《政法论坛》2017年第2期，第12页。

④ 在2019年8月底全国检察机关刑事检察工作会议上，最高人民检察院提出适用率要提高到70%。参见陈国庆等：“最高检召开‘准确适用认罪认罚从宽制度’新闻发布会”，载最高人民检察院官网，https://www.spp.gov.cn/spp/zgrmjcyxwfbh/zqsyrzrfckzd/index.shtml，最后访问时间：2020年4月3日。

事实上，观察认罪认罚从宽制度的相关立法规定，可以发现，其中已经暗含了认罪供述自愿性的禁止性补强规则。其一，依据《刑事诉讼法》第190条第2款、第201条等条文规定，对于认罪认罚案件，法院应当在认罪供述、认罪认罚具结书等证据材料的基础上审查被告人认罪认罚的自愿性、真实性与合法性。一旦在审理过程中发现被告人具有违背意愿认罪认罚、认罪供述欠缺自愿性等情形的，法院基于公正审判原则将拒不采纳检察机关提出的罪名指控与量刑建议，亦不会对被告人认罪认罚自愿性的补强问题留有余地，而是依职权径行作出判决。其二，在上述规定的基础上，《指导意见》第48条明确指出，若法院在审判阶段经审查发现被告人的认罪认罚欠缺自愿性，则视为案件已丧失“认罪认罚”特性，需要立即将案件转换至普通程序重新审理。

从上述分析来看，无论是基于认罪认罚程序的正当性原理还是根据现行法律规定，都不难发现，认罪供述在自愿性方面并不具有可补强的空间。相反，对认罪供述自愿性的禁止补强规则能够及时排除非法供述，有效保障犯罪嫌疑人认罪认罚的自愿性，促使认罪认罚从宽制度在提升案件处理效率的同时兼顾公平正义的价值要求。

2. 对认罪供述撤回后再适用的限制

通说认为，认罪认罚从宽制度蕴含了控辩双方的合意与协商。根据认罪认罚程序的设置，犯罪嫌疑人基于对公诉机关指控罪名的认可而作出的有罪供述、基于对公诉机关处罚建议的同意而作出的认可意见，都将成为认罪认罚具结书的内容要素。① 申言之，认罪认罚具结书实际上已经成为控辩双方协商成果的载体，一定程度上而言具有司法合约的性质。需要特别明确的是，犯罪嫌疑人认罪认罚的自愿性构成了具结书契约精神的内在基础。在此，应当注意到，认罪认罚程序中的自愿具有双向性。即犯罪嫌疑人不仅应具有选择认罪认罚的自愿性，同时还应然具有撤回认罪认罚的意志自由。但随之而来的问题是，一旦当事人在自愿的基础对已有的认罪认罚成果反悔或撤回②，那么作为认罪认罚

① 《指导意见》第31条规定，具结书应当包括犯罪嫌疑人如实供述罪行、同意量刑建议、程序适用等内容。

② 在认罪认罚从宽制度中，理论上检察机关也有主动反悔与撤回的可能。但其作为公权力机关以及认罪认罚从宽制度的事实主导者，原则上不允许其主动破坏控辩双方已达成的合意。故在此仅讨论犯罪嫌疑人一方主动撤回的情形。

具结书核心内容要素的认罪供述，是否能够在接下来的程序中作为有罪证据再次适用？笔者认为，可以从以下两个方面对其再适用问题进行初步探讨。

（1）原则上应当禁止再适用

目前，立法层面上尚未就撤回状态下的认罪供述的再适用问题作出明确规定。学界关于犯罪嫌疑人反悔情形下原有供述的再适用问题的专门研究亦不多见。但已有的研究表明，即使基于犯罪嫌疑人的自愿反悔情形，其原有的有罪证据材料在后续的转换程序中的适用率令人咋舌，高达百分百。① 事实上，司法实践中的这种做法是对撤回状态下认罪供述证据效力的曲解。如上文所言，犯罪嫌疑人选择认罪的自愿性同时赋予其撤回有罪供述的正当性。另外，因其对认罪的撤回与反悔还将导致原有的认罪供述丧失“自愿性”这一核心构成要素，同时这也将消弭原有供述的合法性与正当性。概言之，在犯罪嫌疑人自愿撤回认罪认罚的状态下，严格意义上，原有的认罪供述已经归于非法证据范畴。因此，在上述情形下，原则上应当对其予以排除，禁止其在后续程序中继续作为有罪证据适用。

（2）特殊情形下可限制性再适用

在对上述撤回状态下认罪供述进行原则性排除的同时，在诸如犯罪嫌疑人恶意反悔或撤回的特殊情形下，应当允许其能够以其他形式适度再适用。简言之，原因有二：其一，司法实践中确实存在犯罪嫌疑人恶意反悔或撤回认罪认罚的情况。此种情形下并非基于认罪认罚程序的瑕疵，而是为了满足其不正当的利益②。这种行为不仅易造成恶劣效应，同时还将严重浪费司法资源。因此，对于该行为有必要进行适当限制与惩戒。其二，如上文所言，虽然认罪认罚案件中控辩双方在案件事实方面已无争议、认罪认罚程序因被告人认罪而具有形式真实的外在程序表征，但审判机关不会因此放弃对案件事实的继续审查，其处理模式仍呈现出“实质真实”的价值追求。基于此，倘若不加区分，对撤回状态下认罪供述的再适用问题进行“一刀切”，完全将其排除适用的话，则可

---

① 参见马明亮、张宏宇：《认罪认罚从宽制度中被追诉人反悔问题研究》，载《中国人民公安大学学报（社会科学版）》2018 年第 4 期，第 97 页。

② 例如，实践中有被告人恶意反悔，提出上诉，其目的在于利用法定上诉期间滞留看守所，逃避监狱服刑。参见董坤：《认罪认罚从宽案件中留所上诉问题研究》，载《内蒙古社会科学》2019 年第 3 期，第 118 页。

能与我国的司法实践相背离。因此，在上述一些特殊情形下，有必要允许已撤回的认罪供述能够以特定形式发挥一定的功能。

需要指出的是，在诸如犯罪嫌疑人故意反悔等特殊情形下，处于撤回状态下的认罪供述的限制性再适用规则主要表现为，其仅能以“弹劾证据”的形式发挥具有限制性的功能。申言之，在因撤回而转换至后续的审判程序中，如果被告人一方主动就原有认罪相关联的信息进行辩解或者出示相关证据，可以允许控方将撤回前的认罪供述以弹劾证据的形式出示，但仅能用以削弱对方证据的证明力。①

（二）认罪供述证明力方面的限制性适用

前文论及，真实性作为认罪供述的另一重要构成要素，归属于证明力范畴。同时，依据认罪供述限制性适用的目标导向来看，其证明力方面的限制性适用重心在于严格把控认罪供述的客观真实性，也即认定案件事实的效力与程度。在坚持认罪认罚案件证明标准不降低的前提下，其限制性适用同样包括两个方面。

一是认罪供述真实性必须满足“确实、充分”的法定证明标准。当其真实性不足以达到上述标准时，应当对其补强，且补强后的认罪供述真实性应当达到法定证明标准。关于认罪供述的真实性补强方面，有以下三点需要明确：其一，认罪供述补强应当建立在犯罪嫌疑人认罪认罚的自愿性与明智性已经得到充分确认的基础上。从认罪认罚从宽制度的程序设置来看，犯罪嫌疑人的认罪认罚必须满足从自愿性到真实性的司法审核。换言之，在认罪认罚从宽制度中，认罪供述自愿性乃是真实性的前提与基础。其二，认罪供述补强的理论基础同样在于实质真实观。即使在认罪认罚从宽制度所塑造的具有形式真实表征的程序架构下，犯罪嫌疑人的自愿认罪供述也无法免除审判机关发现事实真相的责任。一旦认罪供述欠缺真实性则将导致供述中所谓的“犯罪事实”仍处于有待推敲的状态，这也意味着其证明力无法满足定罪处罚的要求，故而亟须补强以增强其真实性与证明力。其三，补强后的认罪供述应当排除合理怀疑。2012 年

---

① 参见田力男、杨振媛：《认罪认罚反悔后有罪供述适用问题探究——以“司法契约”理论下有罪供述撤回为切入点》，载《公安学研究》2019 年第 4 期，第 87 页。

修正《刑事诉讼法》时，引入了英美法系中排除合理怀疑的概念，用以进一步补充法定证明标准的内涵。从《刑事诉讼法》第55条第2款的规定来看，“所认定的案件事实排除合理怀疑”业已成为“证据确实、充分”标准的实质要件之一。此外，从英美法系排除合理怀疑的适用对象以及我国本土排除合理怀疑的法律功能来看①，可以发现，排除合理怀疑已经成为证据具备定罪证明力与真实性的标杆。因此，认罪供述作为认罪认罚案件事实的基本载体，其真实性补强亦应当达到排除合理怀疑的程度。

二是认罪供述在认定案件事实时需要其他证据予以印证。《刑事诉讼法》规定，只有被告人供述、没有其他证据的情况下不能对被告人进行定罪处罚。相反，即使没有被告人供述，满足其他证据确实、充分，排除合理怀疑的，仍能够依法定罪处罚。② 在此明确了犯罪嫌疑（被告人）供述认定案件事实的局限性与证据之间相互印证的重要性。因此，尽管认罪认罚案件中，犯罪嫌疑人的认罪供述已经成为最为核心与主要的证据类型，但仍有必要以其他证据诸如被害人陈述等加以印证，防止认罪认罚案件唯供述化倾向。同时，借助其他证据印证认罪供述认定的案件事实，也是审判机关践行“实质真实观”、发现与审查案件事实等法定职责的体现。

五、结语

从认罪认罚从宽制度的立法设计来看，其旨在构建一套“认罪案件—不认罪案件”的新型繁简分流机制，进一步优化司法资源配置，以服务于我国刑事司法领域一直以来追求的“以审判为中心”的诉讼制度改革目标。因此，从这个意义上来说，接近“确认式”的庭审样态、认罪供述的核心证据特性本质上皆为认罪认罚从宽制度效率导向性的产物，这也构成了改革决策者极力追求的实然目标。

但应当予以明确的是，认罪认罚从宽制度效率价值的实现毫无疑问应当立

---

① 英美法系中，陪审团运用排除合理怀疑解决案件证据的证明力问题；我国的排除合理怀疑主要用以判断证据的真实性与充分性问题。参见肖沛权：《论排除合理怀疑证明标准的司法适用》，载《法律适用》2015年第9期，第106页。

② 参见《刑事诉讼法》第55条。

足于案件满足实质真实、符合公正的基础之上。而鉴于当下值班律师制度事实上悖离与异化的现状，显然，从实际效果来看，试图借助“外力”保障认罪认罚案件公正性的结果并不尽如人意，仍需要继续探索。而在此之前，我们有必要重新将目光聚焦于认罪认罚从宽制度的内部层面，通过深入剖析其内在特性，并以相应的“内力”进行规范。从这个角度而言，基于认罪认罚从宽改革的效率本核理念以及认罪供述证据中心化的制度现实，认罪供述限制性适用规则构想的提出可谓恰逢其时。

不可否认的是，相对而言，通过从证据能力与证明力两个维度对认罪供述的适用进行合理限制，一定程度上可能放缓处理认罪认罚案件的效率。但也应当认识到，认罪供述的限制性适用规则能够有效避免案件冤错，其事实上发挥着保障制度“合轨”运行的“紧箍咒”作用。一言以蔽之，认罪供述的限制性适用以认罪认罚案件效率导向性的诉讼模式为存在基础，同时，认罪认罚案件效率价值正当性的实现也离不开对于认罪供述的严格而审慎的适用，二者并行不悖，相互依存。当然，在此基础上，还可以通过强化检察机关客观公正义务、诉讼关切义务①来进一步巩固认罪认罚案件中犯罪嫌疑人认罪供述的自愿性与真实性，以促使两者之间的深度契合与平衡。

（初审：王东；校对：张逊昊）

① 作为法律监督机关，我国检察机关在负责追诉的同时，也具有一定的客观公正义务。特别是在2019年《检察官法》修订之后，检察官的客观义务已从原有的理念或者道德义务升华为一种必须遵行的法律义务。具体到认罪认罚程序中，检察机关的客观公正义务更多地表现为对犯罪嫌疑人的诉讼关切义务，即应当依法给予辩方必要的诉讼权利关照与保障，例如权利告知以及律师的充分参与等。

各科专论

GEKE ZHUANLUN

人本法益观及其指导下的行政犯之实质解释

崔志伟*

摘　要： 当下刑事司法呈现的个案欠公正、处罚不合理现象与对刑法法益的认知偏差不无关系，对于这种法益非人本化现象，应当引以省思。哲学上的人本主义可以分为本体论和目的论两个方面，具体而言，应将“人之权益”视为刑法规范理解与适用的“出发点”和“落脚点”。秩序型法益观本质上属于一种物本主义，背后是一种二元法益论立场，一旦脱离“人”这个“本体”和“目的”，在解释罪刑规范时就会陷入形式化、机械化。在行政犯的司法认定中，应坚持人本法益观立场，在管理秩序背后寻求与人之权益相关联的、成立刑事不法的实质根据。将行政犯尤其是违反管理秩序型罪名理解为以人之相关权益为保护法益的抽象危险犯，并且允许基于不存在该危险的客观事实否定构成要件该当，可以将成立前置性行政不法却未造成危害可能的行为类型排除在刑法规制范围之外，由此便为行政规范与刑法规范划出了一道相对清晰的边界。

关键词： 人本法益观；行政犯；实质解释；一元法益论；二元法益论；出罪

一、问题的引出

现实中引发广泛争议的热点刑事案件一再表明，一旦发生“情法”冲突，公众基本会毫无疑问地站在“情理”一边进而对司法乃至立法的公正性予以质疑。例如，对于经营射击摊的赵某华非法持枪案，公众便认为“出现这样荒唐

* 崔志伟，法学博士，上海师范大学哲学与法政学院讲师，德国奥斯纳布吕克大学访问学者。

的结果，该反思的不是这位老太，而是法律的制定者和执行者”；[①] 再如，王某军非法经营案中，有人评论道，“这位倒霉的农民，可能怎么也没料到，卖玉米也要办证，也得搞准入制度”，“‘幸好吃玉米不要办证’，是社会对此案农民的声援”[②]。患者陆某销售外国生产的所谓假药案中，有人认为，“这种患者之间的相互帮助反被定罪，尽管后期迫于各种压力被判无罪，但仍旧体现了伦理和法律间的尴尬”[③]。凡此种种，已然体现出司法的公正性价值在个案中一次次受到削减。从立法论角度讲，这种刑法规范设置可能确实存在一些问题，如与前置法的过度密接化、罪状设置的模糊化等。但是，在立法既已形成且短时间内无法变更的情境下，努力的方向便应是从教义学视角重新阐释刑法规范的内涵。“法益概念不仅具有指导构成要件解释的方法论机能，而且也是检验罪刑条文是否正当的根据。”[④] 就此而言，如果司法中出现刑法规范欠妥、情法冲突的局面，很大程度上便可能是由于对法益性质的认知偏差。例如，传统理论认为非法持有枪支罪侵犯的法益是社会的公共安全和国家对枪支、弹药的管理制度，[⑤] 但是这两种法益性质并不一致，完全可能出现侵犯后者而未侵犯前者的情形，此时，以“公共安全”还是“管理制度”对行为性质进行认定，完全会得出罪与非罪的截然相反的结论。赵某华案的刑事判决书[⑥]显然是采取了制度型法益的立场，从而在刑事不法认定中偏离了“人身安全”这一核心。王某军案及陆某案也终究是由于这种潜在的法益观，而将本身“无害”的行为仅因违反了前置性管理制度便纳入刑事视野，有学者据此认为只有当某种公法益能够还原成

---

① 刘文昭：“大妈摆射击摊被判非法持有枪支罪，太荒唐”，载腾讯评论，https：//view. news. qq. com/original/intouchtoday/n3757. html，最后访问时间：2020 年 1 月 5 日。

② 张德笔：“农民无证收玉米被判刑，很可能是错案”，载腾讯评论，https：//view. news. qq. com/original/intouchtoday/n3577. html，最后访问时间：2020 年 1 月 5 日。

③ 王佳佳：《“陆某案”牵出的社会尴尬》，载《中国医院院长》2015 年第 5 期，第 41 页。

④ 〔德〕乌尔斯·金德霍伊泽尔：《法益保护与规范效力的保障——论刑法的目的》，陈璇译，载《中外法学》2015 年第 2 期，第 548 页。

⑤ 参见高铭暄、马克昌主编：《刑法学》，北京大学出版社、高等教育出版社 2014 年版，第 349 页。

⑥ 参见天津市河北区人民法院（2016）津 0105 刑初 442 号刑事判决书；天津市第一中级人民法院（2017）津 01 刑终 41 号刑事判决书。

个人法益时，才是值得刑法保护的法益。①

理论上通常认为，“近现代国家的刑法分则，一般根据犯罪所侵犯的法益内容对犯罪进行分类”②。由此，以罪名所处的体系位置按图索骥认识刑法意在保护的法益，似乎成为一个没有争议的“常识”。在我国刑法分则中，存在大量的违反管理秩序型罪名（主要存在于分则第三章破坏社会主义市场经济秩序罪，第六章妨害社会管理秩序罪，个别散见于其他几章），③ 理论和实践偏向于以是否违反特定的管理秩序或制度认定某一行为是否构成犯罪，④ 而不去深究是否对这种秩序或制度背后的与人相关的权益造成实际威胁，从而呈现出鲜明的非人本主义法益观立场。甚至有学者断言，“这种非人本主义法益观会对法益理论未来的发展产生潜移默化的影响”⑤。笔者将这种把经济或社会管理秩序视为特定罪名的客体或法益的观点称为“秩序型法益”观。非常明显，在涉及“行刑”衔接的行政犯领域，两种不同法益观直接关系着构成要件符合性与否乃至罪与非罪的判断，从法理上探究其正当性根据就显得尤为重要。换言之，在行政犯领域，持秩序型法益立场认为“两法”具有不法的同质性，还是认为刑法有着不同于前置性行政规范的保护目的从而对刑事不法进行相对独立性评价，直接关系着犯罪认定的结果。

① 参见张明楷：《避免将行政违法认定为刑事犯罪：理念、方法与路径》，载《中国法学》2017 年第 4 期，第 46 页。

② 张明楷著：《法益初论》，中国政法大学出版社 2000 年版，第 236 页。

③ 刑法分则第六章明确采用了“妨害社会管理秩序罪”的表述，而第三章虽然未明确提及“管理”二字，但从实际上来看，这种社会主义市场经济秩序本就是一种管理性秩序，且传统理论上也大都采取“管理秩序”的表述。

④ 需要说明的是，为了表述方便，笔者将“秩序”与“制度”在同一含义上使用。从语义上讲，“秩序”指有条理、不混乱的情况；“制度”指要求大家共同遵守的办事规程或行动准则（中国社会科学院语言研究所词典编辑室编：《现代汉语词典》，商务印书馆 2012 年版，第 1681 页、第 1678 页）。这都意味着对于既定模式的不可违反。并且，在理论和实践中并未将两者严格区分。

⑤ 舒洪水、张晶：《法益在现代刑法中的困境与发展——以德、日刑法的立法动态为视角》，载《政治与法律》2009 年第 7 期，第 109 页。

二、“秩序”抑或“人本”：两种不同法益观的法理解读

从古希腊智者学派普罗塔哥拉提出“人是万物的尺度”便出现人本思想的萌芽，但这种思想真正实际作用于法的创制和解释应当是从中世纪之后的文艺复兴开始。这种哲学上的人本主义可以从本体论和目的论两个方面理解：其一，需从人本身出发来研究人的本质以及人与人之间、人与事物之间的联系，称为“人学”理论；① 其二，“人本主义假定人的行动赋有实在的动因”，② 即作为理性的个体总是出于特定目的从事一切活动，而这种目的必须以人为指向，即始终把人当作目的，而不只当作工具，并且只能是客观目的，即“存在即是目的”。③ 就本体论层面而言，结束了以神作为法律形成意志的时代，在人自身内寻求问题解决的答案，④ 将人的存在视为创制和解释法律的“出发点”；在目的论层面上，“每条法律规则的产生都源于一种目的”，⑤ 这种目的只能围绕人本身，而非神明意志或某种人为形成的“事物”。因此，在制定法律和解释法律的过程中均需以人为实际根据，将人视为法律适用效果的“落脚点”。

人本主义法律观要求将人本思想注入法律运作的各个过程，但在笔者看来，人本主义立法观已然无须过多强调。其一，在深入推进科学立法、民主立法的当下，立法逐渐由单方的权力主导转化为利益博弈，⑥ 人本化的要求已毋庸置疑。其二，在已无明显“恶法”的当下，论证立法上人本化的有无及程度可能较为困难，其原因在于任何刑法规范的设立均可以自我“辩解”以人为本。例如，非法持有枪支罪、销售假药罪、非法经营罪、非法吸收公众存款罪等一系

---

① 参见魏金声著：《人本主义与存在主义研究》，人民出版社 2014 年版，第 35 页。

② 〔英〕F. C. S. 席勒著：《人本主义研究》，麻乔志等译，上海人民出版社 2010 年版，第 81 页。

③ 参见〔德〕康德著：《道德形上学探本》，唐钺译，商务印书馆 2012 年版，第 45—46 页。

④ 参见张奎良：《物本·人本·以人为本》，载《东岳论丛》2004 年第 4 期，第 40—41 页。

⑤ 〔美〕E. 博登海默著：《法理学：法律哲学与法律方法》，邓正来译，中国政法大学出版社 2004 年版，第 115 页。

⑥ 参见许章润：《从政策博弈到立法博弈——关于当代中国立法民主化进程的省察》，载《政治与法律》2008 年第 3 期，第 2—8 页。

列罪名，不能说其目的导向是非人本化的。其三，司法中所呈现的非人本化现象其实是对保护法益的性质认知失当、对刑法规范缺乏深入解读导致，即在适用过程中出现了“异化”，导致设立规范的真实初衷与具体效果相违背。“法律不是嘲笑的对象，而是法学研究的对象；法律不应受裁判，而应是裁判的准则。”① 并且，事事求诸修改法律成本极高，② 在“未经批判即为真”的法教义学视野下，与其探讨刑事立法的人本化，不如探究如何实现刑法规范的目的及适用的人本化。

（一）方法论意义上的人本法益观

理论上认为刑法上法益的意义分为立法批判机能以及指导构成要件解释的方法论（司法论）机能，③ 两者可分别作用于立法以及司法上人本法益观的检讨，对于前者这种前实证的法益概念虽然争议较大，但后者取得了广泛的认可。几乎同时，伴随着法益概念的产生，根据法益享有者的数量便产生了个人法益与超个人法益（或曰集体法益）的划分，个人法益如生命、财产、自由等可归属于特定个体，而超个人法益如国家安全、公共安全、司法公正则属于不特定的社会整体。法益理论发展初期，这种划分只是根据权利主体是否特定，对于两者的关系并未引发广泛争议。直至20世纪七八十年代，借由环境犯罪立法，如何看待个人法益与超个人法益的关系，形成了人本主义与生态本位主义的争执，④ 一元法益论与二元法益论由此产生。法益一元论以法兰克福学派为代表，其法益观被称为“人本法益观”，主张在目的论上不应以国家这种公权主体为指向，而应将刑法的目的限于促进人的生存和发展。⑤ 为了保持这种法益的人

---

① 张明楷著：《刑法格言的展开》，北京大学出版社2013年版，第3页。

② 例如，对于涉枪类刑事案件的不合理扩张，有人主张通过提高枪支认定标准的途径来解决问题，但标准提高到何种程度绝非一拍即合，而需要经过长期的程序运作，即便立法者赞同作出变更，但新法出台之前的涉枪案件如何处置，难道可以置之不理坐等立法者新的决定吗？可见，将问题解决之道诉诸立法并不现实。

③ 参见〔德〕克劳斯·罗克信著：《刑法的任务不是法益保护吗?》，樊文译，载陈兴良主编：《刑事法评论》第19卷，北京大学出版社2007年版，第146—165页。

④ 参见钟宏彬：《法益理论的宪法基础》，台湾政治大学2008年硕士学位论文，第227页。

⑤ 参见李婕：《论抽象危险犯的法益构造与界限》，载陈兴良主编：《刑事法评论》第37卷，北京大学出版社2016年版，第364页。

本性质，一元法益论普遍主张将超个人法益的内涵予以限定，这种限定主要通过超个人法益与个人法益的机能性关联来建立一种横向的推导关系。所谓的“机能关联”与“推导关系”是互相补充的，旨在共同说明法益的人本性质，前者是指在目的指向上超个人法益须与个人法益保持一致，所谓的“超个人”只是无特定对象，但需限定为间接的个人保护，① 而非维护脱逸个人存在的抽象的某种体制或国家需求；后者是指以个人（而非国家）为起点进行法益建构，如果超个人法益无法还原为个人，则否定推导关系，也就无法肯定其“法益质”（Rechtsgutsqualität）。② 二元法益论则否定这种超个人法益与个人法益的关联性，认为两者互不约束、互相独立，相对于超个人法益（例如经济秩序），个人利益总是间接的、靠后的，立法者可以通过牺牲个人法益的方式来扩张对超个人法益的保护。③ 以刑法中的秩序型法益为例，二元论承认其自在的合理性，在解释刑法构成要件时自然无须与秩序背后的个人权益发生关联；一元论则强调立法者仅是通过设立这种管理秩序或制度的方式来达到保护个人权益的目的。

在对刑法法益进行法哲学解读时，个人主义或自由主义与国家主义或权威主义是一个绕不开的话题。④ 总体来看，人本主义法益观属于自由主义思想的产物，而超个人法益或者非人本法益则属于国家主义的产物，前者意在保障私权、限制公权，后者意在为国家刑罚权的积极扩张提供理论根据。从法益概念史来看，自费尔巴哈（Feuerbach）、比恩鲍姆（Birnbaum）时期出现“法益”概念的萌芽，这种概念本身就与受启蒙运动影响的自由主义思想密切相关。⑤ 以自由主义思想为基础的法益观偏向个人主义，反对通过牺牲个人权益来实现

---

① 参见张明楷著：《法益初论》，中国政法大学出版社2000年版，第124页。

② 参见钟宏彬：《法益理论的宪法基础》，台湾政治大学2008年硕士学位论文，第242—244页。

③ 参见杨萌：《德国刑法学中法益概念的内涵及其评价》，载《暨南学报（哲学社会科学版）》2012年第6期，第69—70页。

④ 参见张凯：《法益嬗变的困境与坚守》，载《中国刑事法杂志》2017年第2期，第8页。

⑤ 参见〔日〕伊东研祐著：《法益概念史研究》，秦一禾译，中国人民大学出版社2014年版，第13—41页。

对超个人法益的保护。[①] 只是随着经济社会的发展，个人本位向社会本位有所倾斜，尤其是伴随着风险社会理论的产生，越来越多的学者认为，刑事立法日益呈现非人本化趋势，不再以个人法益为导向，而是以抽象的社会法益作为保护对象；[②] 刑法的主要功能由权利保障转为秩序保护，[③] “个人权利与自由让位于共同体的安全”[④]。正是因此，有学者批评超个人法益，“不再有古典刑法中明确法益概念的除罪功能，行为可以轻易解释为对超个人法益有影响而入罪，个人自由锐减”[⑤]。除此之外，二元法益论可以将原属于行政性秩序管制的行为以侵犯超个人法益为由纳入刑法范畴，刑法规范与行政规范的差异日益模糊，[⑥] 这便为“行刑”衔接下的违反管理秩序型罪名的司法扩张化提供了理论支撑。根据我国当下刑事立法现状，二元法益观似乎更加符合刑法分则的形式分类，尤其在破坏社会主义市场经济秩序罪和妨害社会管理秩序罪当中。形式上来看，立法者确实将“秩序”作为该类犯罪的保护法益，在绝大多数情形下并未提及这种秩序背后的个人权益指向。但由于秩序本身十分宽泛，对于前置性行政管理规定的违反均可归结为一种秩序违反，因此，势必会导致“两法”的过度重叠，进而将原本应予以行政规制的行为认定为刑事犯罪。

当然，对于人本主义之“人”，不能仅仅理解为特定个人，还应包括不特定的集体。例如，环境犯罪的保护法益涉及的便是人类长远发展的生活基础而非对具体个人的保护。[⑦] 在人本法益观指导下进行构成要件解释，需特定行为对与人相关的权益产生实际危害方可入罪，对个人法益的损害直接妨碍了特定

---

① 参见杨萌：《德国刑法学中法益概念的内涵及其评价》，载《暨南学报（哲学社会科学版）》2012 年第 6 期，第 70 页。

② 参见王振：《坚守与超越：风险社会中的刑法理论之流变》，载《法学论坛》2010 年第 4 期，第 71 页。

③ 参见劳东燕：《公共政策与风险社会的刑法》，载《中国社会科学》2007 年第 3 期，第 128 页。

④ 董邦俊、王振：《风险社会中刑法人权保障机能之危机》，载《云南大学学报法学版》2010 年第 1 期，第 59 页。

⑤ 钟宏彬：《法益理论的宪法基础》，台湾政治大学 2008 年硕士学位论文，第 228 页。

⑥ 参见劳东燕：《风险社会与功能主义的刑法立法观》，载《法学评论》2017 年第 6 期，第 20 页。

⑦ 参见〔德〕乌尔斯·金德霍伊泽尔：《法益保护与规范效力的保障——论刑法的目的》，陈璇译，载《中外法学》2015 年第 2 期，第 554 页。

人的发展可能性，而损害公共利益则间接妨碍了所有人的发展可能。这种区别的意义主要在于对经当事人同意的法益侵害的评价。①

（二）秩序法益观、规则至上与物本主义

有的学者认为，行政犯中，行政不法行为与刑事犯罪行为的法益侵害（“质”）均是特定秩序，② 即持明显的秩序型法益观立场。在该学者看来，刑法分则第三章、第六章各罪名的保护法益无疑应当是经济或社会管理秩序。这种管理秩序究其实质，是前置法所确立的一种管理“格局”，只要触犯了这种“格局”，就可认定为行政违法以及秩序违反。因此，在违反管理秩序型犯罪中，会呈现出一种现象：只要形式上符合了与前置法相关联的罪状描述，就可以评价为对相关秩序的违反。这是因为，一方面，是否违反管理秩序是从行政规范层面所作的形式化判断；③ 另一方面，刑法罪状所确立的构成要件必须首先依照其所违反的有关行政管理法规确定。④ 由此，“刑法形式化的构成要件描述”、“有关行政规范”与“管理秩序违反”就处于一致状态。例如，只要生产、销售的“药品”未经主管部门审核批准就违反了药品管理秩序；⑤ 只要行为所涉枪支被公安机关鉴定为“枪支”，即便没有产生对人身安全的实际威胁，也违反了国家枪支管理秩序；只要提供的贷款资料不完全属实，即便对信贷资金的归还不产生实际影响，也违反了贷款管理秩序；只要开具了与实际交易不符的增值税专用发票，即便客观上无法申请抵扣税款，也扰乱了国家发票管理秩序等。由于行政违法的结果必然是秩序违反，对于某种行为是否侵犯相关秩序，只需进行前置法的判断已足。就此而言，是否违反特定秩序主要是从前置

---

① Vgl. Frister, Strafrecht Allgemeiner Teil, 5. Aufl. C. H. Beck, 2011, 3. Kap., Rn. 21.

② 参见孙国祥：《行政犯违法性判断的从属性和独立性研究》，载《法学家》2017 年第 1 期，第 52 页。

③ 参见刘艳红：《“法益性的欠缺”与法定犯的出罪——以行政要素的双重限缩解释为路径》，载《比较法研究》2019 年第 1 期，第 88—93 页。

④ 参见刘艳红：《法定犯与罪刑法定原则的坚守》，载《中国刑事法杂志》2018 年第 6 期，第 62 页。

⑤ 《药品管理法》的修订并未改变这一立场。该法的修订只是从前置法层面限缩了刑法上“假药”的范围，未经批准销售境外新药不再认定为刑法意义上的“假药”，但仍保留了行政处罚的空间。也就是说，只要是未经批准而销售，即使具有真实疗效，也属于行政不法，因为该行为仍旧侵犯了药品管理秩序。

性行政管理规范以及形式上的罪状描述进行评价的。亦即，对于“两法”衔接下的违反管理秩序型罪名而言，秩序违反将符合构成要件文义描述，亦即前置性行政规范违反，一旦判定某一行为属于构成要件的文义射程，势必会得出违反相关经济或社会管理秩序的结论。质言之，持秩序型法益观者，貌似是以“秩序”为名对构成要件进行了实质评价，其实仍旧未脱逸形式评价的范畴。正因如此，有学者将对行政命令的违反界定为形式犯。①

由于对行政规范的违反便可直接推导出违反秩序，秩序型法益观必然在刑事不法评价中坚持规则至上，即只要违反了相关规范便具备刑事不法之“质”，至于是否予以刑事处罚仅仅是“量”上的区别。这种法益观会将刑法视为一个自洽的、封闭的体系，具体适用中无须与人发生实际关联，即便没有对他人造成侵害的实际可能性，也会评价为刑事不法；形式合理便是合理性要求的全部，对于其之外的诸如正义的实质价值和目的，则完全不会进入法官裁量案件的考量视野。这种司法裁判模式也就与机械法理学的范型最为贴近。② 因此，在秩序型法益观指导下进行构成要件解释，难免遭受法条主义、缺乏实质性价值判断、用刑机械化等质疑。③ 相对于人本法益观，这种法益观偏向于一种物本逻辑。相对于“人”，秩序与规则本身属于“物”的范畴，摒弃人本身而谈法益保护或者构成要件解释，正是非人本法益观的彰显。在此导向下，容易将人视为规则的奴仆，使法律的解释失去甚至背离了人性基础。④ 这也是赵某华案、王某军案乃至陆某案等引发公众对于司法公正质疑的根本原因所在。

总之，秩序型法益观本质上属于一种物本主义，背后是一种二元法益论立

---

① 参见〔日〕松宫孝明著：《刑法总论讲义》，钱叶六译，中国人民大学出版社 2013 年版，第 45 页。

② 参见〔美〕诺内特、塞尔兹尼克著：《转变中的法律与社会——迈向回应型法》，张志铭译，中国政法大学出版社 1994 年版，第 68 页。

③ 随着新近发生的遭受广泛质疑的案件的增多，已有学者对此现象进行评析。局部内容，已然涉及对秩序型法益观的反思。参见劳东燕：《法条主义与刑法解释中的实质判断——以赵某华持枪案为例的分析》，载《华东政法大学学报》2017 年第 6 期，第 16—34 页；张明楷：《避免将行政违法认定为刑事犯罪：理念、方法与路径》，载《中国法学》2017 年第 4 期，第 43—49 页；孙国祥：《骗取贷款罪司法认定的误识与匡正》，载《法商研究》2016 年第 5 期，第 50—57 页。

④ 参见袁林：《刑法解释观应从规则主义适度转向人本主义》，载《法商研究》2008 年第 6 期，第 116 页。

场，一旦脱离“人”这种“本体”和“目的”，在理解罪刑规范时就会陷入形式化、机械化，以致“所认识之法律，便常常与该法律所应当发挥的功能，或实现的价值格格不入”①。在此基础上建构的刑法教义学知识体系也往往是封闭的，无法回应和容纳“处罚实质合理性”“合情理性”“合目的性”等价值诉求。

三、行政犯的司法适用宜坚持人本法益观立场

上文已述，法益的本旨与自由主义思想密切相关，主要针对中世纪犯罪化的神权、道德色彩，以社会契约论为起点，主张以侵犯社会或他人权利作为构罪的前提，从而限制过罪化的趋向。与罪刑法定原则一样，法益概念的初衷从来不是为刑罚权的扩张作支撑，而是为限制国家刑罚权力作铺垫。只是随着二元法益论的提出，由约束刑罚权转为积极引导刑罚权扩张，法益的非人本化凸显，刑法也由此从司法法向警察法转变。② 就此而言，人本法益观绝不是为证明犯罪（入罪）提供积极的依据，而是为限制刑法适用范围、避免侵蚀前置法的规制领地提供理论支撑，也就是说其理论价值主要体现在出罪维度。“对刑法规范的解释要多种方法并用，并不刻意强调使用其中某一种方法。然而，对于法定犯而言则不然。基于法定犯‘法益性的欠缺’，为弥补其在此问题上的先天不足，后天予以弥补的方法则是：倡导对法定犯行政要素的限制解释。”③ 鉴于法益具有指导构成要件解释的方法论机能，这种限制解释的方式主要通过对法益概念予以限制来实现。④

（一）“两法”量的区分观点之局囿性呈现

在持秩序型法益观的学者看来，前置性行政法与刑法均意在维护特定的管

---

① 黄茂荣著：《法学方法与现代民法》，中国政法大学出版社 2001 年版，第 46 页。

② 参见何荣功：《预防刑法的扩张及其限度》，载《法学研究》2017 年第 4 期，第 142 页。

③ 刘艳红：《“法益性的欠缺”与法定犯的出罪——以行政要素的双重限缩解释为路径》，载《比较法研究》2019 年第 1 期，第 97 页。

④ Ivo Appel, Rechtsgünterschutzes durch Strafrecht? Anmerkungen aus verfassungsrechtli - cher Sicht, KritV82 (1999), S. 281.

理秩序，两者在法益之“质”上不存在差异，只能诉诸“量”厘定“两法”的边界。① 但是，这种行政不法行为仅因量的增加便转化为刑事不法的理论和实践是应当引起质疑和反思的。一方面，作为裁判规范，其主要功能是为司法者提供罪与非罪、此罪与彼罪的裁判指引，在量的区分说中，刑法规范与行政规范的区别只能诉诸行为的严重程度。但是，“对秩序的侵害程度则不可计量”，② 在“秩序”这种抽象的概念之上建立可量化的标准难以实现。现实中，为了区分严重程度的不同，司法者要么纯粹依赖自身的自由裁量，要么转为唯数额（量）论。另一方面，将行政法与刑法的法益性质完全等同会使刑法成为前置法的纯粹的情节（或结果）加重犯，刑法的目的就沦为单纯惩治严重的行政不法，不法判断的独立性丧失，刑法成为行政法的工具，将“面临沦为保护纯粹行政利益的风险”。③ 从现实案件来看，主张“两法”规范保护法益相同而仅存在程度或量的区分的观点也会引发一些疑惑。

例如，《最高人民法院、最高人民检察院关于办理危害药品安全刑事案件适用法律若干问题的解释》（以下简称《药品解释》）第11条明确规定，根据民间配方私自加工的或者未经批准的境外药品，如果系“少量”且未造成他人伤害或者延误诊治的后果，可以予以出罪。但这种量的区分标准本身便存在局限。其一，该解释显然认可了在“少量”范围内，以人身安全作为认定犯罪的标准；但是，一旦超出“少量”标准，这种人体健康权益便不再起决定作用，回归到以行政性管理秩序（是否经过审批）决定犯罪与否的局面。也就是说，“少量”之内采取的是“人身”标准，“少量”之外采取的则是“秩序”标准，在犯罪的认定上，衡量标准不具有统一性和一贯性，这并不符合认定犯罪的基本逻辑。其二，这种量的区分标准固然为“少量”之内的个案提供了出罪路径，但不能回应超出“少量”标准的类似案件的处罚合理性问题。如果以陆某

① 参见陈少青：《法秩序的统一性与违法判断的相对性》，载《法学家》2016年第3期，第24页；田宏杰：《行政犯的法律属性及其责任——兼及定罪机制的重构》，载《法学家》2013年第3期，第55页；田宏杰：《知识转型与教义坚守：行政刑法几个基本问题研究》，载《政法论坛》2018年第6期，第29页。

② 魏昌东：《行刑鸿沟：实然、根据与坚守——兼及我国行政犯理论争议问题及其解决路径》，载《中国刑事法杂志》2018年第5期，第14页。

③ 何荣功：《社会治理“过度刑法化”的法哲学批判》，载《中外法学》2015年第2期，第532页。

案中的利益衡量作为认定犯罪的依据,① 岂不是药品量越大越有利于患者的人身健康吗？在蔡某销售丙肝药一案中便面临这样的尴尬。② 辩护人以《药品解释》第11条第2款作为辩护依据，但法院认为被告人销售上述药品金额累计8万余元，获利约15000元，已超出该解释中规定的“少量”的范畴，应当以销售假药罪追究其刑事责任。新近发生的上海翟某平销售假药案也是如此。③ 立法者设立此刑法规范的目的应当是保护公众的用药安全，而非处罚行为人的自利动机和行为，对超出“少量”标准但具有真实疗效的类似行为进行刑事处罚，依然无法解决“情法”冲突的难题。

这种量的区分立场也完全无法解释王某军无证收购玉米案的无罪改判问题。最高人民法院第97号指导案例在该案基础上提供了一种原则性指引，“判断违反行政管理有关规定的经营行为是否构成非法经营罪，应当考虑该经营行为是否属于严重扰乱市场秩序。对于虽然违反行政管理有关规定，但尚未严重扰乱市场秩序的经营行为，不应当认定为非法经营罪”。由此肯定了“严重扰乱市场秩序”相较“违反行政管理有关规定”的相对独立性，但是如何理解这种“严重”程度便成为新的难题，是应当以收购贩卖所得资金数额来认定，还是以行为所涉及的地域大小为标准？我们显然不能说如果王某军涉案数额巨大便当然具备刑事可罚性。一方面，一审法院认为王某军非法经营数额达21万余元，数量较大，其行为构成非法经营罪，法院再审论证时便对这种数额要素不再提及，这是否表明再审变相否定了这种数量标准？可见，司法者对于量的区

---

① 释法说理书认为，陆某的行为虽然在一定程度上触及了国家对药品的管理秩序，但其行为对这方面的实际危害程度，相对于白血病群体的生命权和健康权来讲，是难以相提并论的。如果不顾及后者而片面地将陆某在主观上、客观上都惠及白血病患者的行为认定为犯罪，显然有悖于司法为民的价值观。参见阮占江：《检察机关详解陆某案撤诉缘由》，载《法制日报》2015年2月28日，第8版。

② 被告人为赚取差价，通过QQ与一名自称为印度人的男子取得联系，以每瓶500—1500元的价格多次购进治疗丙肝的药品，再以700—1700元的价格将上述药物销售给十余名丙肝患者。有证据表明其所售价格便宜且具有良好的疗效。参见河南省汝州市人民法院（2017）豫0482刑初229号刑事判决书。

③ 自身罹患癌症的翟某平从国外代购国内没有的抗癌药回国，在原售价基础上加5%卖给了病友，病友通过注射治疗后发现的确非常有效。参见李勤余：“莫让救命药成‘假药’”，载新浪新闻，http：//news. sina. com. cn/c/2018－08－16/doc－ihhtfwqs0019639. shtml，最后访问时间：2020年1月5日。

分标准其实是采取了回避甚至摒弃的立场。另一方面，在普通公众看来，出入罪的朴素情理依据在于该行为是否“有害”，而非所谓的扰乱管理秩序与否。① 针对本案，当事人始终不能释怀，“上门收购玉米应该是好事，怎么就犯罪了”？媒体甚至用“无妄之灾”来形容本案。② 这便说明，在公众的潜意识中这种粮食收购管理制度或市场管理秩序不应成为本罪的法益性质，应当排除犯罪的缘由只有一个：该行为对于民众生活无害反有益。

（二）行政性法益不应当然上升为刑法层面的法益

其实，刑法与行政法的立法初衷与期待的实际效果并不相同，刑法总归以保护某种法益为价值导向，而行政法力图确认的是一种管理秩序。“如果某种规定只保护特定的秩序，而不去避免具体的损害，那这些规定在刑法中就没有任何地位。”③ “行为仅侵害行政管理秩序时，即使在行政法上被认为侵害了公法益，但如果没有最终侵害个人法益，就只是行政违法行为，而不可能成为犯罪行为。”④ 就此而言，对于刑法、行政法规范的法益性质的解读不宜简单等同。上文已述，违反秩序与否实际上是一种形式判断，只要触犯了行政法上的刚性规定便可评价为违反秩序。由此，决定了刑法规范在适用中不得不考虑某种实质正当性的根据，而行政法则注重形式上法规范的不可违反。虽然立法者设置行政法规范的最终目的也是对人身财产权益进行保障，⑤ 但这更类似于一种立法初衷或设想，也是一种绝对性的前提，为了更好地实现这种立法目的，行政规范往往较为严格，进而形成一种不可违反的秩序格局，在具体适用中不再与危害人之相关权益与否实际挂钩，只要触犯了这种“格局”，就可认定为行政

---

① 参见崔志伟：《刑事裁判可接受性的“合情理”路径——枫桥经验中的情理观及其启示》，载《山东法官培训学院学报》2018 年第 4 期，第 24 页。

② 参见滑璇：“‘无证收购玉米案’再审直击：‘这是好事，咋就犯罪了？’”，载南方周末，http：//www. infzm. com/content/122892，最后访问时间：2020 年 1 月 5 日。

③ 〔德〕乌尔斯·金德霍伊泽尔：《法益保护与规范效力的保障——论刑法的目的》，陈璇译，载《中外法学》2015 年第 2 期，第 555 页。

④ 张明楷：《避免将行政违法认定为刑事犯罪：理念、方法与路径》，载《中国法学》2017 年第 4 期，第 46 页。

⑤ 例如，《枪支管理法》的立法宗旨为“加强枪支管理，维护社会治安秩序，保障公共安全”；《药品管理法》第 1 条也交待了其立法宗旨：“加强药品管理，保证药品质量，保障公共用药安全和合法权益，保护和促进公众健康。”

违法。由此，行政违法的门槛往往较低、规制较为严密、惩治较为提前。换言之，行政立法中保障人之权益的最终目的“属于一种绝对的最高理想性完善（Vervollkommung），一种未企及的目标，为了实现这个目标，行政处于一直运作的状态。由于行政是具有创造性的，在选择达成目标的手段上便具有十足的独立性”①。只要对这种“运作状态”造成干扰，无须判断对这种理想性状态的影响如何，就可以直接认定为行政不法，即手段已然独立于目的而获得了绝对的受保护性。正是因为这种行政手段的独立性和创造性，也决定了行政规范处于持续的变化当中，相较刑法更具灵活性和可变动性。②

以涉枪支犯罪为例，2006年《公安部关于对以气体等为动力发射金属弹丸或者其他物质的仿真枪认定问题的批复》指出，“利用气瓶、弹簧、电机等形成压缩气体为动力、发射金属弹丸或者其他物质并具有杀伤力的‘仿真枪’，具备制式气枪的本质特征，应认定为枪支，并按气枪进行管制处理。对非法制造、买卖、运输、储存、邮寄、持有、携带和走私此类枪支的，应当依照《中华人民共和国枪支管理法》、《中华人民共和国刑法》、《中华人民共和国治安管理处罚法》的有关规定，追究当事人的法律责任。对不具有杀伤力但符合仿真枪认定规定的，应认定为仿真枪；对非法制造、销售此类仿真枪的，应当依照《中华人民共和国枪支管理法》的有关规定，予以处罚”。非常明显，前半段所规定的列入刑法规制的对象行为要求仿真枪具有“杀伤力”（危害公共安全）的实质危害特征；按照后半段描述，不具有杀伤力但符合（行政）认定标准的仿真枪仅仅是枪支管理法的规制对象而完全没有提及刑法。由此可见，前置法对涉枪行为的规制范围并不仅限于人身伤害性，而是在此基础上拓宽了自身的规制范围，只要枪口比动能达到某种硬性标准便系违法。之所以呈现出这种规制特征，是因为，其一，整体来看，行政法与司法法的属性并不相同，前者是一种社会管理法，其属性可归结为管理和效率，而刑法作为司法法偏重于公正

---

① James Goldschmidt, Das Verwaltungsstrafrecht: Eine Untersuchung der Grenzgebiete zwischen Strafrecht und Verwaltungsrecht auf rechtsgeschichtlicher und rechtsvergleichender Grundlage, Carl Heymanns Verlag. Berlin, 1902, S. 533.

② Erik Wolf, Die Stellung der Verwaltungsdelikte im Strafrechtssystem, Festgabe für Reinhard von Frank zum 70 Geburtstag, J. C. B. Mohr, 1930, S. 524.

和客观，[1] 为了实现枪支管控的便利性和高效性，行政规范可以降低枪支鉴定标准。其二，保障行政管理的顺利进行是行政法效率性原则的当然要求，[2] 行政违法也就表现为“单纯的不服从”本身。只要违反了形式上的明文规定即属于对行政命令或禁令的不服从进而推导出行政违法。再如，《药品管理法》的修订也恰恰能够说明行政不法与刑事不法判断的完全不同的立场。从前置法层面削减“假药”的范畴（未经批准的境外合法新药不再认定为假药）完全是为了迎合刑法层面的假药认定问题，使得对假药的认定紧扣他人人身安全，这正是人本法益观的回归。但是，这种修订并不影响行政法层面的违法认定，进口未经批准的境外新药仅仅是不予刑事处罚，但仍不能豁免其行政违法责任。也就是说，只要是未经批准而销售，即便具有真实疗效，也属于行政不法，因为该行为仍旧属于对行政禁令的“不服从”进而侵犯了药品管理秩序。

这并非说行政规范无须坚持人本理念，行政立法的人本化无疑是法律本身正当化的依据，除此之外，人本化主要体现在行政程序中（如听证）。[3] 在具体适用中，由于行政规范本身的特殊性，为了保证执法的效率、规制的严密、保护的提前，可以将这种秩序本身视为法规范的目的；但刑法由于其固有的严厉性，要求其节俭、谦抑，即将国家公权力的最紧要部分（刑罚权）用在与个人权益息息相关之处。这就要求，除了在刑事立法中，在司法环节也需要时时处处考量对特定刑法规范的理解是否以人的权益为本位。简而言之，人本法益观不仅是指导刑事立法的正当化根据，也是解释具体罪名的核心指标；而行政法一般仅要求立法上的人本化，具体适用中追求的是法规范的不可违反。所谓的行政性经济或社会管理秩序充其量仅仅是行政法规范意在保护的法益，在刑事不法认定中不宜径直以此作为评价标准，即行政性法益不应当然上升为刑法层面的法益。由此，人本法益观便为行政规范与刑法规范划出了一道相对清晰的界限，仅仅违反某种管理秩序的行为（如未经审批代购抗癌药、未经批准收购粮食、摆射击摊等），充其量仅仅是行政不法，完全可以通过警告、罚款、没收

---

① 赵运锋：《行政违法行为犯罪化的检视与应对》，载《政法论丛》2018 年第 2 期，第 102 页。

② 参见王成栋：《论行政法的效率原则》，载《行政法学研究》2006 年第 2 期，第 26 页。

③ 参见李龙主编：《人本法律观研究》，中国社会科学出版社 2006 年版，第 214—239 页。

违法物品等措施达到纠正不法的目的，而完全没有上升为刑事犯罪的必要。这种区分仅仅关乎是否威胁到他人人身财产等与人相关的具体权益，与涉案物品或数额的“量”并没有关联。①

除以上所述之外，由于刑罚的严厉性、节俭性以及罪责刑相适应的要求，对某一行为进行处罚需要存在实际的刑事不法根据，单纯以对秩序的违反作为这种不法根据过于单薄。并且，秩序本身过于空洞，民众并未切实感受到行为的危害所在，即对危害性的事实依据缺乏体认。当某一行为仅仅触犯了行政性管理制度或秩序，对人之权益无害（甚至有益），对之动用刑法规制，势必会挑战公众的朴素认知，进而造成对判决结果的舆论性抵制。从目的论角度讲，管理秩序的存在仅仅是为了更好地维护人之权益，自身并不是目的，“由于秩序型法益与利益型法益之间是手段与目的的关系，所以立法者创设秩序型法益必须以保护背后的利益型法益为宗旨”②。因此，与人相关的权益才是刑法规范的保护目的。以非法经营罪为例，前置性的市场经营管理秩序在刑法层面充其量只是一种保护手段，其真正目的是致力于对市场参与者权益的保护，只有特定行为在侵犯管理秩序的同时也对这种秩序背后的人之相关权益形成了危害事实，才有助于得出犯罪结论。这才是王某军应当被判为无罪的真正根据——没有侵害值得刑法保护的法益即个人法益。③

综合上述，在我国刑法分则现有分类模式下，以类别确定法益似乎成为无可争议的“常识”，司法者也习惯将这些罪名的保护法益定性为管理秩序，并据以指导构成要件解释。加上风险刑法理论的提出，人们日益主张刑法由被动、谦抑转为主动、扩张，二元法益论恰恰能够满足这种需求，在此背景下，法益的非人本化成为一个无法回避的话题。这种法益观在背离人本思想的同时，也容易导致模糊刑法与行政规范的界限进而造成刑法规制范围的过度扩张。因此，应当重新审视刑法分则的分类意义。在笔者看来，这仅是一种形式上的分类标

① 当然，并非说在所有违反管理秩序型犯罪中，区分刑法规范与行政规范均不能适用“量的区分”，个别情况下，如果对于秩序本身的侵犯已然具备危害与人相关权益的实际可能性时，就应适用量的区分标准。

② 蓝学友：《规制抽象危险犯的新路径：双层法益与比例原则的融合》，载《法学研究》2019 年第 6 期，第 138 页。

③ 参见张明楷：《避免将行政违法认定为刑事犯罪：理念、方法与路径》，载《中国法学》2017 年第 4 期，第 47—48 页。

准，其作用主要在于表明法典设置的章法、确定犯罪的所属领域以及确认与前置法的衔接关系，有助于认识犯罪的表面特征，但这种“秩序型客体”尚不能直接上升为刑法保护的法益。在行政犯的司法认定中，人本法益观要求在这种秩序背后寻求与人之权益相关联的、成立刑事不法的实质根据。

四、行政犯的出罪路径：基于人本法益观的实质解释

（一）以人之权益为保护法益的抽象危险犯设置

20世纪初，在新康德价值哲学的影响下，德国刑法理论中的法益概念一度出现精神化的趋向，[①] 这种理论动向对之后的刑法扩张也提供了支持。在持风险刑法理论的学者看来，刑法应对社会风险的当然姿态便是规制前置化，而这种前置化主要通过“抽象危险犯”的方式表达，[②] 因此，抽象危险犯设置便成为风险刑法的佐证。例如，有学者认为，通过抽象危险犯所呈现的法益保护前置化所要保护的实体是公众的安全感或信赖感，[③] 这种所谓的“安全感”明显具有精神化的痕迹。生活在现代社会的人们面临越来越多的不确定风险，为了确保公众的安全感，需要刑法对这些人为的风险领域提前介入。与这种法益的精神化、抽象化一脉相承，在我国刑法学者看来，我们刑法分则中的不少抽象危险犯罪名保护的法益都是某种社会管理制度或秩序等超个人法益，[④] 这明显是法益二元论、秩序法益观或非人本法益观的立场。问题是，抽象危险犯本就是法益保护的前置化，对危害结果可能性的抽象判断已然拓宽了刑法的规制范围，如果在此“抽象”之上复加法益的“抽象”，难谓不是将规制范围一而再地前伸。况且，上文已述，秩序违反与否偏重于一种罪状的文义描述和形式判

---

① 参见〔日〕伊东研祐著：《法益概念史研究》，秦一禾译，中国人民大学出版社2014年版，第93页。

② 参见姚贝、王拓：《法益保护前置化问题研究》，载《中国刑事法杂志》2012年第1期，第27页。

③ 参见舒洪水、张晶：《法益在现代刑法中的困境与发展——以德、日刑法的立法动态为视角》，载《政治与法律》2009年第7期，第104页。

④ 参见李婕：《论抽象危险犯的法益构造与界限》，载陈兴良主编：《刑事法评论》第37卷，北京大学出版社2016年版，第363页。

断，只要符合了与前置法相衔接的罪状描述，就是触犯了行政性管理制度，如此看来，抽象危险犯中的秩序违反只能是一种“实害”而非“危险”。有学者以买卖身份证件罪为例，认为，只要行为人实施了买卖的行为，便对社会管理秩序造成了抽象危险。① 但是，一旦认定了具备伪造或买卖身份证的行为，就违反了相关身份证管理制度，对此领域的社会管理秩序的侵犯是“已然”的。再如，只要持有的“枪支”达到公安部门鉴定标准，就已然违反了枪支管理制度，而非一种“可能”。那么，又怎能将“秩序”界定为抽象危险犯的保护法益呢？

一元法益论并不反对抽象危险犯设置，而是通过检验危险的真实可能性而限缩其成立空间，② 并且一元法益论反对将“秩序”这种抽象客体视为刑法上的法益。有学者提出，德国基本法中保障人格自由发展的规定是法益保护早期化和超个人法益正当化的根据，既然刑法将个人保护视为最终目的，也就有理由保护个人活动的前提条件。雅各布斯据此提出，抽象危险犯保护的是作为核心法益实现条件的“侧防法益”。③ 但是，这种所谓的“侧防法益”与核心法益仅仅是手段与目的的关系，既然已经肯定了个人相关权益保护为刑法规范的目的，那么也就不能割断手段与目的的关联即“机能关联”与“推导关系”，换言之，作为手段的抽象秩序（侧防法益）不能成为一种独立的被保护法益。在行政犯尤其是违反管理秩序型犯罪中，对于管理秩序的严格遵循无疑有利于人之权益的更周延保护，就此，可以将这种秩序视为“实现条件”或“侧防法益”。我们无可否认刑法也有着保护相关管理秩序的功能，但究竟是以这种“侧防法益”还是“核心法益”指导构成要件的解释，却会导致完全不同的刑法适用结果。上文已述，这种“秩序”与“人之权益”是一种手段与目的的关系，起决定性作用的不可能是脱离目的制约的手段。为了目的实现的绝对周延，刑法所设置的、与前置法相衔接的规制手段往往较为宽泛，此时，起刑事评价决定性作用的更应是目的本身，对构成要件的解释自然就应该是以“核心法

---

① 胡杨：《论抽象危险犯构成要件符合性的判断》，载李曙光主编：《法大研究生》2017年第2辑，中国政法大学出版社2018年版，第147页。

② 参见钟宏彬：《法益理论的宪法基础》，台湾政治大学2008年硕士学位论文，第229页。

③ 参见李婕：《论抽象危险犯的法益构造与界限》，载陈兴良主编：《刑事法评论》第37卷，北京大学出版社2016年版，第370页。

益”为轴心。因此，对于违反管理秩序型犯罪，完全可以将之理解为以人之权益为保护法益的抽象危险犯。一方面，于形式而言，违反管理秩序型罪名立法模式与抽象危险犯的立法设置相协调，即立法者鉴于危险的“一般性”而在罪状中省略了危险要素；另一方面，于实质而言，这种法益观更符合刑法规范目的的自身定位以及人本主义诉求。

在人本法益观指导下理解抽象危险犯，这种立法设置仅仅是刑法保护前置化、早期化的体现，而这种早期化并不一定会导致法益的模糊性。① 例如，《刑法修正案（八）》取消第141条生产、销售假药罪中“足以严重危害人体健康”的构成要素，只是说明立法者意在更为周延地保护公众人身健康权益，而不能说明该罪名的保护法益由人之权益转化为药品监管制度，此次修法前后的变化仅在于由之前对人身健康的具体危险变为抽象危险已足。一般而言，刑事立法的扩张与自由保障存在一定冲突，前者也极易导致法益的非人本化，抽象危险犯的设置正是立足于两者的折中。传统的法益一元论固守个人本位的立场，力求最大限度减少刑法干涉，而二元论则主张适应社会发展变化，强化集体利益保护而不惜牺牲个人自由。② 在经济社会急速发展的当下，公民权益保障也面临着前所未有的挑战，刑法如果依然限于事后打击势必会导致保护法益效果的弱化，此时刑法一定程度上强调预防无可厚非，抽象危险犯的设置也就在所难免，由此可见一元论需要一定程度上的缓和；但是这种出于预防需要的前置化必须以保障人之权益为核心，即法益保护范围的延伸与扩展，而非法益的性质发生了变化。抽象危险犯的设置正是在坚持一元法益论立场的前提下，对刑法规制范围的适度扩延。

在违反管理秩序型犯罪当中，立法者对这种与人相关的权益基本不予提及，从而造成了刑法意在维护某种管理秩序的“假象”，司法者便据此认为在适用中无须与人之相关权益挂钩，以此造成了刑事裁决结果的非人本化。立法者之所以不予提及，仅仅是基于“秩序”与这种具体权益存在常态关联的考虑，即“秩序”作为人之权益实现的前提条件，一旦对其造成侵害便具备了侵犯人之

---

① 参见张凯：《法益嬗变的困境与坚守》，载《中国刑事法杂志》2017年第2期，第18页。

② 参见李婕：《论抽象危险犯的法益构造与界限》，载陈兴良主编：《刑事法评论》第37卷，北京大学出版社2016年版，第365页。

权益的一般可能性。但这种“一般性”或“常态性”不宜绝对对等，现实中还会出现一些特殊情况：行为虽然违反了相关管理秩序，但对这种具体权益未形成任何实际威胁。

（二）反证空间与抽象危险的排除

1. 基于人本法益观对行政犯进行抽象危险犯式解读应当允许反证

对于抽象危险犯的性质及认定标准学界争议较大，存在形式犯、行为犯与不允许反证的抽象危险犯、允许反证的抽象危险犯四种观点。

第一种观点认为，只要形式上满足构成要件就可认定存在法益侵害危险。[①] 如此理解行政犯罪名，会认为“只要是在形式上具有违反命令的行为就够了”,[②] 由此，行政犯就纯粹成为行政命令的违反，这在我国行政处罚与刑事处罚二元分立的立法背景下，显然是不符合实际的。但是，这种观点却是我国当下刑事司法的真实写照。实践中在认定诸如假药案、涉枪案等违法行为时，多奉行这种法条主义思维和形式逻辑，对于行政认定结果过于依赖，以致在犯罪认定中缺乏实质判断。在刑法罪状与前置法高度重合的情况下，“公检法人员对法条的解释停留在字面含义”，以致将大量行政违法行为认定为刑事犯罪。[③] 这种形式犯观点和做法与惯常理解的犯罪性质严重不符，因此，即便在日本这样的行政刑法色彩浓厚的国家，也鲜有人接受所谓的形式犯。第二种观点认为，抽象危险犯就是行为犯，构成要件行为对特定法益的一般危险便是处罚依据，危险本身并非构成要件要素。[④] 在该观点看来，行为的危险是一种类型化的危险，危险已然暗含在行为当中，因此，只要具备特定行为就可直接认定危险存在。第三种观点属于一种拟制理论，主张抽象危险犯属于立法者基于类型化的总结，认为某类行为具有法益侵害的一般可能性，从而规定只要实施了相关行为便可认定危险存在。只要“特定的行为方式出现，具体个案纵然不生危险，

---

① 参见王作富主编：《刑法分则实务研究（上）》，中国方正出版社2010年版，第30页。

② 付立庆：《行为犯概念否定论》，载《政法论坛》2013年第6期，第110页。

③ 参见张明楷：《避免将行政违法认定为刑事犯罪：理念、方法与路径》，载《中国法学》2017年第4期，第43页。

④ Vgl. Hans - Heinrich Jescheck/Thomas Weigend, Lehrbuch des Strafrechts Allgemeiner Teil, D & H, 1996, S. 264.

亦不许反证推翻”[1]。由于在司法适用中无须对行为的危险性质进行判断，实际上便是主张只要具备相关行为便可构成犯罪，这其实是将抽象危险犯作为行为犯对待的。第四种观点主张对所有的抽象危险犯都应该作实质化的理解，“抽象危险犯也需要在具体案件中作‘具体’的判断，只不过不需要公诉机关的积极判断而由立法者推定而已”[2]。既然是一种“推定”，便应承认他种可能性，也就应允许反证“危险不存在”这一具体客观事实。换言之，在该观点看来，抽象危险应理解为立法者的推定，符合构成要件类型化的行为并不一定推导出法益侵犯的危险，便应为此预留一定的基于反证而出罪的空间。[3] 这种观点明显属于人本法益观立场且认识到秩序违反与人之权益侵犯的非一一对应，对于那些未对人之权益形成现实危险的秩序违反行为，应否定构成要件该当。由此可见，按照这种观点，危险的有无就成为刑事不法评价的核心依据。例如，在日本道路交通法中闯红灯属于一种行为犯立法形式，但西田典之教授认为应当对之进行抽象危险犯式解读，纵然闯红灯具有一般性危险，但如果行为发生在夜晚完全没有车辆通行的场合，则排除了抽象危险的存在，应当认定行为不可罚。[4]

形式犯与行为犯说（拟制的抽象危险犯说其实就相当于行为犯的观点）的欠合理性主要体现在两个方面。其一，与法益侵害原则相抵触。无论是新近引入的法益侵害说还是社会危害论，“都以危害为其落脚点”，[5] 这种危害包括作为结果的实害以及危险。在拟制论者看来，“抽象危险的状态属于拟制，故其立法主旨实际上根本不是侧重于法益侵害，而是以规范侵害取而代之。而在这种

① 林东茂著：《刑法综览》，中国人民大学出版社2009年版，第50页。

② 付立庆：《应否允许抽象危险犯反证问题研究》，载《法商研究》2013年第6期，第80页。

③ 参见劳东燕：《价值判断与刑法解释：对陆某案的刑法困境与出路的思考》，载《清华法律评论》第9卷第1辑，清华大学出版社2017年版，第149页；付立庆：《应否允许抽象危险犯反证问题研究》，载《法商研究》2013年第6期，第78—81页；毛玲玲、崔志伟：《风险刑法理论与刑事法治的疏离与博弈——立足于抽象危险犯的考察》，载《河南财经政法大学学报》2015年第6期，第144页。

④ 参见〔日〕西田典之著：《刑法总论》，弘文堂2006年版，第79页。转引自付立庆：《行为犯概念否定论》，载《政法论坛》2013年第6期，第109页。

⑤ 陈兴良：《风险刑法理论的法教义学批判》，载《中外法学》2014年第1期，第108页。

场合，即便行为人的侵害行为永远都不能达到侵害法益的结果，行为人也应对其行为侵害‘不得实施某种危害行为’的规范而承担罪责”①。这种不论是否有法益侵害的实际危险，只要具备相应行为一概构成犯罪的论调，显然是一元行为无价值的具体应用，容易走向人本主义的对立面。以此观点审视行政犯，尤其是立法未规定罪量的“裸”的行为类型，由于失去了法益侵害的制约，势必将纯粹违反前置性行政管理秩序的行政不法认定为刑事犯罪，以致趋近于形式犯立场，进而导致刑法过度侵蚀前置法的规制领地，也就背离了刑法的谦抑性及合比例原则，刑法极易沦为行政管制法。由此，罗克信便认为，刑法在与风险作斗争中，必须坚守法益保护以及其他与法治国相关的原则，在无法保证这一点时，刑法必须停止介入。② 脱离法益侵害原则管束的刑法极易在“风险”理论的煽动下无节制地扩展处罚范围，其对个体自由的潜在威胁不容轻视。其二，与我国刑法确立的责任原则相背离。我国刑法对故意、过失的认知范畴以“危害社会的结果”加以界定，即对“危害社会”这种后果应该具备故意或过失。在主张形式犯、行为犯或者拟制论者看来，既然不需要具体认定法益侵害（或危害社会）的结果，自然也就无须认定针对此结果的主观故意或过失心态，即便行为人自信没有任何危险发生，客观上也确实不存在实际危险，只要具备相关行为便可构成犯罪。正因如此，德国学者考夫曼认为抽象危险犯与罪责原则发生冲突。③

与此相对应，允许反证的抽象危险犯说更具合理性。“他种可能”为保障被告人的反驳权提供了空间，如果被告人能够提出证据证明对他人的人身财产等权益没有威胁或威胁极为有限，则应排除此罪的成立。基于此，抽象危险犯与具体危险犯之区分不在于司法认定上是否应具备实际危险的问题。抽象危险犯乃立法者基于生活经验的总结，认为原则上一旦具备特定行为，危险是当然存在的，但例外情形下危险的不存在阻却犯罪（即推定是原则，具体认定是例外）；而具体危险犯则必须在个案中具体认定实际危险的存在。两者并无本质上的差异，只是认定程度上的差别。“即使对于抽象的危险犯，也应该根据一般人

① 王立志：《风险社会中刑法范式之转换——以隐私权刑法保护切入》，载《政法论坛》2010 年第 3 期，第 88 页。

② Roxin, Strafrecht Allgemeiner Teil, Band 1, 4. Aufl. C. H. Beck, 2006, S. 36.

③ Ebd, S. 426.

的立场，以行为时的具体状况为前提来判断法益侵害危险性的有无。”① 也就是说，抽象危险犯并非不需要实际危险的存在，只是其构成犯罪所需的危险性程度较低而已，如果具体认定时不具备实际危险性则需要实质解释予以出罪。这种观点尤其适合行政犯的司法认定。上文已述，刑法规范实际上是通过设立行政性管理秩序以达到保护秩序背后的与人相关权益的目的，两者是手段与目的的关系，并不存在一一对应，完全存在侵犯前者却未侵犯后者的可能，行政性管理秩序虽然是行政犯所直接侵害的客体，但不属于刑法层面上的法益。因此，将行政犯尤其是违反管理秩序型罪名理解为以人之相关权益为保护法益的抽象危险犯并且允许基于不存在该危险的客观事实否定构成要件该当，可以将虽成立前置性行政不法却未造成危害可能的行为类型排除在刑法规制范围之外。对于这种仅仅冲击管理秩序的行为交由行政性法律法规处理便完全能够达到预定目标，此时如果动用刑法便不甚符合规制的必要性要求。

2. 根据抽象危险阙如排除犯罪应注意的问题

其一，所谓的抽象危险仅仅意味着对入罪之危险程度要求的降低以及控方程序上举证责任的减轻，并非对案件事实的抽象。因此，在排除危险性（反证）时，不应对行为进行过度的抽象化、类型化，而应以行为时的各种具体事实为基础，根据日常生活的经验法则判断在该个案中是否存在法益侵害的危险。② 所谓危险究其实质而言是一种“可能性”，③ 既如此，在进行危险排除时就应坚持判断时的行为时立场，④ 即应以行为时存在的所有具体案件事实（包括事后查明的客观事实）和一般人的日常经验法则为基础，综合判断行为造成法益侵害的可能性。如果能够排除这种可能性，则说明缺乏实质不法要素。其二，所谓的反证是从相反方向证明之意，不一定必须通过行为人的举证反驳，如果案件事实本身便能够表明不可能对法益产生危害，就无须被告人举证反证。因此，诸如在陆某案、赵某华持枪案等案件中，包括司法者在内的

① 〔日〕野村稔著：《刑法总论》，全理其、何力译，法律出版社2001年版，第105页。

② 参见黎宏：《论抽象危险犯危险判断的经验法则之构建与适用——以抽象危险犯立法模式与传统法益侵害说的平衡和协调为目标》，载《政治与法律》2013年第8期，第5页。

③ 现代汉语词典对“危险”作出的解释是：遭到损害或失败的可能性。中国社会科学院语言研究所词典编辑室编：《现代汉语词典》，商务印书馆2012年版，第1349页。

④ 参见〔日〕野村稔著：《刑法总论》，全理其等译，法律出版社2001年版，第105页。

一般人能够看出危险显然不存在，就不应一味地加重行为人的举证负担。法律定性一般存在两种路径，即正向归结与反向排除，前者需要定性标准具有相对明确性和可适用性，但由于社会科学评价标准固有的争议性和多元性，往往需要后种方式的补足，即将明显不符合条件的情形排除在外。在犯罪认定中也是如此，我们既可以从三阶层或四要件的角度正向论证行为是否符合犯罪构成，也可从反面将明显不具有犯罪性质的情形排除在外。在行政犯司法适用中，违反前置性行政规范的行为是否具有侵犯人之权益的实际可能，从日常生活的经验法则角度，我们便可将明显不具备这种可能的行为因其不具备刑事不法的实质根据而排除构成要件该当。其三，这与存疑时有利于被告原则并不冲突，因为，这种基于反证而否证犯罪成立的做法究其实质并非是对行为人科加的不利负担而是为其预留的有利的出罪空间，两者在有利于被告的精神上是吻合的。① 例如，德国刑法理论与实践普遍认为，行为人若能证明放火行为不会造成人身危险（如观察到建筑物中确实没人再实施放火），可以适用减轻处罚的规定，没有人会质疑这种观点与存疑有利于被告相冲突。并且，抽象危险的判断既然属于一种推定，就必然是一种盖然性而非绝对性的。在我国刑事司法中，尤其是金融犯罪中对于行为人主观目的的认定，会牵涉大量的客观推定，即司法者基于客观证据推定行为人主观目的的存在，而行为人也可反向提出证据予以反驳，不会有人怀疑其程序正当性。抽象危险犯的认定也是如此，如果行为人实施了特定类型化的行为，又不能反面论证不存在法益侵害可能，且从具体案件事实来看也不能明显排除这种可能性，完全可以认定为已经排除了合理怀疑从而具备刑事不法之“质”。其四，鉴于国家控诉权与个体行为人的力量悬殊，应对推定中行为人的反驳权予以程序保障。当行为人具有正当的理由却基于特定证据的专业性等客观原因无法自证清白时，控方应当对案件事实进一步调查。亦即，推定中需要“权衡无辜被告人成功出罪的可能性。如果无辜被告人提起反驳证据的难度很高，那么，即使基础事实与待证事实之间存在强大的合理联系，该推定的正当性也值得质疑”②。这就要求，公检机关在对案件进行调查取证时，不应仅限于一种抽象判断（如药品未经审批、

① 参见付立庆：《应否允许抽象危险犯反证问题研究》，载《法商研究》2013 年第 6 期，第 80 页。

② 劳东燕：《认真对待刑事推定》，载《法学研究》2007 年第 2 期，第 36 页。

枪支符合鉴定标准)，还应进一步探明具体案件事实（如药品受众的反应、枪支鉴定的具体数值)。

五、结语

随着经济社会的发展，刑事立法在某些特定领域的扩张化具有合理性，如恐怖主义、环境犯罪、计算机犯罪等，但不可将这种扩张普遍合理化，即不宜基于所谓的风险刑法理论将法益保护的范围过度前伸；即使在法益保护范围前伸的领域，也并不代表法益的性质发生了变化。社会整体性安全与个人自由保障总是存在一定的内在冲突，以法益的性质为例，二元法益论支持通过限制后者而扩张前者；一元法益论则主张对于社会安全的防护需以个人自由为导向，抽象的集体性利益总是服务于具体的与人相关的现实权益。历史上，我国长期具有“法律统治阶级意志论”“工具论”“垂法而治”的传统，现实中的人成为规制的对象而非目的，亟须人本精神的补足和纠偏。① 就此而言，二元法益论、秩序法益观或法益的非人本化等，尤应引起警惕。从哲学上讲，如果个人价值与社会价值是一致的，则个人会积极致力于整体性价值的实现；相反，如果个人所追求之价值与社会价值是不一致的，则会导致两者相互掣肘、相互妨碍。②刑事司法案例所呈现的譬如人的生存权与医药管理秩序的冲突、出于生计的正常经营（如收购玉米）与市场监管秩序的冲突等，均是后者情形的体现。

当然，无论何种法律，均不应创造这种冲突局面，只是前置性行政规范的欠合理性（如过于机械的“假药”认定、落后的市场管理法律法规）还不是特别明显，并且，从行政规范的性质上讲，行政执法者严格依法办事并无可厚非，由此可见，这种不合理只能委任立法解决。但是，刑事司法过程中，如果对行政性标准不予筛选、全盘照收，势必使这种不合理性扩大化，人本法益观则能够很大程度避免这种不合理因素的放大。因此，在行政犯司法认定中，行政规范与刑法规范原则上应当有着“质”的差异，行政规范出于“效率性”考虑，

---

① 参见马长山：《法律的“人本精神”与依法治理》，载《法制与社会发展》2004 年第 4 期，第 35—42 页。

② 参见韩东屏著：《人是元价值——人本价值哲学》，华中科技大学出版社 2013 年版，第 214 页。

旨在维护某种行政管理秩序，而刑法规范则意在保护该秩序背后的与人相关的具体权益。在解读刑法规范和行政规范时，就存在两种不同的解释方向，行政违法判断更注重法条本身的文义分析和逻辑判断，注重规则至上、严格依法；刑事违法判断则需要摒弃这种法条主义思维，注重从刑法规范目的的角度来反复审视构成要件的应有含义。一元法益论并非拒绝承认超个人法益（如秩序），只是讲求对其保护范围需要受到个人法益的节制。对于行政犯尤其是违反管理秩序型罪名，以人本法益观为指导进行抽象危险犯式解读，可以将仅仅违反秩序却未对人之权益形成危险可能的行为排除在构罪评价之外。固然，任何原则均有例外，当这种管理秩序与人之权益高度重合时，侵犯前者便势必侵犯后者，[①] 此时，便应从违法或有责的“量”上寻求“行刑”界限，但即便是此种情形，也不得否定刑法法益的人本性质。

（初审：王东；校对：张逊昊）

① 如理论上认为侵犯著作权罪侵犯的客体是国家的著作权管理秩序和他人的著作权，只要行为人实施了符合构成要件的行为，就势必侵犯了他人的著作权，同时也就侵犯了国家的著作权管理秩序；走私、贩卖、运输、制造毒品罪在侵犯国家对毒品管理制度的同时，也必然侵犯国民的身心健康。类似的罪名还有强迫交易罪，损害商业信誉、商品声誉罪等。

婚姻家庭法的法源规制路径

唐波涛*

摘　要：不论是从个别规范的角度，还是从一般规范的角度，均可发现婚姻家庭法无法实现体系自足，需要参引外部规范。其参引方法，应以《民法典》第10条为指引依据。首先，在适用规范时，应坚持法律行为解释先行的原则；其次，在对法律规范展开解释时，既要注意到规范间的体系位置差异，又要注意到不同规范的内外价值考量有别；再次，对于习惯如何取得婚姻家庭法中的法源地位，法官应当结合个案情况予以审查与确认；最后，对于法律原则与漏洞填补，司法者既要区分好"婚姻家庭编"与"总则编"两编中原则的不同功能，又要防范结果导向主义对于法官造法的不良影响。

关键词：婚姻家庭法；财产法；体系自足；法源

一、问题的提出

在编纂《民法典》的过程中，对于婚姻家庭法①是否需要回归民法典，学界形成了"独立法律部门说"与"回归民法说"两大学说。② 现在，《民法典》已将规制婚姻家庭问题的主要法律规范汇聚为独立的一编，这作为一种形式上回归的象征，已无争论。然而，这并不意味着婚姻家庭法已实质性地回归民法

---

* 唐波涛，罗马第一大学法学院博士研究生。本文得到了国家留学基金的支持。

① 本文所称的"婚姻家庭法"是一个集合概念，是指以规范婚姻家庭身份关系及婚姻家庭财产关系为中心的私法规范集合。"婚姻家庭编"为这一概念的核心构成部分，但该概念外延不以"婚姻家庭编"为限。本文在具体行文中，当泛指有关婚姻家庭法律规范时，主要使用"婚姻家庭法"一词，而在特指具体的法律规范内容时，则使用"婚姻家庭编"一词。

② 参见薛宁兰：《与立法相伴前行：七十年来的婚姻家庭法学研究》，载《暨南学报（哲学社会科学版）》2019年第10期，第16页。

典。对此，仍存在以下争论：其一，由于婚姻家庭法调整对象的伦理性、身份法的特殊属性以及其所兼具的公法属性，“婚姻家庭编”应保持其相对的独立性。① 其二，“总则编”侧重财产属性，难以与侧重身份属性的亲属关系紧密结合。② 其三，应如何处理好作为身份法的婚姻家庭法与其他编的财产性规则之间的协调问题，如婚姻家庭法中与法律行为相关的规则以及夫妻财产制应如何与其他财产法规则相协调。③ 其四，“婚姻家庭编”的体例建构主要基于生活事实的相似性，这明显不同于基于法律后果的相似性所建构的其他编。④ 其五，婚姻家庭法的社会化与婚姻家庭法的财产化并不必然是统一的，社会权力应有限度地介入家庭生活，以实现自治与他治的平衡；⑤ 在价值层面，还有学者指出，民法的科学化从一开始就具有财产法的倾向，而家庭法实际被排除在外，现代家庭法的诉求转向了形而下的经验主义，这一“伽利略”式的科学进路与民法所秉持的希腊传统科学化进路有着明显的区分。⑥

但上述争论只有被置于教义学的层面进行讨论时，才可能发挥出真正的效用。由于这些争论所涉及的是婚姻家庭法能否做到体系自足，以及在体系不自足时，应当如何适用其他编的规定。鉴于此，我们可将上述争论简化为：婚姻

---

① 夏吟兰教授认为婚姻家庭法具有相对独立性，而巫若枝教授则持独立说。参见夏吟兰：《论婚姻家庭法在民法典体系中的相对独立性》，载《法学论坛》2014 年第 4 期，第 5 页；巫若枝：《三十年来中国婚姻法“回归民法”的反思——兼论保持与发展婚姻法独立部门法传统》，载《法制与社会发展》2009 年第 4 期，第 68 页。

② 参见李洪祥：《我国亲属法应当回归未来民法典》，载《吉林大学社会科学学报》2011 年第 2 期，第 144 页。

③ 参见贺剑：《论婚姻法回归民法的基本思路——以法定夫妻财产制为重点》，载《中外法学》2014 年第 6 期，第 1501 页。

④ 参见徐涤宇：《婚姻家庭法的入典再造：理念与细节》，载《中国法律评论》2019 年第 1 期，第 110—111 页。

⑤ 参见肖新喜：《论民法典婚姻家庭编的社会化》，载《中国法学》2019 年第 3 期，第 105—106 页。还有学者指出，“婚姻家庭编”应当回应“矫正社会排挤”，而且应将维护性别平等、贯彻男女平等原则作为融贯制度体系的精神内涵。参见王歌雅：《〈民法典·婚姻家庭编〉的编纂策略与制度走向》，载《法律科学》2019 年第 6 期，第 86 页。

⑥ 参见刘征峰：《家庭法与民法知识谱系的分立》，载《法学研究》2017 年第 4 期，第 56 页。

家庭法的法源应被如何规制。① 对此，比较法上已有不少的立法例可循。如《哈萨克斯坦婚姻家庭法典》第5条、《越南婚姻家庭法》第6—7条、《立陶宛民法典》第3编第3.4条以及《俄罗斯民法典》第4—5条，均对婚姻家庭法中的法源问题作了相应规定。此外，在民法典的起草过程中，也有“学者建议稿”对此进行了规定。② 我国《婚姻法》并未作出类似规定，《民法典》“婚姻家庭编”也未对此进行规定。但这是一个非常具有实际意义的问题，如司法实践中争论较大的忠诚协议效力、代孕所生子女的法律地位以及错误抚养是否适用无因管理规则等问题，都涉及法源的规制路径。③

不过，当下民事关系的复杂性使裁判者已不可能囿于法典中某一编的规定，即使所涉或所诉关系仅为婚姻家庭关系，也难以排除该法存有应当规定而未予以规定的情况。故问题的关键仍在于，如何确定与适用“婚姻家庭编”的法源规范。为此，本文拟从以下方面入手分析这一问题：其一，剖析婚姻家庭法体

① 依我国通说，法源系指规范的存在形式或表现形式。参见龙卫球著：《民法总论》，中国法制出版社2001年版，第19页；王泽鉴著：《民法总则》，北京大学出版社2009年版，第47页；梁慧星著：《民法总论》（第4版），法律出版社2011年版，第25页；张文显著：《法理学》，高等教育出版社2011年版，第53页；王利明著：《民法总则研究》，中国人民大学出版社2003年版，第55页。法源又被学者们分为狭义的法源与广义的法源，参见朱庆育著：《民法总论》，北京大学出版社2013年版，第35页。狭义的法源，主要指具有法律拘束力的法律；而广义的法源，主要指法社会学意义上的法源，强调事实上具备约束力的法律，如单纯事实上的习惯、社会规范等。参见陈自强：《联合国商事契约通则在契约法中之地位》，载《台大法学论丛》2010年第4期，第303—304页。本文所要讨论的主要是狭义的法源，即具有规范性，可作为裁判依据的法源。

② 中国法学会负责起草的《中华人民共和国民法典·婚姻家庭编》（专家意见稿）第11条：“在本编未尽之处，可以适用或者类推适用本法总则以及其他各编或者相关法律的规定，但不得违反本编确立的基本原则。在既无本编规定，也无本法其他编以及其他相关法律的规定可供适用或者类推适用的情况下，应当根据本法总则和本编所确立的基本原则来确定家庭成员间的权利义务关系。本法总则以及其他编或其他法律的规定与本编规定相抵触的，适用本编规定。在法律无强制性规定的情况下，家庭成员可以在平等协商的基础上通过协议的方式确定各自的权利义务，但不得违反本法总则和本编所确定的基本原则。”中南财经政法大学法学院起草的《中华人民共和国民法·婚姻家庭法分编》（学者建议稿）第15条：“家庭成员间的权利义务，本编未作规定的，参照本法其他部分的规定，但不得违反本编基本原则。在不违反本法总则和本编基本原则和其他法律强制性规定的情况下，家庭成员可以在平等协商基础上，通过协议方式确定各自的权利义务。”

③ 参见刘征峰：《民法典婚姻家庭编一般规定章的定位、模式及其建构——基于大陆法系67项立法例的对比分析》，载《中南大学学报（社会科学版）》2019年第1期，第71页。

系难以自足的原因；其二，在婚姻家庭法体系无法自足的基础上，剖析法律适用者应如何“找法”“释法”“造法”。

二、婚姻家庭法体系难以自足

将婚姻家庭法视为独立的法律部门的观点，其实存在两个非常重要的理论预设：其一，基于婚姻家庭法所具有的公法属性或社会法属性，排斥意思自治在婚姻家庭法中的适用空间；其二，基于婚姻家庭法为身份法的特殊性，排斥财产法规则介入婚姻家庭纠纷的处理。因此，我们对婚姻家庭法自足性的检视也应从这两个方面入手。但是，法律规范在诉讼中往往表现为当事人或法官视域中的请求权基础，所以，体系是否自治的判断标准也可以被理解为：用以解决民事纠纷的请求权基础是否需要外接规范。鉴于此，我们可以首先检视当事人对家庭婚姻关系作出安排的合同或协议可否被作为解决婚姻家庭纠纷的请求权基础；接着，我们可以在一般规范层面，检视以“婚姻家庭编”作为基础的婚姻家庭法是否存在规范缺失。

（一）法律行为可构成婚姻家庭法中的请求权基础

关于法律行为可否作为当事人的请求权基础，历有争议。如弗卢梅认为，只有获得法律秩序的充分认可，私法自治的设权行为才会产生类似于造法的效力。[①] 也有学者指出，法律行为的效力并非来自行为人的意志或观念道德因素，而是法律规则确认的结果。[②] 而在凯尔森看来，法律行为具有规范创制能力，其所创制的规范为个别规范，该个别规范附着于当事人的意志行为之中。[③] 苏永钦在追循凯尔森观点的同时，进一步指出法律行为并非客观法，其所创造的规范以当事人为唯一对象和相关者，当民法以意思自治作为最高指导原则时，

---

① 参见〔德〕维尔纳·弗卢梅著：《法律行为论》，迟颖译，法律出版社2013年版，第6页。

② 参见董安生著：《民事法律行为》，中国人民大学出版社2002年版，第43页。

③ 参见朱庆育：《私法自治与民法规范——凯尔森规范理论的修正性运用》，载《中外法学》2012年第3期，第478—479页。

即已对法官作成受契约拘束的命令，契约并同时成为法官的裁判法。①

这两者的争论涉及人的意志与实在法的效力调和问题，其哲学思辨意义远胜对于法教义学的意义。应注意的是，私法之中历来就存有法定主义和意定主义两种调整方式。以法定主义的方式调整婚姻家庭关系的重要性毋庸讳言，以意定方式调整婚姻家庭关系的举措也并未被禁止。例如，《民法典》第 1065 条规定男女双方可以约定婚姻关系存续期间所得的财产以及婚前财产归各自所有、共同所有或者部分各自所有、部分共同所有；第 1085 条规定离婚后子女抚养问题可协议处理；第 1105 条规定收养关系当事人愿意签订收养协议的，可以签订收养协议。但在实践中，如果一方当事人未依循其中的约定，当事人究竟会产生何种权利义务，“婚姻家庭编”及“合同编”就并未对此进行具体规定。在这种情况下，这些协议或合同的请求权基础往往存在于这些协议或合同中，否则这些纠纷的处理就会陷入一个无规范可依的局面。司法实践中，也往往可见法院在肯认协议或合同的效力的同时，又表明其是依据程序性条文而作出的判决。事实上，该种判决方式所透视的，就是请求权基础存在于个别规范中。②然而，上述解答，仍可能遭受以下诘难：

其一，法律行为规则的共适性诘难。有学者指出，法律行为制度之构建是以财产行为为原型的，于身份行为的适用则多有限制。③ 如此，有相当多的民法学者认为，“总则编”中关于法律行为的规定在家庭关系中几乎都不能直接适用。④ 我们不免提出疑问，婚姻家庭法对“总则编”中法律行为规则的限制或者排除，是否意味着已排除当事人就婚姻家庭关系的约定作为请求权基础的可能性？

应辨别的是，规则的不适用并不代表该规则拟规制对象的不存在。《民法典》“总则编”中调整法律行为的规则多不适用于“婚姻家庭编”中的规定，

---

① 参见苏永钦著：《私法自治中的经济理性》，中国政法大学出版社 2002 年版，第 14 页。

② 参见胡东海：《论法律行为的规范性》，载《中外法学》2012 年第 6 期，第 1188 页。

③ 参见朱庆育著：《民法总论》，北京大学出版社 2013 年版，第 134 页。

④ 参见谢鸿飞：《民法典与特别民法关系的建构》，载《中国社会科学》2013 年第 2 期，第 113 页；〔日〕大木雅夫著：《比较法》，法律出版社 2006 年版，第 198—202 页；茅少伟：《寻找新民法典：“三思”而后行——民法典的价值、格局与体系再思考》，载《中外法学》2013 年第 6 期，第 1149—1150 页；〔日〕我妻荣、有泉亨著：《亲属法》，夏玉芝译，工商出版社 1966 年版，第 8 页；史尚宽著：《亲属法论》，中国政法大学出版社 2000 年版，第 11 页。

并不能以此否认婚姻关系是以法律行为为基础的。上述列举的可协议处理的种种情况，就为明证。如果更进一步细化考虑，可发现“婚姻家庭编”中所规定的法律行为可细分为身份行为与财产行为，其中的财产行为适用“总则编”中有关法律行为的规则并不存在太大争议。对于身份行为，有代表性观点认为，行为人出于自然情感、无利害关系之计算，本乎爱情、信赖及敬爱等要素所为的表示，因其与个人人格相结合为基础，而非与合理本质的意思结合，故不能将之与财产行为等同。① 而事实上，人的自然感情、动机和目的均要通过一定意思体现出来，除基于身份所创设新的身份外，其他身份的创设都应以意思自愿为前提，如结婚、离婚和收养等。由此看来，身份行为与财产行为均蕴含一定意思。② 至于是否构成意思表示，关键在于该意思是否被法律赋予一定的效力。而事实正如有的学者所指出的，近现代婚姻的实质其实是由合意产生并由法律承认其效力的一种法律关系。③

其二，基于婚姻家庭秩序维护之诘难。紧承上述，不难发现，即使允许当事人约定，其约定也必定会受到婚姻家庭法的严格审查、限制或排除。比如针对收养协议，“婚姻家庭编”针对收养人资格以及收养程序所作的各种各样的限制（《民法典》第1093—1110条）。又如，《民法典》第1049条规定，仅有当事人缔结婚姻的意思表示，并不会在双方之间成立婚姻关系，而必须双方亲自到婚姻登记机关办理结婚登记。那么，实在法对于有关婚姻家庭关系协议或合同效力的深度介入，又是否表明法律行为在婚姻法中不具有规范性？值得注意的是，立法者之所以在婚姻家庭法中严格限制“私法自治”的应用，是因为一方面，婚姻家庭关系中的当事人往往“爱之欲其生，恶之欲其死”，法律要防范当事人“意思表达”的情绪化，以免他们轻易更改自己的身份状态；另一方面，家庭秩序是社会秩序中的重要一环，婚姻家庭法作为调整婚姻家庭关系的基本准则，理应肩负构建和维护当代家庭伦理基本秩序的重任。婚姻家庭法

---

① 参见蔡显鑫：《身份行为之本质》，载戴东雄教授七秩华诞祝寿论文集编辑委员会编辑：《现代身分法之理论基础》，元照出版公司2007年版，第302页。

② 参见冉克平：《论婚姻缔结中的意思表示瑕疵及其效力》，载《武汉大学学报（哲学社会科学版）》2016年第5期，第120页。

③ 参见徐涤宇：《历史视野下夹缠于非婚和婚姻之间的事实婚——兼论我国未来民法典对事实婚的应然构建》，载《法学评论》2016年第3期，第188页。

规定男女两性结合、亲属间的人格平等、婚姻自由、一夫一妻以及夫妻间的权利与义务，构成了现代家庭秩序结构的“骨骼”，这既是身份关系的本质反映，亦是宪法精神的具体表达，不容撼动。

但这些诘难并不足以否定合同或协议作为请求权基础的可能性。法律对于其内容最为深层的介入，无非是以强制性规定的方式直接排除意思自治适用的可能性。在这种情况下，当然没有请求权基础讨论的空间。但法律对协议或合同内容的中度介入，往往是择一规定合同或协议的事实构成或它们的法律效果。此时，由于法律规范在构成上的不完整性，合同或协议也就自然可以成为请求权基础中的某一部分。而最为浅层的介入，则是以任意性规定的方式，借助于法律的补充解释遁入合同或协议的具体内容。当然，这种需要补充解释的合同或者协议也可作为请求权基础。

还应注意的是，对于法律介入合同或者协议，不论深层的介入，还是浅层的介入，其都表现为一种法律“承认”的方式。例如，《民法典》第119条所规定的依法成立的合同，对当事人具有法律约束力；《民法典》第143条所规定的法律行为有效要件，这些都是“承认”的具体体现。在此，我们可以将“承认”理解为一种附加了规范性因素的“实质性承认”，是实在法的概念术语、评价体系对个人的“主观法律行为”所进行的规范认识。在“承认”之前，私人的意志行为表现为一种“主观法律行为”，是一种可以脱离于实在法而存在的事实，而在“承认”之后，“主观法律行为”转换成一种“客观意义的法律行为”，即具有“规范意义的法律行为”。① 也就是说，婚姻家庭法对于当事人相关约定的限制其实是法律“承认”的一种具体表现，我们并不能将这作为否认当事人约定作为请求权基础的论据。虽然在法律承认之前，当事人的约定不能作为解决纠纷的请求权基础，但在承认之后，当事人的约定则具有规范意义，可以作为裁判依据。

（二）婚姻家庭法中的规范缺失

1. 规范的整体缺失

规范缺失主要有规范的整体缺失与规范构成的部分缺失。规范整体缺失，

① 参见胡东海：《论法律行为的规范性》，载《中外法学》2012年第6期，1187页。

根据拉伦茨的观点，指的是依法律整体规整的意旨应予以规整的问题，但欠缺适当的规则，也可以被称之为“规整漏洞”。[①] 由于法官不能拒绝裁判，即使对于“规整漏洞”，法官也必须寻找一个合乎法律内在体系与外在体系的方式填补该类型的漏洞。一般而言，填补规整漏洞最为常见的方式为类推适用。但填补漏洞的前提是，判定该规范体系对某一案型的规制是否构成“漏洞”。这一判断不仅仅一个事实问题，也是一个规范评价问题，所以是否构成法律漏洞，往往易生纷争。

婚姻家庭法中有关“规整漏洞”的争论，其中争议最大的是：婚姻家庭法对于第三者干扰婚姻关系的规制是否构成了“规整漏洞”。《民法典》“婚姻家庭编”并未对此进行规定。对此，持肯定观点的学者认为，《婚姻法》第46条对第三者干扰婚姻关系的民事责任问题构成了“规整漏洞”，并指出《侵权责任法》第2条、第6条第1款可成为规制该问题的请求权基础。[②] 亦有学者指出，干扰婚姻关系的第三人责任问题，说到底就是一个价值问题，结论主要取决于适用者的价值观。[③] 比如，若基于婚恋自由或夫妻配偶权相对性的认识，将夫妻人身义务类比债权债务关系而主张婚恋自由仅仅是两个人之间的关系，与第三人无关，[④] 也就可以得出婚姻家庭法没有规定第三者干扰婚姻关系其实是立法者有意排除的结论。由此可知，“规整漏洞”的认定很大程度上取决于适用者的价值判断。事实问题如演变为价值评价问题，结果导向型思维就会顺势而生。如此，是否通过《民法典》第1043条（夫妻忠实义务）、第1051条（禁止重婚）、第1091条（离婚过错赔偿）保护第三人干扰婚姻关系中的受害者，裁判者就会从裁判的预设结果出发，以决定是否适用该条。这一问题源于教义学从规范再及事实的逻辑假定与人的认识逻辑之间的内在矛盾，问题的解决并不单单取决于如何设置法源规范，而且需要针对个案的具体情况进行分析。

---

① 参见〔德〕卡尔·拉伦茨著：《法学方法论》，陈爱娥译，商务印书馆2003年版，第251页。

② 参见张红：《道德义务法律化——非同居婚外关系所导致之侵权责任》，载《中外法学》2016年第1期，第96页。

③ 参见解亘：《第三人干扰婚姻关系的民事责任——以日本法为素材》，载《华东政法大学学报》2013年第3期，第123页。

④ 参见刘征峰：《家庭法中的类型法定原则——基于规范与生活事实的分离和整合视角》，载《中外法学》2018年第2期，第481页。

2. 规范构成的部分缺失

一般而言，一个完整法条应由构成要件与法律效果两部分构成，并且法律效果系于该构成要件。① 婚姻家庭法中大部分的规定为不完全性法条，而这些规定在内部又不能组装成完全性法条。对此，婚姻家庭法有两种处置态度：

其一，不完全性的规定需要借助于婚姻家庭法以外的民事法律规定，助其构成一个完整的请求权基础。例如，“婚姻家庭编”所规定的家庭地位平等（《民法典》第1055条）、夫妻姓名权利（《民法典》第1056条）、互相继承遗产的权利（《民法典》第1061条）以及共有财产平等处分权（《民法典》第1062条），这些规定均为不完全性法条。侵犯这些权利的具体法律效果，在“婚姻家庭编”中并无相应规定。但我们将这些权利归属于人格权、物权或其他权利体系之后，才可借助于“侵权责任编”或“物权编”中的规定，完成其请求权基础的组装工作，以实现救济。

其二，不完全性规定不能与其他民法规定组装成为一个完整的请求权基础，而应类推适用其他民法规定。类推适用的前提为构成法律漏洞，不过与上述所说的“规整漏洞”有所不同的是，此处所指的“法律漏洞”为部分漏洞。因而其填补法律漏洞的路径，要么是构成要件类推适用其他法律的规定，要么是法律效果类推适用其他法律的规定。“婚姻家庭编”的规定需要部分类推适用其他民法规定的主要是身份行为的规制问题。

三、婚姻家庭法的法源规制进路

我国《民法典》“婚姻家庭编”并没有对法源问题作出特别规定，所以，确定婚姻家庭纠纷中的找法依据，仍然需要回到“总则编”。根据《民法典》第10条，处理婚姻家庭纠纷，应当依照法律；法律没有规定的，可以适用习惯，但是不得违背公序良俗。那么，对于如何确定婚姻家庭法的法源规制进路，我们也可以从这一条入手。

---

① 参见易军：《买卖合同之规定准用于其他有偿合同》，载《法学研究》2016年第1期，第89页。

（一）依据法律与规范引入

《民法典》第 10 条在此处所指的法律其实为一切可用于裁判的法律规范。在一般规范层面，该条中的法律既包括最严格意义上的法律，也包括符合《立法法》授权保留条件的行政法规及其细化的地方性法规和司法解释；而在个别规范层面，则包括在个案规范意义上可作为法律的合同或者协议。① 对于这些不同层面的规范纷争，一是要处理好一般规范与个别规范的适用次序；二是要处理好一般规范之间的协调问题。具体而言：

1. 法律行为解释优先

如民法学家 Rescino 所指出的，“市民生活系通过私人自治得以组织与开展，而不是通过一般规范所规划的图景”。② 因此，只有一般规范承认私人自治的有效性，才可能将正常的市民秩序维持下去。在司法裁判中，要保证私人自治有效性不被遮蔽，关键前提便是承认合同或协议可优先于任意规范而得到适用。所以，法官在适用任意性规范之前，应首先穷尽对于合同或者协议的可能解释手段。如果从可能的解释手段中可以推断出当事人的真实意思，裁判者便应当按照当事人的真实意思处理或再据此来寻找相应的法律规定。比如，对于如何确定离婚协议中“赠与子女财产条款”的适用规范，首先应当确定赠与条款的真实意思。在确定该赠与条款的真实意思究竟为离婚清算协议，还是属于利益第三人合同或其他性质的协议之后，我们才可能确定其相关争议的规范依据（合同本身或者法律规定）。③

此外，对于财产性的法律行为和身份性的法律行为，法律解释的参考标准是不同的。一般而言，财产性的法律行为在面对主观解释与客观解释无法调和时，裁判者可优先考虑采纳客观解释，因为财产性的法律行为的解释一般应以交易安全为关键参考，以维护市场交易的稳定。而对于身份协议的解释，解释者应偏重主观解释，因为身份行为涉及人与人之间的信赖维系以及人与人之间

---

① 参见张志坡：《民法法源与法学方法——〈民法总则〉第 10 条的法教义学分析》，载《法治研究》2019 年第 2 期，第 32 页、第 41 页。

② Piero Rescino, *Interpretazione del testamento*, Napoli, 1952, pp. 188 – 189.

③ 关于离婚协议中的“赠与子女财产”条款的可能解释进路，参见陆青：《离婚协议中的“赠与子女财产”条款研究》，载《法学研究》2018 年第 1 期，第 94—99 页。

的人格融合，解释者采纳主观解释，更有利于维护人的尊严与人际关系的和谐。

2. 规范的体系位置：特别规则与一般规则

调整与家庭有关的人身关系是婚姻家庭法的主要任务之一，其他民事法律一般不会涉及该类关系的调整。因而，规范协调的问题主要存在于婚姻家庭法中的财产性规定与其他财产法之间。

之所以产生婚姻家庭法与其他财产法的协调问题，其原因在于，它们的调整对象并不是种属关系，而是交叉关系。“合同编”与“物权编”以关系的标的种类（行为或物）来区分两者的调整对象，而婚姻家庭法以特定的主体资格（血缘或亲缘）来界定它们的调整对象。因而，家庭关系的具体内容既可能指向合同关系，也可能指向物权关系。但搜寻法律依据是一个将事实与规范相对应的过程，也就意味着，当我们以夫妻间的债权关系或者物权关系为指引来寻找依据时，可能会同时在“婚姻家庭编”、“总则编”（其主要抽象自财产法规则）、“合同编”或“物权编”中分别找到不同的规范。

为尽可能消弭于同一事由下适用不同规范所带来的冲突与矛盾，我们应将相关规定置于不同的位置后，再寻求合理的解释。一般而言，我们可将法律规定区分为一般法、原则法、特别法及例外法。在此基础上，又可将上述规定之间的关系细化为重复表达关系、延伸应用关系或相互背离三种关系。具体言之：

其一，婚姻家庭法中的规定构成了“总则编”“合同编”“物权编”中相应规定的重复表达。此时，即使“婚姻家庭编”中的规定更为简略或者未为规定，但这也只是立法者基于体系考虑所作的安排。因此，在具体应用时，可直接适用“合同编”或“物权编”的有关规定。

其二，婚姻家庭法中的有关规定是“总则编”“合同编”“物权编”中相关规定的具体化。如果婚姻家庭法中的规定为“合同编”或“物权编”相应规定的延伸应用，在对延伸应用的规定进行解释时，应当在“合同编”或“物权编”相应规定的要旨之下展开解释作业。如《民法典》第1051条关于无效婚姻的规定，就可被视为“总则编”关于无效规定的延伸应用。

其三，婚姻家庭法中的某些规定构成了“总则编”“合同编”“物权编”中的某些规定的例外存在。如Irti所指出的，因为特别规范的出现，民法规范既可以从属于一般法（一般性规定）所形成的系统，也可以从属于特别法内部所形成的微系统，但如果这两者所服务的目的与所服务的价值存在差异，就不能将这两者简单地关联为一体。因此，解释者对于特殊法律的解释，应当从特殊法规定中的词义出发去理解其规定的含义，而不能将特殊法与民法典所构建的体系勾连起来作体系解释。[①] 据此，如果婚姻家庭法的相关规定已经背离了"总则编""合同编"或"物权编"中的一般性规定，那么在对婚姻家庭法中的相关规定进行解释时，可暂将体系性因素放置一旁，只考虑该规定本身的意旨。比如，婚姻家庭法中关于夫妻共同财产管理的规定，就不同于一般意义的共有财产管理，因而在解释时也就不能盲目地将夫妻共同财产管理与"物权编"中关于物的共有规定勾连起来作体系解释。

3. 规范的利益衡量：效力的内外分疏

诚如伯恩·魏德士所言，法教义学依附于法律制度的基本价值。[②] 民事法律规定作为法教义学的基础，亦不例外。甚至可以说，婚姻家庭法中的规范之所以有别于其他民事规范，主要原因就在于它们各自的价值取向存在差异。因此，将婚姻家庭法与其他民事法律的价值考虑差异妥当区分，有利于科学地参引其他民事规范。

苏永钦教授曾指出，现代身份法中百分之八十的内容是财产法的规定，身份法不是非财产法，而比较接近于特殊身份之间的财产法。[③] 婚姻家庭法中的财产性规则，大部分为规制夫妻内部财产关系的规定，这类规范的效力一般指向家庭成员，其规范意旨侧重于维护财产的静态秩序。与婚姻家庭法的价值构架相比，物权法及合同法的价值取向则更偏重于保护交易动态秩序。但应注意，虽然婚姻家庭法中的财产性规则大部分涉及夫妻内部财产关系，但这也并不代表其不产生对外效力。那么，当上述财产性规则产生外部效力时，又是否仍应以保护静态秩序为最高意旨呢？显然，当这些规定产生外部效力时，应将交易安全置于首位。比如《民法典》第1060条第2款规定，夫妻之间对一方可以实施的民事法律行为范围的限制，不得对抗善意相对人。《最高人民法院关于适用〈中华人民共和国婚姻法〉若干问题的解释（一）》第17条规定，他人有理由相信其为夫妻双方共同意思表示的，另一方不得以不同意或不知情为由对抗善

① Cfr. Natalino Irti, *L' eta della decodificazione*, Milano, 1999, pp. 136 - 139.

② 参见〔德〕伯恩·魏德士著：《法理学》，丁晓春、吴越译，法律出版社2013年版，第143页。

③ 参见苏永钦著：《寻找新民法》，北京大学出版社2012年版，第73页。

意第三人。由此可知，婚姻家庭法价值构造的内外分疏，主要是因为其规定所生效力的内外之别。当家庭纠纷的处理结果会对家庭之外的第三人产生效力时，法官应对第三人利益的保护加以特别考虑。

在法律体系中，也还有许多规范纯粹是为公平正义而设，与价值对内或对外并无多大关联。比如对于“欺诈抚养”“家庭暴力”等问题，在类推适用无因管理、不当得利或适用“侵权编”规定进行处理时，就不必区分效力的内外差异。原因在于，解决这一类问题的核心在于填补不正当的损失，往往并不涉及法律规范的对内价值与对外效果。

此外，内外价值的平衡协调还体现为公共利益与家庭利益的冲突与平衡。比如，《民法典》第1051条将重婚、有禁止结婚的亲属关系、未到法定婚龄作为无效婚姻的三种事由，而欺诈只是作为可撤销婚姻的事由：若一方婚前患有严重疾病但在结婚登记前不告知对方，受欺诈方可以向婚姻登记机关或者人民法院请求撤销该婚姻（《民法典》第1053条）。将缔结婚姻行为的效力瑕疵区分为可撤销与无效两类的原因在于，隐瞒疾病而成立的婚姻所涉及的是夫妻之间的私益冲突与违反，所以法律赋予当事人可撤销的权利。至于最终是否撤销该婚姻，由当事人自己决定。但无效婚姻侵害社会公共利益，则属于当然无效。①

（二）依据习惯与习惯法确认

处理民事纠纷，依习惯主要是指依据习惯法。一般而言，符合以下三点的习惯，就可作为习惯法：（1）有习惯事实的存在；（2）对于该习惯，人们已经对此形成了法的确信；（3）该习惯并不违反公序良俗。② 但应注意的是，在这些习惯的内部，它们的法律地位也并不统一。如亚历山大·佩策尼克所指出的：“有些习惯必须被视为法律权威理由，有些则应当被视为权威性理由，还有些则可以被视为法律的权威性理由，也可以不被视为法律的权威性理由。”③ 对于裁

---

① 参见冉克平：《论〈民法典婚姻家庭编（草案）〉的体系、内容及其完善》，载《武汉大学学报（哲学社会科学版）》2019年第6期，第151页。

② 参见黄茂荣著：《法学方法与现代民法》，中国政法大学出版社2001年版，第7页。

③ 〔瑞〕亚历山大·佩策尼克著：《论法律与理性》，陈曦译，中国政法大学出版社2015年版，第309页。

判者来说，问题的难点就产生于此，即裁判者应如何辨别这些习惯已经成为习惯法，以及该习惯属于何种权威程度的习惯法。一方面，裁判者为获取裁判的权威性依据，往往在裁判书中宣称某某习惯已具备习惯法的要件，再依习惯法进行判决；① 另一方面，习惯借裁判之名，从习惯演变为习惯法，以获得法源地位。习惯法与裁判权威的这种互为阐释、互相佐证的关系，使习惯法与裁判的认可常常交缠于一体。其原因在于，习惯或习惯法往往具有一定的地方性，其拘束力来自于某一区域的人们所形成的社会共识。② 如果不通过具体的司法手段对其进行审查与确认，习惯在司法中的泛滥就会破坏法律的统一秩序。因此，对于习惯在婚姻家庭中的应用，要结合个案的情况，对习惯的权威性地位予以具体认定，防止习惯随意地漫入规范的领域，以保证法律体系的稳定。

在婚姻家庭法中，最富有代表性的“习惯法”为我国少数民族中的婚姻家庭习惯。这些婚姻家庭习惯通常具有事实意义上的拘束力，但是否能够成为规范意义上的“习惯法”，仍需具体分析。《婚姻法》第50条规定：“民族自治地方的人民代表大会有权结合当地民族婚姻家庭的具体情况，制定变通规定……”然而，此时通过制定变通规定所表达的婚姻家事习惯，其实已难谓习惯法，而应被认定为制定法。“婚姻家庭编”可能考虑到民事习惯在当下实际作用的削弱，已未再规定此条。在婚姻家庭纠纷中，另一常常涉及习惯法应用的典型案型，为彩礼返还纠纷。对于这一类型的案件，当事人请求返还彩礼的，如符合《最高人民法院关于适用〈中华人民共和国婚姻法〉若干问题的解释（二）》第10条所规定的情形，应当按照该司法解释处理（法律规范优先）。如该纠纷中的具体情形不属于该司法解释第10条所能涵摄的范围，但已有民事习惯对其进行调整时，不妨按照习惯处理。不过，应注意的是，习惯不得违反法律与公序良俗，且应当通过个案的司法判决对此加以确认。③

---

① 参见黄茂荣著：《法学方法与现代民法》，中国政法大学出版社2001年版，第7页。

② *See* Selznick, Philip, “Sociology and natural law”, 6 the *American Journal of Jurisprudence*, 84 (1961).

③ 参见孟强：《民法总则中习惯法源的概念厘清与适用原则》，载《广州社会科学》2018年第1期，第251页。

（三）民法基本原则与漏洞填补

基于人的认识上的有限理性而制定的法律规范，往往会有个别规定与纷繁复杂现实生活存在一定距离，但法官不能以此来拒绝裁判（《民事诉讼法》第9条）。此时，也就需要法理在裁判过程中发挥补法的作用。但应注意，法理本身并不能直接构成法源，虽然法理作为社会规范的内化，可以在实际生活中对人的行为发挥约束作用。但法理所代表的社会秩序并不同于直接由法律规定所组成的规范秩序，为保证法律秩序的稳定性与统一性，规范秩序需要对期待成为该秩序一部分的理念与规则进行审查与承认。① 这样一来，法理就需要通过代表民法内在体系与内在秩序的基本原则作为外衣，经由法官阐释与审查，将法理细化为具体规则时，才能成为真正意义上的法源。②

对于适用法理的时点，裁判者应首先确认无法律及习惯可为妥适的依据后，才可以进入第三位阶寻找规范依据——依基本原则（法理）填补法律漏洞，③ 但仍有以下问题需要注意：

其一，注意“总则编”中的基本原则与“婚姻家庭编”中原则理念的协调。我国“婚姻家庭编”在“总则编”之下，设定了“一般规定章”，并规定了婚姻自由、夫妻平等、弘扬家庭美德等婚姻家庭法原则。但问题在于，我国《民法典》采纳的是潘德克顿式的总分体例，在“总则编”就已经规定了由抽象各编规范而形成基本原则，以统摄《民法典》的外在体系与内在体系，这就意味着在同一部法典之内形成了两个原则体系。那么，“一般规定章”中的原则与“总则编”中的原则应当如何协调？在填补法律漏洞时，应以何者为造法的基础？

在此，我们可将法律原则分为民法原则与宪法性原则两类。从原则的产生基础来看，民法的原则源自民法规范的总结与抽象，而宪法性原则源自社会政治生活的基本秩序所衍生出来的一般理念。④ 如此，不难发现，“婚姻家庭编”

---

① Cfr. Recta Ratio, *Teoria generale del diritto*, Torino, 1993, pp. 9 – 10.

② 参见陈甦主编：《民法总则评注（上）》，法律出版社2017年版，第77页。

③ 参见于飞：《民法总则法源条款的缺失与补充》，载《法学研究》2018年第1期，第44—46页。

④ Cfr. G. Oppo, *l' esperienza privatistica in I principi generale del diritto*, Roma, 1992, pp. 220 – 221.

中的那些关于夫妻平等、结婚自由等原则理念其实是宪法性原则在“婚姻家庭编”的投射，而不是民法基本原则在分编的具体化，也不是“婚姻家庭编”具体规范的抽象与总结。但应注意，将“婚姻家庭编”中的这些原则理念归类为宪法性的原则，并不是说这些原则理念不会产生私法上的效力。恰恰相反，由于这些原则理念反映的是社会生活的基本秩序，因而这些原则往往可以作为审查相关法律规定与当事人约定的有效性标准。但由于这些原则理念并不是抽象自具体的民法规范，难以在裁判中具象化，也就不能作为填补婚姻家庭法中法律漏洞的基础。所以，对于法律漏洞的填补，法官只能引用“总则编”中的基本原则。

其二，应避免司法结果导向主义对法官造法的不良影响。《婚姻法》《收养法》等法律因颁布时间较早，以及当时所秉持的立法观念也相对保守，对当下实务中出现的诸多新问题并没有规定，如对人工辅助生殖的规制问题。在这种情况下，法官为解决案件中的争议，可能从其想要追求的结果出发来选择性地适用法律。例如，在“陈某与罗某甲监护权纠纷上诉案”中，法官将不具有血缘关系，也没有孕育孩子的陈某确认为监护人。① 按照我国《婚姻法》以及“婚姻家庭编”的规定，陈某均不能作为两名孩子法律上的母亲，也就不能作为两名孩子的监护人。对此，上海市第一中院最终选择类推适用《婚姻法》第27条，认定养母陈某与两名孩子之间为具有抚养关系的继父母子女关系。众所周知，某男子已有子女之后，其续娶的妻子才会被其原有子女称为继母。② 显然，在这一案例中，陈某与两名孩子之间的关系并不是继父母子女关系。实际上，《婚姻法》对于人工辅助生殖下母亲法律地位的认定方式应当规定却

① 参见上海市第一中院（2015）沪一中少民终字第56号民事判决书。

② “继”字的含义为继续，连续不断的意思，常用以指跟某一事有连续关系的另一事。如“继配”是指原配死后续娶的妻子。参见商务印书馆研究中心编著：《古今汉语词典》，商务印书馆2002年版，第662页。在北京大学所编撰的法学百科全书中，指出继父母（step－parents）是父之后妻或母之后夫，继子女（step－children）是夫与前妻或妻与前夫所生的子女。继父母与继子女关系产生的原因，一是父母一方死亡，他方再行结婚；二是父母离婚，父或母再行结婚。子女对父母的再婚配偶成为继父母。参见魏振瀛、徐学鹿主编：《北京大学法学百科全书·民法学·商法学》，北京大学出版社2004年版，第514页。例如，佟柔主编的《中华法学大辞典》中对继父母子女关系的解释是：因父母一方死亡，另一方再婚，或因父母离婚，一方或双方再婚而发生的亲属关系。夫对其妻与前夫所生的子女，或妻对其夫与前妻所生的子女，称为继子女；子女对其父或母的后婚配偶称继母或继父。参见佟柔主编：《中华法学大辞典》，中国检察出版社1995年版，第350页。

没有规定，这构成了法律漏洞。鉴于此，法官在无法律和习惯法可依的情况下，应当依照基本原则续造法律，而不是基于结果考量，强行赋予当事人请求权。

四、结语

婚姻家庭法的价值取向有其特殊之处，但与一般民法的价值取向并不存在根本上的差异，也就不至于使婚姻家庭法独成体系。一方面，婚姻家庭法虽然有许多管制性的规定，但仍然处于私法自治的王国之内，并没有因为管制规定的存在而成为公法；另一方面，婚姻家庭法作为一个特殊的部门法，是相对独立的，需要引介其他的民事规范以助其解决纠纷。但如果只是在价值层面夸大这种差异，而不在教义层面去验证婚姻家庭法独立的可能性与可行性，这种讨论就会陷入虚无的境地。而在教义学层面讨论这一问题，关键就在于从方法论的角度去审视婚姻家庭法如何接纳其他民事法律规定。只有这样才可能消弭那种认为婚姻家庭法与财产法存在知识对立的偏见，才可能真正地实现民法典内在体系与外在体系的融贯。

（初审：宗勇旭；校对：孙娟）

论后金融危机时代金融刑法的重构及其法理

刘博涵*

摘　要：2008 年金融危机后，金融消费者保护成为国内外金融法学界和实务部门的主流话语。我国现行金融法规范以维护金融管理秩序为目的，重点保护金融营业组织的特许经营地位，但未对保护金融消费者的现实需求作出回应，这使重构金融刑法成为必要。重构金融刑法立足于社会分层的现实基础，以社会法为精神源泉，突出金融消费者的刑法倾斜保护。重构金融刑法旨在有效保护金融法益、追求实质法治、建立理性法律制度。为此，需贯彻比例原则的平衡思维，建立轻重并举的罪刑结构，借用相对强制性规范的立法技术实现刑法保护均衡化。

关键词：金融刑法；金融法益；倾斜保护；刑法保护均衡

我国金融刑法的专门立法肇始于 1995 年颁布的《关于惩治破坏金融秩序犯罪的决定》。该决定规定了伪造货币、违反金融特许经营制度和金融诈骗三大类，共 20 余个新罪名，是 1979 年刑法之后全国人大常委会颁布的条文最多、涉及罪名最广的单行刑事法律。① 1997 年全面修订刑法时，该决定关于行政措施和行政处罚的规定得以保留，有关刑事责任的规定则全面纳入 1997 年刑法。为了应对积弊弥深的银行呆坏账和愈演愈烈的金融欺诈，2006 年通过的《刑法

---

* 刘博涵，厦门大学法学院博士研究生，厦门大学法学院金融法研究中心研究人员。本文是国家社科基金重大项目“网络金融犯罪的综合治理研究”（项目编号：17ZDA148）的阶段性成果。

① 参见张承：《执行〈关于惩治破坏金融秩序犯罪的决定〉的若干问题（上）》，载《人民司法》1995 年第 10 期，第 10 页。

修正案（六）》对金融刑事立法作了较大修订，金融刑法犯罪化趋势进一步加强。2008年席卷全球的金融危机让世界经济深陷泥潭，以美国、英国为代表的西方国家开启了一系列“自救”行动，包括对金融危机催生因素之一的金融犯罪的立法与改革。① 与立法机关活跃的金融刑事立法相伴，我国的金融刑法研究也空前繁荣，相关著作、论文可谓汗牛充栋。但客观地说，当前学界对金融刑法的研究大多偏向于对金融犯罪各罪名构成要件的教义学阐释，对金融刑法的一些共性问题、基础法理的探讨研究仍显不足，尤其是立足于后金融危机时代对金融刑法的需求以及金融刑法自身发展规律的研究则付之阙如。与之形成鲜明对比的是，金融法学界对金融服务法、金融消费者保护的研究早已蔚然成风。因此，有必要在刑法学与金融法学沟通、对话的基础上，明确后金融危机时代金融刑法与金融刑事法治的关系及其基础法理，构建一种原理上适合于金融消费者保护的新金融刑法，从而满足后金融危机时代金融刑事法治建设的现实需求。

一、从契约到身份的“回归”：重构金融刑法的缘起

从身份到契约通常被认为是资产阶级革命打破封建等级制度的枷锁，强调个人权利、个人自由发展的历史进程，因此意思自治与契约自由成为现代民法的基本原则。传统金融法使用“投资者”指称资本市场有价证券的购买者。在法律规范上，金融交易法作为金融法的几大组成板块之一，调整金融主体基于平等金融交易活动而产生的法律关系。② 但是，将金融营业机构与投资者看成

① 美国2009年制定的《欺诈执行与恢复法》（*Fraud Enforcement and Recovery Act* 2009）直接针对“助长了经济不稳定的长期不当行为”，为联邦调查局和司法部的严格执法提供了额外资金保障，修改了欺诈和洗钱立法，增加了抵押欺诈罪的法定刑期。与之相似，英国通过积极立法提高金融规制水平以应对此次危机。2012年的《金融服务法》（*Financial Services Act* 2012）以“误导性陈述和印象”的规定取代了2000年《金融服务与市场法》（*Financial Services and Markets Act* 2000）“误导性陈述与行为”的规定，还增加了“制造误导印象”的新罪名：金融交易参与人故意作出或从事任何令投资者对市场价格或价值产生虚假、误导性印象的行为，即属犯罪。此外，2013年的《金融服务（银行改革）法》［*Financial Services* （*Banking Reform*）*Act* 2013］进一步将银行高管在业务管理中鲁莽的不当行为规定为犯罪。

② 参见刘博涵：《论金融法学体系的建构、重塑与拓展——基于领域法学视角的考察》，载《经济法论丛》2019年第2期，第179—185页。

平等的民事主体并不符合客观事实，过度的金融创新、日益复杂的金融产品和日益专业化的金融交易模式让“投资者”的身份在金融发展中发生了“变异”——为满足非营业性的个体金融需要而购买或使用金融商品、享受金融服务的非专业投资者或者大众投资者逐渐与消费者融合成为一类新的市场主体即金融消费者。[①] 金融消费者与金融营业机构之间以契约建立的平等地位因为专业知识、信息获取、支配财力的悬殊完成了由契约向身份的“回归”。在此基础上，与传统金融刑法为了维护金融秩序而过于强调金融营业机构特许经营地位保护不同的是，转型的金融刑法视“金融法益”为基石，是对金融消费者倾斜保护的理性刑法。

（一）分层社会是重构金融刑法的社会基础

社会公平是一个内涵极广的社会学范畴，它既涵摄政治学上的权力获得、社会地位和声望状况的公平，也涉及经济学上的收入分配、财富占有的公平，还包括教育学上的受教育机会、职业进入机会的公平。在法治视野下，社会公平是法治的核心价值追求，也是法治思维的重要因素。“习近平总书记不仅把公正作为法治的生命线，而且提出以权利公平、机会公平、规则公平为主要内容的社会公平体系。”[②] 在构建人类命运共同体和践行社会主义核心价值观的背景下，只有植根于社会公平的基本理念和规则，金融刑法才可能迸发出发展的活力，才可能提升社会的整合程度，保障金融健康发展。

传统上，社会公平在刑法领域主要从以下两个逻辑侧面展开：其一，适用平等原则，即刑法公平地保障每一个社会成员刑法规定的权利不受犯罪行为侵害；其二，罪责刑相适应原则，即刑法按照每一个犯罪人犯罪行为的严重程度进行有差别的刑罚处置。但在改革开放40余年后的今天，各种社会资源在人群中重新配置并发生了巨大变化，社会群体因社会资源占有的不同而产生了明显

---

① 参见陈洁：《投资者到金融消费者的角色嬗变》，载《法学研究》2011年第5期，第84页。

② 张文显：《习近平法治思想研究（下）——习近平全面依法治国的核心观点》，载《法制与社会发展》2016年第4期，第41页。

的社会分层。[①] 这一现象投射到金融行业更为明显：一层是旱涝保收的金融金领们，另一层是任人鱼肉的金融消费者。在这一背景下，刑法规则如若要继续保障社会公平的实现，就需要生长出第三个逻辑侧面：根据犯罪人在社会分层中的不同身份区别对待，给予有所差别并恰如其分的回应，在各阶层之间维持一种均衡但不是平均保护的关系。

“金融刑法”转型自一个金融欺诈甚嚣尘上、保护金融消费者的呼声响彻资本市场的时代——后金融危机时代。金融的进一步发展要求金融刑法差别化保护金融消费者，这一趋势看似是强调刑法司法技术的逻辑演绎，实则是寻求刑法对社会公平价值的实现。重构金融刑法应当重视社会公平，在分层社会中实现差别公平。这不仅在于刑法资源平等地分配给金融消费者，更在于在刑事政策选择时就充分考量社会分层的现实背景，追求实质意义上的社会公平。因此，社会公平或者说差别公平，是后金融危机时代制定金融刑事政策、控制金融犯罪的立论基础。

如果金融刑法在追求社会公平的过程中，没有立足现时的时代背景重新考量社会公平的内涵，反而依靠压制金融消费者的权利来维持原来的金融秩序，那么民怨沸腾、社会动荡的种子便被种下，因为没有社会认同基础的金融刑法不可能长久维持稳定的金融秩序。既然法治社会的核心价值追求是社会公平，既然刑法施行的主要目标是保障社会公平，既然重构金融刑法的主要动力来自差别公平的追求，既然金融的健康运行和社会的持续发展离不开社会公平，那么我们应当做也必须做的就是回应中国金融发展的需求，把社会公平放在重构金融刑法的重要位置。如果仍固执坚持“效率优先、兼顾公平”的旧观念，仅将社会公平置于“兼顾”的位置，就会贻误中国金融刑法转型的时机。

（二）社会法是重构金融刑法的精神源泉

尽管社会法的思想史和发展史枝蔓丛生、盘根错节，在其漫长的发展岁月中曾经指向团体的法律地位和法律结构问题、群体自治和融入的法律问题以及市民法社会化问题等诸多议题。但是，“二战”以后各国社会法的范畴逐渐殊

---

① 参见李强：《社会分层与社会空间领域的公平、公正》，载《中国人民大学学报》2012 年第 1 期，第 2—4 页。

途同归，主要指为了应对工业化生产所带来的数量庞大的无产者赤贫、残疾等社会公共问题，由劳动法和社会保障法所构成的法律规范总称以及研究这些法律部门的学术类别。① 德国1975年生效的《社会法典总则》在第1条第1款更是开宗明义地规定："社会法典中的权利为实现社会公正和社会安全，包括社会扶助和教育扶助而建构。其应贡献于：保障人有尊严地存在；为人格发展，尤其是青年人的发展创造同等的前提；保护和促进家庭；使通过自由选择的职业获得生活来源成为可能；以及防止和平衡生存负担，包括通过对自助的扶助"。② 可见，社会法直面工业化带来的社会分层与权利失衡的社会现象，以救助社会弱者、增进社会福利为宗旨，达到弥合社会裂痕、保障社会存在与发展的目的。

金融危机的治乱循环实际上反映了金融监管在金融效率与金融安全之间的摇摆不定，针对这一问题有学者提出金融法的"三足定理"，即在传统金融法追求的金融效率与金融安全两大价值的基础上，增加金融消费者保护以形成金融法的"三足"，并在金融法立法、金融监管目标设定和金融体制改革的过程中贯穿这三大理念。③ 更进一步，有学者认为过去金融法的研究要么钟情于金融交易行为的规范，要么痴迷于金融监管的优化，过于关注金融的经济功能，忽视了金融的社会功能。然而，金融发展不仅要追求经济增长，而且要创造更好的社会，即金融不仅应追求经济福利，还应追求经济福利之外的社会福利。在此基础上建立的金融福利法不仅着眼于经济增长和市场繁荣，更加注重个体福利的矫正和分配，以实现整体福利的最大化。④ 显然，社会法的基因已经深深地植入了金融法的基因，成为金融法发展的重要理论来源。

正是基于此，我国金融刑法的重构应全面以社会法精神为指引，在制度设

---

① 参见郑爱青：《法国"社会法"概念的历史缘起和含义》，载《华东政法大学学报》2019年第4期，第58—59页；田思路：《日本"社会法"：概念·范畴·演进》，载《华东政法大学学报》2019年第4期，第70页。

② 沈建峰：《社会法、第三法域与现代社会法——从基尔克、辛茨海默、拉德布鲁赫到〈社会法典〉》，载《华东政法大学学报》2019年第4期，第49页。

③ 参见邢会强：《金融危机治乱循环与金融法的改进路径——金融法中"三足定理"的提出》，载《法学评论》2010年第5期，第48页。

④ 参见袁康：《金融福利法：金融法学研究的新领域》，载《武汉科技大学学报（社会科学版）》2016年第6期，第667—668页。

计和规范制定的过程中始终秉持这样一种工具理念——略有偏重地赋予和保障金融消费者金融权利。这种理念应贯穿于立法、司法、守法等一切法律活动之中，因为社会法不仅因其理论理性为重构金融刑法提供思辨依归，从而保证金融刑法的思辨始终反映社会现实而不致流于逻辑演绎的智力游戏，还因其实践理性为重构金融刑法的现实路径提供了评价与考察的标准。这既能促成重构金融刑法的理想变为现实，又可防止过于理想化的理念与社会现实相抵牾。因此，将社会法作为重构金融刑法的精神指引，把金融刑法放到制度与社会交互之中进行综合的、整体的分析，进而找出重构金融刑法的社会内生机制，确定关切金融刑法重构的相关变量，最终将金融刑法的重构建立在更为科学的基础之上。

（三）倾斜保护是重构金融刑法的基本理念

金融消费者是金融关系中的弱者，这一前提判断来自金融营业机构往往利用资金优势和信息便利，凭借其强势地位排斥、损害金融消费者权利进而攫取利益的现实图景。在追求社会公平的价值取向和社会法精神的指引下，可以断言重构金融刑法的宗旨和使命就是保护金融消费者的利益。调整的具体方法就是在刑法上赋予金融消费者更多的权利，尽可能地确保其能公平参与金融活动，进行金融交易；对金融强势主体科以额外义务，平抑过度集中于金融强势主体的金融福利。同时，金融刑法积极介入，对市场障碍造成的金融结构畸形进行矫正，优化金融资源配置。这表明，“倾斜保护”应当成为重构金融刑法的基本理念。

“倾斜保护”首先意味着“倾斜立法”，即在立法时突破权利与义务对等的一般法理，将权利配置的天平向金融消费者倾斜。同时，在金融权的种类和范围上予以扩充，除储蓄、贷款、保险、证券交易等传统金融利益之外，将投资、信托、汇兑、贴现等过去一般认为限于商事领域的个体利益上升为社会利益予以关注。值得注意的是，这里的“倾斜”必须限定在立法上。亦即在立法时可以对调整对象的利益分配有所倾斜，但在司法时必须坚持“法律面前人人平等”的原则。因为如果将“倾斜”下放至司法，势必会由于不同法官自由裁量尺度的不同造成新的利益分配不公。而且，司法层面“倾斜”的能动权力更容易成为滋生司法腐败的“温床”，反而伤害了我们苦苦追寻的公平正义。

“倾斜保护”还意味着“保护弱者”，即金融刑法以一定的标准确定当事人在刑法上的地位并根据其地位分配利益，这里的标准便是由契约回归了的“身份”——以“社会弱者”的身份认定来决定金融利益的分配。从结果正义的角度出发，将部分金融福利转移至弱势主体，从而使利益分配结果有利于具有“弱势身份”的主体。通过倾斜保护保障金融消费者的法定财产安全权、知情权、自主选择权、公平交易权等基本权利，缓解金融信息不对称，提高金融消费者的话语权和谈判权，实现金融消费者与金融营业机构实力的相对平衡。①

需要特别指出的是，倾斜保护是我们重构金融刑法的基本理念和手段，但绝不是终点和目的，重构金融刑法的目的在于对金融利益共同体强弱各方的利益进行平衡与协调。之所以强调金融权、强调金融消费者，是因为在现实社会里金融消费者通常处于弱势地位。金融刑法对金融消费者进行重点保护，是为了对这种“失衡”进行纠偏，以实现金融营业机构与金融消费者的地位平等和利益均衡。但是，我们不能片面追求金融消费者的利益而牺牲金融营业机构的利益，否则这种矫枉过正的重构便只是一种过犹不及的努力。因此，通过形式的不平等促进实质的平等，以平衡协调作为重构金融刑法的追求与目的，这才是重构金融刑法的主要价值所在。

二、金融消费者的刑事法治保护：重构金融刑法的目标

法律是近距离服务于社会实践的，人们对法律所做的无论是“理论性”思考还是“实践性”思考，始终都是基于法律实践并为法律实践而展开的，法律实践构成全部法律思考的起点与归宿。② 法治国的观念在德国首先以自然法和形而上学的形象出现，在资产阶级革命的浪潮中“照进”现实。自近现代以来，法治国理念分化出自由法治国、社会法治国、形式法治国、实质法治国等多重性格，③ 法律的制定与适用也同时兼有凝聚社会共同体、维护社会秩序、

---

① 参见黄勇、徐会志：《论P2P网络借贷金融消费者权益保护》，载《河北法学》2016年第9期，第24页。

② 参见姚建宗：《中国语境中的法律实践概念》，载《中国社会科学》2014年第6期，第141页。

③ 参见刘艳红：《空白刑法规范的罪刑法定机能——现代法治国家为背景的分析》，载《中国法学》2004年第4期，第131—134页。

保障个体权利、追求社会公平等多元目标。法律制度兼具“深入市井”调整社会生活和“飘向云端”追求法治理想的多重面孔，因而重构金融既要扎根社会现实，又要胸怀法治国的理想。转型金融刑法总是与金融现实以及民众需求紧密相关，追求金融消费者的刑事法治保护。脱离社情民意建构起来的金融刑法注定只是文本意义上的“死法”，其必然会在鲜活的社会生活里被束之高阁并遭到无情的嘲笑。因此，重构金融刑法必须以金融运行现实为基础，以金融消费者的刑事法治保护为目标，追求刑事法治、依赖刑事法治。

（一）重构金融刑法以有效保护金融法益

“权利”一词自从在1864年出版的译著《万国公法》中被首次赋予了现代涵义以来，东渡日本发扬光大，又为中国学者引进，反哺中国的法学研究。权利被法律人用以认识、描述、表达、改造世界，① 着实是一个传奇的符号和术语。金融权的生成和发展，是我们这个时代正在见证的历史。互联网技术在金融业的广泛应用，为人们尤其是草根阶层提供了投资的渠道，培育了金融需求；为公民、中小微企业提供了便捷的融资途径，促进了金融普惠。正是因为互联网金融，特别是移动金融变得触手可及，金融权才得以生成。② 权利自“文艺复兴运动”以来就披着“权利天赋”的霞光被认为对一个社会具有不容忽视的价值，因而金融权的刑法保护是重构金融刑法的重要目标之一。

显然，保护金融权比宣示金融权具有更深远的意义，任务也更加艰巨。笔者试以耶林的权利学说理论③对金融权的内部构造进行透视。耶林的权利学说由“一体两翼”组成。其中“一体”是目的理论，即权利必须具有“目的设定”，权利人需首先明确对权利自由处分的目的、需求何在。“两翼”分别是利益理论和法感理论，利益理论认为权利是法律所保护的利益（有时也被称为

---

① 参见申卫星：《溯源求本道“权利”》，载《法制与社会发展》2006年第5期，第80—82页。

② 参见杨东、文诚公：《论互联网金融背景下金融权的生成》，载《中国人民大学学报》2015年第4期，第106页。

③ 关于权利的本质是什么这一问题，法学发展史上先后出现过萨维尼（Savigny）倡导的意思说、耶林（Jhering）倡导的利益说、雷格尔贝格（Regelsberger）在综合意思说、利益说的基础上提出的意思力说和梅克尔（Merkel）的法力说。但其中影响最大的是耶林的利益说，并且意思力说和法力说都是在继受利益说基础上的折中与发展。

"获利""好处""价值""享受"等），"利益"是权利的核心，"法律保护"是权利的外壳；法感理论认为法感是权利人主张自身权利的主观动机。[①] 金融消费者获取金融服务的需求是金融权的"目的设定"，且金融消费者在主观上希望行使该权利。这里的重点在于利益理论对金融权内部结构的解析：金融刑法保护金融权，进而保护金融权所蕴含的法益——金融法益。金融法益实际上是由金融消费者利益、社会利益、国家利益等多种利益构成的组合体，因为保护金融法益实际上不仅保护了金融消费者利益，还保护了社会利益、国家利益。对于这一现象，耶林的解释是并非所有为法律保护的利益都可表现为权利，为法律承认并受其保护的利益才是权利，其余附随实现的是反射利益（Reflektionsinteresse），这种现象被称为法律的反射效力（Reflexwirkung）。在金融法益中，金融消费者利益是核心，其他利益依附于金融消费者利益，通过金融消费者利益的实现间接地、反射性地实现。[②]

明确金融权内部构造的重要意义在于重构金融刑法时，要注意紧紧把握住金融消费者利益这一核心。在中国的现实语境下，金融消费者利益就是实现金融上的"公平"。金融刑法上的公平，不仅是刑法确保金融消费者以可承担的成本享受合理金融服务的机会利益均等和刑法保护力度上的均衡，还包括金融消费者与金融营业机构之间的利益均衡。投射到金融法益刑法保护的模式选择上，表现为两个基本问题的处置：一是刑法如何保护金融权利抑或是金融消费者利益；二是在金融营业机构侵害金融消费者利益与金融消费者侵害金融营业机构利益之间，刑法是否全部调整、如何调整的问题。这就突出了刑法保护金融法益，调整、惩罚金融犯罪的准则作用，从而在金融发展中建立起一套同社会承载能力和现实金融结构相适应的价值观念和刑法规制模式，促进金融的经济功能和社会功能协调发展。

（二）重构金融刑法以追求实质法治

作为法学理论重要概念的"法治"，因其隽永的意蕴在当代中国焕发着熠

---

① 参见雷磊：《"为权利而斗争"：从话语到理论》，载《苏州大学学报（哲学社会科学版）》2019 年第 2 期，第 56—61 页。

② 参见刘博涵：《资本丛林的达摩克利斯之剑——论金融刑法的价值诉求、法益目标与学科定位》，载《西部法学评论》2019 年第 6 期，第 118—119 页。

熠光辉。1997 年，党的十五大报告首次明确指出“建立社会主义法治国家”，并在 1999 年修改宪法时规定：“中华人民共和国实行依法治国，建设社会主义法治国家。”随后，中国法学界掀起了一场关于法治的“启蒙运动”。① 在这场“启蒙运动”中，大多数的研究和论述都借助形式法治与实质法治这对概念讲述我国的法治类型和法治话语。从形式上看，法治就是规则之治，法律的规则和程序构成了思考法治的基本逻辑，法律的抽象性和形式性在人们的脑海里构建了形象意义上的法律世界，越认真对待规则和程序，就越接近法治。② 从实质上看，法治还需是良法之治。良法不仅应具备科学、合理的体系，还应符合社会发展规律，反映社会现实与国情民意，反映公平、正义等价值追求。③ 因此，重构金融刑法除了追求法律规范逻辑上的自洽，还需关注法律背后的价值：机会公平、社会公义、利益均衡等。

形式法治与实质法治的论战，是我国法学界正在发生的事情，而令人遗憾的是“理”似乎并未因越来越多的学者加入而越辩越明，相关议题反而变得越来越臃肿和庞杂。④ 法律避免不了与现实生活的碰撞，再严谨的法律在面对鲜活的案件时都会出现与国民朴素公平、正义理念抵牾的可能，屡见不鲜的“难办”案件⑤似乎让这论断不证自明。显然，一个仅满足形式法治原则要求的法

---

① 相关论著参见陈弘毅著：《法治、启蒙与现代法的精神》，中国政法大学出版社 1998 年版；季卫东著：《法治秩序的建构》，中国政法大学出版社 1999 年版；吴玉章著：《法治的层次》，清华大学出版社 2002 年版；高鸿钧著：《法治：理念与制度》，中国政法大学出版社 2003 年版；卓泽渊著：《法治国家论》，法律出版社 2004 年版；付立庆著：《法治的脸谱》，中国检察出版社 2004 年版等。

② 参见陈金钊：《为什么法律的魅力挡不住社会效果的诱惑？——对法律效果与社会效果统一论的反思》，载《杭州师范大学学报（社会科学版）》2012 年第 2 期，第 65 页。

③ 参见王利明：《法治：良法与善治》，载《中国人民大学学报》2015 年第 2 期，第 114 页。

④ 根据学者的梳理，我国法学界现今关于法治的论战，起码可以归纳为作为法体系美德主张的形式法治论、作为司法裁判根据的形式法治论、作为法治概念主张的形式法治论以及作为法体系美德研究界限主张的形式法治论四个层面。参见王琳：《我国形式法治论诸版本区辨与批判性反思》，载《法制与社会发展》2019 年第 3 期，第 72 页。

⑤ 这里所说的“难办”案件主要指先后在我国被推上舆论风口浪尖的许霆案、药家鑫案、大学生掏鸟案、气球枪案、农民收购玉米案、昆山反杀案等案件，这些案件从法律技术上讲并不“难办”，它们之所以受到人们的广泛关注，正因为法律技术的逻辑演绎得出了令大多数国民朴素情感都无法接受的结论。

律体系难以满足法治的要求，法治所追求的目标仍然无法实现。① 无金融刑法规范则无金融刑事法治，但这并不意味着有了金融刑法规范就能实现金融刑事法治，金融刑法规范只是金融刑事法治的必要条件，而非充要条件。要重构金融刑法就必须对形式上的金融刑法施以诸多实质考察：是否符合实质理性？是否与外在金融结构充分互动？是否回应社会需求？一言以蔽之，追求实质法治是重构金融刑法的“初心”。

更进一步，重构金融刑法需与实质法治保持一致的价值诉求。中国法治作为现代法治，不仅应当是形式上的法律之治，还应当是良法之治。在价值诉求上，实质法治追求对权力滥用的制约与制衡，对公民自由与权利的平等保护；要求人民服从法律，但此法律必须建立在尊重和保障人权的基础之上。② 这就需要重构金融刑法以控制、制约和平衡金融营业机构权利从而实现对金融消费者主体权利、自由选择、契约关系和私人利益的保护，使金融刑法成为金融消费者自我保护的重要屏障和壁垒，并通过对多元社会权利进行必要的互动均衡，贯彻金融刑法倾斜保护的精神，从而推进实质法治的实现。由此可见，实质法治构成了金融刑法的基础和轴心，是重构金融刑法的内在动力和价值支撑。

（三）重构金融刑法以建立理性法律制度

对实质法治的强调并不意味着对形式法治的漠视甚至否定。事实上即便是实质法治的坚定拥趸，也认为在中国现阶段过于注重实质法治，看似抬高了法治的地位，充实了法治的内容，实际上却对法治的实现构成了一种严重的威胁。撇开形式法治过多地强调实质法治将使太多的法外因素进入法律的实施过程，从而可能造成司法者、执法者的专断，加深权力因素、利益因素对法律实施的渗透，最终受到严重伤害的必将是我们苦心孤诣追求的法治。此外，由于实质法治追求的泛化，必将使现代法治控制权力的核心效能被弱化，国民将因形式法治的纾解反而与实质法治渐行渐远。③ 因此，自由、平等、公正等理念的追

---

① 参见李桂林：《实质法治：法治的必然选择》，载《法学》2018 年第 7 期，第 76 页。

② 参见张文显：《法治与国家治理现代化》，载《中国法学》2014 年第 4 期，第 24 页。

③ 参见江必新：《严格依法办事：经由形式正义的实质法治观》，载《法学研究》2013 年第 6 期，第 33 页。

求，还需回归到法律制度的体系内进行探寻和实现，法律制度是人们行为模式的定型化，是法治社会赖以存在和发展的基础。

对形式法治的主要指摘在于缺乏实质内容和实质价值的法治将变成空洞的形骸，沦为“以法而治”（rule by law）甚至人治，进而导致权力制约、权利保障、自由平等的法治目标无法实现。因此，在我们回归法律制度时，要特别注意为其注入理性的内涵。这意味着，社会行为、社会关系进入法制轨道，法律普遍强制、有效，司法机关独立执掌法律实施职责，社会纠纷通过司法途径解决，政府权力受到严格限制，社会弱势群体得到法律倾斜保护等理想主义法治观念①得以制度化、法律化。具体到金融刑法的重构，就是要在金融刑法制度中注入倾斜保护金融消费者的实质理性。倾斜保护金融消费者首先是立足于分层社会金融结构的理念要求，进一步提出实质公平、社会正义的制度主张，在这一精神内核的驱动和指挥下进行理性金融刑法制度的重构。可以说，倾斜保护金融消费者是内含于转型金融刑法“细胞核”中的“遗传物质”，重构金融刑法制度便是该“遗传物质”表达的过程。唯此，重构的金融刑法制度才是理性的法律制度。

刑法对金融犯罪的“区别有序”规制还可以从金融禀赋结构理论的角度予以把握。林毅夫教授提出的金融禀赋结构理论认为，一国的实体经济要素禀赋决定其产业结构，而产业结构需要与之发展阶段相匹配的金融结构，契合一国产业结构的金融结构才是最优金融结构，亦即高效的金融结构必然反映实体经济之需求。② 在我国当前的金融结构下，金融抑制现象依然十分突出，金融资源和要素没有得到公平、高效的配置，金融消费者利益频频受到侵害。最优金融结构是金融立法与金融法律运行的指挥棒和试金石，③ 映射到金融刑法的重构便要求关注金融消费者与金融营业机构利益失衡的客观现实，在权利义务配置时“区别对待”以期实现最优金融结构。综上所述，法律制度对金融刑法而

---

① 参见顾培东：《当代中国法治共识的形成及法治再启蒙》，载《法学研究》2017 年第 1 期，第 7 页。

② 参见林毅夫：《新结构经济学：经济发展理论和政策的反思》，苏剑译，台湾时报文化出版社 2013 年版，第 262—275 页。

③ 参见刘辉：《金融禀赋结构理论下金融法基本理念和基本原则的革新》，载《法律科学》2018 年第 5 期，第 118 页。

言，天然具有其工具性的机能。但是，只有在微观层面倾斜保护金融消费者追求最优金融结构，在宏观层面保护社会弱势群体追求权力制约、实质公平的金融刑法制度才具有目的性机能。理性法律制度是重构金融刑法的重要目标，它既是金融刑法存在的形式，又是公众认可和遵守的基础。

三、刑法保护均衡化：重构金融刑法的路径

现代社会维持社会运行秩序的控制手段有三种：基于道德礼法的社会控制、基于权力威慑的社会控制，以及基于法律制度的社会控制。其中，基于法律制度的社会控制是一种结构性、制度性的控制。无论是判例法国家还是成文法国家，要实现法律制度的社会控制功能都必须使法律制度保持一定的弹性和张力，以适应变动不居的社会生活。抽象来看，刑法作为法律制度的重要组成部分，其本质上是一种变结构，正如碳元素的不同排列方式可以构成物理性质迥异的石墨和钻石，刑法结构中元素的时空关系和组合方式也不是一成不变的，它们似乎有着一张普罗透斯般的脸，会随着外部环境的变化而变化。① 这个过程既是刑法为了适应外部环境“主动”发生的变化，也是社会转型在刑法上“反作用力”的体现，这便是刑法教义学生长的空间。因此，作为规范社会行为、调整社会关系的刑法制度，既需要在一定时空跨度内保持持续的稳定性，又需要潜移默化地随着外部环境的变化适时调整。这要求我们重构金融刑法赋予其“血肉之躯”的同时保持适度开放，以体现金融刑法的制度理性、社会理性。

（一）在金融刑法中贯彻比例原则的平衡思维

比例原则由德国行政法学家奥托·迈耶于1895年在行政法领域首次提出，并立即在世界范围内受到广泛关注。其基本内涵是要求立法者、司法者、行政主体在调整社会关系的时候考虑手段的合目的性，对公共利益和个人利益在保护、平衡的思维下进行仔细斟酌，防止错误、过分的立法、行政决定在追求公共利益的过程中对个人利益造成“杀敌一千自损八百”式的失衡。具体而言，

---

① 参见刘博涵：《普罗透斯之脸：加密数字货币的双重属性、法律风险与刑法控制——以比特币和首次代币发行（ICO）的分析为视角》，载郭锋主编：《证券法律评论》（2019年卷），中国法制出版社2019年版，第337页。

比例原则包含以下三层涵义：第一，合目的性原则，又称适当性原则。要求限制国民基本权利的手段与追求公共利益的目的之间具有相当的关联性，手段能够有效促成目的的实现。第二，最小侵害原则，又称必要性原则。要求所使用的限制国民基本权利的手段是众多可以达到目的的手段中，对国民个人权益侵害最小的那个。第三，均衡性原则，又称相当性原则。要求对所欲追求的利益和所侵害的国民基本权益进行利弊衡量，只有当实现的利益大于对国民基本权益的损害时，该手段才具有正当性和合理性。①

比例原则的精髓在于考察目的与手段之间利益实现和利益损害的失衡度，其背后是法律制度的平衡理念。毫无疑问，追求完美无缺的刑法立法必然落入空想。平衡的刑法立法将目标定位于总体上“可接受的”“应肯定的”，追求尽可能完美的“黄金分割点”。刑法平衡理念的实现还需随着社会时势、外部环境等诸多因素的变化，在动态中寻求平衡。② 就重构金融刑法而言，平衡思维要求同类金融犯罪之间保持罪刑结构的均衡，不同类金融犯罪之间如有可比性，也需讲求罪刑结构的均衡，而同类金融犯罪间不具可比性，则不能强求罪刑结构的均衡。总体上来说，金融经营者犯罪和金融消费者犯罪不具有可比性，应强调区别对待的罪刑结构。

刑法是规定犯罪和刑罚的法律，与之对应，其规范结构分为定罪结构和量刑结构，前者确定了行为人及其行为的刑法属性，后者确定了对行为人的刑法处置程度，这两者结合构成了刑法的罪刑结构。金融刑法罪刑结构调整的是刑法平衡思维的具体表达，这是经过多方刑法主体利益博弈而形成的对策性均衡，是以金融经营者权利与金融消费者权利配置格局为核心的结构性均衡。重构的金融刑法表现为一种分层的罪刑结构：现实运行的金融结构决定了各金融主体在金融关系中的地位，这种失衡的地位被金融刑法识别并根据金融主体身份的不同配以不同的罪刑结构，刑法围绕金融主体角色的不同形成有所差异的定罪量刑规则，使之成为金融主体遵循的规范。金融刑法分层的罪刑结构既回应了不同金融主体利益失衡、力量悬殊的社会现实，又为其提供了刑法区别保护的

---

① 参见于改之、吕小红：《比例原则的刑法适用及其展开》，载《现代法学》2018 年第 4 期，第 137 页。

② 参见付立庆：《平衡思维与刑法立法的科学化》，载《法学》2018 年第 3 期，第 76 页。

手段与途径。由此可见，重构金融刑法在合理的刑法分层保护结构中贯彻比例原则的平衡思维，并使该结构合理地制度化、规范化。

（二）建立金融刑法轻重并举的罪刑结构

刑事政策在一国刑事立法中占据统摄全局的重要地位，被费尔巴哈称为“立法国家的智慧”，国内学者称为“刑法的灵魂与核心”。自新中国成立以来，我国的刑事政策经历了曲折的发展过程：从新中国成立初期的镇压与宽大相结合到社会主义改造时期的惩办与宽大相结合，再到改革开放初期的“严打”刑事政策。2004 年召开的全国政法工作会议正式提出了施行至今的宽严相济刑事政策，其基本内涵是“该严则严，当宽则宽；严中有宽，宽中有严；宽严有度，宽严审时”。① 1997 年刑法自施行以来历经十个刑法修正案的修订，宽严相济的刑事政策在刑法立法中的指导作用日益明显。就“严”的一面而言，不断增加的经济犯罪罪名和不断加重的法定刑使经济犯罪成为我国刑法修改、完善中最活跃的领域。② 就“宽”的一面而言，刑罚制度上规定“对已满七十五周岁的老年人犯罪从宽处理、原则上不得判处死刑，对未成年人犯罪和怀孕的妇女犯罪进一步从宽处理”。③ 这表明，中国刑法正在对社会转型时期经济犯罪泛滥成灾的趋势予以积极回应，同时展现出承认强者、弱者社会分层，给予社会弱者更多人道关怀的社会刑法图景。④

目前我国已经进入加快金融开放的深水区，“温室”里的金融营业机构即将面临来自全世界的“狂风骤雨”。对金融消费者利益保护的不足、对金融营业机构侵害金融消费者利益行为的“失明”性纵容必将令如今日进斗金的金融营业机构在面临充分外部竞争时丢盔弃甲、溃不成军。金融消费者保护在我国将是一个长期面临的挑战：一方面，现行金融刑法规范维护着一种严重金融抑制的金融体制，金融业的竞争不充分；另一方面，在金融创新持续发展、人工

① 马克昌著：《宽严相济刑事政策研究》，清华大学出版社 2012 年版，第 75 页。

② 参见孙国祥：《20 年来经济刑法犯罪化趋势回眸及思考》，载《华南师范大学学报（社会科学版）》2018 年第 1 期，第 48 页。

③ 卢建平：《宽严相济与刑法修正》，载《清华法学》2017 年第 1 期，第 59 页。

④ 参见姜涛：《中国刑法现代化的未来图景》，载《环球法律评论》2013 年第 3 期，第 44 页。

智能等前沿技术应用于金融业的时代背景下，金融犯罪问题日趋复杂化、隐蔽化，但现行刑法提供的保护范围过窄，与证券法缺乏协调，有不少应通过刑法予以规制的行为仍处于刑法立法的盲区，金融刑事立法又显得不足。这里涉及一个基本手段选择的问题，重构金融刑法应以怎样的姿态对待金融经营者和金融消费者?

笔者认为，金融刑法作为保护金融法益最坚实的后盾，重构应从两个方向努力：一方面，适当扩大金融经营者侵害金融消费者合法权益的犯罪圈，并加重处罚。不容忽视的现实是，金融消费者合法权益受到侵犯的因素（金融关系链条不断拉长、劣质金融产品不断包装转售）有增长之势，它们不仅损害金融消费者利益，更是催生金融危机的重要因素。仅依靠行政、民事和宏观调控等手段越来越显示出金融刑法保障不足、规制不力的态势，尤其是在金融危机爆发后各种“救市”的措施，实际上是让全体国民为少数害群之马的行为买单，这与责任自负的基本法理格格不入。另一方面，缩小因金融经营者过错引发金融消费者对金融经营机构实施危害行为的犯罪圈，对之予以非罪化或轻刑化。金融公平、金融普惠是我国学者长期奔走呼吁的重要主题。针对金融消费者对金融经营机构的不法行为，应从健全竞争充分的金融环境和引导经营者建立、健全内控机制入手，而不是以刑法对之无限溺爱。这种轻重并举的结构实际上是刑法实践从“均等保护”向“均衡保护”的转变过程，体现着刑法理论从“市民刑法”向“社会刑法”的转化过程，是刑法结构对金融法益分离与整合的结果，是我们重构金融刑法的基本方式。

（三）以相对强制性规范重塑金融刑法规范

公法与私法的划分是对法律最基本的界分，一般而言公法指调整国家与国民、社会组织之间以及国家机关与其组成成员之间法律关系的法律，一般包括宪法、行政法、刑法、诉讼法等部门法。与之相对，私法是指调整普通国民以及社会组织之间法律关系的法律，最有代表性的部门法是民商法。公法、私法的界分建立在对法律规范不同属性的认知上，公法几乎与强制性规范等同，私法几乎与任意性规范同义。作为公法的刑法，一直以公法的理念和方式加以建构。具体来说，刑法规范由禁止性规范和命令性规范两种类型的规范组成，前者要求人们不得从事一定的行为，体现出一种禁为性义务；后者要求人们应当或必须作出一定的行为，体现出一种必为性义务。但是，刑法的公法性并非铁板一块，私法的理念与方法对刑法规范结构正在进行着润物细无声般的渗透。随着二元化犯罪立法模式、非刑罚处罚措施在刑法中的确立，刑法一改过往绝对刚性的面孔，表现出明显的私法化倾向。①

与此同时，公法的概念、价值与调控方式也在对传统私法进行猛烈的反攻。以金融业重要组成部分的保险业为例，保险合同作为合同的一种类型，由私法属性的合同法进行调整。但是，与一般民事交易不同的是，保险交易是格式化程度相当高的交易类型，从理论上讲保险合同是保险人与被保险人平等协商一致的结果，但实际上由于当事人经济实力、谈判地位差距的悬殊，私法自治已经演化为强势保险人单方面的“自治立法”，弱势的投保方只能被动接受和无奈屈从。传统私法理论中的契约自由和契约正义在复合性的保险交易中难以贯彻实现，因而保险法中加入了大量旨在保障被保险人基本权益的相对强制性规范。其强制性仅指向强势的保险人，其目的在于规制保险人的条款拟制和契约行为，禁止保险人利用拟制合同的“便利”制定对被保险人更为不利的条款，为被保险人合同利益的实现设置了最基本的保障。②

由此可见，“公法私法化”和“私法公法化”是两股相向而行的潮流。重构金融刑法应借鉴保险立法相对强制性规范的立法技术，以实现倾斜保护金融消费者的基本理念。申言之，这种刑法规范从表面上看也是强制性法律规范，但是在制裁手段上融入了任意性法律规范的精神。从法律规范的逻辑构造上来看，这样的金融刑法在行为模式上仍然规定了“作为或不作为”的行为模式，但制裁手段则相对复杂：如果违反了金融刑法“作为或不作为”的规定，刑罚的裁量须从是否有利于保护金融消费者的角度进行分析。如果有利于金融消费者，则刑法不予制裁或减轻制裁；如果不利于金融消费者，则刑法介入甚至加重制裁。以相对强制性规范重塑的金融刑法规范是私法中的“权利救济”理念

---

① 参见熊亚文：《刑法私法化：现实图景与理论空间》，载《现代法学》2016 年第 4 期，第 168 页。

② 参见马天柱：《相对强制性规范——保险格式条款规制的特殊技术》，载《保险研究》2016 年第 11 期，第 100 页。

向刑法非整体性的、非体系化的渗入,① 其旨趣在于突破禁止性规范和命令性规范的逻辑结构束缚，以富有张力和弹性的规范维护金融消费者的合法权益，发挥刑法规范均衡保护的机能。刑法保护均衡化是比例原则平衡思维的表达，体现在两个层面：一是针对金融消费者和金融经营者“轻轻重重”的罪刑结构；二是以相对强制性规范“区别对待”金融消费者和金融经营者。

四、结语

囿于先赋因素和自身禀赋的分野，当前社会呈现出社会群体资源占有的层化现象，这种社会分层具化到金融领域更为明显：一边是富埒陶白的金融经营者，一边是势穷力孤的金融消费者，这一现实图景构成重构金融刑法的社会基础。从世界社会发展的经验来看，为了弥合社会阶层的巨大鸿沟，西方发达国家纷纷出台旨在扶助社会弱者、增进社会福利的社会法，这为重构金融刑法提供了精神源泉。立基于此，倾斜保护金融消费者以实现金融弱势群体的刑法保护是重构金融刑法的基本理念。在实质内容上，重构金融刑法旨在实现金融法益的有效保护、追求实质法治；在形式上，重构金融刑法旨在建立注入了实质理性的金融刑法制度。在重构金融刑法规范的过程中，要注意刑法保护的均衡化，贯彻比例原则的平衡思维。重构的金融刑法将对金融经营者和金融消费者配以轻重有别的罪刑结构，在法规范逻辑上采用相对强制性规范的特殊规制技术。

（初审：霍然；校对：陈维）

① 参见张淑芳：《私法渗入公法的必然与边界》，载《中国法学》2019 年第 4 期，第 84 页。

论关联交易和关联关系的体系调和与衔接适用

——以《公司法解释（五）》第1条第1款为中心

寇枫阳*

摘　要：《公司法解释（五）》第1条第1款为认定关联交易正当性与否提供了明确的要件与标准，但仍不充分，且产生与《公司法》第21条脱节的问题。通过解释，厘定关联关系为主体身份、关联交易为行为定性的规范功能，从而明晰关联交易是利用关联关系的行为之一。在公司法体系内，关联交易和《公司法》第148条第1款均为利用关联关系的行为，其中关联交易起的是兜底和补充的作用，基于相似性判断，后者得以类推适用《公司法解释（五）》第1条第1款的规定。在关联交易正当性的具体判断中，忠实义务作为事先判断，无法全面评价交易过程，通过对学理和司法实践的考察，有必要增加公平交易义务以弥补该缺陷，保证《公司法解释（五）》第1条第1款全面准确地适用。

关键词：关联交易；关联关系；《公司法解释（五）》；交易公平性

2019年4月28日，最高人民法院发布《关于适用〈中华人民共和国公司法〉若干问题的规定（五）》［法释〔2019〕7号，以下简称《公司法解释（五）》］，该解释共六条，旨在保护公司和中小股东权益，营造良好的经商环境。① 《公司法

* 寇枫阳，中南财经政法大学法学院2018级民商法学硕士研究生。

① 参见孙航："依法保护股东权益 服务保障营商环境——最高人民法院民二庭相关负责人就《关于适用若干问题的规定（五）》答记者问"，载中国法院网，https：//www.chinacourt.org/article/detail/2019/04/id/3863768.shtml，最后访问时间：2019年10月7日。

解释（五）》第1条第1款[1]规定了关联交易（Related Transactions）抗辩无效的情形，即法院不支持仅以已经履行披露交易信息和经过股东（大）会同意等法定程序为由的抗辩，以此否定关联交易人（Related Party）[2] 履行信息披露义务及法定或章程所定程序同意的“违法性阻却”效果。[3] 易言之，关联交易人在与公司订立合同或者交易时，仅告知了相关关联交易的事实，并经由股东（大）会等程序以符合法定或章程所定的有效决议条件通过，尚不足以使损害公司利益的关联交易正当化。据最高人民法院民二庭负责人所述，设置该条是鉴于实践中存在关联交易人利用在公司中的地位和影响，使法定程序虚置的现象，导致程序无法发挥事前的预防作用。[4] 该解释与《公司法》相互配合，对于判定关联交易的正当性与否，维护正当关联交易、规制不正当关联交易具有重要意义。《公司法解释（五）》第1条第1款在很大程度上使已履行法定程序的关联交易仍可落入不正当关联交易的辐射范围内，避免损害公司利益的不正当关联交易因程序合法而逃避规制。此外，该款在《公司法》第21条[5]“利用关联关系”“损害公司利益”的构成要件基础上，又强调了仅履行法定程序的关联交易赔偿责任的不可豁免性，反向弥补不正当关联关系利用之认定的要件缺失，增强不正当关联交易认定的确定性及可行性，明确司法裁量基准，对限制法官自由裁量权的行使、提高司法裁判的统一性颇有助益，助推新时代企业之发展。

---

① 《公司法解释（五）》第1条第1款：“关联交易损害公司利益，原告公司依据公司法第二十一条规定请求控股股东、实际控制人、董事、监事、高级管理人员赔偿所造成的损失，被告仅以该交易已经履行了信息披露、经股东会或者股东大会同意等法律、行政法规或者公司章程规定的程序为由抗辩的，人民法院不予支持。”

② 关联交易人通常涉及双方——公司和具有关联关系的公司控股股东、实际控制人、董事、监事、高级管理人员等，本文仅指后者。

③ 在此采用刑法术语“违法性阻却”是为说明：关联交易人的行为已经构成《公司法》第21条所定之行为——利用关联关系损害公司利益，关联交易人以“正当化事由”之履行披露义务、经由法定程序抗辩，使关联交易正当化，而不具违法性和科责性。

④ 参见孙航：“依法保护股东权益 服务保障营商环境——最高人民法院民二庭相关负责人就《关于适用若干问题的规定（五）》答记者问”，载中国法院网，https：//www. chinacourt. org/article/detail/2019/04/id/3863768. shtml，最后访问时间：2019年10月7日。

⑤ 《公司法》第21条：“公司的控股股东、实际控制人、董事、监事、高级管理人员不得利用其关联关系损害公司利益。违反前款规定，给公司造成损失的，应当承担赔偿责任。”

一、问题的提出

《公司法解释（五）》虽具有时代意义，但值得注意的是：第一，据《公司法解释（五）》第1条第1款所言，关联交易损害公司利益，原告公司可以《公司法》第21条作为请求权基础，请求控股股东、实际控制人和“董监高”①赔偿损失。《公司法》第21条旨在禁止利用关联关系（Association Relationship）损害公司利益的行为。应当注意到，司法解释中的“关联交易损害公司利益”可依实体法中禁止利用关联关系的规定来请求赔偿。因此，厘定关联交易与关联关系的联系、确定请求权基础的范围与适用情形，避免法条冲突，成为《公司法解释（五）》第1条第1款适用的前提条件。第二，《公司法解释（五）》第1条第1款与《公司法》第21条的配合适用，也将因第21条与自我交易、越权担保等条款之间关系的疑窦，而产生适用上的困惑。准此以言，《公司法解释（五）》第1条第1款的适用绕不开其与《公司法》的体系联系，应在公司法体系内厘清彼此之间的适用关系，避免在认定不正当关联交易时顾此失彼。第三，《公司法解释（五）》第1条第1款否定了履行法定程序在认定不正当关联交易时的可豁免性，反向地为司法实践中认定关联交易的正当性与否提供了思路，但《公司法解释（五）》第1条第1款和《公司法》第21条均未对关联交易的正当性进行正向认定。可见，《公司法解释（五）》的规定虽为认定关联交易不正当性的必要内容，却尚不充分，《公司法解释（五）》第1条第1款虽细化了《公司法》第21条的适用，但并未使之完满。

因此，如何正视对《公司法》第21条的解释与适用问题的研究，以及如何协调《公司法解释（五）》与《公司法》相关条文的关系，进而使其在司法中全面、准确地适用，是值得关注的问题。笔者将以《公司法解释（五）》第1条第1

---

① 董事、监事、高级管员人员简称“董监高”。有学者将控股股东、实际控制人和“董监高”称为“关联人”，并以关联交易形式的不同对关联人展开界定。参见李建伟：《界定关联人的几个关键词——基于比较分析的逻辑实证》，载《社会科学战线》2011年第5期，第179页、第186页。本文并未使用“关联人”之称谓，是因为具有关联关系之人即为关联人，关联人之界分，实乃关联关系之类型化，此亦行文的逻辑前提和起点，下文将展开详细探讨。

款为切入点，结合其与《公司法》之关系，立足司法实践，分析关联交易正当性与非正当性的界限，为解释适用《公司法解释（五）》提供思路，以抛砖引玉。

二、关联交易与关联关系的关系厘定

《公司法解释（五）》明定了损害公司利益的关联交易的赔偿责任，而未沿用《公司法》第21条规定的损害公司利益的关联关系的表述。从文义上看，《公司法解释（五）》未采用“关联关系”一词，而将“关联交易”作为规制对象，表明二者之间具有差异性。因此，厘清二者的关系成为《公司法解释（五）》第1条与《公司法》第21条衔接适用的前提。

（一）主体身份：关联关系

1. 关联关系的实定法规定不周延

1997年财政部出台了部门规章《企业会计准则——关联方关系及其交易的披露》（以下简称1997年《企业会计准则》），在附件一第5条中明确列举了五项“关联方关系”的类型，包括控制关系、合营关系、联营关系和家庭关系（第4项、第5项）四类。① 附件二及2000年财政部会计司对适用疑难问题进行的解答，均明确要求认定关联方关系时应“重实质，轻形式”。② 此时关联方关系中的“关联方”并未明确，而是以四类关系确定关联方，凡具有上述关系，即为关联方关系。质言之，用关联关系来解释关联方关系，解释中心、重点和难点皆落脚于关联关系，采“关联方关系”之用语实为不恰当、不精确。财政部于2006年发布《企业会计准则第36号——关联方披露》（以下简称2006年《企业会计准则》），取代前述1997年《企业会计准则》。但仅在第2条对关联方关系之披露义务作了规定，其后并未对其进行解释，③ 只采用“关联

---

① 参见1997年《财政部关于印发〈企业会计准则——关联方关系及其交易的披露〉的通知》（已失效）附件一第5条。

② 参见1997年《财政部关于印发〈企业会计准则——关联方关系及其交易的披露〉的通知》（已失效）附件二；2000年财政部会计司发布之《〈企业会计准则——关联方关系及其交易的披露〉问题解答》（现行有效）。

③ 参见2006年《企业会计准则第36号——关联方披露》（现行有效）第2条、第3条。

方”一词，并沿袭2000年财政部认定关联方关系“重实质，轻形式”的精神，在界定关联方时注重其对交易的控制力和重大影响的判断。财政部通过解释关联方间接明确关联方关系意义的方式并未“牵住牛鼻子”，而是“按下葫芦浮起瓢”。

借鉴财政部1997年《企业会计准则》的立法经验及实践，吸收学界的理论解读与批评，2005年修订的《公司法》新增“禁止关联行为”作为“总则”第21条，并在“附则”中新增第217条“本法所涉相关用语的含义”，对关联关系用语之内涵加以明确。《公司法》作为法律，是作为部门规章的《企业会计准则》的上位法，且前者适用范围不仅包括企业会计领域，还贯穿于公司设立、运行和终止的全过程。《公司法》对关联关系规制缺位的情况不再，依据《企业会计准则》认定关联行为的时代一去不复返，关联关系取代了关联方关系。新修正的2018年《公司法》第216条第4项一直沿用2005年《公司法》的表述，与2006年《企业会计准则》相比，现行《公司法》摒弃关联方的认定，以控股股东、实际控制人和“董监高”代之，并以关联关系为中心界定损害公司利益的行为。实定法虽对关联关系之内涵加以界定，但该界定并未消除对关联关系认定之困惑，主体是否只含控股股东、实际控制人和“董监高”三类而导致范围过窄？这引发了解释与适用上的疑问。

2. 关联关系之解读与定位

《公司法》增加关联关系及禁止利用关联关系损害公司利益行为的规定，弥补了该方面的漏洞，但范围与实质不明致其解释与适用上的问题凸显。为探明关联关系的内涵与外延，很多学者从不同角度切入，以关联关系为中心对之展开介评。有学者从关联交易视角切入，探究关联关系的辐射范围，将关联交易的概念界定分为要件导向（Structure - oriented）和结果导向（Result - oriented），认为主体范围的界定属于要件导向，行为结果的分类属于结果导向。① 在

① 该学者根据思维对概念的认知、以哲学家内格尔对概念之“功能说明”与“目的说明”分类为依归，得出要件导向与结果导向的概念界定，由此将笔者所分之主体范围定为要件导向、主体特性定为要件与结果导向的结合、行为结果定为结果导向。要件导向具有明确性和可操作性，不存在弹性空间，但易使同质事物逃逸至概念射程之外；结果导向以概念实质加以界定，但却过于模糊和抽象。参见李建伟：《界定关联人的几个关键词——基于比较分析的逻辑实证》，载《社会科学战线》2011年第5期，第179—180页。

该种分类语境之下，对关联关系的界定展开总体评析，认为立法者虽以概括加列举的方式避免概念的扩张及限缩，但仍存在主体范围过窄的问题，且对是否涵射关联主体的近亲属尚存疑问。① 该问题实际上并不存在，因为对主体特性采列举加概括的立法技术，既涵盖主体范围自身“直接或间接控制的企业”，又通过“存在其他关系”的概括，可容纳控制因素之外的关系，如影响力因素。若控股股东、实际控制人和“董监高”的近亲属利用该主体与公司的便利关系进行交易，可归入“其他关系”之中，仍属于关联关系的射程。因此，担心主体范围过窄而使主体范围之外的关系人逃逸的观点，虽对关联关系内涵进行了类型化的阐释，但并未厘清“直接或间接控制”和“其他关系”之间的关系，脱离了关联关系的整体语境。另有学者从关联关系所展现的立法取向，分析《公司法》第216条第4项的关联关系，认为《公司法》侧重于从关联关系的内部主体特质阐释关联关系，而非从关联关系的外部主体表现阐释，这种立法取向会导致关联关系范围过宽，因为“其他关系”和“导致公司利益转移”并非封闭式要件，囊括外部交易和内部交易。②

上述学者认为关联关系过宽或过窄的论断，均从关联关系的内涵界定出发，并没有跳出其自身范围，从而陷入死循环。整体观之，《公司法》第216条第4项明确的关联关系内涵，其构造包括：（1）主体范围——控股股东、实际控制人和“董监高”；（2）主体特性——拥有直接或间接控制的企业或存在其他关系。通过对主体范围的穷尽性列举、主体特性的列举加概括，明确《公司法》关联关系是“主体+身份”的表现。③ 从该视角观之，以范围、特性界定的关联关系均与主体有关，主体具备该二要素即成立关联关系。因此，关联关系既为对主体的规定，恰似刑法上“身份犯”之犯罪身份，亦为《公司法》上的特

① 参见李建伟：《界定关联人的几个关键词——基于比较分析的逻辑实证》，载《社会科学战线》2011年第5期，第180页。

② 该学者综观世界存在规制关联关系的法律，将之分为从内部定义本质并规制的单一实体法，和从外部关联主体之表现规制的企业集团法，进而认为我国对关联关系的规制采单一实体法路径。参见钟凯：《论公司法上关联交易正当性标准及其重构——基于单一实体法与企业集团法的不同考量》，载《江海学刊》2016年第5期，第230—231页。

③ 该种从立法技术出发进行的划分，同前述李建伟教授《界定关联人的几个关键词——基于比较分析的逻辑实证》一文中的结果、要件导向之分类殊途同归。

殊身份。[①] 通过该解释路径，可以确定《公司法》中"关联关系"用语的含义为同公司具备一定关系的主体身份，第 21 条禁止利用关联关系损害公司利益的规范目的，可解读为禁止主体身份关系之滥用导致公司受损，凡利用关联关系的行为均为主体身份的利用。

（二）行为定性：关联交易

1. 规制关联交易的实定法缺位

与关联关系存在可考察的实定法之流变不同，关联交易在《公司法》中并无依据，其定义亦无出处，相邻或近似概念及认定可资参考的仍为《企业会计准则》。1997 年《企业会计准则》附件一第 8 条对关联方交易进行界定，实指关联方之间实行的资源或义务之转移行为，无须考虑对价，[②] 并列举 11 种情形，包含现行《公司法》已明定的代理（第 20 条）、提供资金（第 16 条、第 148 条第 1 款第 1 项）、担保和抵押（第 16 条、第 148 条第 1 款第 3 项）、管理人员报酬（第 116 条）等事项。[③] 2000 年财政部会计司对适用疑难问题进行的解答中提出具体认定关联方交易参考的因素，同时澄清并非完全禁止关联方交易，而是对使与公司交易一方受益，而公司受损的行为予以处罚。[④] 2006 年《企业会计准则》沿用 1997 年《企业会计准则》关联方交易的界定，只字未改。

细细梳理经过五次修改的 2018 年《公司法》条文，并未出现关联交易的用语。2011 年《公司法解释（三）》第 12 条在规定抽逃出资的情形中出现了"关联交易"术语，[⑤] 但并无相关解释或说明可供考察。新近出台的 2019 年《公司法解释（五）》第 1 条、第 2 条出现的关联交易亦无可追溯的文本，但可从最

---

① 刑法之身份犯因具备一定身份，从事违法行为、不存违法性阻却事由而成立犯罪为刑法所禁止，该种入罪逻辑与《公司法》利用关联关系之身份，从事损害公司利益之行为而为《公司法》所禁止的逻辑有异曲同工之妙。故，笔者将关联关系定位为主体身份。

② 2000 年财政部会计司发布的《〈企业会计准则——关联方关系及其交易的披露〉问题解答》（现行有效），将资源或义务之转移实质以会计上的标准加以衡量——风险和报酬之移转——而非法学上的对价关系。

③ 参见 1997 年《财政部关于印发〈企业会计准则——关联方关系及其交易的披露〉的通知》（已失效）附件一第 8 条。

④ 参见 2000 年财政部会计司发布之《〈企业会计准则——关联方关系及其交易的披露〉问题解答》（现行有效）。

⑤ 参见《公司法司法解释（三）》第 12 条第 3 项。

高人民法院法官答记者问中窥见关联交易的“本面”：关联交易是把双刃剑，正当的关联交易可发挥分散风险、稳定经营之作用，促进公司发展，并非《公司法解释（五）》所禁止；不正当的关联交易是公司股东、实际控制人和“董监高”利用与公司形成的关联关系，同公司进行不利益的交易，造成公司资金、利润流失，公司、其他股东和债权人“多输”的局面，为《公司法解释（五）》所禁止。[①] 至此，关联交易的双面性（正当和不正当）及其本真可察，但“答记者问”毕竟不是法律文本或规范文件，其实定法缺位的现状犹存，并未实际解决存在的疑惑与分歧。

2. 关联交易解构与定位

鉴于《公司法》及其司法解释并未明定关联交易，学者和法官仅能从财政部部门规章《企业会计准则》中了解关联交易，且多数文献均依该部门规章所定之关联方交易进行理解与阐释，或从《公司法》中关联关系的内涵间接理解和阐释关联交易。比如，将关联交易定为同关联关系类似的要件，解构为：（1）主体——关联人；（2）行为特性——转移资源或义务以及产生共同或连带的法律关系，进而，从关联交易的经济本质、特点和同法律的关系将之定义为应受《公司法》规制的商事法律行为。[②] 依该解释路径，最终得出应受《公司法》规制的商事法律行为的结论，实同行为结果的评价，忽视关联交易本身，过于片面。从关联关系范围、特性和结果三方面界定关联交易的方法，与上文笔者对关联关系的界定方法相同，难逃以关联关系界定关联交易的路径依赖。加之，关联交易内涵和外延的实定法缺位，导致各说各话，难以统一。再如，从利益冲突角度切入，认为关联交易本质上是一种交易行为，该行为蕴含着利益冲突，进而根据利益冲突的不同类型、借助《公司法》第216条的关联关系，梳理出两种关联交易的类型：（1）管理层同公司的交易；（2）与管理层存在利害关系的第三方同公司的交易。[③] 该种关联交易之类型化，通过关联关系的不

---

① 参见孙航：“依法保护股东权益 服务保障营商环境——最高人民法院民二庭相关负责人就《关于适用若干问题的规定（五）》答记者问”，载中国法院网，https://www.chinacourt.org/article/detail/2019/04/id/3863768.shtml，最后访问时间：2019年10月7日。

② 参见赖华子、陈奇伟：《论关联交易的法律性质及监管原则》，载《求索》2009年第11期，第142—143页。

③ 参见施天涛、杜晶：《我国公司法上关联交易的皈依及其法律规制——一个利益冲突交易法则的中国版本》，载《中国法学》2007年第6期，第126—128页。

同来定义关联交易，仍难逃关联关系的窠臼。现有文献对关联交易的定义及分类，同新近出台之《公司法解释（五）》中的关联交易难免脱节。

依循1997年、2006年《企业会计准则》对关联方交易阐释之思路，关联方交易采“主体+行为”之界定法，批判吸收学界对关联交易解构的经验，关联交易的理论构造应包括：（1）交易主体——公司与股东、实际控制人和“董监高”；（2）交易行为——利益或资源的转移。交易主体可通过公司章程、股东名册和股东决议查询，在认定关联交易中并无技术性难度，交易行为则须经过大量的考证和调查才能认定。因而交易行为成为关联交易的界定中心与重心，所以关联交易的出发点和落脚点是行为。受损或受益是利益或资源之移转的逻辑必然，即关联交易行为的自然结果是公司利益将受到影响。

结合《公司法解释（五）》第1条第1款所言之意，关联交易损害公司利益的，可依《公司法》第21条的关联关系损害公司利益为请求权基础，请求关联关系人赔偿。换言之，关联关系人实施关联交易之行为损害公司利益，应承担赔偿责任。此处的关联交易与《公司法》第21条关联关系的利用行为无异，二者至少具有同质性——利用关联关系，损害公司利益。因此，关联关系的利用是一种行为。按照《公司法解释（五）》答记者问对关联交易两面性和“本面”的解读，关联交易是主体利用关联关系进行的利益交易之行为，本质上为一种行为。

综上，为避免关联关系与关联交易的互相重复解释，使二者“剪不断理还乱”，导致关联交易与关联关系的主体身份相混淆，将关联交易定性为行为方可跳出循环定义之“怪圈”。

（三）小结

从上述主体身份与行为定性的规范功能定位入手，不难发现关联交易同关联关系存在密切联系。有学者从关联关系的定义出发，认为《公司法》第21条为关联交易条款，规制所有具备关联关系主体所为的交易行为。① 细究之，该

① 根据功能主义，结合《公司法》第21条及第216条第4项之规定，关联关系的范围非常广泛，包括因控制关系而产生的外部关联交易和因其他关系产生的内部关联交易。参见钟凯：《论公司法上关联交易正当性标准及其重构——基于单一实体法与企业集团法的不同考量》，载《江海学刊》2016年第5期，第230—231页。

观点认为关联交易包含关联关系交易，有以关联交易取代关联关系交易之嫌。司法实践亦不乏该做法。① 另有学者根据《公司法》第216条第4项对关联人展开理论分类，认为关联人即为存在关联关系之人，通过对关联人分类，对关联交易加以类型化。② 由此不难得出关联人从事的交易，即为关联关系人从事的交易。质言之，具备主体身份从事的行为被定性为关联交易，暗示关联关系人从事的交易为关联交易，关联关系为关联交易的前提条件。司法实践多采用此种观点论证关联交易的成立，③ 更有甚者认为只要存在关联关系，其交易行为就是关联交易。④

上述对关联关系和关联交易之厘定有失偏颇，至少在《公司法解释（五）》的背景下难以成立。《公司法解释（五）》第1条第1款言明，关联交易可依关联关系之利用主张赔偿，然而利用关联关系的行为并非可依关联交易主张赔偿。二者是单向关系，是不可逆的。关联关系居于《公司法》“总则”第21条，乃提取分则利用关联关系损害公司利益的行为的共性加以规定，关联交易之外，尚存其他利用关联关系的行为。司法实践中不乏法院持该观点，认为原被告之间的交易行为并不符合关联交易的行为特性，但其行为通过无偿转移财产、劳务或其他权益，损害了公司利益，符合关联关系主体身份的行为后果——转移公司利益，可落入关联关系的射程，依《公司法》第21条应予以赔偿。⑤ 因此，从规范分析之角度，关联交易是关联关系的利用行为。

从整体视角观之，作为主体身份的关联关系之构造包括：（1）主体范围——控股股东、实际控制人和“董监高”；（2）主体特性——拥有直接或间接控制的企业或存在其他关系。从部门规章和学说出发，作为行为定性的关联交易

---

① 参见上海市第二中级人民法院（2016）沪02民终21号民事判决书。

② 参见李建伟：《界定关联人的几个关键词——基于比较分析的逻辑实证》，载《社会科学战线》2011年第5期，第185—187页。

③ 参见江苏省苏州市中级人民法院（2012）苏中商外初字第0001号民事判决书；广东省珠海市香洲区人民法院（2014）珠香法民二初字第2314号民事判决书；广东省珠海市中级人民法院（2015）珠中法民二终字第572号民事判决书；安徽省芜湖市中级人民法院（2017）皖02民终810号民事判决书。

④ 参见上海市第一中级人民法院（2016）沪01民终8187号民事判决书；天津市西青区人民法院（2015）青民二初字第0738号民事判决书。

⑤ 参见上海市虹口区人民法院（2014）虹民二（商）初字第524号民事判决书。

之构造包括：（1）交易主体——公司与股东、实际控制人和“董监高”；（2）交易行为——利益或资源的转移。采用“主体 + 行为”的关联交易看似与采用“主体 + 身份”的关联关系无涉，实则主体实行利益或资源移转的行为必定是利用同公司之间的便利关系，而该种便利正是主体职权或地位形成的对企业“直接或间接控制或其他关系”。因此，利用关联关系以外的其他关系损害公司利益的行为，将构成一般侵权关系，而非成立关联交易。可见，关联交易行为必定利用了关联关系，从而导致利益或资源转移。拉伦茨认为，逻辑上的特殊关系是一般概念之范围完全涵盖特殊概念之范围，特殊概念除具备一般概念的要素外，尚有一般概念不具备的要素。① 黄茂荣先生亦有言，此概念的构成具备彼概念的全部，且具有彼概念不具有的构成，二者构成一般与特殊的关系，彼概念为此概念所包含。② 关联关系和关联交易构成要件在主体、身份两方面存在重合或重叠，后者比前者多出行为要件，在逻辑和方法论上，关联关系的利用相对于关联交易是一般概念，关联交易是关联关系的利用行为。

三、关联交易与关联关系条文的体系阐释

通过对《公司法》第 21 条的关联关系的主体身份认知、《公司法解释（五）》第 1 条第 1 款的关联交易的行为定性，明确关联交易是利用关联关系行为的特殊表现形式。由此可知，并非所有利用关联关系损害公司利益的行为均可通过《公司法解释（五）》第 1 条第 1 款得以救济，因为《公司法解释（五）》第 1 条第 1 款的前提为“关联交易损害公司利益”。除《公司法解释（五）》所定的关联交易外，其他利用关联关系损害公司利益的交易，能否适用《公司法解释（五）》第 1 条第 1 款，排除损害公司利益的交易的正当性，不无疑问。《公司法解释（五）》同《公司法》“分则”明定的损害公司利益的交易行为如何衔接，二者边界为何，成为《公司法解释（五）》在适用过程中不可回避的难题。

首先，须以《公司法》为中心，探明第 21 条利用关联关系的行为同其他损

① 参见〔德〕卡尔·拉伦茨著：《法学方法论》，陈爱娥译，商务印书馆 2003 年版，第 146 页。

② 参见黄茂荣著：《法学方法与现代民法》，中国政法大学出版社 2001 年版，第 172 页。

害公司利益的行为之间的关系，明确哪些属于第 21 条所言的利用关联关系的行为及其表现。其次，将《公司法》中关联关系利用的行为与《公司法解释（五）》关联交易进行比对，明确后者的适用范围。

（一）关联关系利用行为之探明：以《公司法》为中心

《公司法》第 16 条对公司为股东、实际控制人和第三人提供担保作了程序规定，该条与第 21 条并列于“总则”，二者之间为并列关系。但是第 16 条中的股东和实际控制人具备关联关系的身份，且第三人也可能存在关联关系身份，故存在交叉关系。也有学者认为第 21 条和第 16 条之间属于法条竞合，第 16 条为特殊法条。① 实践中，有法院将公司为股东之外的关联关系人提供担保的行为，纳入第 21 条的范畴。② 该种解释脱离对《公司法》的体系化思考，无益于法条关系之厘清。笔者认为，虽然第 16 条中提供担保的第三人存在利用关联身份的可能，但是，第 16 条将第 21 条关联关系的利用囊括其中，以此扩张规范公司对外担保的范围，目的是发挥公司对外担保法定程序的最大化价值，并非禁止利用关联关系提供担保。质言之，第 16 条的规范目的是明确提供担保须经法定程序，否则即为无效，与第 21 条的禁止利用关联关系损害公司利益的规范目的不同。况且，提供担保只是使公司资产进行抵押或质押，并没有导致利益或资源移转，公司仍是资产的所有权人。即使最后抵押权人行使抵押权导致公司资产被拍卖、变卖，所有权“变形”为向债务人追偿的权利，利益或资源仍为公司所保有，不符合第 21 条损害公司利益的构成要件，不是关联关系的利用行为。因此，将为关联关系方提供担保纳入其中，成为独立的公司对内、对外担保条款，与利用关联关系行为无涉，更与《公司法解释（五）》中的关联交易无关。

《公司法》第 20 条规定了股东滥用权利损害公司、其他股东利益的赔偿责任。从文义出发，“滥用权利”既包括滥用投票权、表决权等与关联关系无关的自身权利之情形，亦包括滥用同公司形成的关联关系。因而，有学者将之同

---

① 《公司法》第 21 条是对公司同关联关系人所有的交易进行规定，第 16 条是对实践中常见的股东关联担保的规定，二者存在一般与特殊之关系。参见孙箫：《关于控股股东交易规范的法律思考》，载《甘肃社会科学》2008 年第 6 期，第 125 页。

② 参见山东省济南市中级人民法院（2015）济商初字第 33 号民事判决书。

《公司法》第148条董事、高管滥用权利的情形相关联，认为二者共同构成关联交易的一般条款，而第21条为其责任条款——承担赔偿责任，[①] 即第21条为第20条的特别条款。其实不然，笔者认为，从规范目的及体系效应的角度看，第20条的股东忠实义务是为分则中的滥用股东权利之行为的总括，仅与股东自身地位产生的权利（投票权、表决权和分红权等）有关，而与关联关系的本质——控制或利益移转关系——大相径庭，第20条应作限缩解释——只禁止滥用股东权利，而第21条则担起禁止滥用关联关系的规范功能。唯有如此，第20条和第21条才能在体系上和谐，在规范目的上周全保护公司、股东及债权人利益。因此，第20条是滥用股东权利的一般条款，其与第21条的关联关系之利用不同，二者相互独立，并行不悖，没有交涉。[②]

此外，《公司法》第148条第1款规定了董事和高管违反忠实义务的八种行为，均是利用同公司的关系，使公司利益移转至关联关系人，是关联关系利用的表现。关于其与第21条的关系，有学者认为，第148条第2款规定了违反忠实义务的责任形式——返还所得收入，与第21条规定的赔偿责任不同，加之第149条规定董事、高管因职务行为侵害公司利益的赔偿责任，第148条、第149条共同构成完整的董事、高管的责任，排除第21条之适用。[③] 该观点从责任承担形式之角度否定第21条的适用空间，此种否定是武断的。其一，第149条的董事和高管的职务行为并不属于利用关联关系之行为，"执行公司职务""违反法定或章程之规定"的行为，并非利用了关联关系，因而与第148条在行为表现上不同，两相独立。其二，第148条本质上为利用关联关系损害公司利益，因赔偿责任与返还所得收入的责任形式不同，第21条无适用的余地，从而适用第148条。因此，第21条与第148条是一般与特殊的关系，董事和高管违反忠

① 该学者从责任承担的角度分析《公司法》第20条和第21条之间的关系，第20条是股东忠实义务之条款，第21条是忠实义务之责任条款。参见傅穹、王志鹏：《公司控制权滥用规制的法理基础与司法判断》，载《社会科学战线》2011年第5期，第192—193页。

② 有学者与笔者持相同观点。参见尹晓红、牟联光：《公司法关联交易强制性规范解析——以〈公司法〉第21条为中心》，载《特区经济》2011年第5期，第258—259页。

③ 参见胡晓静：《论董事自我交易的法律规制》，载《当代法学》2010年第6期，第65页。

实义务的行为，是关联关系的利用行为。实践中，亦有法院持类似观点。[1]

除了上述行为，尚有学者对《公司法》第115条、第116条的借款、暗中增加报酬的行为予以讨论，认为二者属于关联交易。[2] 这两条位于《公司法》董事会、经理一节中，是对董事、高管行为的规范，与《公司法》第六章董事、高管的资格和义务相叠，可归入第149条高管执行职务违反法定或章程之规定中，从而属于第149条特别条款。这两种行为虽致使公司利益转移，但是“提供借款”“披露报酬”的行为与职务有关，并非关联关系之利用，难以纳入关联交易的类型之中。

综上，《公司法》第21条与第16条之公司担保、第20条之滥用股东权利、第115条之擅自借款、第116条之暗中增加报酬和第149条董事和高管的职务行为相互独立，与第148条董事和高管违反忠实义务为一般与特殊的关系。

（二）兜底与补充：关联交易的体系价值

通过上文对《公司法》中利用关联关系的探明，明确第148条第1款规定的八种行为均为关联关系的利用行为，因第2款规定的责任形式和利用关联关系之责任形式各异，第148条第1款是第21条的特别条款。上文已述，关联交易是利用关联关系的特殊表现形式，因此《公司法解释（五）》第1条第1款和《公司法》第148条第1款同为关联关系的利用，且均为其表现形式。那么，关联交易是否能作为第148条第1款八种行为的代称，以至于二者相同？

首先，二者构成要件不同。在《公司法解释（五）》第1条第1款关联交易损害公司利益的情形下，即使已履行了法定程序，仍需承担责任。《公司法》第148条第1款董事、高管损害公司利益的行为可分为两种：（1）第1项、第2项、第6项、第7项、第8项，直接利用职务便利侵害公司利益的行为；

---

① 有法院认为，《公司法》第148条第1款第4项为自我交易，与第21条的规定不同，第21条涵盖所有具有关联关系的主体。此观点实际上已承认第21条为一般条款，第148条为特别条款。参见上海市第二中级人民法院（2016）沪02民终21号民事判决书。

② 参见施天涛、杜晶：《我国公司法上关联交易的皈依及其法律规制——一个利益冲突交易法则的中国版本》，载《中国法学》2007年第6期，第128页。

(2) 第3项、第4项、第5项，违反章程规定和未经股东（大）会同意的行为。① 第一种行为符合侵权行为（挪用资金、开立账户、接收佣金、披露秘密）、过错（直接故意）、因果关系和损害结果（公司财产权、商业秘密受到侵害）的一般侵权行为的要件，不存在履行程序免责和抗辩的事由，因而与关联交易的构成要件不同；第二种行为是未履行章程规定和决议程序的行为，程序事由是责任成立的构成要件，只要履行了程序即可免责，不承担责任，这与关联交易履行程序不能免责的要件不同。因而，《公司法》第148条第1款董事、高管损害公司利益的两类行为和关联交易是不同的。

其次，二者责任形式迥异。关联交易是主体（股东、实际控制人、“董监高”）实施（利益或资源移转）导致公司利益受损的行为，应依《公司法》第21条承担赔偿责任。而《公司法》第148条第1款的行为是主体（董事、高级管理人员）利用关联关系（同公司的直接或间接控制关系），违反对公司的忠实义务导致公司利益受损，应承担不当得利返还责任（所得收入返还公司）。前者的责任形式是侵权损害赔偿，后者的责任形式是不当得利返还。从规定依据来看，司法解释是裁判规范，是对法律规定不明之处的补缺，各级法院应将其同法律等而视之，因此，《公司法解释（五）》和《公司法》在体系上是互相兼容、互相补充的。对两者责任形式规定不一，可见最高人民法院未将《公司法》第148条第1款的八种行为视为关联交易，而是将关联交易作为第148条第1款之外的行为，二者并不相同。

最后，作为关联关系利用行为之一的关联交易，本应同第148条第1款一样，明确列举行为，并规定独特的责任承担方式，然而事实上却是将《公司法解释（五）》第1条第1款作为引致条款，以《公司法》第21条——禁止利用关联关系损害公司利益——作为责任承担依据，似有向一般条款逃逸之嫌。从体系化的视角来看，第148条位列“公司董事、监事、高级管理人员的资格和

① 该条第1项、第2项、第6项、第7项、第8项是董事、高管利用管理公司的职权形成的便利条件谋取私利，损害公司、股东利益，从而给公司的正常经营活动产生不利影响的情形；第3项、第4项、第5项是违反公司章程的规定或者未经股东会、股东大会同意，未经公司的决策程序损害公司利益的情形。参见“中华人民共和国公司法（2018修正）条文释义”，载北大法宝，http://www.pkulaw.cn/CLink_form.aspx?Gid=324551&Tiao=148&km=siy&subkm=0&db=siy，最后访问时间：2019年11月12日。

义务”一章，且该条适用范围仅及于董事和高管，故董事、高级管理人员之外的具备关联关系身份的人从事本条行为，和董事、高级管理人员从事本条之外的行为均不是该条的规范对象。毕竟，第 148 条第 1 款是对实践中出现的利用关联关系行为的类型化和总结，从而成为特殊的规范对象。在这种情况下，转介适用第 21 条的关联交易，可承担起规制第 148 条第 1 款之外行为的功能。凡属上述八种行为之外的，均可落入关联交易的射程，最终仍依《公司法》第 21 条请求赔偿损失。唯有此，才能确保法律与司法解释的体系协调和衔接，避免冲突与矛盾。关联交易的性质也随之明朗——董事和高级管理人员利用关联关系从事《公司法》第 148 条第 1 款之外的行为导致公司利益受损的就是关联交易，《公司法解释（五)》第 1 条第 1 款的关联交易起的是兜底和补充作用。

因此，《公司法解释（五)》第 1 条第 1 款为《公司法》第 148 条第 1 款的补充，二者共同使第 21 条的禁止关联关系利用的规范目的得以完满。

四、关联交易与关联关系的类推适用

（一）可类推性：基于相似性判断

《公司法解释（五)》第 1 条第 1 款是《公司法》第 21 条之补充已如上述，那么法院否定关联交易法定程序义务履行之抗辩，可适用于《公司法》第 148 条第 1 款的行为，而排除其正当性吗？此成为《公司法解释（五)》同《公司法》衔接的另一重要问题。

1.《公司法》第 148 条第 1 款存在公开漏洞

《公司法解释（五)》第 1 条第 1 款明确关联交易的消极要件，但立法者对关联交易之外的利用关联关系的行为（《公司法》第 148 条第 1 款）是否可援引避之不谈，通过上述对《公司法》条文之间、《公司法》与《公司法解释（五)》之间关系的廓清，明确二者是不同的两条规范，构成要件和法律效果均不同。就《公司法》第 148 条第 1 款而言，首先，该款 1 项、第 2 项、第 6 项、第 7 项、第 8 项只规定了具体的行为要件，诸如挪用资金、开立账户、接收佣金等行为，并以违反忠实义务作为兜底，只要实施该类行为，均应承担不当得利返还责任。若董事、高级管理人员利用其关联关系，操纵公司修改章程或通过股东（大）会，使损害公司的行为合法化或不行使不当得利返还请求权而使权利消灭，甚至在法庭中提出合章程以及经决议的抗辩，阻却返还得利请求，将极大损害公司利益。其次，该款仅第3项、第4项、第5项中明确资金借贷、对外担保、自我交易和同业竞争行为违反公司章程规定，未经股东（大）会同意的须返还得利。言外之意是只要不违反章程并经股东（大）会同意，与公司争利或损害公司利益的行为将是正当的。这显然违背第148条第1款禁止损害公司利益的规范目的，两者在体系上不兼容。因此，第148条第1款在法评价上存在构成要件的缺失，其构成要件不存在再行解释的空间，亦不能强行解释，构成法律漏洞。① 对于该要件缺失的问题，依据第148条第1款的规范目的——损害公司利益行为之禁止，并未排除对公司有益的行为，应作规定而未规定，是公开的法律漏洞。② 实有必要增加要件，避免董事、高级管理人员利用该漏洞。私法上"法律不禁止则自由"使得对公司利益的保护难以周全，致使第148条第1款规范目的落空。

2.《公司法解释（五）》第1条第1款的类推适用

针对第148条第1款存在的公开漏洞，须运用漏洞补充方法，在法体系内运用法内续造，通过类推适用加以填补，③ 以保证"类似情况类似处理"，促进规范适用的公平性，达到"同案同判"的效果。关联交易行为同《公司法》第148条第1款的行为同为关联关系的利用，关联交易在主体范围上包括第148条第1款的行为、在主体特性上共同构成关联关系的整体、主体行为结果均导致公司利益受损，可见二者存在相似性，符合类推适用的前提条件——构成要件

① 法律漏洞的认定规则，参见王利明著：《法解释学导论——以民法为视角》，法律出版社2017年版，第553—556页。

② 公开漏洞是法的内在体系应该对某个问题积极规定而未规定的情形，参见王泽鉴著：《法律思维与民法实例》，中国政法大学出版社2001年版，第253页；公开漏洞是依据规范目的应该对某种事项加以规定而未规定的情况，参见〔德〕卡尔·拉伦茨著：《法学方法论》，陈爱娥译，商务印书馆2003年版，第254页。

③ 填补公开的法律漏洞须采用类推适用的方法，是法学方法论上的共识。参见〔德〕卡尔·拉伦茨著：《法学方法论》，陈爱娥译，商务印书馆2003年版，第258页；王泽鉴著：《民法总则》，北京大学出版社2014年版，第69页；王利明著：《法解释学导论——以民法为视角》，法律出版社2017年版，第557页；黄茂荣著：《法学方法与现代民法》，法律出版社2007年版，第393页。

相似。[①] 笔者认为，仅构成要件相似只能保证二者在形式上的一致性，缺少实质一致性，难以保证类推适用的公允性。因此，仍需考量二者规范意旨是否一致，即实质类似性。[②] 第21条旨在规制利用关联关系损害公司利益之行为，《公司法解释（五）》中的关联交易与《公司法》第148条第1款的行为均为损害公司利益的行为，二者虽主体范围不同（前者范围更大），但规范目的相同，均为禁止利用关联关系损害公司利益。故而，存在实质类似性。既然关联交易同《公司法》第148条第1款之行为在构成要件（形式）和规范目的（实质）上均具类似性，那么《公司法解释（五）》第1条第1款的披露义务、法定程序履行的抗辩，不足以证成关联交易正当性的规定，得类推适用至《公司法》第148条第1款的行为中，以遏制规避法律行为，使董事、高级管理人员利用其关联关系，操纵公司修改章程或通过股东（大）会等同意程序为其行为正当化的抗辩不再成立。

（二）交易公平性：弥补忠实义务的欠缺

《公司法》第21条中的关联关系包含《公司法解释（五）》第1条第1款中的关联交易，且《公司法》第148条第1款得类推适用关联交易的规定，故《公司法》第21条、第148条在对利用关联关系的行为进行法评价时，可结合关联交易的构成要件加以判断。但是，《公司法解释（五）》第1条第1款并未正向明确关联交易不正当的认定要件，仅从法定程序视角切入，欠缺实体要素评价。此外，作为第148条兜底的忠实义务，仅从董事、高级管理人员的主体视角考量，忽视了交易行为本身对公司利益的影响。笔者下文将结合理论发展和司法实践，探讨如何对关联交易行为进行全面正确的评价。

1. 学界对忠实义务的批判与发展

前文已述，《公司法》第21条之构成要件并不完满。有学者为完备关联关系之要件，从第148条第1款第8项的兜底规定——违背忠实义务入手，认为违背忠实义务是关联关系不正当利用的要件。[③] 关联交易往往存在关联关系人

---

① 参见吴元曜著：《法律适用方法论：一个批判观点的考察》，元照出版公司2010年版，第21页。

② 参见刘士国：《类型化与民法解释》，载《法学研究》2006年第6期，第16—17页。

③ 参见傅穹、王志鹏：《公司控制权滥用规制的法理基础与司法判断》，载《社会科学战线》2011年第5期，第194页。

与公司、股东之间的利益冲突，关联关系人为扩张个人利益而损害公司利益进行交易的情况下，① 忠实义务要求关联关系人主观动机、客观行为均以公司利益为上，因而成为维权的利器。② 值得注意的是，忠实义务侧重于对行为的预防，缺乏对行为后果的评价，不具有周延性，可能使行为结果有损公司的不正当关联交易“隐性正当化”。

针对忠实义务的缺陷，有学者欲从域外寻找补救方法，对美国公司法上关联交易正当性认定标准的流变进行了考察：关联交易行为不正当性判断经历了四个阶段，最终形成实质公平原则的判断标准，尤其是特拉华州根据关联关系人身份不同采取形式审查与实质审查宽严不同的审查标准。③ 该项比较法成果对国内研究启发很大，引发学界对交易的公平性的探讨。有学者为避免忠实义务之流弊，直接摒弃忠实义务，以公平交易义务取代之。④ 这种结果论的观点和做法，忽视了未损害公司利益的不正当关联交易行为，未免太过宽松。《公司法解释（五）》出台前，有学者提出忠实义务和公平交易义务应成为关联交易的认定要件，但认为公平交易为忠实义务的子义务，披露义务和法定程序义务之履行均属公平交易义务，从整体上评价为不正当关联交易是对忠实义务之违反。⑤ 这种将公平交易义务置于忠实义务项下的做法，未能厘清《公司法》第20条和第21条之间的关系，其不合理性上文已做阐述。

将忠实义务与公平交易义务共同作为认定关联交易正当性与否之要件，成

---

① 有学者根据利益冲突的不同形式，划分出利益输出型与利益输入型交易。参见邢丹：《关联交易中的利益分析》，载《社会科学战线》2011年第10期，第236—237页。

② 参见罗培新著：《公司法的法律经济学研究》，北京大学出版社2008年版，第166—167页。

③ 关于美国公司法中私益交易（同关联交易）认定标准之变迁，参见习龙生：《论控制股东的私益交易及其公平交易义务》，载《中外法学》2005年第4期，第502—508页；关于英美两国的关联交易司法审查标准之变迁，参见施天涛、杜晶：《我国公司法上关联交易的皈依及其法律规制——一个利益冲突交易法则的中国版本》，载《中国法学》2007年第6期，第129—132页。

④ 该观点认为关联交易的正当性与否判断依民法显失公平制度得以解决。参见董安生、陈洁：《不公平关联交易合同的可撤销性问题研究》，载《法学杂志》2009年第2期，第55—56页。

⑤ 参见施天涛、杜晶：《我国公司法上关联交易的皈依及其法律规制——一个利益冲突交易法则的中国版本》，载《中国法学》2007年第6期，第133—137页。

为不二选择。事前和事后的双重控制标准虽过于严苛，但契合《公司法解释（五）》规范关联交易、维护中小股东权益的目的。

2. 交易公平性的实践与运用

《公司法解释（五）》出台前，有学者总结交易的公平性可基于商业判断规则、对价合理性、交易时机和交易过程，再结合个案综合判断。① 但这些考量因素均为学者自己的总结与思考，并未结合司法实践的做法。笔者在“无讼案例网”以“公司法第21条”“关联交易”“关联关系”“判决”为关键词共检索到170个案例，将法院认定关联交易正当与不正当的理由加以类型化，可以发现，作为事后评价的交易公平性，是法院认定关联交易正当性与否的重要裁判基准。

法院认定关联交易之不公平的理由是基于利益冲突，关联交易一般表现为非公允性和违法性，表面合法、公平之交易行为，实则将产生违法、不公平的交易结果，② 从程序公平性和实体公平性两方面出发认定关联交易正当性。程序的不公平性包括已经履行披露义务、经股东（大）会同意和符合法律法规章程的程序，可见《公司法解释（五）》第1条第1款是对司法实践中的做法进行了总结，使之上升为法律解释。实体的公平性与否包括交易结果是否使公司遭受损失、③ 交易价格与市价是否一致、④ 交易价格的差额是否符合市场惯例与

① 参见钟凯：《论公司法上关联交易正当性标准及其重构——基于单一实体法与企业集团法的不同考量》，载《江海学刊》2016年第5期，第232页；尹晓红、牟联光：《公司法关联交易强制性规范解析——以〈公司法〉第21条为中心》，载《特区经济》2011年第5期，第259页；胡晓静：《论董事自我交易的法律规制》，载《当代法学》2010年第6期，第68—69页。

② 参见山东省日照市东港区人民法院（2018）鲁1102民初2186号民事判决书；天津市西青区人民法院（2015）青民二初字第0738号民事判决书；山东省日照市东港区人民法院（2018）鲁1102民初2187号民事判决书；山东省日照市东港区人民法院（2018）鲁1102民初2184号民事判决书；山东省日照市东港区人民法院（2017）鲁1102民初4645号民事判决书。

③ 参见北京市昌平区人民法院（2013）昌民初字第12631号民事判决书。重点不在于约定的公平性，而在于实际履行之后的公平性。参见广东省佛山市三水区人民法院（2016）粤0607民初1250号民事判决书。

④ 参见江苏省泰州市中级人民法院（2018）苏12民终1235号民事判决书；吉林省白山市中级人民法院（2011）白山民二初字第1号民事判决书；广东省佛山市中级人民法院（2017）粤06民终643号民事判决书。

正常经营策略[①]以及合同约定条款是否公平。[②] 遗憾的是，《公司法解释（五）》意识到司法实践对程序公平性的重视，而忽视了法院更为重视实质公平性——交易公平性的事实。因此，有必要在认定关联交易正当性时对交易的公平性加以考察。

笔者以为，忠实义务为事前行为之规范，要求关联交易行为以公司利益为上，一般为公司、股东所援引，以证明关联交易的不正当性；公平交易义务为事后行为评价标准，以该评价作为正当性与否的结论，一般为法院之考量标准。唯有如此，方能全面评价关联交易，避免否定正当的关联交易。

五、结语

《公司法解释（五）》在促进经济发展的背景下，肩负着保护公司、中小股东权益的使命。其第 1 条第 1 款对关联交易行为抗辩事由的规定，成为认定关联交易正当性与否的关键。但“关联交易”术语的出现，与《公司法》第 21 条“关联关系”术语难以衔接，成为《公司法解释（五）》第 1 条第 1 款适用的首要障碍。结合《公司法》第 216 条第 4 项关联关系的解释，明确关联关系的功能为主体身份，将关联交易之功能解释为行为定性，进而得出关联交易是关联关系利用形式的结论，由此产生《公司法解释（五）》之外利用关联关系损害公司利益行为与关联交易的衔接问题。在公司法体系内，通过《公司法》第 21 条与其他各条之间关系的梳理，明确关联交易和《公司法》第 148 条第 1 款均为利用关联关系的行为，二者都是关联关系利用行为的表现，关联交易起的是兜底和补充作用。此外，第 148 条第 1 款同关联交易行为具有“同质性”，得类推适用《公司法解释（五）》第 1 条第 1 款的规定，消解《公司法解释（五）》与《公司法》在司法适用中的冲突与疑问。关联交易的正当性仅依忠实义务加以判断尚不充足，通过对学理和司法实践的考察，应增加公平交易义务

---

① 参见广东省珠海市中级人民法院（2015）珠中法民二终字第 572 号民事判决书；山东省青岛市中级人民法院（2017）鲁 02 民初 676 号民事判决书；福建省高级人民法院（2016）闽民终 1521 号民事判决书；湖北省宜昌市中级人民法院（2012）鄂宜昌中民二初字第 00052 号民事判决书。

② 参见四川省达州市达州区人民法院（2016）川 1703 民初 2652 号民事判决书。

作为忠实义务的补充，为《公司法解释（五)》第1条第1款之适用提供依据。在披露义务、程序义务履行之外，尚存对交易对价及其合理性、合同条款、交易结果的正当性判断依据，由此贯穿《公司法解释（五)》第1条第1款同《公司法》的衔接与适用全过程，保证《公司法解释（五)》的准确适用，落实立法宗旨与目的。

（初审：常敏；校对：霍然）

论波斯纳的法律经济学方法论

——从侵权法上责任规则的选择切入

黄竹鋆*

摘　要： 国内法学界目前对波斯纳的法律经济学存在很多争议与误解，这很大程度上源于法学界对其法律经济学方法论未有清晰的认知。侵权法的经济分析是波斯纳法律经济学的典范，通过重构波斯纳对侵权法上责任规则的选择过程可以完整地展现其法律经济学方法论。波斯纳的法律经济学方法论包含其方法论程式及预设。它以实用主义为其方法论预设，把运用法律经济学方法的目的设定为基于解释的预测；在分析某一具体法律问题时的内在逻辑上严格遵循界定法律环境、设定行为模式、给出制度安排、得出均衡结果、进行评估比较的方法论程式。这一结论可以廓清对波斯纳法律经济学的争议和误解，并有助于更好地运用其法律经济学理论。

关键词： 波斯纳；法律经济学方法论；责任规则；方法论程式

引　言

利益法学的创始人黑克曾提到："……所有这些变化中，只有方法的变化才是最大的进步。"① 法律经济学作为法学与经济学的交叉学科，毫无疑问地为法学研究带来了方法上的巨大革新。法律经济学在传入中国的早期被认作"边缘

* 黄竹鋆，南京师范大学法学院2018级法学理论硕士研究生。

① ［德］菲利普·黑克著：《利益法学》，傅广宇译，商务印书馆2016年版，第50—51页。

法学”,[①] 但如今伴随着法教义学和社科法学之争而登堂入室，有不少学者翻译和编写了一系列高质量的法律经济学专著，且频见于主流法学期刊;[②] 每年定期举办的法经济学年会亦是声势愈隆。[③] 这些现象说明，法律经济学在中国已经形成了一股强大的智力思潮，而这股思潮的代表毫无疑问就是法律经济学的奠基者之一——理查德·A. 波斯纳（Richard A. Posner）。[④] 因此，国内法学界对法律经济学的各种论争在很大程度上就是围绕着波斯纳的法律经济学展开的，而在这些论争中一直存有两种相对立的态度：一方面，对波斯纳的法律经济学持支持态度的学者们对法律经济学似乎产生了一种过度的期待，即认为法律经济学是一种可以运用于所有法律领域的、包打天下的科学,[⑤] 应当完全替代传统的法教义学（法释义学）;[⑥] 另一方面，对波斯纳的法律经济学持反对态度的学者们则认为，法教义学才是真正的法学（或说狭义的法学），法律经济学是一种外在于大陆法系法教义学传统的理论，根本无法对法学研究产生任何有实

---

① 湖南人民出版社曾出版过一套“边缘法学丛书”，法律经济学位列其中。参见周林彬、董淳锷著：《法律经济学》，湖南人民出版社 2008 年版，第 1—3 页。

② 一些例证如〔美〕尼古拉斯·L. 吉奥加卡波罗斯著：《法律经济学的原理与方法：规范推理的基础工具》，许峰、翟新辉译，复旦大学出版社 2014 年版；张永健著：《物权法之经济分析：所有权》，北京大学出版社 2019 年版；熊丙万：《中国民法学的效率意识》，载《中国法学》2018 年第 3 期；贺剑：《绿色原则与法经济学》，载《中国法学》2019 年第 2 期。

③ 中国法经济学论坛自 2002 年起每年举办一次，第十七届（2019 年）在山东大学举办。

④ 据国内研究者统计，波斯纳的《法律的经济分析》（中文第 1 版）一书在我国 1949 -2011 年首次出版的法学高被引图书中排名第 7 位；该书中文第 2 版在 2012—2016 年首次出版的法学高被引图书中排名第 4 位，是唯一一本上榜的外国法学著作。这一统计数据足以说明波斯纳在中国法学界的影响力。参见肖宏、伍军红等：《我国哲学社会科学领域图书文献引证大数据研究》，载《中国社会科学评价》2018 年第 3 期，第 109—110 页。

⑤ 把法律经济学视为一门科学，这其实也是波斯纳的态度。*See* Richard A. Posner, *The Problems of Jurisprudence*, Cambridge: Harvard University Press, 1990, p. 63.

⑥ 譬如朱苏力教授就认为“大约 30 年后，法教义学研究——有别于教学，很可能不再能进入中国顶尖高校法学院顶尖学者的视野，相关的研究会转移到二流或三流法学院中去”。参见苏力：《回望与前瞻》，载《“社科法学与法教义学的对话”学术研讨会会议文集》，武汉，2014 年，第 38 页。转引自谢海定：《法学研究进路的分化与合作——基于社科法学和法教义学的考察》，载《法商研究》2014 年第 5 期，第 87 页。

际意义的帮助，并可能是有害于法治的。① 事实上，任何一种法学方法（理论）都必然有其相应的智识贡献，同时也无法避免自身存在的局限。国内法学界摆荡在两种态度间的原因其实就在于对波斯纳法律经济学的贡献和局限没有深刻的认知；而厘清波斯纳法律经济学的贡献和局限最重要的方法，莫过于详尽考察其法律经济学方法论。这正是本文的关注所在。

方法论（methodology）是一整套关于方法（method）的学问（ology），包含方法论程式和方法论预设。② 本文首先将通过重构波斯纳对侵权法上责任规则的选择过程来完整地呈现其法律经济学的方法论程式。选择侵权法不仅是因为事无巨细地考察波斯纳有关法律经济学的所有作品既不可能也无必要，③ 更是因为波斯纳在与兰德斯（William M. Landes）合著的《侵权法的经济结构》（*The Economic Structure of Tort Law*）一书中明确表示此书的写作目的在于通过检验侵权法规则来测试普通法的效率理论（是否成功）；④ 而侵权法中的关键无疑就在于选择何种责任规则，因此波斯纳法律经济学的方法论程式可以在其对责任规则选择的过程中得到完整的呈现。波斯纳法律经济学的方法论程式有其前提，这也正是对法学界中关于波斯纳法律经济学方法论程式的批评所作出的回应，即方法论预设。通过波斯纳对侵权法上责任规则之选择的经济分析，归纳出其方法论的预设与程式，以期探求波斯纳的法律经济学方法论之真谛。

---

① 此类观点的相关论述及其批判，参见凌斌：《什么是法教义学：一个法哲学的追问》，载《中外法学》2015 年第 1 期，第 241—242 页；谢海定：《法学研究进路的分化与合作——基于社科法学和法教义学的考察》，载《法商研究》2014 年第 5 期，第 89—91 页。

② 有研究者区分了广义的和狭义的方法论。狭义的方法论指的是研究的逻辑起点、研究的哲学基础和研究的学术认知立场，大体上可以视为笔者文中所言的方法论预设；广义的方法论包含方法论程式，即分析某一具体问题时所遵循的特定程式，以及狭义的方法论。据此笔者所持为广义的方法论立场。参见黄锫著：《法律经济学：方法论、理论脉络及应用》，浙江大学出版社 2008 年版，第 1—2 页。有关方法论更详细的讨论，参见韦诚著：《方法学——科学发现的理论基础》，安徽大学出版社 2008 年版，第 1—37 页。

③ 据统计，波斯纳至少撰写了几千份司法意见、几百篇文章以及 55 本书。*See* William Domnarski, *Richard Posner*, New York: Oxford University Press, 2016, p. 1.

④ *See* William M. Landes & Richard A. Posner, *The Economic Structure of Tort Law*, Cambridge: Harvard University Press, 1987, p. vii.

一、界定法律环境和设定行为模式

波斯纳把经济学定义为一门研究生物（不仅是人）在面对稀缺资源时如何做出理性选择的科学（science of rational choice）。[①] 依此，波斯纳的法律经济学是一门研究人在“法律阴影”下如何作出理性选择的科学（因为法律影响不了其他生物的行为）。在侵权法中，不论是法官选择在何处确立法定过失标准还是行为人（侵害人和受害人）选择如何行为，都不是在法律的真空中展开的，而是在某一特定的法律环境中依据自身所遵循的某种行动原则进行的。因此，为了聚焦影响法官和行为人的关键因素并考察他们会如何行为，波斯纳在对侵权法上的责任规则进行选择时首先做的就是界定并设定法官和行为人在对不同选项进行选择时的法律环境和相应的行为模式。

（一）界定法律环境

任何理论都必须界定环境，理论所界定的环境就是其适用的边界。法律环境的界定决定了法律经济学分析对象自身所具有的特质和所处的（具有重要性的）外部环境。这些特质和环境在进行分析时往往被视为给定的条件，故而大多时候都隐而不现，但它们是展开分析的前提。法律环境的界定不同，常常造成不同的法律经济学家在对同一问题进行分析时所得出的结论不同。波斯纳在对侵权法上责任规则进行选择时给出了很多法律环境的界定，这些界定有些是明示的，有些则是隐藏的，但不论是明示还是隐藏，其实际上都可以从波斯纳对事故法上事故社会成本最小化模型（以下简称事故模型）的构造中推知。波斯纳的单边事故和双边事故的模型及相应图示如下：

① *See* Richard A. Posner, *Economic Analysis of Law*, 9th ed., New York: Wolters Kluwer Law & Business, 2014, pp. 1 – 2.

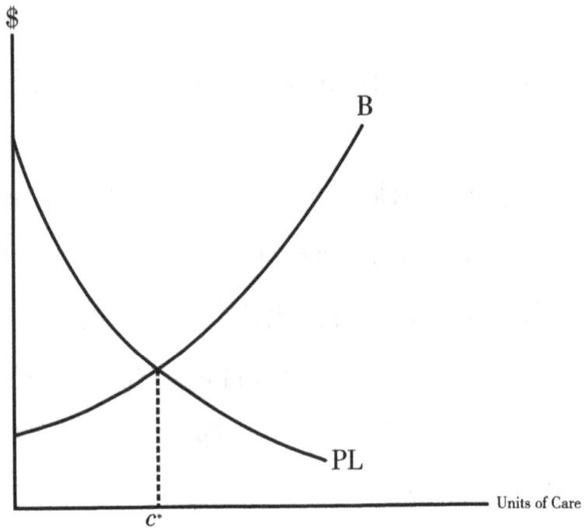

图 1　单边事故模型

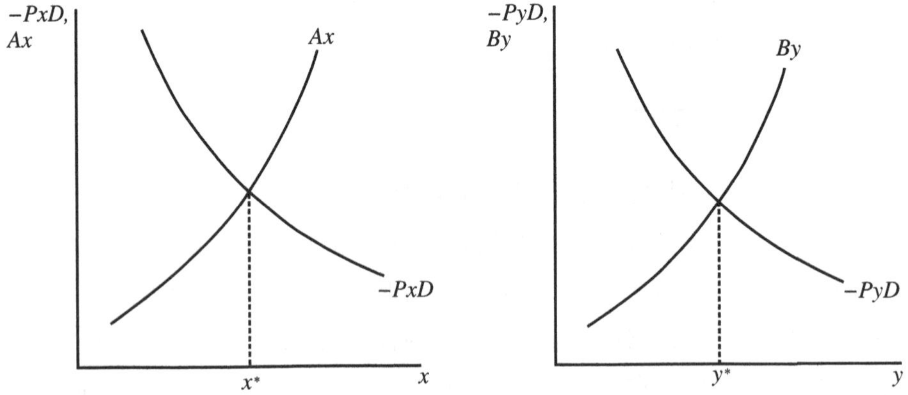

图 2　双边事故模型

图 1 表示的是单边事故的法定过失标准，即事故的发生只与某一方行为有关时的法定过失标准。该图示由函数：

$$A(x) = B(x) + P(x)L \quad \text{（式 1.1）}$$

给出，对该函数求其一阶导数并令其等于零可得：

$$B'(x) = -P'(x)L \quad \text{（式 1.2）}$$

式 1.1 中的 x 表示侵害人的注意水平，[①] $A(x)$ 表示事故的社会总成本，$B(x)$ 表示侵害人的预防成本，$P(x)L$ 表示事故的预期损失；从数学上可知，

① 文中将会出现注意水平、预防投入、预防措施、预防成本四个有关联的用词，四者的关系是：注意水平等同于预防投入和预防措施，同时决定了预防成本。为了行文流畅和符合语境，文中将交替使用注意水平、预防投入、预防措施三个词。

当$B'(x) = -P'(x)L$时有事故的社会成本最小化，此时侵害人的注意水平为最优注意水平（due care）c^*。因此，波斯纳认为法官应当在侵害人的边际预防成本等于边际预防收益处确定法定过失标准，也就是当侵害人再投入一单位预防成本等于该投入所减少的事故预期损失处确定法定过失标准，即c^*；故而当$B'(x) < -P'(x)L$时侵害人是存有过失的。显然，这个模型是波斯纳把著名的汉德公式（Hand Formula）边际化后所得。①

图2表示的是双边事故的法定过失标准，即事故的发生取决于双方行为时的法定过失标准。该图示由函数：

$$L(x, y) = P(x, y)D + A(x) + B(y) \quad \text{（式1.3）}$$

给出，求该函数的一阶偏导数并令其等于零可得：

$$A'(x) = -P'(x)D \quad \text{（式1.4）}$$

和

$$B'(y) = -P'(y)D \quad \text{（式1.5）}$$

式1.3中的$L(x, y)$表示事故总成本，$P(x, y)D$表示事故的预期损失，二者都是侵害人的注意水平x和受害人的注意水平y的函数；$A(x)$是侵害人的预防成本，$B(y)$是加害人的预防成本，它们分别是x和y的函数。通过式1.4和式1.5可知，当侵害人的注意水平为x^*和受害人的注意水平为y^*时有事故的社会成本最小化。同样地，波斯纳认为法官应当在侵害人和受害人的边际预防成本等于边际预防收益处确定法定过失标准，即x^*和y^*。②从这两个模型和相应的图示中可以推知波斯纳在对侵权法上责任规则进行选择时所界定的法律环境。

1. 行为人的偏好特征

首先，从图中可以直观看到行为人的注意水平是连续的，即行为人的注意水平是无限可分的，从不预防的0开始，到0.1，0.11，0.12……或以其他任意连续方式划分，都是可行的。与之相对的是行为人的注意水平是离散的，例如行为人只能选择预防或不预防。从行为人的注意水平连续可知其效用函数是连

① *See* Richard A. Posner, *Economic Analysis of Law*, 9th ed., New York: Wolters Kluwer Law & Business, 2014, p. 242.

② *See* William M. Landes & Richard A. Posner, *The Economic Structure of Tort Law*, Cambridge: Harvard University Press, 1987, pp. 59 -60.

续的，继而再逆推出波斯纳对行为人偏好的假设，即在此行为人的偏好满足：（1）自反性，即一个行为偏好至少和其本身一样好；（2）传递性，即行为人可以对其行为偏好进行排序；（3）完备性，即行为人的任意两个行为偏好都是可比较的。[①] 总的来说，波斯纳假设行为人的偏好是稳定的。

2. 风险中性

一起事故是否发生是不确定的，行为人面对这种（客观）不确定事件时的态度如何，很大程度上决定了其行为选择。经济学上把行为人面对不确定事件时的态度分为风险规避、风险中性以及风险偏好三类。波斯纳假设了行为人是风险中性的，即行为人的效用函数是线性的，行为人收入的增加（减少）给其带来的效用的增加（减少）的比例是确定的。[②] 这就意味着行为人的注意水平会随着法律确定的价格（惩罚）的上升（降低）而相应地上升（降低），既不会过多地预防（风险规避），也不会过少地预防（风险偏好），只有这样法官才能找到对社会而言最优的法定过失标准。

3. 零交易成本

经济学在讨论一般均衡理论时，往往假定单一市场模型和完全信息前提，即所有的商品和服务都集中在一个单一的市场中进行交换，厂商和消费者拥有交易所需的一切信息，并且这些交易均以单次、瞬时的方式完成，经济从不均衡状态瞬间达到均衡状态；这就意味着此时市场的交易成本（transaction costs）为零。[③] 在波斯纳的事故模型中，法官可以确定对社会而言最优的法定过失标准，行为人也可以发现此法定过失标准并依照该过失标准来调整自己的注意水平直到最优注意水平。这暗示了法官对事故的发生概率、严重程度、因果关系等一切与处理事故所需的信息都是知晓的，也暗示了行为人对事故的发生概率、严重程度、法定过失标准等与达到最优注意水平的信息都是知晓的；而法官可以把所有的事故——不论数量多少——都集中到一个单一的法庭中进行审理，所有审理均单次、瞬时完成，行为人的注意水平从其他水平瞬间转换到了最优

① 详细推导过程参见田国强著：《高级微观经济学》，中国人民大学出版社2016年版，第157—159页。

② *See* William M. Landes & Richard A. Posner, *The Economic Structure of Tort Law*, Cambridge: Harvard University Press, 1987, pp. 56 -57.

③ 参见田国强著：《高级微观经济学》，中国人民大学出版社2016年版，第285页。

注意水平（这或许是另一个“法学上的瞬间”），因此可知波斯纳在构造其事故模型时也作出了零交易成本的假设。

4. 法律作为一种价格

从两幅事故模型图中可以观察到，行为人的注意水平和事故所导致的预期损失呈一种负相关关系，这十分类似于经济学上的需求定律（Law of Demand），即价格的上升会引起需求的下降。行为人会按照法定最优注意水平来行动之原因在于法律规定的惩罚为过失行为设定了一种“价格”，这种法律设定的价格越高，行为人为了避免支付这一价格就越有避免过失的行为动机，行为人对过失行为这种“产品”的“需求”就越少。① 这意味着当事故发生时，只要行为人的行为不符合法定过失标准，他们一定要支付法律向他们索取的价格。因此可以推知，波斯纳在此假设了事故发生后诉讼是一定会被提起的，法律对过失行为的惩罚也是确定可实施的，否则基于行为人的侥幸心理，他们就会降低自己的注意水平；同时他还假定这种惩罚对行为人而言确实是有威慑力的，否则行为人不会随着法律所设定之价格的变动来调整自己的注意水平。由于法律所施加的惩罚并非通常所言的市场价格，因而也被波斯纳称为“影子价格（shadow price）”。②

5. 行为人作为价格接受者

在一个完全竞争的市场上，所有厂商和消费者都是所谓的价格接受者（price taker），即他们的生产和消费行为都不能影响到商品和服务的价格。在波斯纳的事故模型中，行为人都是随着法律所确定的价格而行动的，他们并不能影响到法律所确定的价格，所以他们都是价格接受者。从这一点可推知波斯纳假定了行为人是互不相识的，否则在交易成本为零的环境中，他们就有可能在事故发生前拟定如何处理事故的契约，或者在事故发生后再通过谈判来分配事故的损失，这两种情况都会导致行为人不会将事故诉诸法律来处理；③ 还可推知波斯纳假定了法律是唯一的第三方社会控制机制，否则即使是在交易成本不

---

① *See* Richard A. Posner, *Economic Analysis of Law*, 9th ed., New York: Wolters Kluwer Law & Business, 2014, pp. 3 – 4.; *See* Nicholas Mercuro & Steven G. Medema, *Economics and the Law: From Posner to Post – Modernism and Beyond*, 2nd ed., Princeton: Princeton University Press, 2006, p. 104.

② *See* id. Posner, *Economic Analysis of Law*, p. 4.

③ 萨维尔的模型明示了行为人之间是互不相识的。*See* Steven Shavell, *Economic analysis of accident law*, Cambridge: Harvard University Press, 1987, pp. 32 – 33.

为零（但足够低）的情况下，若是有既存的社会规范（social norms）存在，行为人也大概率不会诉诸法律。[①] 在这两种情形下行为人都不是法律所索取价格的接受者。

6. 法律要明示、明确、一视同仁

行为人要想达到法官所设定的最优注意水平，首先他需要知道这一标准是什么，对他提出了什么样的行为要求。这就要求法律至少在有关过失标准的规则上是明示的，从而行为人对此是可得而知的。这同样要求法律必须是明确且无歧义的，即事故中各方相关的法定权利（entitlement）都已界定清晰明确。[②] 只有行为人对法律的理解都是一致的，法官才能确定这起事故的侵害人与受害人，否则法官不可能确定一个对所有人都适用的法定过失标准。此外，法律还必须对所有存有过失的人一视同仁，否则也不可能确定一个对所有人都适用的法定过失标准。[③] 因此可知波斯纳假设了法律（此处是普通法）是明示、明确、一视同仁的。

7. 行为人的效用由货币收入决定

从波斯纳的事故模型和相应图示中可以看出，行为人的预防成本和事故预期损失都是以货币为单位来计算的。影响行为人选择的是不同行为给他带来的不同总效用水平，[④] 而不只是该行为给他带来的货币（或财富）收入的多少，除非他的效用由货币收入唯一决定。因此根据模型和相应图示中行为人的注意水平只受到法律所确定的价格的影响，可以逆推出波斯纳假设了事故中的行为人的效用水平只由其货币收入水平决定，并且整个社会的效用水平也可由所有行为人的效用水平简单相加得来。这一点波斯纳已有明示。[⑤]

---

① *See* Robert C. Ellickson, *Order without law: how neighbors settle disputes*, Cambridge: Harvard University Press, 1991, p. vii.

② entitlement 一词笔者在此采用“法定权利”作为对应汉译。简资修教授则将其译为“应配分”。有关 entitlement 一词的汉译辩证，参见简资修：《背光下的大教堂：找寻失落的交易规则》，载解亘主编：《南京大学法律评论》第 49 卷，南京大学出版社 2019 年版，第 4 页。

③ *See* Gerald J. Postema, *Legal Philosophy in the Twentieth Century: The Common Law World*, New York: Springer, 2011, pp. 186 – 187.

④ 此处尚不能推出波斯纳假设了行为人是理性的效用最大化者。因为行为人的行为由不同行为所产生的总效用决定，不代表其就会选择总效用最大的行为。

⑤ *See* William M. Landes & Richard A. Posner, *The Economic Structure of Tort Law*, Cambridge: Harvard University Press, 1987, p. 58.

8. 事故特征

事故特征可分为事故发生的概率和事故所导致的实际损失（严重程度）。很明显，波斯纳在他的事故模型中假设了某一类事故所导致的损失是确定的。另外，导致某起事故发生的原因往往是多样而复杂的，也即事故的发生是一种受多种因素影响的概率性事件。波斯纳的模型只展现了行为人注意水平这一变量所导致的事故预期损失的改变，由于事故导致的损失已经被假定为确定，则事故的预期损失就只与事故的发生概率相关，也即只与行为人的注意水平相关；并且事故发生后只有受害人受有实际损失，侵害人承担事故损失的方式是向受害人进行赔偿。对此假设，波斯纳也已明示。①

（二）设定行为模式

在法律环境相同的情况下，对行为人不同行为模式的设定往往（不是全部）会得出不同的结果。波斯纳在界定法律环境后，下一步所做的就是确定该法律环境中法官和行为人的行为模式，即法官和行为人依照何种原则来在不同的选项之间进行选择。结合式 1. 1—1. 5 可知，法官所确定的法定过失标准和行为人对这一标准的遵从恰好分别是过失责任制下事故社会成本最小化和行为人私人成本最小化的点，从而可推知波斯纳在其事故模型中把人设定为是理性的效用最大化者（rational utility maximizer）。② 效用是指人的满足程度，这种满足来自一切能给人带来满足的东西，可以来自金钱、名声，也可以来自知识、爱情，只不过波斯纳在其事故模型中把行为人的效用设定为由其货币收入唯一确定。因此，在波斯纳的事故模型中，作为理性的效用最大化者，法官会事先确定一个对社会而言最优的法定过失标准（事故社会成本的最小化）；③ 行为人自然会对法律的价格激励做出反应，并比照法定过失标准精确调整自己的注意水平，直到恰好符合法定过失标准（c^*、x^*、y^*），既不多也不少，从而实现自身效用的最大化（私人成本最小化）。一般来说，根据理性程

---

① *See* id. p. 61.

② *See* Richard A. Posner, *Economic Analysis of Law*, 9th ed., New York: Wolters Kluwer Law & Business, 2014, p. 2.

③ 当然，此处波斯纳假设作为公职人员的法官是以社会福利最大化为自身效用最大化的。但这相对其他假设而言不那么重要且与本文的分析关联不大，故未在正文中列出。

度由弱到强的划分，经济学中关于人的行为假设有四种：（1）利他人；（2）有限理性人；（3）弱（完全）理性人；（4）强（完全）理性人。这里的行为人很显然不属于利他人类型；又由于完全信息等环境的界定以及对法定过失标准和自身注意水平的精确辨认，其也不会是有限理性人；波斯纳在构造其事故模型时并未涉及严格的博弈论（Game Theory），因此行为人也不会是强理性人。①从而可知波斯纳对行为人行为模式的设定是一种弱理性人，用波斯纳自己的话来说，这种人是一个“实用主义者（pragmatist）”。②

（三）小结

波斯纳的事故模型中蕴含的八点对法律环境的界定以及对法官和行为人是弱理性人的设定，在其对侵权法上的责任规则进行选择时是给定不变的，是一种外生变量。虽然这些假设均不符合现实，但这些假设搭建起了一个简单明了的世界，使得波斯纳免于应对现实法律现象的纷繁复杂和混乱无序，摒除了无关或弱相关因素，为分析的顺利进行创造了有利条件。正如不考虑除重力以外其他力作用的自由落体模型（$h=1/2gt^2$）可以直接反映下落高度对物体落地时间的影响一样。借助这一系列假设，波斯纳就可以聚焦于不同的法律制度（规则）安排下法官和行为人的行动，从而发现不同的均衡结果。

二、法律制度安排和均衡结果

已界定的法律环境和已设定的行为模式是波斯纳事故模型的外生变量，而不同的法律制度安排会改变行为人的注意水平这一模型的内生变量，从而导致不同的均衡结果。在普通法语境下，法官的职责是确定某起事故该依据何种责任规则进行处理；而行为人则会根据不同的责任规则来精确调整自己的行为，并最终达至某种法律上的均衡。因此，波斯纳在他的事故模型中给出了三种可

① 由于博弈论涉及对双方乃至多方的互动行为进行分析，因此该理论对决策者的理性要求更高，相对而言是一种更强的理性人假设。

② *See* Richard A. Posner, *Overcoming Law*, Cambridge: Harvard University Press, 1995, p. 16.

供选择的责任规则：（1）在单边事故中以侵害人的注意水平是否符合法定过失标准为归责点，在双边事故中对侵害人和受害人各自的过失进行评估从而确定双方责任的过失责任制（negligence）；（2）不论是否存有过失，只要事故发生一律由侵害人负责的严格责任制（strict liability）；（3）不论是否存有过失，只对受害人进行归责，而侵害人无须负责的无责任制（no liability）。根据波斯纳已界定的法律环境和已设定的行为模式，下面分别讨论三种责任规则的制度安排和相应的均衡结果。

（一）过失责任制

给定事故的责任规则为过失责任制，在单边事故中，根据前述波斯纳的事故模型，波斯纳是通过把著名的汉德公式边际化来得出的法定过失标准。最初的汉德公式是指 $B<PL$ 时侵害人具有过失，是一种事后的、总体的视角；[①] 如上文所示，汉德公式经过波斯纳的改造，变成了一种事前的、边际的视角。理性的法官在已界定的法律环境下当然会选择使得事故社会成本最小化的 c^* 作为法定过失标准。在此标准下，侵害人的注意水平在小于 c^* 时存有过失，需要承担事故的全部损失；当其注意水平大于或等于 c^* 时没有过失，无须承担责任。[②] 当法定过失标准确定之后，侵害人需要根据这一标准确定自己的行为。由于侵害人是理性的自身效用最大化者，他会精确衡量自己在每一单位预防投入上的“成本—收益”。由于过低的注意水平会导致其存有法律上的过失而要承担事故的全部损失，又因为过高的注意水平虽然会使其不用承担事故的损失，但会付出额外的预防成本而没有任何收益。因此，拥有完全信息的理性侵害人会选择法定过失标准 c^* 为自己的注意水平，并投入相应的预防成本。[③]

在双边事故中，波斯纳给出的制度安排为促成过失制（contributory negligence）或比较过失制（comparative negligence），即事故的损失需要通过衡量行

---

① United States v. Carroll Towing Co., 159 F. 2d 169 (1947).

② *See* Richard A. Posner, *Economic Analysis of Law*, 9th ed., New York: Wolters Kluwer Law & Business, 2014, pp. 240 – 242.

③ 萨维尔的单边事故模型是一个更精细的模型，和波斯纳的模型略有不同。*See* Steven Shavell, *Economic analysis of accident law*, Cambridge: Harvard University Press, 1987, pp. 32 – 36.

为人各自的过失程度来进行分配。① 波斯纳认为比较过失制和促成过失制在经济学上唯一的差别就是比较过失会造成更多的管理成本，但由于已界定的交易成本为零，二者在经济效果上是等价的。② 根据波斯纳的事故模型，理性的法官在已界定的法律环境下当然会选择 x^* 和 y^* 分别作为确定侵害人和受害人是否存有过失的法定过失标准。由于侵害人和受害人都能影响到事故的发生概率，并且需要承担各自过失行为所导致的事故损失，作为理性的自身效用最大化者，不论在促成过失制还是比较过失制下，侵害人和受害人都会选择以法定过失标准为自身的注意水平，即他们的注意水平分别为 x^* 和 y^*。③

此时波斯纳得出了法律上的均衡（equilibrium），各方状态如表 1 所示：

表 1　过失责任制的均衡结果

	侵害人的注意水平	受害人的注意水平
单边事故	c^*	0
双边事故	x^*	y^*

所谓均衡就是指在这一状态下，没有人有动力改变当前的状态。④ 在这个状态下法官没有动力去改变既定的过失标准，侵害人、受害人也都没有动力去改变自己的注意水平。

（二）严格责任制

给定事故的责任规则为严格责任制，此时的法官只需考察谁是侵害人、谁是受害人即可，这在完全信息且相关法定权利已明确界定的前提下不是问题。重要的是行为人会如何行动。

---

① 促成过失制是一种考察了侵害人和受害人的过失后再以“全有或全无（all or nothing）”方式进行归责的责任规则；比较过失制是以比较侵害人和受害人对事故发生的不同过失程度来按份额分配相应责任的责任规则。

② 比较过失制由于会引发更多的诉讼，从而导致更多的管理成本。在考虑了管理成本之后，波斯纳认为促成过失制优于比较过失制。*See* Richard A. Posner, *Economic Analysis of Law*, 9th ed., New York: Wolters Kluwer Law & Business, 2014, p. 251.

③ *See* William M. Landes & Richard A. Posner, *The Economic Structure of Tort Law*, Cambridge: Harvard University Press, 1987, pp. 62－63.

④ *See* Richard A. Posner, *Economic Analysis of Law*, 9th ed., New York: Wolters Kluwer Law & Business, 2014, pp. 9－10.

在单边事故中，由于不论侵害人是否能以更低的成本去避免事故的发生，他都需要承担事故的全部损失。此时他可以影响事故的发生概率，故而理性的侵害人就被激励去采取对他而言“成本—收益”最优的注意水平，结合波斯纳的单边事故模型可知侵害人会选择使得其私人成本最小化的注意水平，即法定过失标准 c^*。理性的受害人因为无法影响到事故发生的概率，因此其没有被激励去采取预防措施，注意水平为零。

在双边事故中，理性的侵害人同在单边事故中一样被激励去采取预防措施，此时他的注意水平为 x^*；而受害人因为在事故发生后能得到完全的赔偿，因此其没有被激励去采取任何的预防措施，其注意水平同在单边事故中一样为零。①此时波斯纳得出了另一个法律上的均衡，各方都没有被激励去改变当前的状态。各方状态如下表 2 所示：

表 2　严格责任制的均衡结果

	侵害人的注意水平	受害人的注意水平
单边事故	c^*	0
双边事故	x^*	0

（三）无责任制

无责任制在某种程度上是与严格责任制对称的一种责任规则。在此责任规则下，在单边事故中由于侵害人无须担责，受害人也不能影响事故发生的概率，因此此时双方都没有被激励采取任何预防措施，注意水平都是零。可能出现的情况是，理性的侵害人会提升自己的行为水平，从而获得更大的效用。②

在双边事故中，侵害人由于无须担责，其仍然没有被激励去采取预防措施；而此时的受害人由于能影响到事故发生的概率，从而可以降低由其承担的相应事故预期损失，因此被激励去采取预防措施。为了最小化自身的私人成本，受害人

① *See* William M. Landes & Richard A. Posner, *The Economic Structure of Tort Law*, Cambridge: Harvard University Press, 1987, p. 63.

② 影响事故发生概率的除行为人的注意水平外，还有行为人的行为水平（level of activity），其分析方法与分析注意水平对事故的影响一致，但本文主要讨论行为人的注意水平，故对此不再详述。有关行为水平对事故的影响的详细讨论，*See* id. pp. 69 - 71。

此时会选择法定过失标准作为其注意水平，即 y^*。但如果侵害人和受害人的预防是可替代的（substitutable），则受害人的注意水平很可能超过在过失责任制下的 y^*。① 同样地，此时的状态是一个法律上的均衡。各方状态如表 3 所示：

表 3　无责任制的均衡结果

	侵害人的注意水平	受害人的注意水平
单边事故	0	0
双边事故	0	y^*

三、法律实效的评估比较

如经济学家艾伦（William R. Allen）所说，在经济学中“选项是必须被比较的，分析是必须被进行的，决策是不可避免的。”② 在法律经济学中同样如此。不管是界定法律环境、设定行为模式，还是给出制度安排并得出相应的均衡结果，为的都是对这些步骤最终所产生的法律实效进行评估比较，③ 然后依据某种标准在不同的法律实效间作出选择。是故，波斯纳在得出了三种不同责任规则各自在法律上的均衡结果之后，下一步便是在这些均衡结果之间进行评估比较，看看它们所导致的法律实效有何不同，从而作出最后的选择。

选择的作出需要有一定的标准，否则这种选择就是无法证成的。波斯纳对侵权法上不同责任规则（实际上是所有法律领域）所导致的不同均衡结果进行评估比较所依据的标准是——某种程度上是臭名昭著的——财富最大化（wealth maximization）。④ 简单而言，财富最大化就是经济学上的“卡尔多—希克斯效

---

① *See* id. p. 62.

② Armen A. Alchian & William R. Allen, *Universal Economics*, Carmel: Liberty Fund Inc, 2018, p. xxiii.

③ 此处的法律实效指的是不同的法律制度安排下不同均衡所产生的后果（effect），不同于凯尔森（Hans Kelsen）所说的法律实效（efficacy）。

④ *See* Richard A. Posner, “Wealth Maximization and Tort Law: A Philosophical Inquiry”, in David G. Owen (eds.), *Philosophical Foundations of Tort Law*, New York: Oxford University Press, 1995, p. 99.

率”（Kaldor – Hicks efficiency）。① 一个选择（行为）只要使得获益的人所获利益可以填补受损人的损失（不要求填补实际发生），并且还有剩余，那么这就是符合“卡尔多—希克斯效率”的。进一步说，在波斯纳的法律经济学语境中，财富是指“一切有形的（tangible）物品和无形的（intangible）服务的总和，它以两种价格来衡量：出价（asking price）和要价（offer price）”，这就意味着财富在很大程度上是与支付能力（货币）相联系的，行为人必须为自己的出价和要价进行支付，否则单纯的欲望就既不是出价也不是要价。因此财富最大化是主观欲望和客观支付能力的统一，超越了功利主义单纯的主观效用论。②明确了这一点，就不难理解为什么波斯纳在其事故模型中把行为人的效用水平假设为只与其货币收入相关了。

由于事故不会增加财富，只会减少财富，因此财富最大化在此就具体化为事故所导致的社会成本最小化。事故既然已经发生，且事故损失已成为沉没成本，则法律经济学着眼的便是如何预防将来可能发生的那些能以合理成本避免的事故，并使这些事故的社会成本最小化。事故的社会成本包括行为人为了预防事故发生所投入的预防成本以及事故的预期损失。③

（一）过失责任制与严格责任制的比较

在严格责任制下，如前所述单边事故中侵害人的注意水平和在过失责任制下一样为 c^*，而受害人无法影响事故发生的概率，因此这时采取严格责任制和过失责任制对行为人的激励来说是无差别的，不同之处在于过失责任制下法官需要确认侵害人是否具有过失；但根据之前已界定的法律环境，此时的法官拥有完全信息且交易成本为零，这一差别不会影响最终的法律实效。根据波斯纳

---

① *See* Richard A. Posner, *Economic Analysis of Law*, 9th ed., New York: Wolters Kluwer Law & Business, 2014, p. 13.

② *See* Richard A. Posner, *The Problems of Jurisprudence*, Cambridge: Harvard University Press, 1990, pp. 356 – 357.

③ *See* Richard A. Posner, *Economic Analysis of Law*, 9th ed., New York: Wolters Kluwer Law & Business, 2014, p. 36.

的事故模型，两种责任规则此时都能实现事故的社会成本最小化。①

在双边事故中，虽然侵害人被激励去投入成本来预防损害的发生，并且其注意水平是 x^*，但相比于过失责任制下的双边事故来说，由于缺失受害人的预防投入所导致的事故发生概率的下降，因此严格责任制下的事故发生概率会高于过失责任规则下的事故发生概率，从而导致严格责任制的事故预期损失会高于过失责任制下的事故预期损失。另外，根据波斯纳的模型可知，由于过失责任制下受害人的注意水平在达到法定过失标准 y^* 之前，其收益（所降低的事故预期损失）是大于其成本（预防成本）的；因此虽然过失责任制相比严格责任制多出了受害人的预防成本，但在过失责任制下的预防成本与事故预期损失之和，即事故的社会成本仍然比严格责任制下事故的社会成本更低，更符合社会成本最小化的评估标准。②

$$\boldsymbol{L}(\boldsymbol{x}^*, \boldsymbol{y}^*) < \boldsymbol{L}(\boldsymbol{x}^*, 0) \qquad \text{（式 3.1）}$$

综合单边事故和双边事故的比较结果，$\boldsymbol{A}(\boldsymbol{c}^*) + \boldsymbol{L}(\boldsymbol{x}^*, \boldsymbol{y}^*) < \boldsymbol{A}(\boldsymbol{c}^*) + \boldsymbol{L}(\boldsymbol{x}^*, 0)$，过失责任制是比严格责任制更优的责任规则。

（二）过失责任制与无责任制的比较

在无责任制下，单边事故中由于侵害人没有被激励去投入成本来预防事故的发生，而受害人无法影响事故发生的概率。相比较过失责任制而言，无责任制会导致事故的发生概率上升，从而导致事故的预期损失上升。另外，同样据波斯纳的事故模型可知，过失责任制下侵害人的注意水平在达到法定过失标准 c^* 之前，其收益会大于其成本。因此，虽然过失责任制会比无责任制多出侵害人的预防成本，但在过失责任制下的预防成本和事故预期损失成本之和，即事故的社会成本仍然比无责任制下事故的社会成本更低，更符合社会成本最小化的评估标准。

$$\boldsymbol{A}(\boldsymbol{c}^*) < \boldsymbol{A}(0) \qquad \text{（式 3.2）}$$

在双边事故中，无责任制下侵害人的注意水平为零，则相应的预防成本也为零。由于能降低事故的发生概率并相应地降低事故的预期损失，受害人为了

---

① 若考虑其他因素，如侵害人的行为水平等，严格责任制则可能优于过失责任制。*See* William M. Landes & Richard A. Posner, *The Economic Structure of Tort Law*, Cambridge: Harvard University Press, 1987, pp. 64 – 73.

② *See* id. pp. 73 – 74.

最小化自身的私人成本，被激励让其注意水平达到法定过失标准所确立的注意水平 y^*。相比较而言，过失责任制下侵害人和受害人都被激励去采用法定过失标准所确立的注意水平 x^* 和 y^*。由于相差了侵害人的预防投入带来的事故概率的降低从而导致事故预期损失的降低；又因为过失责任制下侵害人的预防投入在到达 x^* 前的收益是大于成本的，因此过失责任制相比无责任制更符合社会成本最小化的目标。即：

$$\boldsymbol{L}(\boldsymbol{x}^*,\ \boldsymbol{y}^*)<\boldsymbol{L}(0,\ \boldsymbol{y}^*) \qquad \text{（式 3.3）}$$

综合单边事故和双边事故的比较结果，$\boldsymbol{A}(\boldsymbol{c}^*)+\boldsymbol{L}(\boldsymbol{x}^*,\ \boldsymbol{y}^*)<\boldsymbol{A}(0)+\boldsymbol{L}(0,\ \boldsymbol{y}^*)$，过失责任制是比无责任制更优的责任规则。①

（三）小结

在波斯纳的事故模型中，从已界定的法律环境出发，作为理性的自身效用最大化者，法官会在事故发生前就确定好对社会而言最优的法定过失标准，行为人则会以此标准作为自己的注意水平。在财富最大化标准下对不同法律制度安排所导致的均衡结果进行评估比较，可以发现相比严格责任制和无责任制，过失责任制综合而言是一种更能使事故社会成本最小化的法律制度安排。② 因此，波斯纳认为过失责任制是相对于严格责任制和无责任制更优的责任规则，并且在双边事故中促成过失制或比较过失制是更优的责任规则（此时两种责任规则的法律实效等价）。③

---

① *See* id. p. 62.

② 虽然三种不同的责任规则在理论上可以进行三种比较，但由于波斯纳在此处要寻求的是符合财富最大化标准的责任规则，不是寻求对三种责任规则的法律实效进行排序，因此在分别比较过失责任制和严格责任制以及过失责任制和无责任制之后即可得出结论，无须再对严格责任制和无责任制进行比较。

③ 需要再次强调的是，波斯纳认为在交易成本为零的情况下比较过失制才是和促成过失制在法律实效上等同的。如前所述，波斯纳认为在考虑管理成本之后促成过失制是优于比较过失制的，那么波斯纳如何解释现实中如此广泛存在的比较过失制呢？他以海上碰撞的损失分摊为例，认为比较过失制广泛存在的原因在于事故保险通常很困难，因此社会需要比较过失制来保障事故中损失分摊的有效性。*See* William M. Landes & Richard A. Posner, *The Economic Structure of Tort Law*, Cambridge: Harvard University Press, 1987, pp. 210 – 212.; *See* Richard A. Posner, *Economic Analysis of Law*, 9th ed., New York: Wolters Kluwer Law & Business, 2014, p. 252.

这一通过重构波斯纳在侵权法上对责任规则的选择过程得出的结论可以很好地解释现实世界的法律实践，即通常情况下各国的侵权法都会采取过失责任制，并且在双边事故中会采取比较过失制度。① 但同时需要指出的是，过失责任制最优这一结论是波斯纳在上文已界定的、作为外生变量的法律环境下得出的，不同的法律环境界定会得出不同的均衡结果。因此波斯纳据其事故模型就可以预测，无责任规则、严格责任规则在不同的法律环境下都有可能是最优的法律制度安排。譬如他认为只要放松完全信息的假设，人们在信息成本过高时往往会采取严格责任制，因为这时侵害人能以更低的成本控制事故发生的可能性——当一项新活动诞生时通常就是如此，因为新活动往往是危险的，而人们又完全没有处理新活动所产生的危险的经验，此时采取严格责任制就比（暂时）采取无法确定对社会最优的法定过失标准的过失责任制更好。②

四、对波斯纳法律经济学方法论程式的回应与总结

通过上文重构的波斯纳对侵权法上责任规则的选择过程，可以发现波斯纳在这一选择过程中，内在逻辑上严格遵循了以下方法论程式，即：（1）界定法律环境；（2）设定“法律阴影”下人的行为模式；（3）给出法律制度（规则）安排；（4）选择法律上的均衡结果；（5）进行法律实效的评估比较。波斯纳的这一法律经济学方法论程式其实完全符合经济学家所总结的现代主流经济学研究的基本分析框架，即：（1）界定经济环境；（2）设定行为假设；（3）给出制度安排；（4）选择均衡结果；（5）进行评估比较。③ 因此，可以说波斯纳的法律经济学很大程度上是借用微观经济学理论（价格理论）对法律领域展开分析

---

① 我国《侵权责任法》第 26 条规定了比较过失制，虽然国内一般称之为过失相抵，但实质相同；《德国民法典》第 254 条也规定了过错分摊（Mitverschulden）；美国自 20 世纪下半叶开始，各州逐步都放弃了原来的促成过失制，改采比较过失制。*See* id. Posner, *The Economic Structure of Tort Law*, pp. 83 – 84.

② *See* Richard A. Posner, *Economic Analysis of Law*, 9th ed., New York: Wolters Kluwer Law & Business, 2014, p. 259.

③ 参见田国强：《现代经济学的基本分析框架与研究方法》，载《经济研究》2005 年第 2 期，第 113—124 页。

的成果。① 虽然对现代经济学方法的借用如波斯纳所言为法律提供了迫切所需的、经验研究不可或缺的理论框架，② 但选择这种方法的机会成本就是放弃了以个案分析为基础的、以公平正义为首要理念的传统法学方法，因而也招致了许多批评。

（一）对波斯纳法律经济学方法论程式批评的回应

从已推知的波斯纳对法律环境的界定和行为模式的设定，可以发现这些假设每一个都是不符合现实的，因此波斯纳的这些假设也都受到了不同学者的批判和质疑。譬如，在《侵权法的经济结构》出版的次年，完全信息假设就受到了格雷迪（Mark F. Grady）的批评；③ 又如法律作为一种价格的假设，这意味着侵权法对行为人总是能产生威慑效果的，可现有的实证研究表明侵权法不一定能产生确定的威慑效果。④ 除此之外，波斯纳的财富最大化标准更是受到了广泛而猛烈的批评。在对财富最大化的批评中，境内影响较大的观点出自我国台湾地区的林立教授。他在《波斯纳与法律经济分析》一书中花了大量篇幅论证波斯纳以财富最大化为标准的法律经济学是一种不顾"正义"和"违反人性尊严"的理论，不能也不配成为一种法律理论，因此需要以罗尔斯（John Rawls）的正义理论取而代之。⑤ 这些批评和质疑抽离地看都是正确的，因为现实中确实没有人拥有完全信息；刑法尚且不能总起到威慑作用，何况侵权法；人被简化为了一系列偏好的集合，在某种程度上确实是失去了尊严。但若深入了解波斯纳法律经济学的方法论预设，就会发现这些批评其实都是无效的。

要理解波斯纳为什么会采取如此之多不符合现实的假设，就必须首先明白波斯纳运用法律经济学理论来分析法律问题时遵循什么原则，以及为了达成什么目的。波斯纳对于侵权法上责任规则的选择是以一种"建构模型—验证模

---

① 事实上，波斯纳对法律经济学的定义就是在法律中运用经济学。*See* Richard A. Posner, *Overcoming Law*, Cambridge: Harvard University Press, 1995, p. 2.

② *See* id. p. 19.

③ *See* Mark F. Grady, "Discontinuities and Information Burdens: A Review of the Economic Structure of Tort Law by William M. Landes", 56 *Geo. Wash. L. Rev.* 658 - 678 (1988).

④ *See* W. Jonathan Cardi; Randall D. Penfield; Albert H. Yoon, "Does Tort Law Deter Individuals - A Behavioral Science Study", 9 *J. Empirical Legal Stud.* 567 - 603 (2012).

⑤ 参见林立著：《波斯纳与法律经济分析》，上海三联书店2005年版，第8—32页。

型—修正模型”的方式进行的，他和兰德斯也直言二者的理论是一种实证的侵权法经济学理论；[①] 波斯纳在《法律的经济分析》（*Economic Analysis of Law*）一书中也表示他的法律经济学是一种“对法律规则和制度的经济分析”，[②] 因此可以说波斯纳的法律经济学很大程度上（并非完全）是一种实证的法律经济学理论。作为法律经济学芝加哥学派的代表之一，[③] 波斯纳的法律经济学方法论深受经济学芝加哥学派的代表人物弗里德曼（Milton Friedman）所提倡的实证经济学方法论的影响。[④] 弗里德曼认为所有的实证科学（positive science）的最终目的就是发展出一套能对尚未观察到的现象作出有效和富有意义的预测。[⑤] 因此理论的“假设条件（assumptions）”是否符合事实是不重要的。弗里德曼在回应对于理性人假设的质疑时，认为在运用经济学理论分析人（或其他生物）的行为时，需要的是把人（或其他生物）及其行为看成“好像是（as if）”理性的，只要能够对现实现象作出合理的解释并基于此进行准确的预测就行。[⑥] 波斯纳对此非常赞同，他认为从绝对意义上说，也没有对现实像素级复现的理论——就算有那也不是一种理论而是一种描述，任何科学理论都是对现实的抽

---

① *See* William M. Landes & Richard A. Posner, *The Economic Structure of Tort Law*, Cambridge: Harvard University Press, 1987, p. viii.

② Richard A. Posner, *Economic Analysis of Law*, 9th ed., New York: Wolters Kluwer Law & Business, 2014, p. xxi.

③ 法律经济学可分为芝加哥学派、公共选择学派、制度学派、新制度学派、社会规范学派和纽黑文等学派。其中影响最大的当然是以波斯纳和科斯为代表的芝加哥学派，虽然如此，二者的方法论仍然是有差别的。*See* Nicholas Mercuro & Steven G. Medema, *Economics and the Law: From Posner to Post-Modernism and Beyond*, 2nd ed., Princeton: Princeton University Press, 2006.

④ *See* Richard A. Posner, “The Future of Law and Economics: A Comment on Ellickson”, 65 *Chi.-Kent L. Rev.* 57 (1989). 波斯纳在这篇文章中认为法律经济学就应该像弗里德曼在经济学中所提倡的那样，建立可以证伪的模型。此外，波斯纳 *Economic Analysis of Law* 一书的建议阅读目录中就有弗里德曼的 *The Methodology of Positive Economics* 一文。*See* Richard A. Posner, *Economic Analysis of Law*, 9th ed., New York: Wolters Kluwer Law & Business, 2014, p. 27.

⑤ *See* Milton Friedman, “The Methodology of Positive Economics”, in Milton Friedman, *Essays in Positive Economics*, Chicago: The University of Chicago Press, 1953, p. 7.

⑥ *See* id. pp. 3-43.

象，只是程度不同而已;[①] 并且在解释现实世界中法律现象的基础上，波斯纳将对未来进行有效预测当作自己运用法律经济学理论所遵循的原则和所欲达到之目的;[②] 他还主张这对所有法律都是适用的而不仅仅局限于普通法，那种把法律作为解释的观点已经没有意义了。[③] 譬如在回应对其法律经济学的理性人假设不真实的批评时，波斯纳辩护道："理性的决定不需要都是意识层面深思熟虑的结果……理性是指手段符合目的（suiting means to ends）……许多知识都是无言的。"[④] 既然是手段符合目的，那么假设是不是符合现实就不那么重要了，在能对现象进行解释并很好地对未来进行预测的基础上，假设只需是"有用的近似（useful approximations）"就够了。[⑤]

进而言之，波斯纳之所以把基于解释的预测认定为其法律经济学的理论目的，最根本的原因在于他是一个实用主义者，因此他把实用主义当成是他运用各种理论（包括但不限于法律经济学）对法律问题展开分析时的方法论预设。[⑥] 实用主义（pragmatism）是一种由皮尔士（Charles S. Peirce）、詹姆斯（William James）、杜威（John Dewey）所开创的哲学传统，强调研究为的是更有效地行动而不是再现实在。[⑦] 但波斯纳的实用主义其实和这一哲学传统有着相对较远的关系,[⑧] 他自己也认为他所说的实用主义与其他任何人的实用主义都不相同。[⑨] 波斯纳的

---

① *See* Richard A. Posner, *Overcoming Law*, Cambridge: Harvard University Press, 1995, pp. 16 – 17.

② *See* id. pp. 17 – 18.

③ *See* Richard A. Posner, *The Problems of Jurisprudence*, Cambridge: Harvard University Press, 1990, p. 460. 此处的"把法律作为解释"是指通过对法律进行解释来获得裁判规则，而不是指某种法律理论能否对法律现象作出合理的解释。

④ Id. p. 354.

⑤ *See* Richard A. Posner, *Overcoming Law*, Cambridge: Harvard University Press, 1995, p. 17.

⑥ 波斯纳认为实用主义是法学研究中普遍流行的形式主义、概念主义的解毒剂。*See* id. p. 2.

⑦ 参见〔美〕R. 罗蒂:《实用主义: 过去与现在》，张金言译，载《国外社会科学》2004 年第 4 期，第 18 页。

⑧ *See* Gerald J. Postema. *Legal Philosophy in the Twentieth Century*: *The Common Law World*, New York: Springer, 2011, p. 207.

⑨ *See* Richard A. Posner, *Overcoming Law*, Cambridge: Harvard University Press, 1995, p. 4.

实用主义是实践的、工具的、向前看的、能动的、怀疑的、反教义的、重视经验的，[1] 因此他在司法领域反对德沃金（Ronald Dworkin）把法律看成是解释性的观点，认为依靠德沃金的方法在解决疑难案件（hard cases）时是行不通的，并主张运用法律经济学来"验证某些人类行为的模型，为的是预测和（在合适时）控制这些行为"。[2] 总之，波斯纳的实用主义融合了经济学的结果导向和实用主义的工具传统，是一种"以未来为导向的、以思想作为武器并使行动更有效的工具主义"。[3]

（二）对波斯纳法律经济学方法论程式的总结

可以看到，虽然波斯纳的法律经济学方法论程式在形式上完全符合现代主流经济学的基本分析框架，但是波斯纳还是对这一框架进行了轻微的修改并填充了自己的内容；而波斯纳所填充的这些具体内容完全来自其法律经济学的方法论预设——实用主义。明白了波斯纳的实用主义方法论预设，也就不难理解为何其在界定法律环境和设定行为模式时作出了很多不符合现实的假设——因为他把法律经济学的理论目的认定为基于解释的预测，对波斯纳式的实用主义者来说，对未来的预测能让人们更有效地行动。也更能理解为什么他把财富最大化作为衡量不同均衡结果的标准——因为财富最大化虽然听起来不那么符合人们的伦理直觉，[4] 但相对于"正义""公平"等标准具有更强的可操作性；[5] 相比之下帕累托效率（pareto efficiency）通常很难实现。因此，对波斯纳的法律经济学理论有效的批评必须是对该种理论无法对过去或当下的法律现象作出

---

① Id. pp. 4 – 10.

② Id. p. 11.

③ Id. p. 12.

④ 一个波斯纳对财富最大化的伦理学辩护的简练综述，*See* Nicholas Mercuro & Steven G. Medema, *Economics and the Law: From Posner to Post – Modernism and Beyond*, 2nd ed., Princeton: Princeton University Press, 2006, pp. 106 – 107.

⑤ 法律经济学非常强调精确性，因此很少谈及正义和公平等相对模糊的概念（并非不重要），即使谈及也更多的是在回应批评时。譬如即使是在构造自己的事故法经济学理论时把正义设定为法律所要符合的标准之一的卡拉布雷西，也由于正义的模糊性，更多地在否定而不是肯定的意义上使用正义标准。*See* Guido Calabresi, *The Costs of Accidents: A Legal and Economic Analysis*, New Haven: Yale University Press, 1970, pp. 24 – 26.

解释并无法对未来进行准确预测的批评，而非单纯对其假设不真实的批评；①或者是对财富最大化的评估标准无法实现其理论目的的批评，而非单纯对其不合于主流伦理标准的批评。②

除此之外还应当注意到的是，波斯纳法律经济学方法论程式中的“进行评估比较”与同为法律经济学芝加哥学派代表人物的科斯（R. H. Coase）所提倡的“比较制度分析（comparative institutional analysis）”是不同的。在科斯与波斯纳的法律经济学方法论相异的背景下，③ 对这一区别有必要认真对待。此二者虽在用语上相似，但在实质上却大不相同。首先，波斯纳的比较分析是在理论模型建构时的比较分析，是在理论层面对不同均衡结果的比较分析，在理论上得出最优结果后再比照现实看能否对现实进行解释并进而提供预测；而科斯的比较分析是直接在现实层面进行的比较分析。另言之，二者的比较分析是不同层面的。其次，科斯的比较分析是一种“比较制度分析”，是一种总体的、全面的视角，如科斯所说考虑的是“总的效果”，④ 包含整个法律制度的各种成本，从而是一种更经验的视角；而波斯纳的比较分析是一种在模型建构后对可能存在的不同均衡结果进行的比较分析——譬如只是对不同的侵权法责任规则所导致的预防成本和事故预期损失之和进行比较——从而选择性地忽略了创制和使用不同法律规则等其他成本，是一种更建构的视角。另言之，二者“赋名—建构（Naming - Framing）”的对象不同。⑤ 同样地，波斯纳对比较分析的这种选择源自他的实用主义方法论预设——因为把比较分析局限于

---

① 一种有效的批评，参见简资修：《法律定性与经济分析——评兰德斯与波斯纳的〈侵权法的经济分析〉》，载《法制与社会发展》2007 年第 4 期，第 123—128 页。

② 一种有效的批评，*See* Ronald Dworkin, “Is Wealth a Value”, 9 *J. Legal Stud.* 191 (1980).

③ 波斯纳曾对科斯的经济学方法论提出过批评，而科斯则认为波斯纳完全曲解了自己。*See* Richard A. Posner, *Overcoming Law*, Cambridge: Harvard University Press, 1995, pp. 406 - 426. ; *See* R. H. Coase, “Coase on Posner on Coase: Comment”, *Journal of Institutional and Theoretical Economics* (*JITE*) 149/1 96 - 98 (1993).

④ *See* R. H. Coase, “The Problem of Social Cost”, 3 *J. L. & Econ.* 44 (1960).

⑤ 此处只是简要地比较二者的不同，不涉及笔者对二者优劣的评判。有关 Naming - Framing 在法律领域的详细讨论，*See* Nicholas Mercuro & Steven G. Medema, *Economics and the Law: From Posner to Post - Modernism and Beyond*, 2nd ed. , Princeton: Princeton University Press, 2006, pp. 34 - 41.

简化后的有限变量可以让这一过程更便捷、融贯地进行；在必要时再增添所需变量即可。

另外需要特别说明的是，波斯纳在对各种法律现象和问题进行经济分析时，虽然一直坚守弱理性人的行为假设和财富最大化的评判标准，但其所界定的法律环境往往是不同的；他也从未明确地表示他的法律经济学方法论程式是什么，因此波斯纳是在内在逻辑上——而不是写作顺序或文字上——严格遵循了上述的方法论程式。笔者对波斯纳的法律经济学方法论程式的这种展现很大程度上是一种重构。①

五、波斯纳法律经济学的方法论之维

一种理论可以有多个维度，方法论只是其中一个。在波斯纳的法律经济学中，虽然他在面对不同法律领域、处理不同法律问题时借用了不同的经济学理论——譬如侵权法经济分析的理论基础是经济学中的外部性理论，而反垄断法经济分析的理论基础则是经济学中的垄断理论——但波斯纳在运用这些不同的经济学理论时所秉持的方法论却是一致的。如前所示，在方法论预设层面，波斯纳以其独特的实用主义为方法论预设，把法律经济学的理论目的设定为在对法律现象进行解释的基础上对未来作出准确而富有意义（而不是老生常谈）的预测；在方法论程式层面，波斯纳在分析某一具体法律问题时内在逻辑上严格遵循界定法律环境、设定行为模式、给出制度安排、得出均衡结果、进行评估比较的特定程式。图 3 更清楚地展现了这些环节的相互关系：

① 如田国强教授所言，这是“无论结论如何或是否作者意识到”。参见田国强：《现代经济学的基本分析框架与研究方法》，载《经济研究》2005 年第 2 期，第 114 页。

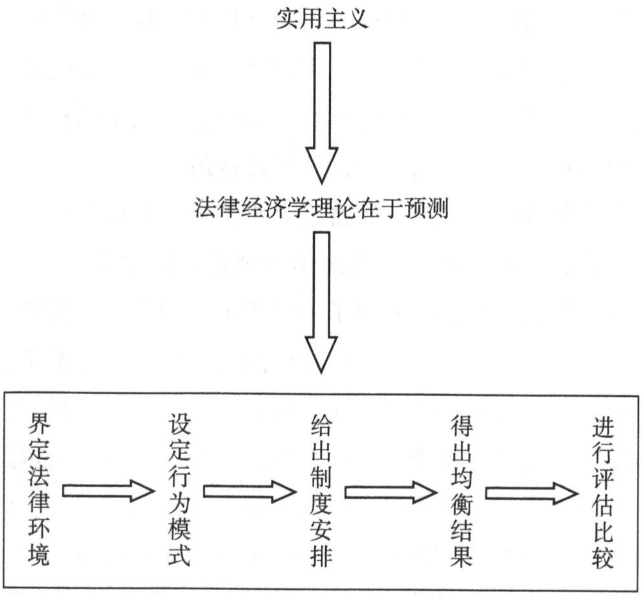

图3 波斯纳的法律经济学方法论

这是一种对于波斯纳的法律经济学方法论更具包容性的解说，既可以涵盖贝克尔（Gary S. Becker）所言的以最大化行为、偏好稳定和市场均衡及其不折不扣的运用为核心的经济分析方法；① 也可以囊括被一些学者认为是以波斯纳为代表的主流法律经济学方法论基础的个人主义、主观主义以及理性选择理论；② 而所谓法律经济学研究的“事前视角（ex ante）”则亦在彀中矣。③ 首先，波斯纳对法律环境进行界定时就假定了行为人的偏好是稳定的，在设定人的行为模式时把人设定为理性的效用最大化者，这样的人当然会从事最大化行为（理性选择理论）。而在法律制度安排之后所得出的法律上的均衡亦是借用了贝克尔所言的市场均衡概念。其次，波斯纳在界定法律环境时明显地简化了

① *See* Gary S. Becker, “The Economic Approach to human behavior”, in Gary S. Becker, *The Economic Approach to human behavior*, Chicago: The University of Chicago Press, 1976, p. 5.

② 参见丁以升、张玉堂：《法律经济学中的个人主义和主观主义——方法论视角的解读与反思》，载《法学研究》2003年第6期，第42—56页；黄锫：《法律经济学三种流派方法论比较研究》，载《社会科学战线》2008年第1期，第254—257页；魏建：《理性选择理论与法经济学的发展》，载《中国社会科学》2002年第1期，第101—113页。

③ *See* Nicholas Mercuro & Steven G. Medema, *Economics and the Law: From Posner to Post-Modernism and Beyond*, Princeton University Press, 2006, p. 34.

人所处的外部环境，假定人与人之间不会相互影响，社会现象可以简单地还原为个人的行为（社会总效用由个人效用简单加总得出），这就是所谓的法律经济学的方法论个人主义。① 而衍生自个人主义的主观主义则在波斯纳所选择的评估标准——财富最大化中得到体现，虽然财富最大化超越了单纯的主观效用论，但以个人的出价和要价来衡量财富之大小就意味着波斯纳依然承认人的效用是主观的。最后，波斯纳把法律经济学的理论目的设定为基于解释的预测，这就意味着他在处理法律问题时采取了一种事前的视角。以波斯纳对汉德公式的边际化为例，汉德公式本是一种法官在事故发生后再通过衡量公式中的三个变量来判定侵害人是否存有过失的方法。而波斯纳则把汉德公式边际化来找到一个事前就确定的法定过失标准，以此来预测理性的侵害人会依照法定过失标准确定自己的注意水平，从而实现事故社会成本最小化之目标。而实用主义正是波斯纳做出这些理论上选择的指南针——预测能让人们更有效地行动。至于把法律环境局限于简化后的有限变量，并将人设定为最大化自身效用的行动者，有助于分析的开展，从而服务于更好的预测。财富最大化无疑是一个更具可操作性的评估标准。

这种解说除了更具理论上的包容性，同样有助于我们在实践中更好地运用波斯纳的法律经济学理论。以在国内法学界广受批评的效率违约理论为例，可以展现出这种解说的实践意义。

波斯纳认为："……在某些情况下，一方当事人可能会仅仅由于他的违约收益将超出他完全履约的收益而违约。如果他的违约收益也将超过对方（the other party）履约的预期收益，他就会违约。在这种情况下，损害赔偿不会阻止违约，也不应该阻止违约。"② 这就是著名的效率违约理论（efficient breach）。依照上述方法论，波斯纳首先做的就是界定法律环境。此处尤其值得注意的点在于波斯纳对效率违约成立的法律环境界定很多都是与美国法的现实相符或近似的——例如美国法在对违约进行救济时一般首先要求违约方进行损害赔偿而不

① 方法论的个人主义并不假定某种特定的行为模式，个人既可以是利己的，也可以是利他的。因此，方法论的个人主义只能从界定的法律环境中推出，而不能从行为模式的设定推出。

② Richard A. Posner, *Economic Analysis of Law*, 9th ed., New York: Wolters Kluwer Law & Business, 2014, p. 159.

是继续履行。① 但与波斯纳所界定的法律环境不同的是，我国对违约的救济首先要求违约方继续履行而不是损害赔偿。② 只此一点法律环境的不同就足以限制效率违约理论在我国的适用。③ 因此，如果只是生搬硬套地把波斯纳的效率违约理论挪到中国来，就会发现这一套理论既不能解释更无法预测我国的司法实践；而单纯地批评效率违约理论“……不能有效把握契约法的多元价值”，④ 则又是一种正确但无效的批评。恰当的做法是，基于波斯纳式的实用主义方法论预设，根据我国的具体情况来界定不同于波斯纳所界定的法律环境，之后再依照同样的方法论程式来得出相应的结论，再比照现实看是否能够对我国的法律实践作出解释并进而作出预测——假若以后立法把违约救济的方式改为首先要求违约方进行损害赔偿，那么在其他条件不变的情况下，就可以预测我国司法实践中会允许效率违约的存在。

六、结语

通过上文对波斯纳法律经济学方法论的完整呈现与解说，可以发现波斯纳的法律经济学既不如一些人认为的是一种在法律领域内无所不能的科学理论——只要放松零交易成本的假设，波斯纳就不能在他构建的事故模型中解释现实中广泛存在的比较过失制度，只能跳出模型寻找其他解释；但也不是另一些人认为的这种理论不能对法学研究有实质的促进，因为法教义学中的很多法律教义其实都有其相应的经济基础，通过法律经济学可以更深刻地理解这些教义⑤——“过失”这一法教义学上的概念就有其深刻的经济学意涵。在同时具

---

① 更详细的有关效率违约理论的研究，参见霍政欣：《效率违约的比较法研究》，载《比较法研究》2011 年第 1 期，第 55—70 页；*See* Nicholas Mercuro & Steven G. Medema, *Economics and the Law: From Posner to Post - Modernism and Beyond*, 2nd ed. , Princeton University Press, 2006, pp. 140 - 144。

② 我国《合同法》第 107 条违约责任条款明确规定了对违约的救济首先是继续履行，其次是采取补救措施，最后是损害赔偿。《民法典》第 557 条沿袭该条规定。

③ 当然地，交易成本足够低等其他因素也是影响效率违约是否可行的法律环境，但只需救济方式不同即足以说明文中结论，故不再赘述其他因素的影响。

④ 孙良国：《效率违约理论研究》，载《法制与社会发展》2006 年第 2 期，第 104 页。

⑤ 参见王泽鉴著：《法律思维与案例研习：请求权基础的理论体系》，元照出版公司 2019 年版，第 8—9 页。

有优势和缺陷这一点上，波斯纳的法律经济学和其他法律理论一样。正是秉持着一贯的实用主义立场，把法律经济学的理论目的设定为建立在解释上的预测，再严格遵循对法律问题进行经济分析的特定程式，并借助外部性、垄断等经济学理论以及交易成本、风险中性等经济学分析工具，波斯纳才写出了几乎囊括整个法律领域的皇皇巨著——《法律的经济分析》。法律至此才不再松散和凌乱，才变得能够作为一个整体而被统一把握、理解和研究。① 在这个意义上，波斯纳的法律经济学称得上是一种“实用主义为体，经济学为用”的法理学，而绝不只是一种分析方法。② 本文虽无意为波斯纳辩护，因为——正如霍姆斯大法官所说的——在学术市场上一种理论（真理）的生命力是由其“产品”竞争力来决定的，③ 而不是有多少人为其辩护来决定的，毕竟叫好不叫座时有发生；但那种认为他的法律经济学仅是技术上更复杂的早期法律现实主义的变体的观点显然是不正确的。④ 波斯纳传记的作者曾说过，波斯纳的一生都是一种文学式的生活，即使是在法律领域中他也首先是一个作家，其次才是个法学家。⑤ 本文想做的是把这位作家的作品更好地展示出来，仅此而已。

（初审：王东；校对：李港）

---

① *See* Richard A. Posner, *Economic Analysis of Law*, 9th ed., New York: Wolters Kluwer Law & Business, 2014, p. xxii.

② 除此之外，还可以从另一个角度来理解波斯纳的法律经济学何以是一种法理学。法理学有三个基本问题：法律是什么；法律应该是什么；法律的正当性从哪来。只要是解答了或尝试着解答这三个问题的法律理论都可称为一种法理学。在波斯纳的法律经济学语境下，法律是一套改变人类行为的诱因结构；法律应该是符合财富最大化原则的；法律的正当性来自于其促进了效率的提升。因此波斯纳的法律经济学是一种法理学。

③ Abrams v. United States, 250 U. S. 616, 630 (1919).

④ *See* Gerald J. Postema, *Legal Philosophy in the Twentieth Century: The Common Law World*, New York: Springer, 2011, p. 211.

⑤ *See* William Domnarski, *Richard Posner*, New York: Oxford University Press, 2016, p. 1.

用人单位缔约知情权“直接相关”标准的限制路径

吕富生*

摘　要：《劳动合同法》第8条赋予用人单位知悉劳动者与劳动合同直接相关的基本情况的权利，但“直接相关”范围的相对不确定性使其常遭受用人单位滥用。是以，明晰用人单位“直接相关”考察事项的边界成为保护劳动者人格权益的首要工作。实践中，判断某一事项是否与劳动合同“直接相关”，应以生产效率为目标进行定量分析，考察目标事项与劳动者生产效率的相关系数，辅以职业（职务）区分原则和禁止不当联结原则的限制，并将受到其他变量影响的非直接相关因素予以排除。此外，仅凭直接性和相关性无法有效规制用人单位恣意解释行为，还须对用人单位目的的正当性和考察的必要性进行考量。

关键词：缔约知情权；劳动者隐私；个人信息保护；就业歧视

为更好地进行双向选择，《劳动合同法》第8条规定，用人单位在招用劳动者时，除负有将本单位基本情况和具体劳动岗位信息告知劳动者的义务外，也有“了解劳动者与劳动合同直接相关的基本情况”的权利。① 该条款是基于《劳动合同法》第3条“诚实信用原则”的衍生规范，作为用人单位行使知情权，知悉并考察应聘者相关情况进而作出自主用工选择的主要依据。② 但这个

---

* 吕富生，中国信息通信研究院产业与规划研究所研究实习员。

① 本文所讨论的“知情权”限于用人单位与劳动者缔约阶段，并未延展至劳动合同履行过程中，经对《劳动合同法》第8条进行严格文义解释和体系解释可知，该条款位于“劳动合同的订立”一章，用人单位行使知情权和劳动者的如实告知义务也应限于劳动合同订立阶段，故本文采用“用人单位缔约知情权”的表述。

② 参见严军兴主编：《中华人民共和国劳动合同法解析》，中共党史出版社2007年版，第58—59页。

过程不可避免地与劳动者隐私等人格利益存在矛盾和冲突。为此，立法者在解释《劳动合同法》第8条规定的立法目的时指出，将劳动者缔约说明的义务限定于“与劳动合同直接相关”的范围内，“主要是防止用人单位侵害劳动者的隐私权”。① 可见，立法者为用人单位知情权设置“直接相关”标准的限制，意在弥补劳动者因弱势地位而导致隐私信息遭受不当刺探的漏洞，用人单位所考察的劳动者信息不能是与缔结合同内容无关的非必要信息和带有歧视色彩或可能侵害劳动者隐私利益的敏感信息，以防止用人单位知情权和劳动者隐私权的失衡。

为克服“直接相关”标准的原则性和模糊性，增强该标准实践中的可操作性，有必要厘清“直接相关”标准的适用路径。基于此，本文着眼于劳动者人格保护的价值目标，通过探究“直接相关”界定标准适用的现实困境，思考在既有框架内“直接相关”判断标准的有效实施路径，为实现用人单位知情权和劳动者人格利益的动态平衡提供解决思路。

一、“直接相关”标准的现实困境

立法者虽然为用人单位知情权的行使设定了“直接相关”的边界，意在为劳动者私人空间和内心的安宁设立“防护罩”，但由于忽略了对劳动合同缔结过程中劳资双方主被动关系的考量，使得对于“直接相关”事项的解释权往往掌握在居于强势地位的用人单位手中，进而沦为其不当侵害应聘者人格权的“利剑”和躲避法律责任的“防护盾牌”。

（一）立法和司法的相对缺位使标准缺少具体指引

首先，“直接相关”的标准实践中缺少配套规则的具体指引。有学者提议，应由有关部门依据实际情况就“直接相关”的范围进行补充规定，② 但无论是国务院发布的《劳动合同法实施条例》还是人力资源和社会保障部发布的有关

---

① 参见全国人大常委会法制工作委员会行政法室编著：《〈中华人民共和国劳动合同法〉解读与适用》，人民出版社2007年版，第23页。

② 参见杨景宇、信春鹰著：《中华人民共和国劳动合同法解读》，中国法制出版社2007年版，第26页。

文件，均未对此有所回应。也有学者建议，可以先由各地结合本地情况予以细化，待条件成熟时再对此问题在全国范围内统一规定。① 但笔者考察各地出台的劳动合同相关规范性文件后发现，各地在面对"直接相关"的解释难题上，也有意或无意地选择"逃避"，为实践中问题的解决所提供的帮助有限。各地对此问题多采用直接"搬运"上位法的规定，或是稍加举例式、半封闭的罗列方式。②"搬运式"的地方规定未对问题的解决提供丝毫效用，而半封闭式的罗列规定也不能对问题的厘清提供实质性的解决方案。因各地列举的多为"学历""工作经历""职业技能"等显而易见的"直接相关"事项，无法应对日益复杂多变的就业情况，如何判断非列举事项的直接相关性，"等情况""等信息"应如何具体解释仍是摆在我们面前的问题。

其次，司法智慧对解决此问题提供的贡献亦有限。有学者提出，"直接相关"的判断可在司法活动中交由法官进行裁量。③ 然而，出于诉讼效果和举证难度的考量，招聘阶段劳动者基于被歧视或者被侵犯隐私而提起诉讼的案件相对少见，司法惩戒对用人单位滥用知情权产生的震慑效果捉襟见肘。此外，也有学者提出，应从与劳动义务有实质意义联系、不得违反法律和公序良俗，以及不得侵害劳动者人格权三方面限定用人单位的考察范围。④ 但这三方面也仅是民法一般原则的简单映射。

（二）实质地位不平等和权利性质差异使解释权常遭雇主控制

劳资双方实质地位的不平等，加之用人单位知情权的主动性、扩张性、积极性和求职者隐私权的被动性、封闭性、消极性差异，导致实践中对于"直接

---

① 参见林嘉主编：《劳动合同法条文评注与适用》，中国人民大学出版社2007年版，第56页。

② 如《北京市劳动合同规定》第10条、《吉林省劳动合同条例》第10条、《山东省劳动合同条例》第10条、《山西省劳动合同条例》第7条等。

③ 参见王倩、朱军著：《德国联邦劳动法院典型判例研究》，法律出版社2015年版，第35—36页。

④ 参见吴文芳、韦祎：《论劳动合同中的附随义务——兼评〈中华人民共和国劳动合同法（草案）〉的相关条款》，载《法商研究》2006年第4期，第130页。

相关”判断标准进行解释的话语权往往掌控在处于主导地位的用人单位手中。①在我国，受人口因素和劳动力市场供求关系的影响，面对残酷的就业竞争压力，处于弱势地位的劳动者往往对劳动关系的依赖度更高。② 因此，居于强势地位的用人单位常会为了自身需求而随意解释所谓的“直接相关”，进而不加限制地刺探劳动者的婚恋状况、户籍地域、男女性别等可能与合同履行无关的个人信息，而处于就业“饥渴”状态的劳动者无法回避或拒绝回答这些问题。若劳动者选择了虚假陈述，日后雇主发现之时又可提出劳动合同系因劳动者欺诈而做出的非真实意思表示，进而请求法院认定该劳动合同无效。③“直接相关”成为用人单位不当侵害劳动者人格权益的工具。

同样地，用人单位也可将“直接相关”的解释权化为躲避侵权责任的“防护盾牌”。在诉讼中，面对劳动者的控诉，用人单位可借助招聘要约中的“本招聘信息解释权归××××所有”，通过对“直接相关”的垄断解释进行抗辩。由此，用人单位在知悉和考察劳动者相关信息的问题上“进可攻、退可守”。

（三）救济机制相对缺失使劳动者怯于斗争

一是劳动者隐私保护专门规范的缺失。劳动者作为特殊群体，基于其所处的特殊环境和特殊地位，其隐私利益所面临的威胁样态和程度与其他社会领域有所不同，应受到劳动法规范的特别保护。④《劳动合同法》第8条在承认用人单位对求职者信息资料享有一定正当利益的同时，却未对后者的隐私保护给予特别规定。在既有的法律框架内，劳动者的隐私保护只能寻求私法一般隐私条

---

① 参见王少波：《用人单位知情权与劳动者隐私权的冲突与平衡》，载《中国劳动》2017年第5期，第37—38页。

② 参见杜小燕、郭慧敏：《劳动先合同义务的制度建构》，载《西北工业大学学报（社会科学版）》2007年第1期，第14页。

③ 如最高人民法院公报案例“上海冠龙阀门机械有限公司诉唐茂林劳动合同纠纷案”。参见《中华人民共和国最高人民法院公报》2012年第9期（总第191期）。

④ 我国台湾地区学者陈仲嶙认为：“不同社会领域隐私所涉及的自我成分可能具有不同的私密性和特殊性，所处的环境条件与社会关系也可能对隐私权有不同的威胁和影响。”参见陈仲嶙：《从新生儿筛检探讨隐私权的法之规制》，台湾大学2002年硕士学位论文，第169页。

款的救济，将劳动者等同于一般民事主体，难以体现劳动关系的社会法属性。① 这也与劳动者隐私保护的世界潮流不符，芬兰专门制定了《职业隐私保护法》，我国香港地区出台了《香港隐私准则：工作中的监控和个人数据隐私》，我国台湾地区则在“就业服务法”第5条中指出，“雇主招募或雇佣员工……不得要求提供非属就业所需之隐私资料”。除此之外，隐私信息仅是个人信息保护的一个重要面向。② 传统隐私保护框架的有限张力已无法适应数字经济时代劳动者个人信息保护的需要，存在用人单位未经求职者同意私自将其姓名、毕业院校、联系方式等非隐私性信息向第三方共享、出售的行为。

二是责任分配不均使劳动者被迫“服软”。一方面，《劳动合同法》未对缔约过失责任和违约责任进行划分，也未将劳动合同的效力状态作出“无效”和“可撤销”的区分，导致用人单位或劳动者未尽如实说明义务的后果只能笼统归于违约责任。在这种情况下，若劳动者隐瞒了所谓的“直接相关”信息而被用人单位认定为“欺诈”，劳动者则需要应对用人单位提起的“无效之诉”，直接面临被迫解除劳动关系的风险。③ 如果求职者不对这些不合理的“直接相关”信息进行说明，则会直接丧失某一稀缺的就业机会。因此，劳动者进退维谷，其本应享有的隐私利益被动转换为需要负担的告知义务。④ 另一方面，劳动者的维权成本较高而所获效果不理想。面对用人单位侵犯人格权造成的损害，劳动者往往怯于维权。当前劳动者的积极维权可能面临救济途径有限、举证责任困难、恢复损失难以实现等障碍，对于用人单位的“不满”还可能会使其丧失工作或在单位中难以立足。若是成功维权，在当前制度框架下也只能获得用人单位的赔礼道歉、恢复名誉等有限的救济，隐私信息一经侵犯或泄露便无法恢复原状。因此，被录取的求职者因寄人篱下而缺乏“破罐子破摔”的勇气，没

---

① 参见杜小燕：《〈劳动合同法〉（草案）第8条的解构》，载《中国司法》2007年第3期，第96页。

② 参见高富平：《论个人信息保护的目的——以个人信息保护法益区分为核心》，载《法商研究》2019年第1期，第99—100页。

③ 参见郑尚元：《劳动合同签订前当事人之权利义务分析——兼谈就业协议书的法律性质》，载《当代法学》2007年第3期，第69页。

④ 参见艾惠敏：《用人单位知情权与劳动者隐私权的权利平衡——对〈劳动合同法（草案）〉第八条的理论解读》，载《重庆科技学院学报（社会科学版）》2007年第3期，第34—35页。

被录取的求职者考虑到时间和金钱成本以及举证障碍往往也打了“退堂鼓”。综上，由于劳动法规范对于劳动者隐私权保护的缺失，以及对于责任分配的不均衡而使劳动者怯于斗争，用人单位在对“直接相关”进行扩张解释时更为恣意，雇主滥用知情权侵犯劳动者人格利益的情况日益普遍。

然而，何为与劳动合同“直接相关”的基本情况？仅依据“直接相关”的标准对用人单位的知情权进行限制又会为劳动者人格权益的保障埋下何种隐患？在既有的劳动者保护法律框架内又应如何弥补“直接相关”界定标准的漏洞以谨防用人单位的不当利用？这些问题的解决将是妥当限制用人单位滥用知情权的关键。

二、知悉内容的相关性与直接性考察

为防止“直接相关”标准遭受异化，需要厘清直接性与相关性的内涵与评判方式，为行政监管部门监督工作和用人单位自我规范提供指引。一般来说，“直接相关”标准对用人单位招工时知情权的规制作用主要体现在两方面：一是对用人单位发布招聘要求时所明确设置的用工条件的制约；二是对用人单位为进一步了解求职者而行使询问权的约束。① 不同的是，对于招聘条件所列明的合理“直接相关”事项，劳动者负有主动披露的义务，是劳动者遵循劳动市场规律而推销自我的求职需要。而针对劳动关系其他可能的相关事项，劳动者只有在用人单位基于正当目的主动询问时才承担如实说明的义务。② 但无论哪个环节，均应从劳动关系建立过程中用人单位和求职者利益关系权衡的实质出发，落实知悉内容的相关性和直接性要求。

（一）考察事项的相关性要求

用人单位所考察的求职者的信息，必须与求职者是否具备从事该工作的资质和能力相关，这是《劳动合同法》第 8 条对用人单位知情权的首要限制。而

---

① 参见杜宁宁：《论劳动者之缔约说明义务》，载《社会科学家》2014 年第 3 期，第 107 页。

② 参见俞里江、赵艳群：《如何认定劳动者的说明义务》，载《中国劳动》2010 年第 12 期，第 53 页。

如何判断求职者的资质和能力，某一事项是否与劳动合同的履行具备相关性，这是一个主观裁量地带。限缩用人单位对相关性的恣意裁量成为保护求职者权益的首要工作。

1. 考察事项与生产效率的相关性认定原则

通常，某一劳动者的资质和能力可以通过个别劳动生产率体现，而如何评估某一目标事项对劳动者生产效率的作用大小是需要解决的问题。法学对于事物认识的局限性需要我们借助其他学科的分析方法进行研究。经济学定量分析方法或许可以对认识考察目标与生产效率的关系提供帮助。计量经济学中，人们常用相关系数的大小来解释多个变量之间的相互关系，并以此深化对问题的认识，从而对事物发展进行预测和控制。①

为此，判断某一因素是否应纳入与劳动合同相关的范畴，也可考虑借助计量经济学相关系数的认定方法，分析用人单位所考察的目标事项与生产效率之间的线性相关程度。经分析而得出的结论可能包括正相关、负相关与不相关三种情形，并用相关系数 ***r* 的绝对值**（$|r|\leqslant 1$）表示变量之间的相关度。若目标因素与生产效率呈正相关关系则意味着劳动者满足该项条件时将可以保证其入职后的生产效率。若二者呈负相关关系，则是指该项因素的存在有可能阻碍劳动者的工作效率，用人单位有必要对此问题予以知悉和警惕。若目标因素与生产效率之间的相关系数为零，即表明二者之间不存在线性相关关系。在这个过程中，相较分析结论是正相关还是负相关，我们更为关心的是相关程度，这影响着用人单位是否具有考察劳动者该项目标因素的迫切需要。当目标因素与生产效率二者的相关系数 ***r*** 的绝对值越大（越接近于1）时，表明二者之间的相关程度越高；***r*** 的绝对值越小，相关程度越低。为保障劳动者的权利，用人单位知悉劳动者信息的相关性要求应达到高度盖然性（$|r|>0.75$）的标准。但简单相关系数易受其他因素的影响，两个变量之间形成的高度相关也有可能是由于另一变量的媒介作用产生的，因此，下文还会针对关联因素的“直接性”要求进行分析。

例如，拟考察某行业某一岗位学历 X 和生产效率 Y（以绩效值为指标）的

---

① 参见严丽坤：《相关系数与偏相关系数在相关分析中的应用》，载《云南财贸学院学报》2003 年第 3 期，第 78—80 页。

相关性，假设从事该岗位工作的劳动者具有以下五种情形：10%的劳动者拥有高中学历，其平均绩效值为83；20%的劳动者拥有专科学历，其平均绩效值为80；40%的劳动者拥有本科学历，其平均绩效值为86；25%的劳动者拥有硕士研究生学历，其平均绩效值为87；5%的劳动者拥有博士研究生学历，其平均绩效值为89。则绩效Y的期望值为 $E[Y] = 83 \times 10\% + 80 \times 20\% + 86 \times 40\% + 87 \times 25\% + 89 \times 5\% = 84.9$。若将学历依次赋值为1至5，则学历X的期望值 $E[X] = 1 \times 10\% + 2 \times 20\% + 3 \times 40\% + 4 \times 25\% + 5 \times 5\% = 2.95$，由此得出学历与绩效的协方差 $Cov(X, Y) = 2.295$。学历X的标准差 $\sqrt{D(X)} = 1.02$，绩效Y的标准差 $\sqrt{D(Y)} = 2.75$，由此，学历X与生产效率Y的相关系数 $\boldsymbol{r} = Cov(X,Y)/\sqrt{D(X) \times D(Y)} = 0.82$。可见，该行业岗位的学历X与生产效率Y存在高度盖然性的正相关关系。

表1　学历与平均绩效的分布情况

可能的情形	概率	学历	平均绩效
情形一：高中	10%	1	83
情形二：专科	20%	2	80
情形三：本科	40%	3	86
情形四：硕士研究生	25%	4	87
情形五：博士研究生	5%	5	89
预期学历/绩效		2.95	84.9
标准差		1.02	2.75

2. 职业（职务）区分原则

某一考察事项与生产效率之间的相关系数并非一成不变，而会因具体劳动岗位的不同而表现出不同的线性相关样态。例如，在就业平等权问题上，一般来说，性别因素与生产效率的相关系数趋向于零，但在高强度体力劳动和矿山井下作业等女职工禁忌劳动的岗位，① 该相关系数却表现为高度的负相关。在劳动者的隐私保护方面，不同职位的不同敏感程度会导致其对相关程度的要求也不一样。如财产状况属于劳动者的个人隐私，通常情况下与劳动者的能力不

① 《劳动法》第59条、《女职工劳动保护规定》第16条均对女职工禁忌从事的劳动进行了规定，原劳动部则通过《女职工禁忌从事的劳动范围》进行了细化。

具有明显相关性。但对于涉及财务收支或易成为行贿对象的岗位来说，用人单位基于特殊的信任可能就比较关心求职者是否具有高额的负债或其他导致入不敷出的情形，从而提高了财产状况与匹配岗位的相关性。① 因此，不同种类的工作岗位对劳动者的要求不同，用人单位对所招聘岗位的劳动者存在某种特定的期待和特别的信赖，对于相关性的判断也要体现职业区分原则。

有时，职业区分原则仍不能满足用人单位对劳动者特殊知情权的需要。因此，有学者建议，还应明确职务区分原则。② 即便在同一行业内，用人单位对不同层次雇员的信息获取需求也不相同。企业由不同层次职务的职工构成，与一般的职工相比，董事、监事或高级管理人员等特殊职位的职工与企业的关系更密切，基于竞业禁止的规定，其在应聘时须负有更高的信息披露义务。③

相关性判断的职业（职务）区分需要我们对每一特定行业、特殊岗位劳动者的素质都进行相关系数分析。而定量分析需要建立在大量数据的基础上，劳动者个人无法进行分析而据此提出异议，行业领域的多元和就业岗位需求的多变使得劳动立法和监管部门也无法对具体每类行业的相关事项作出规定。因行业组织对本行业的用人需求和标准较为熟悉，且具有较强的专业性，由行业组织通过制定行业标准的方式，明确与本行业相匹配的用人单位知情权行使范围，既可避免“一刀切”的限定方式无法反映各行各业实际需求的窘境，也可对用人单位的考察范围进行引导和合理限制。

3. 禁止不当联结原则

禁止不当联结原则是对用人单位考察事项实质关联性的要求。禁止不当联结原则原属公法领域的一个概念。所谓禁止不当联结，是指行政主体在行使公权力过程中，禁止将超出立法授权目的的不相关条件作为开展行政活动的考量，

---

① 参见王倩、朱军著：《德国联邦劳动法院典型判例研究》，法律出版社 2015 年版，第 39 页。

② 参见高然、崔巍巍、张怡敏、曾宪嵩：《企业知情权与劳动者个人信息保护的平衡问题：对〈劳动合同法〉第八条的解读》，载《山东人力资源和社会保障》2012 年第 1 期，第 48—49 页。

③ 例如《公司法》第 146 条对于董事、监事、高级管理人员任职的要求。

否则行政主体的决定或措施即为非法。[①] 而运用到劳动合同缔结过程中的禁止不当联结原则，是指用人单位在招聘时所考量求职者的基本情况，须是与劳动合同履行有关的事项，不得考虑不相关因素，在职业区分的基础上将线性相关分析时相关系数趋于零的目标因素予以排除。亦即禁止用人单位利用其优势地位恣意扩张知情权边界，除非用人单位能够证明所聘职位对该信息的获取具有充分的、实质的理由。[②]

对于法律未明确禁止的考察事项，用人单位享有相当自由的裁量空间，其能否拿捏得当，则需要充分考虑禁止不当联结原则。招聘实践中，性别、地域、年龄等常成为用人单位不当联结的因素。一是性别歧视。虽然我国《妇女权益保障法》第22条已指出“妇女享有与男子平等的劳动权利”，但司法实践中“厨房不招女工”的“梁某媚案”[③]、“从不招录女投递员”的“邓某娟案”[④]等就业性别歧视案件仍层出不穷。通常来说，性别属于不应当纳入考虑范围的因素，除非法律对该岗位有明确的性别要求。如《德国民法典》第611a条第1项指出：“雇主在建立劳动关系时不得因性别而歧视雇员，除非法律对这一职业要求有一定的性别作为其不可取消的条件时，才允许因性别不同而区别对待。”[⑤] 二是地域歧视。部分企业针对特定地域排除性招工的做法，北京、上海、广州等城市某些用人单位“本地户口优先”等条件的设置，均属于无正当理由对与生产效率无线性相关的地域因素进行考量的歧视性挑选，对相关劳动者的平等就业权和人格尊严造成了侵害。三是年龄限制。基于幼童及年迈者与青壮年劳动力在生理和智识上的差异，国家明确规定了禁用童工要求和年老退休制度。但法定用工年龄内对劳动者年龄的再次划分是否构成歧视值得商榷。我国《就业促进法》虽未明确提及年龄问题，但在《就业促进法（草案）》起

---

① 也有学者将该原则称为实质关联性之要求、联结负担禁止等。对于该原则含义的具体界定，主要集中在德国和我国台湾地区学者。参见刘建军：《禁止不当联结原则》，载胡建淼主编：《论公法原则》，浙江大学出版社2005年版，第456—457页。

② 参见周德洋、陈志军：《劳动法视野下的商业银行知情权》，载《银行家》2009年第9期，第120页。

③ 参见广州市中级人民法院2016民终10790号民事判决书。

④ 参见北京市第三中级人民法院（2016）京03民终195号民事判决书。

⑤ 参见《德国民法典》，陈卫佐译，法律出版社2004年版，第201页。

草说明中曾对“年龄歧视”进行强调。① 相较之下，日本的《雇用对策法》则直接将雇主的高龄劳动者劳动权保障义务上升为“禁止一切年龄歧视”的就业平等原则。②

此外，对于星座、属相、血型、身高、体貌、性取向等与劳动合同不相关的事项不应成为用人单位与劳动者缔结合同时的考虑因素。当然，并非所有的区别对待都构成违法的就业歧视，禁止不当联结不等于禁止一切区别对待。③为此，下文还将对考察事项的合法性与合理性进行讨论。

（二）考察事项的直接性限制

如前所述，高度的相关性并不意味着因果性，不能只根据相关系数很大，就认为雇主考察的目标因素和生产效率之间有直接内在的线性联系，因为有可能是由于另一变量的媒介作用而表现出高度相关。④ 如，性别因素本身与工作内容的相关性并不明显，但女性职工可能会受到怀孕等因素影响，而使得性别因素与工作生产效率表现出高度相关。可见，性别只是表象因素，真正起直接作用的则是婚孕因素。因此，满足《劳动合同法》第 8 条要求还须具备“直接性”特征，即用人单位所欲了解劳动者的基本情况，除需要与匹配岗位生产效率成一定比例“相关系数”的相关性外，还要求该相关性的建立必须是直接的、必然的，而不是间接的、偶发的。《法国劳动法典》第 L121 - 6 条（1992 年 12 月 31 日第 92 - 1446 号法律）也规定，雇主要求应聘者所说明的情况，必须与其将要从事的工作或对评价其专业能力具有直接、必然的联系。⑤ 具体来说，知悉信息的直接性体现在内容和对象两方面。

---

① 时任劳动和社会保障部部长田成平在《关于〈中华人民共和国就业促进法（草案）〉的说明》中曾指出：“用人单位招用人员、职业中介机构从事职业中介活动不得以民族、种族、性别、宗教信仰、年龄、身体残疾等因素歧视劳动者。”

② 参见陶建国：《日本禁止就业年龄歧视法律制度探析》，载《日本问题研究》2009 年第 2 期，第 39—40 页。

③ 参见卢杰锋：《反就业歧视法的保护群体：美国经验及对我国相关立法的再思考》，载刘小楠主编：《反歧视评论》第 3 辑，法律出版社 2016 年版，第 62 页。

④ 参见严丽坤：《相关系数与偏相关系数在相关分析中的应用》，载《云南财贸学院学报》2003 年第 3 期，第 79—80 页。

⑤ 参见《法国劳动法典》，罗结珍译，国际文化出版公司 1996 年版，第 20 页。

1. 考察内容的直接性

如果某一岗位需要特殊的专业技能，那么用人单位要求求职者出具相应的资质证明就是直接的、必要的，如医生执业资格是从业医师的要求，法律职业资格是从业律师的要求等。

劳动者的某一情况虽可能会影响其生产效率，但如果该因素对工作产出的传导性是间接的、暂时的或是偶发的，那么用人单位对该因素的考察就不符合“直接性”的要求。比如，一个公交车司机在工作中与乘客的交流机会并不多，如果雇主仍要求公交车司机掌握完美的语言沟通能力，那么这种要求对于其工作的产出就是间接的、非必然的。同理，我们也不能要求一名语文教师具备高超的外语水平，除非该岗位所从事的工作内容为对外汉语教学或要将此人派驻国外进行交流。部分雇主可能关心求职者的婚恋状况，通过招收非单身员工增加内部职工的工作稳定感，但雇员的婚恋状态对用人单位的整体生产效益无疑是间接的。有的用人单位则想要掌握求职者财产状况或先前工作岗位的薪资状况，但财产状况属于劳动者的隐私信息。除非所招聘岗位具有信用状况评估的要求，如银行柜台收银员、公司出纳等。

2. 考察对象的限定性

直接性还要求用人单位对求职者相关信息的考察范围，应限定在直接相关的个人范围内。如用人单位对劳动者家庭关系的了解，应当仅限于其紧急联系人，或询问是否具有近亲属在同一单位内就职，而不能事无巨细地刺探其家庭信息。再如用人单位想要通过了解求职者的社会关系，以判断其日常生活状况是否会影响工作，但这些地带属于雇员私人空间，且不会对其工作效率产生直接影响。除非用人单位系为预防潜在利益冲突，而要求应聘者披露其已知的可能与雇主产生利益冲突的社会关系，如求职者亲密的社交圈子中包含用人单位的竞争对手而使得用人单位需承担泄密的风险。

三、知悉目的的正当性和范围的必要性限制

在立法和司法相对缺位的情况下，为防止用人单位滥用对于“直接相关”事项的解释权，用人单位对求职者基本情况的考察除了具有直接性、关联性的要求，还须受到目的正当性和考察必要性的限制。

（一）考察目的的正当性要求

并非只要特定事项与劳动合同的履行“直接相关”，用人单位就可强势要求劳动者如实告知。《劳动合同法》第8条在实践中常被用人单位滥用的主要原因即是未对“直接相关”设定“正当性”的前提条件。即便某一信息与求职者是否具备从事该工作的资质和能力直接相关，但如果对该信息的刺探将造成对求职者的私人空间的过分干涉，或是用于某种歧视性的选择，那么对于用人单位的考察行为也应予以否定性评价。① 关于怀孕的问题很好地证明了对“直接相关”进行正当性限制的必要性。如果某一项信息是直接的、相关的，却是带有歧视的、不公平的、非基于正当目的的，求职者为获得就业机会也就享有了沉默或是“撒谎的权利”。② 为此，可以从合法性和合理性两个维度，对用人单位关于“直接相关”的解释进行正当性判断。

1. 合法性审查

“合法性”是指用人单位对求职者某一因素的考量，因具备制定法上的依据而具有正当性。通常来说，用人单位要求求职者履行缔约说明义务的情形有三种：一是法律禁止招聘的人员。如用人单位依据《女职工禁忌从事的劳动范围》的规定对女性职工不予招用，因遵守《禁止使用童工规定》而要求求职者如实说明年龄信息，按照《食品安全法》第38条的要求对入职员工进行健康检查以了解其身体状况，为避免受到人事行政部门处罚而对求职者是否属于《人才市场管理规定》第27条明确列举的五类“不得招聘的人员”进行确认。二是用人单位履行劳动者进行在先劳动合同终止确认义务的需要。根据《劳动合同法》第91条和《劳动部关于企业职工流动若干问题的通知》第4条的相关规定，用人单位在招用新雇员时须调查确认应聘人员是否已与前一用人单位解除或终止劳动关系，或是否存在竞业限制协议等，否则违法录用给原用人单位

① 参见王倩：《招聘阶段用人单位知情权的限制——也谈〈劳动合同法〉第八条后半句的理解和适用》，载林嘉主编：《社会法评论》第5卷，中国人民大学出版社2011年版，第92页。

② “撒谎的权利”源于德国联邦劳动法院形成的司法惯例，即雇员有权对雇主的非法提问给予不实的回答，“只有对一个正当的提问给出虚假答案，才能成为雇主解雇的合法理由”。〔德〕曼弗雷德·魏斯、马林·施米特著：《德国劳动法与劳资关系》，倪斐译，商务印书馆2012年版，第85页。

造成损失的，须承担连带赔偿责任。三是用人单位履行特殊职位、特殊行业招聘的审慎注意义务。如《公司法》第 146 条、第 147 条规定，董事、监事或高级管理人员等特殊职位，用人单位应对应聘人员是否具有任职资格进行调查。某些特定行业对于从业人员也有所限制。如《证券法》第 132 条对证券业从业人员的信用状况提出了更高要求，与此相关的求职者须对用人单位尽到特定信息的如实披露义务。

2. 合理性审查

当用人单位要求知悉劳动者某一信息并非基于法律赋权或履行法定义务的需要，而这一信息的披露有可能给劳动者带来不适当的不利益时，就需要对用人单位获悉劳动者信息目的的妥当性、合理性进行考量。正如德国学者所说："任何被法律承认的劳动者利益所为的妨碍，如果无法得到合理的、值得赞同的雇主利益的正当性说明或得到同等利益的弥补，均是不妥当的。"① 而如何进行"合理性"的审查，传统民法的平等协商、诚实信用和善良风俗原则是应当考虑的。②

例如，禁止性别歧视是法律的明文规定，而用人单位在没有制定法依据时基于岗位的特殊需要实施区别对待是否正当，就需要对该差别对待行为进行具体审查。③ 德国联邦劳动法院在一起涉嫌性别歧视的劳动争议案件中就基于善良风俗原则而赞同女寄宿学校拒绝男性申请"女教员、女体育老师和女社会老师"的岗位。④《德国一般平等对待法》第 8 条第 1 款规定，在就业平等的前提下，如果要实施差别对待，就需要满足"该条件构成实质性或决定性的能力要求，并且其目的是正当的，要求是合理的"。据此，《德国一般平等对待法》第 9 条对因宗教、世界观而受到不同对待，第 10 条对因年龄而受到不同对待的情形做了进一步规定。

---

① 〔德〕雷蒙德·瓦尔特曼著：《德国劳动法》，沈建峰译，法律出版社 2014 年版，第 97 页。

② 参见董玉鹏：《论〈劳动合同法〉告知义务与劳动合同条款解释原则》，载《中国青年政治学院学报》2009 年第 1 期，第 77—78 页。

③ 参见何琼、裘璆：《论就业歧视的界定——欧盟"正当理由"理论对我国的启示》，载《法学》2006 年第 4 期，第 112—118 页。

④ 参见〔德〕雷蒙德·瓦尔特曼著：《德国劳动法》，沈建峰译，法律出版社 2014 年版，第 132 页。

再如，针对用人单位在招聘过程中询问女性求职者有无怀孕或近期有无生育计划是否合理的问题，实践中曾有争议。怀孕期间的妇女无疑与劳动者的生产效率具有负相关性。1961 年德国联邦劳动法院在审理一个劳动案件时认为，女员工怀孕后会给雇主造成一定的经济负担和工作安排的不便，所以雇主有权在招聘时询问雇员是否怀有身孕。① 随后，这一判决便不断遭受批评，使得德国联邦劳动法院不得不再次审视这个问题。1990 年欧洲法院在审理 Dekker 案时则基于禁止性别歧视指出："如果雇主因为害怕雇佣一个怀孕妇女适用的强制性规定带来不利后果，而拒绝与该女性申请者签订雇佣合同，这就违反了 76/207/EWG 指令中禁止性别歧视的规定。"② 欧洲法院的这一判决也逐渐为公众所接受。面对雇主因劳动者隐瞒怀孕情况而引发的劳动争议，我国法院的态度也倾向于维持劳动合同的效力而不认为构成"欺诈"。③ 当用人单位非基于合法或正当的目的询问女性应聘者的婚孕状况或者要求其作出"未孕承诺"时，女性应聘者便享有了沉默权甚至"撒谎的权利"，除非该岗位涉及重强度劳动或孕期禁忌从事的劳动。

（二）考察事项的必要性审查

即便用人单位认为某一项因素是直接且相关的，对应聘者该项素质的要求也是基于正当的目的，我们仍需要判断用人单位对该项信息的考察是否为"适度且必要"的。也即用人单位通过某一事项对劳动者资质和能力的判断，是否为必要的，若是迫切且必要的，又能否通过其他对求职者人格权益形成更小侵害的替代途径得以实现。④

首先，对于考察事项的必要性审查，我们可通过利益衡量的方式进行。由

① 参见王倩、朱军著：《德国联邦劳动法院典型判例研究》，法律出版社 2015 年版，第 40 页。

② 参见〔德〕曼弗雷德·魏斯、马林·施米特著：《德国劳动法与劳资关系》，倪斐译，商务印书馆 2012 年版，第 86—87 页。

③ 如"北京中广互动广告有限公司与邱羊劳动争议案"等，参见北京市第一中级人民法院（2013）一中民终字第 14477 号民事判决书。

④ 如《德国联邦数据保护法》（BDSG）经 2009 年修订，在第 32 条第 1 款明确了"雇主收集、处理、使用雇员的个人信息，以建立、履行、结束劳动关系之必要为限"。参见王倩、朱军著：《德国联邦劳动法院典型判例研究》，法律出版社 2015 年版，第 36—37 页。

于用人单位和求职者存在实质地位的不平等，因此在利益衡量时，应遵循劳动者倾斜保护原则，要求用人单位所获利益须明显优于求职者的平等权和隐私权保护需要，且应以对求职者造成最小损害的方式进行。① 有学者认为，当用人单位的知情权与劳动者的隐私权相冲突时，劳动者负有告知义务，但用人单位此时也相应负有对该信息的保密义务。② 笔者认为，基于劳动合同附随义务的解释对双方冲突的权利进行调和仅是一种事后的补救措施，并不能有效保障劳动者的人格权利。如此一来，劳动者就需被动承担不可控的隐私泄露风险。是以，在分析对某一事项的考察是否必要时，利益衡量的前置判断十分重要。同时，在利益权衡时，还应顾及宪法基本原则的评价。例如德国将《基本法》第1条和第2条所规定的人格尊严和人格自由发展的权利作为对雇主知情权的重要限制。因此，在涉及劳动者的既往“污点”这一问题上，只有在未来的工作有所要求时，用人单位才能询问求职者有无犯罪前科。如一个会计师或出纳员可以被问及有无财产犯罪的前科，一个货车司机可以被问及有关交通肇事犯罪的既往。③ 否则，用人单位对有犯罪前科的人产生歧视、拒绝录用，在侵害其人格尊严的同时也不利于劳动者的人格发展，最后会导致他们因无法找到新的工作而再次犯罪。

其次，我们还需保证用人单位对求职者信息的刺探和考察行为必须是适度的，对求职者的隐私侵害程度最小，所带有的歧视色彩最低。例如对于身体健康的检查，除要获得劳动者的授权外，德国相关法律还规定，雇主只能从医生处得知求职者是否适合预计将从事的岗位，而不能要求获知具体的诊断。④ 在对求职者进行背景调查时，用人单位应先告知求职者具体调查的事项并获得求职者的授权。《美国公平信用报告法》（*Fair Credit Reporting Act*）对于雇主在从信用报告机构（consumer reporting agency）得到报告之前，要求雇主必须保证该信用调查已通知并获得求职者的书面授权，且不允许存有歧视行为或者将信

① 参见梁桂平：《劳资关系中劳动者个人信息权的法律救济》，载《重庆邮电大学学报（社会科学版）》2016年第3期，第55—56页。

② 参见王全兴主编：《劳动法学》，人民法院出版社2005年版，第202页。

③ 参见〔德〕曼弗雷德·魏斯、马林·施米特著：《德国劳动法与劳资关系》，倪斐译，商务印书馆2012年版，第85—86页。

④ 参见〔德〕雷蒙德·瓦尔特曼著：《德国劳动法》，沈建峰译，法律出版社2014年版，第138页。

用报告做不当用途。① 用人单位对于求职者家庭情况的了解，也仅限于要求提供紧急联系人的联系方式。考察行为的适度性的要求，意在保护劳动者应有的隐私空间不被过分介入。

四、结语

当然，我们无法为每个岗位描绘出与其“直接相关”的事项的具体范围，我们能做的，只是为“直接相关”的判断提供一个合理的分析框架，并交由实践在个案中检验。为了更好地平衡劳动者的人格权与用人单位的知情权之间的利益，我们还可以考虑建立一定的配套措施，如雇主考察事项的聘前公示制度、理由说明义务，获取信息前的告知或授权要求，② 以及劳动行政部门和行业组织依据市场变化灵活设置的负面清单③等。基于劳动者的弱势地位和维权成本的考虑，还可尝试建立“反就业歧视”公益诉讼制度。④ 为了解决劳动者在人格受侵害时的举证难问题，在相关司法活动中，可将“直接相关”的证明责任交由用人单位承担。⑤

（初审：李港；校对：李铖瑜）

---

① 参见柯振兴：《劳动者的隐私权初探——以美国为例》，载《黑龙江省政法管理干部学院学报》2014 年第 5 期，第 103 页。

② 例如《法国劳动法典》第 L121 - 8 条（1992 年 12 月 31 日第 92 - 1446 号法律）规定：“不得采用事先并未告知受薪雇员或求职者的设备来收集有关该受薪雇员或求职者的个人情况资料。”《法国劳动法典》，罗结珍译，国际文化出版公司 1996 年版，第 20 页。

③ 如我国台湾地区为雇主“不得要求提供非属就业所需之隐私资料”设置了“生理资讯”“心理咨询”“个人生活资讯”三大类 15 小类清单。

④ 参见李雄：《论平等就业权司法救济体系的构造》，载《河北法学》2017 年第 10 期，第 2—18 页。

⑤ 如《德国民法典》第 611a 条第 1 项规定：“在发生争议时，如果雇员试图以事实证明其因性别而受到歧视是可信的，雇主则承担举证责任，证明因与性别无关的事实理由而区别对待是正确的，或者性别是从事该项职业的不可取消的条件。”参见《德国民法典》，陈卫佐译注，法律出版社 2004 年版，第 201 页。

学界图谱

XUEJIE TUPU

2019 年核心期刊大数据、人工智能类科技法论文盘点分析*

黄贺琪**

2019 年是大数据、人工智能等科学技术高速发展的一年。科学技术的快速发展加快推动数字中国的建设，也更好地为我国经济社会发展和人民生活改善提供服务。然而在科技应用的过程中，新兴科技与法律相互碰撞，相关问题值得进一步思考。为了更详尽地分析 2019 年我国大数据、人工智能类科技法制研究取得的进展，我们对 2019 年发表在 39 种“法学核心期刊”——具体包括《中国社会科学》、24 种当年的 CSSCI 法学类来源期刊①、13 种当

* 本文为中央财经大学金融服务法研究中心学术年度综述系列的成果之一，本年度另一成果《2019 年金融服务法核心期刊论文盘点与分析》见《证券法律评论》2020 年卷。

** 黄贺琪，中央财经大学法学院 2019 级金融服务法硕士研究生。

① 根据南京大学中国社会科学研究评价中心最新公布的中文社会科学引文索引（CSSCI）来源期刊（2019－2020 年），法学类的 CSSCI 期刊有 24 种，分别为：《比较法研究》《当代法学》《东方法学》《法律科学》《法商研究》《法学》《法学家》《法学论坛》《法学评论》《法学研究》《法学杂志》《法制与社会发展》《国家检察官学院学报》《华东政法大学学报》《环球法律评论》《清华法学》《现代法学》《政法论丛》《政法论坛》《行政法学研究》《政治与法律》《中国法学》《中国刑事法杂志》《中外法学》。

年的 CSSCI 法学类扩展期刊①，以及《财经法学》②——上的大数据、人工智能类科技法论文进行了统计。本次统计坚持以数据为基础进行实证分析，以便更好地反映我国大数据、人工智能类科技法制研究的基本情况，为评价我国 2019 年的大数据、人工智能等科技法制研究提供相应参考。

一、大数据、人工智能类科技法制研究内部板块分析

本次统计范围内的 39 种期刊合计刊载大数据、人工智能类科技法论文 199 篇，其中大数据相关法制研究 45 篇（占比 22.6%），人工智能相关法制研究 115 篇（占比 57.8%），区块链相关法制研究 33 篇（占比 16.6%），其他科技法制研究 6 篇（占比 3.0%）（详见表 1、图 1）。

表 1　2019 年大数据、人工智能类法制刊文题域一览

论文题域	论文数量（篇）	比例
大数据法制	45	22.6%
人工智能法制	115	57.8%
区块链法制	33	16.6%
其他科技法制	6	3.0%

① 根据南京大学中国社会科学研究评价中心最新公布的中文社会科学引文索引（CSSCI）来源期刊（2019—2020 年），法学类的 CSSCI 扩展期刊有 13 种，分别为：《北方法学》《电子知识产权》《法律适用》《法治研究》《甘肃政法学院学报》《国际经济法学刊》《河北法学》《交大法学》《科技与法律》《武大国际法评论》《知识产权》《中国法律评论》《中国政法大学学报》。

② 《财经法学》虽创刊较晚（2015 年创刊），但其刊载的文章质量较高，故本文将其亦纳入统计范围。

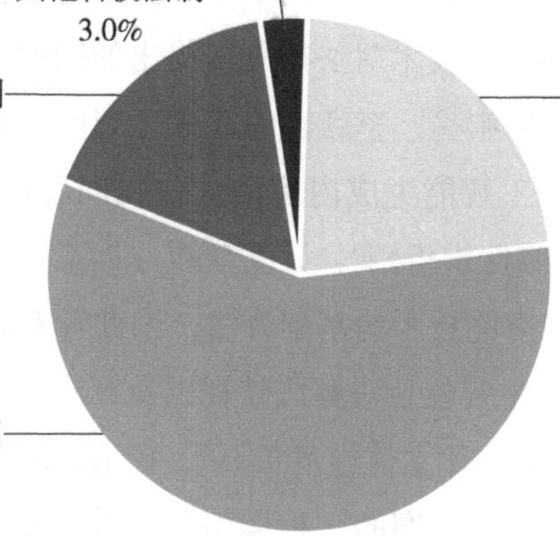

图 1　2019 年大数据、人工智能类法制研究成果分布

具体而言，2019 年大数据、人工智能类法制研究论文呈现出以下特征。

（一）人工智能技术与法律体系是学者研究的重点

人工智能近年来高速发展，2019 年 5 月 16 日，国际人工智能与教育大会在北京召开，习近平总书记在贺信中指出，“人工智能是引领新一轮科技革命和产业变革的重要驱动力”①。与科技高速发展对应的却是相关法律法规相对滞后，在中共中央政治局就人工智能发展现状和趋势举行的第九次集体学习中，习近平总书记专门提出，“要整合多学科力量，加强人工智能相关法律、伦理、社会问题研究”②。因此，只有建立完善的法律体系，才能安全地推动新一代人工智能健康发展。2019 年 39 种法学核心期刊所载的 199 篇大数据、人工智能法制论文中，与人工智能有关的论文数量依旧遥遥领先，共计 115 篇，超过其他方面论文数量之和。《比较法研究》在 2019 年第 4 期设专题研讨，所刊登的四篇文章从不同角度研究人工智能技术给现有的相对滞后的法律体系带来的挑战。

人工智能技术的广泛应用在一定程度上改变了知识产权相关领域的基础概念，因此在相关主题文章中，人工智能生成物知识产权方面的研究最多，共 29

① “习近平向国际人工智能与教育大会致贺信”，载新华网，http://www.xinhuanet.com/politics/2019-05/16/c_1124502111.htm，最后访问时间：2020 年 4 月 19 日。

② “习近平主持中共中央政治局第九次集体学习并讲话”，载中国政府网，http://www.gov.cn/xinwen/2018-10/31/content_5336251.htm，最后访问时间：2020 年 4 月 19 日。

篇。其中，颇具代表性的论文有张金平的《人工智能作品合理使用困境及其解决》①、王迁的《如何研究新技术对法律制度提出的问题？——以研究人工智能对知识产权制度的影响为例》②、李彦涛的《人工智能技术对专利制度的挑战与应对》③、孙正樑的《人工智能生成内容的著作权问题探析》④、曹博的《人工智能生成物的智力财产属性辨析》⑤、吴汉东的《人工智能生成发明的专利法之问》⑥。算法是应用人工智能技术的基础方法，因此针对算法法律规制的研究数量也很多，共计19篇，主要包括对算法歧视以及算法监管的研究。例如，陈姿含的《人工智能算法中的法律主体性危机》⑦、崔靖梓的《算法歧视挑战下平等权保护的危机与应对》⑧、张凌寒的《搜索引擎自动补足算法的损害及规制》⑨。《华东政法大学学报》在2019年第6期设置“算法社会的治理逻辑”专题研讨，着重讨论算法在社会治理中的应用规则。很多学者将法律看作一种算法，探讨以算法的理念治理社会的可能性。另外，人工智能在刑法适用方面也对刑法现有的责任体系以及相关基础概念有所挑战，相关方面的研究主要聚焦人工智能时代的刑事责任体系构建与刑法规制路径选择，共16篇。比如刘宪权的

---

① 张金平：《人工智能作品合理使用困境及其解决》，载《环球法律评论》2019年第3期，第120—132页。

② 王迁：《如何研究新技术对法律制度提出的问题？——以研究人工智能对知识产权制度的影响为例》，载《东方法学》2019年第5期，第20—27页。

③ 李彦涛：《人工智能技术对专利制度的挑战与应对》，载《东方法学》2019年第1期，第84—93页。

④ 孙正樑：《人工智能生成内容的著作权问题探析》，载《清华法学》2019年第6期，第190—204页。

⑤ 曹博：《人工智能生成物的智力财产属性辨析》，载《比较法研究》2019年第4期，第138—150页。

⑥ 吴汉东：《人工智能生成发明的专利法之问》，载《当代法学》2019年第4期，第24—38页。

⑦ 陈姿含：《人工智能算法中的法律主体性危机》，载《法律科学》2019年第4期，第40—47页。

⑧ 崔靖梓：《算法歧视挑战下平等权保护的危机与应对》，载《法律科学》2019年第3期，第29—42页。

⑨ 张凌寒：《搜索引擎自动补足算法的损害及规制》，载《华东政法大学学报》2019年第6期，第31—45页。

《涉人工智能犯罪中研发者主观罪过的认定》[①] 和《人工智能时代刑法中行为的内涵新解》[②]、冀洋的《人工智能时代的刑事责任体系不必重构》[③]、李婕的《智能风险与人工智能刑事责任之构建》[④]。很多学者研究人工智能的法律人格、主体地位，比如冯洁的《人工智能体法律主体地位的法理反思》[⑤]、刘洪华的《论人工智能的法律地位》[⑥]。同时，人工智能在不同领域的应用，比如智能汽车、智能投顾、医疗人工智能等方面都在不同程度上影响现有法律体系，因此对于人工智能技术在使用过程中的法律适用以及立法空白等研究成果显著。其中，颇具代表性的文章包括许中缘的《论智能汽车侵权责任立法——以工具性人格为中心》[⑦]、郭雳的《智能投顾开展的制度去障与法律助推》[⑧]、杨东与武雨佳合著的《智能投顾中投资者适当性制度研究》[⑨]、刘建利的《医疗人工智能临床应用的法律挑战及应对》[⑩]。另外，还有学者研究其他部门法和法律体系面对法律属性不明确的人工智能的出现受到的挑战并对相应问题作出回应，比如张卫华的《人工智能武器对国际人道法的新挑战》[⑪]、张守文的《人工智能产业发展的

---

① 刘宪权：《涉人工智能犯罪中研发者主观罪过的认定》，载《比较法研究》2019 年第 4 期，第 101—110 页。

② 刘宪权：《人工智能时代刑法中行为的内涵新解》，载《中国刑事法杂志》2019 年第 4 期，第 60—72 页。

③ 冀洋：《人工智能时代的刑事责任体系不必重构》，载《比较法研究》2019 年第 4 期，第 123—137 页。

④ 李婕：《智能风险与人工智能刑事责任之构建》，载《当代法学》2019 年第 3 期，第 27—36 页。

⑤ 冯洁：《人工智能体法律主体地位的法理反思》，载《东方法学》2019 年第 4 期，第 43—54 页。

⑥ 刘洪华：《论人工智能的法律地位》，载《政治与法律》2019 年第 1 期，第 11—21 页。

⑦ 许中缘：《论智能汽车侵权责任立法——以工具性人格为中心》，载《法学》2019 年第 4 期，第 67—81 页。

⑧ 郭雳：《智能投顾开展的制度去障与法律助推》，载《政法论坛》2019 年第 3 期，第 184—191 页。

⑨ 杨东、武雨佳：《智能投顾中投资者适当性制度研究》，载《国家检察官学院学报》2019 年第 2 期，第 3—18 页。

⑩ 刘建利：《医疗人工智能临床应用的法律挑战及应对》，载《东方法学》2019 年第 5 期，第 133—139 页。

⑪ 张卫华：《人工智能武器对国际人道法的新挑战》，载《政法论坛》2019 年第 4 期，第 144—155 页。

经济法规制》[1]。除此之外，韩水法的《人工智能时代的人文主义》[2]、刘艳红的《人工智能法学研究的反智化批判》[3]、李晓辉的《如何面对“无用阶层”：人工智能与未来正义》[4] 等多篇文章从不同角度探讨科技和人类发展的关系。

（二）大数据法制研究成果显著

随着科技快速发展，数据成为现代社会重要的资源，大数据成为塑造国家竞争力的战略制高点之一。2015 年，国务院印发《促进大数据发展行动纲要》，系统部署大数据发展工作，要求加快法规制度建设，积极研究数据开放、保护等方面制度。工信部发布的《大数据产业发展规划（2016—2020 年）》也提出要健全数据所有权、隐私权等相关法律法规和信息安全、开放共享等标准规范，建立兼顾安全与发展的数据开放、管理和信息安全保障体系。2019 年，《密码法》《儿童个人信息网络保护规定》出台，全国人大法工委宣布将制定《个人信息保护法》和《数据安全法》，同年多起数据纠纷引起广泛关注。2019 年，大数据法制方向的研究成果多达 45 篇，学者聚焦个人数据保护、政府数据开放、数据流通与交易、大数据司法。大数据时代，数据的权利与利用成为最受大数据法制学者欢迎的研究角度，共 25 篇，占大数据法制研究文章数量的一半以上。谢琳与曾俊森的《数据可携权之审视》[5]、卓力雄的《数据携带权：基本概念，问题与中国应对》[6]、丁晓东的《数据到底属于谁？——从网络爬虫看平

① 张守文：《人工智能产业发展的经济法规制》，载《政治与法律》2019 年第 1 期，第 2—10 页。

② 韩水法：《人工智能时代的人文主义》，载《中国社会科学》2019 年第 6 期，第 25—44 页。

③ 刘艳红：《人工智能法学研究的反智化批判》，载《东方法学》2019 年第 5 期，第 119—126 页。

④ 李晓辉：《如何面对“无用阶层”：人工智能与未来正义》，载《华东政法大学学报》2019 年第 6 期，第 68—77 页。

⑤ 谢琳、曾俊森：《数据可携权之审视》，载《电子知识产权》2019 年第 1 期，第 28—39 页。

⑥ 卓力雄：《数据携带权：基本概念，问题与中国应对》，载《行政法学研究》2019 年第 6 期，第 129—144 页。

台数据权属与数据保护》①、姚佳的《企业数据的利用准则》② 都从数据权利主体以及数据权利的相关概念出发，聚焦数据权利的归属与流通或交易的规则。在大数据迅速发展的背景下，大数据被应用到侦查、审判等多个法律程序之中，大数据侦查体系的构建、司法裁判过程中大数据在证明的应用等方面受学者青睐，相关研究共计9篇，比如李茜的《大数据时代司法裁判的路径探索——以大数据分析证明方式的提出与规范为视角》③、张可的《大数据侦查措施程控体系建构：前提、核心与保障》④ 和《大数据侦查之程序控制：从行政逻辑迈向司法逻辑》⑤。个人信息保护是大数据领域的传统热点问题，2019年相关领域的研究共7篇，多结合具体案例，对比欧盟、美国、日本等国家或地区的相关法律，对我国制定中的《个人信息保护法》提出自己的见解，比如程莹的《元规制模式下的数据保护与算法规制——以欧盟〈通用数据保护条例〉为研究样本》⑥、张璐的《个人网络活动踪迹信息保护研究——兼评中国Cookie隐私权纠纷第一案》⑦、张金平的《欧盟个人数据权的演进及其启示》⑧。另外，政府作为数据的最大掌握者，政府数据开放从最根本之处深化大数据应用，加快大数据产业发展，但是政府数据的开放与个人信息的保护之间存在冲突，政府数据开放需要依据具体可行、详尽的法律。2019年，我国出台《政府信息公开条例》(2019年修订)，因而学者聚焦政府数据开放的研究。《财经法学》在2019年第6期特设“财经法治热点：政府数据开放”专题，肖卫兵的《论政府数据

---

① 丁晓东：《数据到底属于谁？——从网络爬虫看平台数据权属与数据保护》，载《华东政法大学学报》2019年第5期，第69—83页。

② 姚佳：《企业数据的利用准则》，载《清华法学》2019年第3期，第114—125页。

③ 李茜：《大数据时代司法裁判的路径探索——以大数据分析证明方式的提出与规范为视角》，载《财经法学》2019年第2期，第29—44页。

④ 张可：《大数据侦查措施程控体系建构：前提、核心与保障》，载《东方法学》2019年第6期，第87—94页。

⑤ 张可：《大数据侦查之程序控制：从行政逻辑迈向司法逻辑》，载《中国刑事法杂志》2019年第2期，第131—144页。

⑥ 程莹：《元规制模式下的数据保护与算法规制——以欧盟〈通用数据保护条例〉为研究样本》，载《法律科学》2019年第4期，第48—55页。

⑦ 张璐：《个人网络活动踪迹信息保护研究——兼评中国Cookie隐私权纠纷第一案》，载《河北法学》2019年第5期，第133—148页。

⑧ 张金平：《欧盟个人数据权的演进及其启示》，载《法商研究》2019年第5期，第182—192页。

开放环节立法》①、薛智胜与艾意的《政府数据开放的概念及其范围界定》②、吕富生的《论私人的政府数据使用权》③ 均为该专题所载。除上述领域外，学者对大数据语境下的其他部门法以及大数据的一般性研究也有所推进。

（三）区块链法制研究成果丰富

2019 年被称为区块链商用元年，全球各大互联网企业进入区块链领域，运用区块链技术进行代币发行或者应用其去中心化、分布式等特点为客户提供服务。就国内而言，2019 年 7 月 8 日国务院批准央行研发数字货币；8 月 18 日中共中央、国务院发布《关于支持深圳建设中国特色社会主义先行示范区的意见》，支持深圳开展数字货币创新；10 月 24 日中共中央政治局就区块链技术发展现状和趋势进行集体学习，强调区块链技术的集成应用在新的技术革新和产业变革中起着重要作用，要把区块链作为核心技术自主创新的重要突破口。由此可见，2019 年是区块链技术迅猛发展的一年，但是这种新技术与理念的提出没有相关法律及时规范，从而引发许多乱象，因此需要加强区块链监管。2019 年科技法制研究涉及的 199 篇文章中，与区块链相关的共 33 篇，占 16.6%，其内容主要包括数字货币的监管、ICO 之规制，以及区块链技术的应用，研究成果丰富。《东方法学》2019 年第 3 期聚焦区块链技术，13 篇颇具代表性的研究载于其中。数字货币多运用区块链技术，具有去中心化、不可篡改、可追溯等优点，对数字货币的监管也应基于其特点，杨东的《Libra：数字货币型跨境支付清算模式与治理》④、漆彤与卓峻帆的《加密货币的法律属性与监管框架——以比较研究为视角》⑤、柯达的《论我国法定数字货币的法律属性》⑥、Leo Zeng

① 肖卫兵：《论政府数据开放环节立法》，载《财经法学》2019 年第 6 期，第 3—12 页。

② 薛智胜、艾意：《政府数据开放的概念及其范围界定》，载《财经法学》2019 年第 6 期，第 13—23 页。

③ 吕富生：《论私人的政府数据使用权》，载《财经法学》2019 年第 6 期，第 24—35 页。

④ 杨东：《Libra：数字货币型跨境支付清算模式与治理》，载《东方法学》2019 年第 6 期，第 51—57 页。

⑤ 漆彤、卓峻帆：《加密货币的法律属性与监管框架——以比较研究为视角》，载《财经法学》2019 年第 4 期，第 126—141 页。

⑥ 柯达：《论我国法定数字货币的法律属性》，载《科技与法律》2019 年第 4 期，第 57—65 页。

的《加密数字货币的国际反洗钱机制研究》①、时延安与王熠珏的《比特币洗钱犯罪的刑事治理》② 等文章聚焦数字货币属性、监管以及犯罪研究，学者们深入浅出地从数字货币性质出发分析其法律监管模式。ICO 是首次代币发行，是一种运用区块链技术以虚拟货币进行融资的方法，2017 年其被我国监管机构禁止，但是随着数字货币的兴起，ICO 又回到人们的视野之中，而且世界各国对其采取截然不同的监管程度，因此区块链法制的学者们以比较法的视角研究代币发行监管，比如李海与胡麓珂的《首次代币发行（ICO）监管再思考——以德国现行法为视角》③、张美慧的《境外市场证券法视野下的代币发行监管——基于美国、新加坡、澳大利亚和中国香港地区的监管实践》④、王冠的《基于区块链技术 ICO 行为之刑法规制》⑤。另外，区块链技术被广泛应用，其去中心化等特点被许多创新应用涉及，其中应用较为广泛的就是智能合约，赵志华的《区块链技术驱动下智能合约犯罪研究》⑥、蔡一博的《智能合约与私法体系契合问题研究》⑦、郭少飞的《区块链智能合约的合同法分析》⑧ 等文章都从智能合约带给传统法律体系的挑战出发，为智能合约的监管提出建议。此外，区块链技术本身的性质以及其监管问题也受到学者们的关注。

---

① Leo Zeng：《加密数字货币的国际反洗钱机制研究》，载《国际经济法学刊》2019 年第 4 期，第 38—47 页。

② 时延安、王熠珏：《比特币洗钱犯罪的刑事治理》，载《国家检察官学院学报》2019 年第 2 期，第 47—62 页。

③ 李海、胡麓珂：《首次代币发行（ICO）监管再思考——以德国现行法为视角》，载《财经法学》2019 年第 2 期，第 3—16 页。

④ 张美慧：《境外市场证券法视野下的代币发行监管——基于美国、新加坡、澳大利亚和中国香港地区的监管实践》，载《财经法学》2019 年第 3 期，第 106—120 页。

⑤ 王冠：《基于区块链技术 ICO 行为之刑法规制》，载《东方法学》2019 年第 3 期，第 137—148 页。

⑥ 赵志华：《区块链技术驱动下智能合约犯罪研究》，载《中国刑事法杂志》2019 年第 4 期，第 90—102 页。

⑦ 蔡一博：《智能合约与私法体系契合问题研究》，载《东方法学》2019 年第 2 期，第 68—81 页。

⑧ 郭少飞：《区块链智能合约的合同法分析》，载《东方法学》2019 年第 3 期，第 4—17 页。

（四）智慧社会、智慧法治等全新理念受到重视

党的十九大报告指出建设智慧社会，将创新科技广泛应用在社会生活的各个领域。要建设智慧社会，就必须解决其制度机制问题。2019年，学者们通过提炼智慧社会建设中的难题给予回应，从法理上、从智慧社会的标准体系上、从各方利益出发，推动智慧社会建设研究。马长山的《智慧社会的基层网格治理法治化》① 和《智慧社会背景下的“第四代人权”及其保障》②、马靖云的《智慧司法的难题及其破解》③、罗洪洋和陈雷的《智慧法治的概念证成及形态定位》④ 都聚焦研究应用多种科技手段建设智慧社会过程中出现的问题。

二、研究队伍与高产作者分析

2019年共计170位作者（对于合作署名论文，本分析报告仅统计第一作者）在39种法学核心期刊上发表大数据、人工智能法制研究论文199篇，人均发表论文约1.17篇。2019年大数据、人工智能法制研究高产作者共有20位（详见表2）。2019年大数据、人工智能法制方面的199篇论文中，包含三大权威期刊论文5篇，占大数据、人工智能法制论文总数的2.51%（详见表3）。

表2　2019年度大数据、人工智能法制高产作者统计（2篇以上）

名次	姓名	所在单位	发文数	三大权威期刊数
1	刘宪权	华东政法大学	7	0
2	张凌寒	北京航空航天大学、北京科技大学、东北师范大学	3	0

---

① 马长山：《智慧社会的基层网格治理法治化》，载《清华法学》2019年第3期，第18—27页。

② 马长山：《智慧社会背景下的“第四代人权”及其保障》，载《中国法学》2019年第5期，第5—24页。

③ 马靖云：《智慧司法的难题及其破解》，载《华东政法大学学报》2019年第4期，第110—117页。

④ 罗洪洋、陈雷：《智慧法治的概念证成及形态定位》，载《政法论丛》2019年第2期，第25—35页。

续表

名次	姓名	所在单位	发文数	三大权威期刊数
2	杨东	中国人民大学	3	0
2	谢琳	中山大学	3	0
2	王禄生	东南大学	3	0
6	张可	中国政法大学	2	0
6	张金平	中央财经大学	2	0
6	张怀印	同济大学	2	0
6	姚万勤	西南政法大学	2	0
6	孙建丽	对外经济贸易大学	2	0
6	石超	上海财经大学	2	0
6	彭文华	上海政法学院	2	0
6	马长山	华东政法大学	2	1
6	刘友华	湘潭大学	2	0
6	刘艳红	东南大学	2	0
6	刘洪华	广东外语外贸大学	2	0
6	李爱君	中国政法大学	2	0
6	季卫东	上海交通大学	2	1
6	胡凌	上海财经大学	2	0
6	卜学民	对外经济贸易大学	2	0

表 3　2019 年度大数据、人工智能法制论文三大权威期刊作者情况统计

作者	所在单位	刊物名称	期数
韩水法	北京大学	《中国社会科学》	2019 年第 6 期
马长山	华东政法大学	《中国法学》	2019 年第 5 期
梁坤	西南政法大学	《法学研究》	2019 年第 2 期
崔国斌	清华大学	《法学研究》	2019 年第 5 期
季卫东	上海交通大学	《法学研究》	2019 年第 6 期

由表2和表3可知，2019年的大数据、人工智能法制研究队伍，具体呈现以下几大特点。

（一）大数据、人工智能法制研究力量分布均匀

大数据、人工智能、区块链法制属于近年来新生事物，而且相关领域研究学者不仅需要掌握扎实的传统法律理论知识，还需要深刻理解新技术的原理、应用与风险，将二者相结合才可以获得显著研究成果。根据上述统计结果，2019年发表2篇以上的20名高产作者合计发表了49篇论文，占总发表论文比重约24.6%。由此可见，相关学科研究力量并未明显集中，高产作者没有对学科研究形成垄断。除刘宪权一人发表7篇文章之外，高产作者全部发表2—3篇论文，因而在区块链等相关技术出现时间较短的情况下，研究力量并未明显集中。整体而言，有关研究队伍尚未形成成熟稳定的学术共同体。发表在三大法学权威期刊上的5名学者中，有2名发表了2篇高质量论文。考虑到相关技术的发展较快，相关课题研究时间短，学科研究需要交叉知识，可以预见未来大数据、人工智能法制研究力量会逐渐集中，研究深度和广度也会随之增强。

（二）大数据、人工智能法制研究地域差距较大

从高产作者的角度分析来看，20位高产作者中，7位来自北京，7位来自上海，北京、上海两地的高产学者占全国总数的70%。从三大法学权威期刊发文的情况分析，2篇来自北京，2篇来自上海。因而，大数据、人工智能法制研究从数量以及质量层面上看，目前由北京、上海研究学者以及相关高校引领。

三、法学院校比较分析

2019年在法学核心期刊上发表的199篇大数据、人工智能法制论文的作者来自于74家法学科研单位。其中，发表2篇以上（含本数）论文的单位共有30家，发表4篇以上的有14家。有关这74家法学科研单位的发表论文数、他发数、三大权威期刊数等情况，详见表4及后文。

表4　2019年大数据、人工智能法制高产科研单位前30名

排名	科研单位	论文数	占总论文数的百分比	他发数	他发率	三大权威期刊论文数	占三大权威期刊总论文数的百分比
1	华东政法大学	19	9.55%	17	89.47%	1	20%
2	中国政法大学	15	7.54%	13	86.67%	0	0%
3	中国人民大学	14	7.04%	14	100.00%	0	0%
4	中南财经政法大学	10	5.03%	10	100.00%	0	0%
5	对外经济贸易大学	9	4.52%	9	100.00%	0	0%
6	西南政法大学	8	4.02%	8	100.00%	1	20%
6	东南大学	8	4.02%	8	100.00%	0	0%
8	上海交通大学	6	3.02%	6	100.00%	1	20%
8	北京大学	6	3.02%	6	100.00%	1	20%
10	同济大学	5	2.51%	5	100.00%	0	0%
10	清华大学	5	2.51%	4	80.00%	1	20%
10	中央财经大学	5	2.51%	4	80.00%	0	0%
13	中山大学	4	2.01%	4	100.00%	0	0%
13	中国社会科学院	4	2.01%	4	100.00%	0	0%
15	武汉大学	3	1.51%	3	100.00%	0	0%
15	上海政法学院	3	1.51%	3	100.00%	0	0%
15	上海财经大学	3	1.51%	3	100.00%	0	0%
15	山东大学	3	1.51%	3	100.00%	0	0%
15	广东外语外贸大学	3	1.51%	3	100.00%	0	0%
20	中南大学	2	1.01%	2	100.00%	0	0%
20	湘潭大学	2	1.01%	2	100.00%	0	0%
20	西北工业大学	2	1.01%	2	100.00%	0	0%
20	四川大学	2	1.01%	2	100.00%	0	0%
20	上海大学	2	1.01%	2	100.00%	0	0%
20	华东理工大学	2	1.01%	2	100.00%	0	0%
20	复旦大学	2	1.01%	2	100.00%	0	0%

续表

排名	科研单位	论文数	占总论文数的百分比	他发数	他发率	三大权威期刊论文数	占三大权威期刊总论文数的百分比
20	北京理工大学	2	1.01%	2	100.00%	0	0%
20	北京航空航天大学	2	1.01%	2	100.00%	0	0%
20	安徽大学	2	1.01%	2	100.00%	0	0%
20	湖南大学	2	1.01%	2	100.00%	0	0%

（一）华东政法大学、中国政法大学和中国人民大学位列前三名

2019 年大数据、人工智能法制研究论文发表数量最多的 3 家单位分别为华东政法大学（19 篇）、中国政法大学（15 篇）和中国人民大学（14 篇），共占 2019 年在法学核心期刊上发表的 199 篇大数据、人工智能法制论文的 24.1%。华东政法大学共发表相关领域论文 19 篇，他发 17 篇，成为 2019 大数据、人工智能法制研究论文发表数量和他发数最多的院校，而中国人民大学是 3 所院校中他发率最高的院校。

华东政法大学研究学者更侧重人工智能与刑法体系构建、人工智能生成物知识产权研究、区块链技术应用以及智慧社会建设方面的研究。通过第一部分的分析可知，华东政法大学学者研究领域较为全面，几乎涵盖了相关领域所有主题。同时，高产作者刘宪权、马长山来自华东政法大学，刘宪权 2019 年发表人工智能刑事体系构建相关研究成果 7 篇，马长山发表的 2 篇成果均与智慧社会有关，可见华东政法大学在人工智能相关领域具有很强的研究实力。另外马长山的《智慧社会背景下的“第四代人权”及其保障》① 载于《中国法学》，占相关领域 2019 年三大权威期刊论文数量的 20%。

中国政法大学以 15 篇论文的数量紧随其后。其中高产作者张可和李爱君分别贡献 2 篇文章。张可侧重研究大数据侦查体系建构，而李爱君侧重人工智能和区块链领域研究。另外，李帅的《共享经济信息不对称环境下的决策算法规

① 马长山：《智慧社会背景下的“第四代人权”及其保障》，载《中国法学》2019 年第 5 期，第 5—24 页。

制——以区块链共识模型为规制思路》① 发表在《财经法学》2019 年第 2 期，研究区块链模型应用中公司法的协调，消除信息不对称的弊端。由此可以看出，中国政法大学在人工智能、区块链等领域研究实力雄厚。

中国人民大学以 14 篇论文位列第三，他发率达 100%，是前三所研究机构他发率最高的单位。与前两所院校发表的论文相对比，中国人民大学学者聚焦数字货币的监管，同时有学者从更宏观的角度解决科学技术与现有法律体系之间的冲突。其中高产作者杨东发表 3 篇与区块链、智能投顾有关的文章，可见该院校也有相对集中的研究力量。

（二）中南财经政法大学和对外经济贸易大学实力强劲

2019 年，中南财经政法大学和对外经济贸易大学分别发表 10 篇和 9 篇大数据、人工智能法制研究论文，分列第四位和第五位，他发率均为 100%，在领域内均表现不俗。

中南财经政法大学的 10 篇论文中有 8 篇以人工智能技术为研究基础，对人工智能生成物知识产权以及主体地位进行深耕研究，在人工智能领域研究中占有重要地位。虽然没有高产作者，但是中南财经政法大学的刘鑫参与了 2 篇文章的创作，包括其独著的《人工智能生成技术方案的专利法规制——理论争议、实践难题与法律对策》② 以及秦健与其合著的《人工智能专利技术市场运营的风险与应对》③。

与中南财经政法大学不同，对外经济贸易大学发表的 9 篇文章以数据、算法、区块链技术为主，不涉及人工智能课题。由梅夏英和朱开鑫合著的《论网络行为数据的法律属性与利用规则》④ 属于该校与美国波士顿大学法学院合作的研究成果，该文侧重研究大数据时代背景下的个人信息保护制度，分析比较

① 李帅：《共享经济信息不对称环境下的决策算法规制——以区块链共识模型为规制思路》，载《财经法学》2019 年第 2 期，第 17—28 页。

② 刘鑫：《人工智能生成技术方案的专利法规制——理论争议、实践难题与法律对策》，载《法律科学》2019 年第 5 期，第 82—92 页。

③ 秦健、刘鑫：《人工智能专利技术市场运营的风险与应对》，载《电子知识产权》2019 年第 2 期，第 66—71 页。

④ 梅夏英、朱开鑫：《论网络行为数据的法律属性与利用规则》，载《北方法学》2019 年第 2 期，第 32—41 页。

各国实践，建议引入“选择性排除规则”以实现对个人信息的保护。另外，高产作者卜学民和孙建丽分别发表2篇成果，对区块链下证券结算以及算法规制进行研究。

（三）西南政法大学、东南大学并列第六，北京大学、上海交通大学并列第八

西南政法大学和东南大学均发表8篇文章，并列第六。对于西南政法大学而言，学者们关注人工智能技术带给传统刑法以及知识产权体系的挑战。8篇文章中有6篇与人工智能技术相关，其中2篇关注运用新技术治理的可能性，2篇关注刑法体系建构，2篇关注知识产权相关研究。姚万勤作为该校的高产作者，聚焦人工智能的风险问题。另外，该校梁坤所著《基于数据主权的国家刑事取证管辖模式》① 为《法学研究》所载，属三大权威期刊之一，占比20%，为电子数据刑事取证的管辖模式选择提供理论支持。人工智能也是东南大学研究的重中之重，8篇文章中有7篇着眼于人工智能技术的应用。该校的王禄生、刘艳红均为高产作者，从多个角度分析了人工智能技术的风险以及实际应用过程中的挑战。

北京大学和上海交通大学在2019年均发表6篇大数据、人工智能法制研究论文，并列第八，且均有一篇论文载于三大权威期刊。就北京大学而言，6篇文章主要研究自动驾驶、数字货币、智能投顾、人工智能几个方面，韩水法的《人工智能时代的人文主义》② 载于三大权威核心期刊之一《中国社会科学》，分析科技快速发展激发的人文主义，从理论角度关注科技发展在哲学上对人的影响。上海交通大学6篇文章全部研究人工智能相关课题，高产学者季卫东共发表2篇文章，其中《人工智能时代的法律议论》③ 一文载于三大权威期刊之一《法学研究》，分析人工智能技术在司法应用中的优缺点，并针对其易产生算法歧视的弊端作出回应，具有代表性。

---

① 梁坤：《基于数据主权的国家刑事取证管辖模式》，载《法学研究》2019年第2期，第188—208页。

② 韩水法：《人工智能时代的人文主义》，载《中国社会科学》2019年第6期，第25—44页。

③ 季卫东：《人工智能时代的法律议论》，载《法学研究》2019年第6期，第32—49页。

（四）中央财经大学、清华大学、同济大学并列第十

中央财经大学、清华大学、同济大学均发表5篇文章，并列第十。中央财经大学大数据、人工智能法制研究团队的科研实力雄厚，5篇文章的研究范围涵盖大数据、人工智能、区块链等核心领域，涉及面广，研究能力强。高产学者张金平贡献2篇文章。邢会强教授于《法学评论》发表的《大数据交易背景下个人信息财产权的分配与实现机制》① 关注个人信息权利归属，将个人信息按财产权归属分类，提出按类别采集、交易个人信息。此外，邓建鹏、刘权均为该校相关领域研究作出极大贡献。清华大学更加关注数据保护和司法人工智能，崔国斌的《大数据有限排他权的基础理论》② 载于三大权威期刊之一的《法学研究》，该文研究为大数据集合设置有限排他权，既满足行业需求又不损害使用者权益，角度新颖。同济大学侧重人工智能技术合理应用的研究，5篇文章中有4篇与此相关，整体来看均与知识产权相关理论有关，该校作为传统知识产权名校，研究实力较强。

（五）30所科研单位，发表论文2篇及以上

2019年，中山大学和中国社会科学院均发表4篇文章，并列第十三名。武汉大学、上海政法学院、上海财经大学、山东大学、广东外语外贸大学均发表3篇研究成果，并列第十五名。11家科研单位以2篇的发文数量并列榜单第二十位，分别为中南大学、湘潭大学、西北工业大学、四川大学、上海大学、华东理工大学、复旦大学、北京理工大学、北京航空航天大学、安徽大学、湖南大学。

中国社会科学院2019年的研究领域聚焦创新课题，比如张卫华的《人工智能武器对国际人道法的新挑战》③ 从国际人道法角度窥探人工智能带来的挑战

---

① 邢会强：《大数据交易背景下个人信息财产权的分配与实现机制》，载《法学评论》2019年第6期，第98—110页。

② 崔国斌：《大数据有限排他权的基础理论》，载《法学研究》2019年第5期，第3—24页。

③ 张卫华：《人工智能武器对国际人道法的新挑战》，载《政法论坛》2019年第4期，第144—155页。

并予以回应、赵磊的《证券交易中的信用机制——从中央存管（CSD）到分布式账本（DLT）》① 载于《财经法学》，主要研究在证券结算中利用具有去中心化特点的分布式账本技术以构建证券交易的信用机制。

北京理工大学、北京航空航天大学、华东理工大学、西北工业大学都是理工类高校，并不是法学研究的传统阵地，但是大数据、人工智能法制研究涉及科技知识，需要以相关学科的理解为基础进行细致研究，因此理工类高校理应成为大数据、人工智能等技术领域的新阵地。上述 4 所高校均发表 2 篇文章，关注算法、数据交易、智能合约、人工智能等领域。对于新技术创新法制方面的研究，这些理工院校基础理论扎实、研究深入、成果显著，比如齐延平和何晓斌的《算法社会言论自由保护中的国家角色》②、裴炜的《数据侦查的程序法规制——基于侦查行为相关性的考察》③。

其他上榜单位中，中山大学高产学者谢琳发表3 篇高水平论文，包括《数据可携权之审视》④《拟制作者规则下人工智能生成物的著作权困境解决》⑤《大数据时代个人信息使用的合法利益豁免》⑥，占该校发文数的 75%，功不可没，推动数据权利等方面的研究。武汉大学发表的文章主要讨论数据权利以及加密货币，运用比较研究的方法，介绍别国处理方法，为相关领域建设提供理论支持。山东大学在算法歧视的司法规制以及权利保护领域硕果累累，郑智航和徐昭曦的《大数据时代算法歧视的法律规制与司法审查——以美国法律实践

---

① 赵磊：《证券交易中的信用机制——从中央存管（CSD）到分布式账本（DLT）》，载《财经法学》2019 年第 3 期，第 51—65 页。

② 齐延平、何晓斌：《算法社会言论自由保护中的国家角色》，载《华东政法大学学报》2019 年第 6 期，第 6—16 页。

③ 裴炜：《数据侦查的程序法规制——基于侦查行为相关性的考察》，载《法律科学》2019 年第 6 期，第 43—54 页。

④ 谢琳、曾俊森：《数据可携权之审视》，载《电子知识产权》2019 年第 1 期，第 28—39 页。

⑤ 谢琳、陈薇：《拟制作者规则下人工智能生成物的著作权困境解决》，载《法律适用》2019 年第 9 期，第 38—47 页。

⑥ 谢琳：《大数据时代个人信息使用的合法利益豁免》，载《政法论坛》2019 年第 1 期，第 74—84 页。

为例》[①] 以及崔靖梓的《算法歧视挑战下平等权保护的危机与应对》[②] 均对此作出回应。四川大学发表的论文——左卫民的《热与冷：中国法律人工智能的再思考》[③]、张妮和徐静村的《计算法学：法律与人工智能的交叉研究》[④] ——均以宏观角度论述人工智能的伦理问题，从根本出发研究科技高速发展时代法学学科的未来，构思巧妙，引人深思。

（六）实务界人士发表3篇文章

除各高校和研究所之外，法院以及律师事务所的学者在大数据、人工智能法制领域也有所建树，共发表3篇文章。比如北京市海淀区人民法院刑一庭的游涛、计莉卉合作发表的《使用网络爬虫获取数据行为的刑事责任认定——以“晟品公司”非法获取计算机信息系统数据罪为视角》[⑤] 以及湖南省永州市零陵区人民法院的李茜发表的《大数据时代司法裁判的路径探索——以大数据分析证明方式的提出与规范为视角》[⑥]，可以看出法院的学者在进行课题研究时倾向于从案例或者行业的实践入手，为实践中出现的问题提供理论帮助。

四、结语

2019年大数据、人工智能、区块链等技术高速发展，以其为代表的新一轮科技革命正在兴起。科技在个体层面上将改变生活生产方式，在国家层面上更会决定未来国家命运。因此，为促使科技快速健康发展，必须从伦理、制度层

---

① 郑智航、徐昭曦：《大数据时代算法歧视的法律规制与司法审查——以美国法律实践为例》，载《比较法研究》2019年第4期，第111—122页。

② 崔靖梓：《算法歧视挑战下平等权保护的危机与应对》，载《法律科学》2019年第3期，第29—42页。

③ 左卫民：《热与冷：中国法律人工智能的再思考》，载《环球法律评论》2019年第2期，第53—64页。

④ 张妮、徐静村：《计算法学：法律与人工智能的交叉研究》，载《现代法学》2019年第6期，第77—90页。

⑤ 游涛、计莉卉：《使用网络爬虫获取数据行为的刑事责任认定——以“晟品公司”非法获取计算机信息系统数据罪为视角》，载《法律适用》2019年第10期，第3—10页。

⑥ 李茜：《大数据时代司法裁判的路径探索——以大数据分析证明方式的提出与规范为视角》，载《财经法学》2019年第2期，第29—44页。

面为其打好基础。相关领域学者在2019年从多种角度发现并解决各类问题，大数据、人工智能法制研究硕果累累。展望2020，人类又一次跨入了一个崭新的十年，作为“十三五”规划的最后一年，为更好地支持科技健康高速发展，提升国家实力，让中国在科技法制领域更具话语权，学者们任重道远。期待越来越多的学者关注科技发展给法律带来的挑战，在相关领域再创佳绩。

（审校：石家韵）

《中财法律评论》稿件征集公告

《中财法律评论》是由中央财经大学法学院主办、中国法制出版社公开出版的法学学术集刊，由全日制学生自主负责文章的编辑和审校。自 2008 年创刊以来连续出刊，至今已出版 12 卷，其品质的连续性在国内同类刊物中名列前茅。作者群体除国内外主流法学院校的研究生，更有优秀中青年学者、法官等实务工作者。

《中财法律评论》坚持学术自由、自主、自律之原则，坚守学术初心，致力于为作者开放“有品格的平台”，为读者输送“有价值的思想”。本刊旨在打造一流的学生自办学术辑刊，不断提升自身的学术品格和学术影响力，现面向广大法学研究者和法律从业者征集稿件。

本刊长年收稿，不对来稿做字数上限要求（鼓励富有真知灼见的长文），不以任何形式向作者收取费用且稿件一经采用即付薄酬。所有投稿在形式上应当符合国家著作权规定、公认学术规范和本刊编辑体例；在内容上应当选题适中合理、论证充分有力、逻辑清晰明了、结构严谨周密、数据真实可靠，具有一定的学术创新性和必要的学术深度。

对实务的仔细研磨和对理论的深入剖析是法学研究走向精细化不可或缺的两面，因应时代发展，对新兴领域的探索亦已成为法学研究的发展重点。为此，本刊将根据收稿情况，设置“实务探微”“理论纵深”“各科专论”等主题版块。本刊接收译稿。此外，欢迎来稿以对外文文献的充分阅读和认真研习为前提展开的“介绍性”研究，亦欢迎富有比较法基础和可行性的“启示性”研究，但反对不加甄别的“拿来主义”。

为提升学术品格及贯彻学术标准，公正、严谨地对待每一篇来稿，本刊实行三审终审制。对所有符合基本学术规范、具有基本探讨价值的文章，无论录用与否，本刊均会提出较为具体的书面审查意见和修改建议。作者可以对初审意见进行理性回应，在进行修改、达到通过初审的要求后，编辑委员会将对稿件进行复审。对于重要的或有争议的稿件，编辑委员会将在与编辑部之外的专门研究人员协商讨论后，最终决定是否录用，但只以文章质量为依据。本刊一贯坚持唯以文章学术质量论的用稿原则，请勿以任何方式影响审稿。

来稿请将以文稿标题为主题的电子邮件发送至 zcflpl2012@126.com，并附有作者姓名等身份信息。编辑部将在收稿后一个月内按照您投稿的电子邮箱回复初审意见及修改建议。作者应在收到“修改后用稿通知书”后按照本刊要求做必要的内容和格式修订，本刊编辑部保留对来稿进行文字性和技术性修改的权利。在确定用稿后，本刊将通过邮箱向作者发送用稿通知书扫描件，在正式出版后向作者寄送样刊2册。

投稿人向《中财法律评论》投稿，即视为已知悉并接受此稿件征集公告。